YAYINLARI

Genel Yayın Yönetmeni: Deniz KUŞÇA
Editör: DS Yayın Ekibi
Kapak Tasarım: DS Yayın Ekibi
Sayfa Mizanpajı: Özgür YURTTAŞ

Yayınevi Sertifika No: 49869
2. Baskı: Şubat 2023

ISBN: 978-605-73043-8-4

Baskı-Cilt:
Çözüm Baskı Merkezi

Adres:
Emniyetevleri Mah. Güvercin Sokok
No: 7/1 Kağıthane/İstanbul

Sertifika No: 49099

DS YAYINCILIK
MERKEZ MAH. HASAT SOK. KAMARA NO: 52 İÇ KAPI NO:1
ŞİŞLİ / İSTANBUL

İTTİHAT VE TERAKKİ'DEN MİLLİ EKONOMİYE

(1908 Devrimi ve Sonrası)

CİLT - II

Ali Metin

DS YAYINLARI

Yazar Ali Metin, 1952'de Sivas-Ulaş'ta doğdu. 1972 Sivas Öğretmen Okulu mezunlarındandır. Antalya'da öğretmenliğe başladı ve daha sonra Anadolu Üniversitesi İşletme Bölümünü bitirdi. Marmara Üniversitesi Yüksek Lisans Eğitimine devamla Muhasebe ve finans kurumlarında çalışmaya başladı. Demokratik kitle örgütlerinde başkan ve yönetici olarak görevlerde bulundu. Evli ve iki evlat babası olup tarih, eğitim ve ekonomi alanların da çalışmalarını sürdürmektedir.

Annem ve babama ithaf ediyorum

İÇİNDEKİLER

ALTINCI BÖLÜM
İTTİHAT VE TERAKKİ'NİN MİLLİ İKTİSAT POLİTİKASI

TEŞEKKÜR

Yazar Mustafa Solak'a vermiş olduğu destek, moral ve yardımlarından dolayı engin teşekkürlerimi sunmaktan kıvanç duyarım. Araştırmacı yazar Aydın Tonga'ya yardımlarından dolayı teşekkür ederim. Gelibolu'da Mali Müşavir Mehmet Dereli'nin bilgisayar yazım konusunda yardım, destek ve fedakârlıklarından dolayı çok teşekkür ederim. Kitaba her türlü destek ve katkılarından dolayı Eğitimci Şenol Öner Bey'e ve Meltem Metin'e çok teşekkür ederim. Bana hep yardımcı olan eşim Mediha'ya da çok teşekkür ediyorum. Deniz Kusca Bey ve yayın ekibine teşekkürlerimi sunarım.

ALİ METİN

İKİNCİ BASKININ ÖN SÖZÜ

"Her yönüyle İttihat ve Terakki" kitabı iki ciltten oluşmaktadır. İttihat ve Terakki Cemiyeti'nin doğuşu, özgürlükleri baskı altına alan Padişah Abdülhamit despotizmine tepki olarak doğan varlığını kuruyan ve yaşatan gizli vatanseverlerin kurduğu gençlik hareketidir. İttihat ve Terakki kitabı yazılırken Osmanlı'nın ekonomik yapısı göz önünde bulundurularak ve gerekli araştırmalar bu konuda yapılarak yazıldı. Yine bu kitapta tarihi, ekonomiyi ve özgürlükleri bir arada okuma fırsatını bulacağız. İttihat ve Terakki denilince önce ekonomi ve özgürlükler gelir, nedeni ise o dönemde ülkede çok büyük ekonomik sorunlar ve özgürlükler sorunu vardı. Padişah II. Abdülhamit devleti otuz yıl boyunca istibdatla acımadan yönetti. O dönemi analiz etmeden İttihat ve Terakki kitabını yazmak eksik olurdu ve tarih çerçevesinde İttihat ve Terakki'yi okumak susuz tarlanın cılız ürününe benzerdi. Kitap bu bağlam üzerine kurgulandı ve yazıldı. Bu örgütü en fazla özgürlüklerle, ülkenin dışarıya bağımlı ekonomisi düşündürmüştü.

Bu kitapta bugüne kadar yazılan İttihat ve Terakki kitaplarından farklı olarak okunmamış, üzerinde araştırılma yapılmamış konuları görüp zevkle okuyacağınızdan şüphem yoktur. İttihat ve Terakki kitabı yazılırken sadece tarihçi gözüyle yazılması eksik olurdu, bu nedenle ekonomik paradigmayı öne çıkararak yazmanın daha doyurucu olacağına inanarak burada görülen boşluğu doldurmaya çalıştım. Birinci cilt 1789 Fransız Devrimi'nin etkilerinden başlayarak 1908 Devrimi'ne kadar geçen süreci her yönüyle genel çerçeveden anlatmaktadır. Tanzimat sürecinin reformlarından, Jön Türklerden, İttihat ve Terakki'ye kadar gelişmeler geniş araştırmalar sonucunda yazıldı. Birçok konu bu kitaptan okuyucunun hizmetine yeni olarak sunulmaya çalışıldı. Balkanlardaki heterojen yapının bölge halkı ve Osmanlı Devleti üzenindeki etkileri, yeniden detaylı olarak ele alındı. Emperyalist devletlerin sürekli iştahını kabartan Makedon bölgesi, süreç içinde orada yaşayan halklara özgürlükler vadederek acıdan başka bir şey vermediler. Sonuçta Makedonya Osmanlı'nın elinde çıkarak küçük devletçiklere bölündü ve hala etnik köken savaşları günümüzden de acımasızca devam etmektedir.

Fransız Devrimi tüm dünyayı etkiledi ve Osmanlı'da bu devrimden etkilendi. Akademisyen İlhan F. Akın şöyle yazmakta, ***"Fransız devrimi ile yeni bir sınıf, kendi siyasal haklarını savunuyor, iktidarda payı bulunduğunu ve hatta giderek iktidarın kendisine ait olduğunu söylüyordu. İnsan hakları artık kesinlikle başka biçimde anlaşılmaya başlanmıştı. Fransız burjuva sınıfı, bu hakların kral tarafında değil de tanrı tarafından insanlık onurunun gereği olarak kendisine***

***verildiğine inanıyordu...*"** Fransız Devrimi yeni bir düşünce, ekonomik anlayışı getirmekte ve feodal erkin ve derebeyliğin yıkılışının mesajını tüm dünya ile paylaşmaktaydı. Tüm dünya bu devrimden etkilenerek özgürlüklerin içselleştirilmesini ve ulus devletlerinin ortaya çıkışını, imparatorlukların yıkılışını yeni devletçiklerin doğmasını tetikleyen devrim olarak tarihe geçti. Fransız Devrimi, imparatorlukların yıkılmasını ve ulus devletlerinin kurulmasının önünü açarak dünyanın yeni bir sürece evrildiğinin ateşini harlattı.

Kitabın ikinci cildinde ise 1908 Devrimi'ne nasıl gelindi ve Firzovik olaylarından milli ekonomiye kadar geçen süreçte neler yaşandı bu konu detaylı olarak anlatılıyor. "Osmanlı Devleti'nin çekirdeği bir akıncı toplumuydu; bu savaşçı çekirdekten çıkan devlet yapısı şekillendikçe devlet kurumlarının askeri niteliği önde gelmiş, genişleme siyaseti sürdürülmüştü." Osmanlı'daki büyüme ve genişleme stratejisi askeri sistem üzerine kurulmuş ve devletin ana kurumları ve belkemiği savaş ekonomisine dayalı olarak yürütülmesi öncelik kazanmıştı. Avrupa, Rönesans hareketleriyle bilimde, teknolojide ve askeri düzlemde ileri seviyeye gelince Osmanlı orduları Batı karşısında yenilme sürecine girdi. Batı değerleri alınmadan ve devletin dönüştürülmesi gerçekleştirilmeden sorunların çözümünün imkânsız olduğu görülmeye başlanınca yeni kararlar gündeme geldi ve konuşulur oldu. Osmanlı uzun süre kuruluş ilkelerine göre kılıç-kalkan düzeni ile savaşmaya devam etmekteydi. Osmanlı'nın reformist padişahları bu farkı görerek ve kılıç-kalkan savaşı ile ayakta kalma şansının kalmadığını ve yeni reformist sürecin başlatılmasının zorunlu olduğunu gördüler ve eyleme geçme kararını aldılar.

Reformların yapılmasına Yeniçeri Ocağı engeller çıkartmaktaydı ve kendilerinin dışında askeri sınıfın var olmasını istememekteydiler. Padişah II. Mahmut Yeniçeri Ocağı'nı 1826'dan kaldırarak reformların önünü açtı. İlk ve önemli reformu Askerî Tıbbiye 1827'de açılarak askeri doktorların yetişmesine öncelik tanındı. 1834'te Harp Okulu'nu kurarak Batı standartlarında eğitim veren subayların yetişmesinin önü açıldı. Mühendishane ve Deniz Harp Okulu da bu tarihlerde açıldı. Askerî düzlemde yapılan reformlara okulların açılması ile başlandı. 1859'da Padişah Abdülmecit zamanında Mülkiye **"Siyasal Bilgiler Fakültesi"** açıldı ve devletin bürokrat kadroları bu okulda yetiştirilmekteydi. Tüm askeri okulların Padişah II. Abdülhamit zamanında açıldığı ve onun açtığı okullarda yetişen subaylar onu tahttan düşürdü görüşü yanlış ve eksik görüş. 1827'de açılan Askeri Tıbbiye, **"İttihat ve Terakki"** örgütünü yaratan kurum olarak tarihte önemli bir misyonu yüklenmiş konumdaydı.

Kırım Savaşı ile Osmanlı 1854'te aldığı dış borçları ödeyemez hale gelince 1875'te devlet resmen iflas etti. 1881'de borç veren ülkeler Osmanlı'nın gelir getiren tüm kurumlarına el koydular ve devletin bağımsızlığı ipotek altına girdi. **Duyunu Umumiye 1881'de kuruldu ve Osmanlı'nın tüm gelir getiren kurumları bu kurumun kontrol ve denetimi altına girdi.**

Rus Çarı Deli Petro'nun ülkesini nasıl güçlü hâle getirdiğini görelim. Rus Çarı, 50 genci gemi yapımı için ve denizcilik eğitimi almak amacıyla İtalya, Hollanda ve İngiltere gibi ülkelere göndererek gemicilik sektörünü modern hâle getirmeye çalıştı. Osmanlı, ülkesinin dört tarafı denizlerle çevrili olmasına rağmen gemiciliği yeterince destekleyemedi. Çar, Batı tarzı reformlara başlayarak önce kendi sakallarını kesti, sarayın ve ordunun sakallarını kestirdi. Batı tarzı kıyafetleri giymelerini istedi ve 1705'te rütbeliler, tüccar ve esnaf için kılık kıyafet yasasını çıkardı, miladi takvime geçti. Rus ordusunu Batı tipi modern ordu hâline getirerek askerlik zorunlu oldu. Düzenli ve disiplinli Rus ordusu modern silahlarını üreterek silah fabrikalarını kurdu. Çar, kendi donanmasını modernleştirmesine rağmen, Osmanlı denizlerle çevrili devlet iken kendi donanmasını istenilen düzeye çıkaramadı ve pek çok savaşı bu yüzünden kaybettik.

Balkan Savaşı'nda Çanakkale Boğazı'nı geçen savaş gemimiz olmadığı için Makedonya'yı kaybettik. Osmanlı İmparatorluğu'nun düştüğü çıkmazdan kurtulamayacağını gören genç askerî subay ve öğrenciler 1889'da İttihat ve Terakki Örgütü'nü kurdular. Yurt dışındaki örgütün temsilcisi Ahmet Rıza **"Meşveret"** gazetesini çıkararak örgüt üyelerinin bilinçlenmesine çok büyük katkıları oldu. Damat Mahmut Paşa İngiliz ajanıydı ve yolsuzluğu ortaya çıkınca iki oğlunu alarak Paris'e kaçtı ve orada da oğlu Sebahattin boş durmadı ve 1902'de Paris'te yapılan İttihat ve Terakki Kongresi'nde örgütü ikiye böldü.

Emperyalist ülkeler, 1903'de Mürszteg Projesi'ni Padişah Abdülhamit'e dayatarak kabul ettirdiler. Bu proje ile Balkanların güvenliğini emperyal ülkeler üstlenmekteydi ve yabancı jandarma birliği bu güvenliği sağlamak için görevlendirilmişti. Mürszteg Osmanlı'nın iç işlerine resmen müdahaleydi ve bu Makedonya'da bir çeşit paralel devletti. Padişah Abdülhamit'in kabul etmesi Makedonya'daki genç subayların ve aydınların şiddetli tepkisine yol açtı ve Makedonya ayrı bir yönetim sistemine geçmişti. Mürszteg Programı devam ederken bir de Reval Görüşmeleri çıktı. Reval Görüşmeleri, İngiliz Kralı ile Rus Çarının Osmanlı topraklarını kendi aralarında paylaşılma görüşleri bardağın taşmasına neden oldu.

İttihat ve Terakki Örgütü buna izin vermemek için eylem kararlarını aldı. Binbaşı Enver Bey, Resneli Niyazi ve Eyüp Sabri birer kahraman Türk subayları olup İttihat ve Terakki yönetiminin direktifleri doğrultusunda Makedon dağlarına meşrutiyeti ilan ettirmek için çıktılar. Beraberlerinde çok sayıda asker, halkla ve memurlarla isyanı başlattılar. Özgürlük için, Meşrutiyet'in ilanı için, Makedonya topraklarında emperyal güçlerin planlarını yıkmak için **"Ferman padişahınsa dağlar da bizimdir"** diyen İttihatçılar kendilerini Makedon dağlarının kucağına Meşrutiyet'in ilanı için attılar. Saray, Şemsi Paşa'yı ve Tatar Osman Paşa'yı isyanları bastırmak için görevlendirdi ve sonuçta isyan bastırılamadı ve özgürlük taraftarları galip geldi.

Firzovik olayları bu süreçten gelişti ve Meşrutiyet'in ilanında İttihatçılara büyük destek veren güç olarak öne çıktı. Firzovik olayları, 1908 Devrimi'nin hazırlanışında etkili ve yönlendirici güç olarak tarihe geçti ve bu olay fazla bilinmediği için bu konuyu geniş olarak ele alıp işledim. **Firzovik olaylarını ilk kez detaylı olarak bu kitapta okuma fırsatını bulacağız.** Firzovik olayları Abdülhamit'in tahtta indirilmesinde etkili güç olarak görev aldı ve 1908 Devrimi bu sürecin ürünü olarak ortaya çıktı ve 2. Meşrutiyet ilan edilerek halk özgürlüklerle buluştu. 1908 Devrimi ile Abdülhamit despotizminin yerini özgürlük ortamı aldı ve parlamenter sisteme geçilerek demokrasinin işleyişi başlatılmış oldu.

1908 Devrimi'ni içine sindiremeyenler 1909 gerici ayaklanmasını İngiliz desteği ile başlattılar. "Şeriat isteriz" diyerek sokaklara dökülen yobazlar, mektepli askerî öğrencileri ve subayları katlettiler. Padişah Abdülhamit de bu olaya göz yumarak nemalanmak istedi. ***Mustafa Kemal ve Binbaşı Enver Bey'in de görevli olduğu "Hareket Ordusu" Selanik'te gelerek isyanı bastırdı, padişah Abdülhamit'i tahttan indirerek Selanik'e sürgüne gönderdi.*** Patrimonyal yönetim sisteminin kolu kırılmış oldu ve V. Mehmet Reşat yeni padişah olarak tahta geçti ve ülke Abdülhamit'ten kurtulunca rahat bir nefes aldı.

Bugünkü cumhuriyetin kuruluş harcını İttihatçılar gözlerini karartarak, emperyalizmin acımasızlığına meydan okuyarak Çanakkale'de, Anadolu İhtilali'nde gereken dersleri paramiliter güçlere karşı gösterdiler. İttihat ve Terakki'nin Ege Bölgesi'ni tarımsal üretim için pilot bölge ilan etmesi ile Türk halkının millî duyguları tetiklenmeye başlandı. O bölgenin ürünlerini ucuza alıp halkı sömüren Türk olmayan tefecilere karşı milliyetçilik hızla taban bulmaya başladı. İttihatçılar halkın ürettiği ürünleri uygun fiyata alarak hem halkın cebine para girmesini hem de tarımsal üretimin önünü açtı. Bu uygulama ile ürünlerde rekor artışlar olurken, Türk milliyetçiliği akımı da hızlanma sürecine girdi. Bu Türk milliyetçiliği Ege Bölgesi'ni işgal eden emperyalizme karşı ilk başkaldırı hareketi Milliyetçi duyguların fışkırmasıydı. Milli tarım uygulamalarından, Yunan işgaline karşı uzanan süreç milliyetçi görüşlerin Türkler arasın da kabul görmesi sonucunda bugünkü cumhuriyetin çoban ateşlerini tetikledi. 21 Aralık 1918'de Padişah Vahdettin Meclis-i Mebusan'ı kapattı. Meclis 12 Ocak 1920'de yeniden açılabildi. 16 Mart 1920'de İstanbul işgal edilince 5 Nisan 1920'de Vahdettin Meclis'i sürekli kapattı ve bir daha açılmadı. **Atatürk ve arkadaşları bir daha kapanmamak üzere 23 Nisan 1920'de Ankara'da Türkiye Büyük Millet Meclisi'ni açtı ve bugünkü özgür ortamı onlara minnetle borçluyuz.**

2022 - FATİH
ALİ METİN

BİRİNCİ BÖLÜM
1908 DEVRİMİ'Nİ YARATAN KOŞULLAR

Makedon Ayrılıkçıları Selanik'te Terör Olaylarını Başlattılar

Makedonya neden terör hedefi yapıldı, amaçlar neydi ve o bölge üzerinde hesaplar ne olabilirdi ve bu süreci kısaca görelim. Sanayi devrimi ile İngiltere, Fransa ve Rusya hatta Avrupa'nın küçük devletleri dâhil, ekonomik olarak çok güçlendiler, silah ve teknolojik olarak güçlü hale gelirken, Almanya ile İtalya, sanayileşme sürecini öteki güçlere göre geç tamamladı. Burada sanayileşmeyen ve toprağı geniş ve ekonomisi tükenmiş güçsüz tek devlet Osmanlı idi ve Osmanlı'nın topraklarına tüm bu emperyal güçler göz dikmişti. Hedefleri Osmanlıyı parçalayarak topraklarını ve enerji kaynaklarını ele geçirmekti. Tüm senaryolar ve oyunlar bu düzlemde kuruldu, kurgulandı ve oynanmaya devam edildi. İşte burada emperyalistler arasında çıkar çatışması doğdu. İngiltere, Fransa ve Rusya bir güç oluştururken, Almanya ve Avusturya-Macaristan İmparatorluğu Osmanlının tarafında yer almayı tercih ettiler. Almanya, Osmanlı topraklarının başkasının eline geçmesini istemiyordu kendisinin sömürü sahası yoktu ve Osmanlı toprakları, Almanlar için biçilmiş kaftandı. Balkan olayları bu düzlemde hareketlenme sürecine giriyordu.

Makedonya neresi ve bu bölgenin kısa bir analizini yapmanın doğru olacağını düşünmekteyim. Selanik, Manastır ve Kosova'nın olduğu bölgeye Makedonya deniyordu. İngilizler ve bazı Batılı ülkeler İstanbul'un Avrupa yakası dâhil tüm Trakya'ya Makedonya diyorlardı ve resmi yazışmalarında bunu böyle yazıyorlardı. Makedon bölgesinin etnisitesi heterojen yapıda olması nedeni ile emperyal güçlerin bölge üzerinde rahat hareket etmesini yarattı. Heterojen yapı ile oynamak, onları kışkırtmak, yönetmek, fırsatları önlerine koyuyor gibi görünmek ve onlara tavizler yaratıyor gibi gönülleri ni çelmek işin kolaycılık tarafıydı. Bu etnisiteden yola çıkan emperyal güçler bölge halkı ile oynamaya ve Osmanlı aleyhine isyanlara teşvik etmeye başladılar. Makedonya emperyalist devletlerin ilgisini çeken, bölgeye hâkim olarak birtakım beklentilerini gerçekleştirecek atlama tahtası olarak görüyorlardı. Bölge onlar için stratejik öneme de sahipti. Bunu da bölgede yaşayan etnik unsurların haklarını koruyorlarmış gibi yaparak hedeflerine varma stratejisini uygulama safhasına sokarak işe başladılar.

Balkanlara sahip olurlarsa Osmanlı'yı daha çabuk dize getirmenin hesabını yapmaktaydılar. Bir başka görüş ise şuydu, Türkleri önce Makedonya'dan atmak, Anadolu'ya sürmek ve oradan da geldikleri yer olan

Orta Asya'nın bozkırlarına göndermekti. Hedefler önce Balkanlın ele geçirilmesine yönelik şekillenmekteydi. Bölge emperyal güçlerin koşuşturma sahasına uygun altyapıya sahipti ve Osmanlı'da ekonomik gücünü kaybetmiş ve sorunları doruğa çıkmış olup tüm kurgular bu düzlem üzerinde yapılıyordu. Senaryolar böyle kuruldu oyunları emperyalist güçler sahneye koydu ve korkunç cinayetler, acımasız oyunlar oynatıldı ve olanlar masum halklara oldu. Emperyalizm için ölen insanların kanı önemli değil, onlar için kazanmak ve hep kazanmak kirli hedefleriydi.

Rusya'nın Boğazlar yoluyla Akdeniz'e inme hesapları çökünce, Makedonya üzerinde Ege Denizine inme planlarını devreye sokmaya başlaması; Avusturya- Macaristan İmparatorluğu 'da Akdeniz'e Makedonya üzerinde inmek istiyordu. Burada şöyle bir hesap yapılmakta, Rusya'nın Balkanlar üzerin de Akdeniz'e inmesini başta Avusturya-Macaristan İmparatorluğu istememekteydi. Rusya'da Avusturya-Macaristan İmparatorluğu'nun Akdeniz'e inmesini istemiyordu ve güçler kavgası devreye girdi. Almanya ise bölgede Osmanlı'nın dışında kimsenin bulunmaması yönünde tavrını koydu. İngiltere ve Fransa ise bölgenin kendi kontrollerinde ve Akdeniz'e kendilerin dışında kimsenin hâkim olmasını kabul etmemekteydiler ancak bunu siyasi olarak sürdürmek çıkarları için daha uygundu. Makedon bölgesi tüm emperyalist ülkelerin ajandasında olan bölgeydi ve herkesin bu topraklar üzerinde ince çıkar hesapları yatmaktaydı ve kaybeden Türkler oluyordu ve oldular.

Tarihçi ve Akademisyen Sina Akşin, Makedonya'yı ve etnik unsurların dağılımını bakın nasıl yazmakta: *"Makedonya denilince üç vilayet akla gelir Selanik. Manastır ve Kosova olup buralarda nüfus dağılımı şöyle: 1,5 milyon Müslüman nüfus, 900 bin Bulgar, 300 bin Rum, 100 bin Sırp, 100 bin Ulah 'Eflaki', Avrupalılar Türkler oraya sonradan geldikleri için "istilacı" " sonradan gelen" şeklinde hep gitmeliler gözü ile baktılar."*[1] Bulgarlar komitacı adı altında çeteler kurarak bölge halkı üzerinde yıldırma, baskı, öldürme, dağa adam kaçırma gibi olmadık terör ve tehdit sürecini başlatarak halkı korkutma sindirme yoluna gittiler. Bulgar çeteleri, emperyal güçler tarafından sürekli desteklendi ve hep kışkırtıldı; bölge kan gölüne dönüştürülmeye aday noktaya getiriliyor ve emperyalist ülkelerinde istekleri de buydu ve ilk hedefte Balkan topraklarını ele geçirmekti.

Terör olaylarının başlatılması noktasını Selanik olarak seçtiler. Bulgarlar vahşi duygularını tatmine burada başladılar. 28 Nisan 1903'ten itibaren şiddet olayları, Selanik'te Bulgar Komitacılarca başlatıldı. İlk olay Selanik'te, Limanda hareket etmek üzere bulunan Marsilya gemisine yerleştirdikleri bombayı patlatarak terör olaylarına başladılar. İnsanlar ve eşyalar gemide taşındı ve can kaybı olmadı gemi cayır cayır yandı. Aynı gün İstanbul'dan Selanik'e gelen trene de suikast yapıldı ve can kaybı olmadı. Sürekli halkı korkutmaya, tehdide ve yıldırmaya karşı sindirme eylem ve politikalarını

---

1 Sina Akşin, Kısa Türkiye Tarihi, Türkiye İş Bankası Yayınları, 21 İstanbul Baskı, Kasım 2016, s. 52

acımasızca devreye soktular. Kazım Karabekir Paşa, Selanik'teki terör olayını şu şekilde yazmakta: "29 Nisan 1903'te akşam ortalık tamamıyla karardıktan sonra alaturka saat bir buçukta Selanik şehri birden karanlık içinde kalmıştı. Şehrin ortasında müthiş bir infilak duyulmuş ve yangın çıkmış. Muhtelif yerlerden bomba sesleri gelmeye başladı..."[2] Selanik şehri ticaretin merkezi ve Makedonya'nın ekonomik olarak kalbi durumunda olunca olayların burada başlatılması emperyalistlerin talebine uygundu.

Kazım Karabekir Paşa, başka bir olayı şöyle yazmakta: "Ortalık kararmıştı ve Selanik şehri birden bire karanlıkta kaldı. Bulgarlar havagazı ve su borularının geçtiği büyük bir köprüyü dinamitle havaya uçurdular. Osmanlı Bankasını da havaya uçurdular..."[3] Bu bombalamada Alman Kulübü, oteller ve bazı evlerin camları da kırılarak zarar gördüler. Bulgarlar, evlere sokaklara bombalar atarak halkı korkutmaya, sindirmeye ve şiddete devam etmekteydiler. Selanik'te isyanlar başladı, halk sokaklara döküldü. Olayların artması üzerine İtalya ve Avusturya'dan harp gemileri gelerek Selanik limanına demirlediler. Osmanlı topraklarında hem olay çıkaracaklar ve hem de olayları bastırmak için gemileriyle Selanik limanını işgal edecekler, bunu anlamak zor değildi.

---

2 Kazım Karabekir, HAYATIM, Yapı Kredi Yayınları, 7. Baskı İstanbul, Şubat 2020, s. 147.

3 Kazım Karabekir, İttihat ve Terakki Cemiyeti, Kronik Kitap, İstanbul Baskı, Şubat 2019, s. 53.

Selanik'te olaylar artmakta ve Osmanlı şehirlerini koruyamayacak kadar acz içinde ve yabancıların gemileri, çeteleri şehri ve bölgeyi tehdit etmekte. Selanik şehri ithalatın ve ihracatın merkezi ve zengin kentti. Zengin Selanik kenti Bulgarların, Yunanlıların ve tüm emperyal güçlerin iştahını kabartmakta ve buranın ele geçirilmesi hesapları yapılmaktaydı. Selanik o günün koşulların da Avrupa'daki şehirlerden geri kalır tarafı yok ve her yönüyle zengin şehirdi. Olaylar Makedonya'da artarak devam etmeye başladı 1903'ün Kasım ayına kadar sürdü. Bu isyanlar **"Aziz İlyas" isyanları denildi ve Makedonya'da hâlâ milli bayram olarak kutlanılmakta.** Sofya okullarında okuyan Makedon ve Bulgar gençleri, köy okullarında öğretmenlik yaparak halkı isyana ve olaylara katılmaya teşvik ederek olayların gelişmesini hızlandırmışlardı.

Mürszteg Programının Kabul Edilmesi

Makedonya'da olayları çıkaran, tetikleyen, yönlendiren ve Osmanlı'yı köşeye sıkıştırmaya çalışan emperyal güçler yeni bir oyalama programı ile ortaya çıktılar. Onların derdi program değil Osmanlı'yı tüm Balkanlardan atmak içindi. Onların parolası şöyle düzenlendi "Makedonya Makedonyalılarındır" diyerek sürdürdüler "Türkler sonradan gelen istilacıdır" demeleri ile bölge halkını tümden ayrıştırmaya yönelik bölücü hareketlerini tetiklemektelerdi. Makedonya'daki olayların artması üzerine yeni bir planla ortaya çıktılar ve bu planın adı "Mürszteg Programı" olarak tanındı. Manastır'da beklenmedik bir olayı, Rus konsolosu çıkardı ve canıyla ödedi. Rus konsolosunun ölümü üzerine Rusya Sarayı sıkıştırmaya başladı ve yeni önlemler devreye sokulma sürecine girdi. Manastır'da ki, Rus konsolosunun ölüm olayını Murat Bardakçı, Kazım Karabekir'in hatıratına dayanarak şu şekilde yazmakta: "Rus konsolosu aksi Türk düşmanı ve geçerken bana neden selam vermedin diye Türk askerini kırbaçlamış. Askerde silahını çekip konsolosu vurarak öldürmüş."[4] Bu olay Rusların baskısını Türkler üzerinde baskı malzemesi olarak kullanmasına zemin hazırladı. Yargılamalar sonunda konsolosu vuran Türk askeri ve arkadaşı idam edilerek iki askerin ölümü İttihatçıları çileden çıkaran olaydı ve Enver Paşa bu olayı hiç unutmadığını hatıratında üzüntü ile yazmakta.

Kazım Karabekir Paşa, Rus Konsolosunun fevri hareketini bakın nasıl yazmakta: "Türk kışlasının önünde geçen Rus konsolosu her zaman gezmeye çıkarmış. Bu günde karakolun önünde geçerken nöbetçi selam durmamış diye kızmış. Nöbetçinin yanına giden konsolos 'Neden bana selam durmadın' diye nöbetçiyi kamçılamaya başlamış. Sonra 'Beni iyi tanırsınız, size böylesi layık pis Türkler..."[5] Diyerek oradan uzaklaşmaya koyulmuş. Türk askeri de kendini böyle tanıtır diyerek Rus konsolosunu vuruyor. Ruslar bu olayı kullanarak Mürszteg sürecini hızlandırmayı fırsata çevirme peşine düştüler. Hüseyin Hilmi Paşa, Yemen valisi olarak görev

---

4 Murat Bardakçı, Age, s. 95.

5 Kazım Karabekir Paşa, HAYATIM, Yapı Kredi Yayınları, 7. İstanbul Baskı, Şubat 2020, s. 150

yapmaktaydı ve Padişah II. Abdülhamit, onu Makedonya Umum Müfettişi olarak görevlendirdi. Makedonya'da jandarma reformu için Belçika'dan uzmanlar getirtilerek göreve başlanılması Bulgarların işine gelmedi ve reforma karşı çıktılar. Rusya ve Avusturya- Macaristan İmparatorluğu bu sürece dâhil olarak Osmanlının içişlerine karışmış oldular. Bu sürecin Makedonya'da etkisi giderek artmaya başladı ve genç Harbiyeli subayların çileden çıkmasını doruklara tırmandırıyordu.

Mürszteg Programı şöyle devreye sokuldu, "Rusya Babıali'yi ıslahat yapmak için sıkıştırdı. Abdülhamit, Hüseyin Hilmi Paşa'yı genel Müfettiş tayin etti. Vilayetlerin idari, adlı vesaire işlerine bu müfettiş bakacaktı."[6] Rusya ve Avusturya Abdülhamit'in bu projesini beğenmeyerek kendileri bir proje hazırladılar ve bu projeyi büyük devletlerin de onayını alarak İstanbul'a sundular. Mürszteg Viyana'nın 90 km. Güneybatısında bir kasaba ve tarihi şatoda hazırlandı. Mürszteg projesinin içeriği şöyle hazırlandı. "Polis ve jandarmanın düzeltilmesi için ecnebi uzmanların istihdamı, nüfus nispetinde Hristiyanlardan da polis ve jandarma alınması, ekseriyeti Hristiyan olan köylerin kır bekçilerin Hristiyan olması."[7]

Bu projeyi Padişah II. Abdülhamit 24 Ağustos 1903'te kabul etti ve bölgedeki Türk subaylar bunu içlerine sindiremedi. Mürszteg projesi Makedonya'nın resmen içişlerine müdahale ve Osmanlı'nın Balkanlarda devre

6 Kazım Karabekir, Age, s. 55.
7 Kazım Karabekir, Age, s. 55.

dışı kalması demekti. Rusların, Boğazlardan Akdeniz'e inmesi hayal olunca bir düzenleme yaparak Balkanlarda Adriyatik denizine inme projesini büyük devletlere kabul ettirerek sıcak denizler hayaline bu yöntemle kavuşmayı istemekteydi. Mürszteg programına Almanya Osmanlı'ya şirin görünmek için katılmamıştı ve Rusların Makedonya'ya gelmesini ve Akdeniz'e inmesini Almanya istemiyordu, bu Almanların çıkarlarına ters düşen bir durumdu. Bu programa destek veren ve onaylayan ülkeler de şunlardı. Rus Çarı II. Nikola ile Avusturya –Macaristan İmparatoru Franz Joseph, 1903'te Mürzsteg'te buluştular. İki hükümdar Fransa, İngiltere ve İtalya ile aynı görüştelerdi. Emperyalist ülkeler Makedon sorununa el attılar. Makedon sorunu Osmanlı'nın sorunu değil emperyalist ülkelerin sorunu gibi bakılmaya ve yaptırımların uygulanılmasına başlanıldı. Bu program Osmanlı'nın içişlerine doğrudan müdahaleydi ve kabul edilemezdi. Harp Okulu mezunu subaylar bu sonucu asla kabullenemediler ve Abdülhamit yönetimine karşı tepkilerini hızlandırmaya ve yeni önlemler almayı ajandalarına yazıyorlardı.

Mürszteg Programını Akademisyen Hüner Tuncer şöyle yazmakta: "Makedonya'da reformlar yapılacak ve Genel Müfettiş Hüseyin Hilmi Paşa'nın yardımcıları biri Rus bir de Avusturya iki müfettiş yardımcıları olacaktı. Bu müfettişlerin görevi Makedonya'da olup bitenleri kendi elçiliklerine bildirmekti. Osmanlı Hükümeti Makedonya'daki, polis ve Jandarma gücünü yabancı generale verecek ve oda yeterince yanında subay bulunduracaktı. Bu üç vilayetin bütçesini Osmanlı Bankası denetleyecekti. Makedonya'nın düzeni, İtalyan, Avusturya, Rusya, Fransa, İngiltere devletinin subaylarınca sağlanacaktı."[8]

Sultan Abdülhamit, kendi güvenliği açısından sakıncalı bulduğu Harbiye mezunu subayları Makedonya'da görevlendiriyordu. İstanbul'dan uzaklaştırmak suretiyle, bunları Makedonya'da düzeni sağlamakla görevlendirmişti. Makedonya Mektebi Harbiye mezunu genç subayların **"ulusçuluk okulu"** olarak İttihat ve Terakki'nin Makedon gücünü oluşturdular. Yönetenlerin yanlış tutumları, aldığı hatalı kararlar ve bu kararların alınmasına gelinceye kadar tüm yanlışların kümülatifi, düşünen beyinleri çıldırtma noktasına getirmesi olmuştu. Devletinin geleceğinin tehdit ve tehlike altında olduğunu gören genç subaylar çözüm yollarını aramak ve bulmak gibi ana bir sorunla karşı karşıya olduklarının bilincindeydiler ancak bu sorunun çözümünün de kolay olmadığını hep kafalarının bir kenarına yazıyorlardı..

Makedonya'da görev yapan Harbiye mezunu subaylar, orada tüm dünyayı ve Osmanlı yöneticilerini yeniden keşfederek devletin bu yönetim anlayışı ile yürüyemeyeceğini görerek yeni görevlerin kendilerini beklediğini sorgular oldular. Yeni bir süreç yeni bir görev yeni bir eylem zamanının geldiğini görerek eylemsel süreci hızlandırma kararını Harbiyeli subaylar başlattı.

---

8 Hüner Tuncer, Türk Dış Politikası, 1. Cilt, Kaynak Yayınları, 1. Ankara Baskı, Ekim 2017, s. 299

Makedonya'da, Osmanlı'ya karşı olan rakip güçler bir askeri cephe oluşturmuş durumdalar ve bölgenin güvenlik sorununu da onlar çözecek ve gelirlerini de onlar denetleyecekti. Bu Rumeli de devlet için kurulmuş bir devletti. Tüm bu özgürlükleri kısıtlayıcı yaklaşımlar, sarayın sessizliği genç Harbiyeli Subayları çileden çıkartarak çözümler arayışına yönelmelerine neden olmaktaydı. Makedonya'nın içişlerine emperyal güçlerin karışması ve kendilerine göre bir tür yönetim geliştirmeleri, İttihatçı subayların kabul edeceği bir işleyiş deşildi ve kılıçların çekilmesini tetikleyen faktör olarak görüldü.

Kazım Karabekir Paşa, Makedonya'daki çetelerin nasıl beslendiğini ve kimlerin yardım ettiğini şu şekilde yazıyor: "Komitelerin en son ucu bu çeteler. Esas teşkilatları merkezdedir. Mesela Manastır'da konsoloshaneler, kiliseler, mektepler bunlarla meşgul. Kaza ve nahiyelerde bunlara ait merkezler bulunur. Sonra köy teşkilatları gelir. Her köyün gençleri çetenin ferdidir. Birde daimi çeteler var ve bunlar hudut dışında gelir..."[9] Makedonya'yı emperyal güçler çete savaşlarının yaşayacağı noktaya çevirme hep hesaplarını yaptılar. Tüm bu olumsuzlukların nedeni Osmanlı'nın ekonomik yapısının zayıflığında kaynaklanmaktaydı.

Makedonya'da yaklaşık olarak Müslüman nüfusla ile Müslüman olmayan nüfus birbirlerine denkti. 1789 Fransız İhtilali ile azınlıkları emperyal güçler tetikleyerek onların birer devletçik olmaları için yeni haklar adı

9 Kazım Karabekir, Hayatım, Yapı Kredi Yayınları, 7. Baskı İstanbul, Şubat 2020, s. 265.

altında Osmanlı'ya dayatma planları yaptılar. Hedefleri azınlıklara güya baskılar yapılıyor o baskıları önlemekti. Emperyalist devletlerin asıl amacı Osmanlı'dan koparacakları bu azınlıkları birer devletçik birer uydu devletçiği haline getirme stratejisini devreye sokmak, sömürü mekanizmasını çalıştırmaktı. Bölünmüş parçalanmış bir Osmanlı aradıkları tam bir pasta idi. Bu pastadan koparılacak bir parça ve kurulacak devletçikler onlara her alanda hizmet edecek olan birer sömürü alanıydı. Sömürü çarklarının tıkır tıkır işlemesi aradıkları sonuç olacaktı.

Makedonya'yı Mürszteg Programı İle Bölme Stratejisi

Osmanlı'nın bu projeleri reddetmek için ne gücü var ne yeni alternatifler üretme çözümü var ne de bu konuda iradeye sahipti. Padişah II. Abdülhamit önüne gelen projeyi devlet aleyhine de olsa kabul etmek zorunda kalmaktaydı. Padişahın bu tutumu genç vatansever subayları çileden çıkaracak ve İttihatçıların bu yanlışların hesabını sorma sürecini başlatacaktı. Araştırmacı Yazar Murat Bardakçı bu konuda şöyle yazmakta: "Proje Makedonya 'ya hem Avrupalı bir Hıristiyan, hem de bir Osmanlı valisi tayin edilmesini ve bölgede Avrupalı müşavirlerin görev yapmasını öngörüyordu. Daha sonra İngiltere bu projeye müdahale ederek değişiklik yapıldı. Yenilenen bu projede idari ve mali düzenlemeyi Sultan Abdülhamit 24 Ağustos 1903 te kabul etmek zorunda kaldı. Makedonya'da üç vilayete Hüseyin Hilmi

Paşa müfettiş vali olarak tayin edildi. Paşanın yanına iki Avrupalı müşavir verildi. Bölgedeki jandarmalarda yabancı subayların kumandasına verildi."[10] Makedonya'daki bu üç vilayet bölgenin can damarıydı. **(Selanik, Manastır ve Kosova)**

Sömürgeci ülkelerin içinde en geç sanayileşen ülkeler ise Almanya ile İtalya oldu ve bu iki devletinde gözü Osmanlı topraklarındaydı. Enver Bey, 1903 te Kurmay Yüzbaşı olarak Üçüncü Orduya atandı. Çeteler Rumeli'de acımasızca katliamlar yapmaya, halkı sindirmeye devam etmekteydi ve tam bu sırada Enver Bey tepelerine bir aslan gibi inecekti. Beş yıl boyunca Makedonya dağlarında halkın içinde, askerlerin arasında ve çetelerle vuruşarak adını duyurdu. O sırada tüm Makedonya çetelerin tehdidi ve saldırısı altındaydı ve Binbaşı Enver Bey, çetelerin korkulu rüyası haline geldi. Üçüncü Orduda etkili ve ağırlığı giderek artmaya başladı ve 1906 da İttihat ve Terakkinin kurulması ile de hem çetelerin hem de Sultan Abdülhamid'in rüyalarını kaçıran Enver tarihin akışını da değiştirerek ikinci meşrutiyetin de ilanını kabul ettirecekti. Binbaşı Enver, Mustafa Kemal gibi yurtsever subaylar o dönemin etkili ve sözleri dinlenir aydın subaylarıydı.

Mürszteg Anlaşması'nı Kazım Karabekir (Paşa), bu süreci kabullenemeden tüm yurtsever subayların onurunu inciten yaklaşım olarak görüyor ve şu şekilde yazıyordu: " 3-6 Haziran1907 pazar günü Hüseyin Hilmi

10 Murat Bardakçı, ENVER, Türkiye İş Bankası Yayınları, 1. Baskı İstanbul, Kasım 2015, s. 81

Paşa Selanik'te trenle Manastır'a geldi. İstasyonda karşılamaya çıktık. Beraberinde silindir şapkalı Avrupalı memurların cakalı görünüşleri, yüksekten bakışları, yüreğimize hançer gibi saplanıyordu. Bir kısmı hükümet üniforması taşıyan, bir kısmı da güya bizim jandarma üniformasını taşıyan, fakat eski Romalılar gibi geniş pelerinlerini omuzdan arkaya atan ve uzun kırmızı fesleri-ni bir tarafa yıkan İtalyan jandarması zabitleri de birer zehirli ok gibi insana bakıyordu. "[11] Yabancı güvenlik güçlerinin öz ülkenizde sizin askerinize, subayınıza, halkınıza ve devletinize zehirli ok gibi bakışları bölgeden görev yapan genç Harbiyeli subayları yeni arayışlara ve çözümlere sevk eden sürecin fitilini ateşlemekteydi. Bu acı tablo İttihat ve Terakki örgütünün kabul edeceği bir fotoğraf değildi ve olaylar giderek çığırında çıkma moduna girdi ve genç subaylar bu durumu onurlarına yedirememekteydi. Kılıçlar karşılıklı çekilme sürecine girmekteydi ve bu yönetim anlayışı ile genç subayların yıldızı bir türlü barışmıyordu.

Makedonya'nın güvenlik sorununu yabancı güçlerin emrine veren bir ülkenin geleceği hüsrandı. Kendi subaylarına, halkına, memurlarına tepeden bakan, hakir gören bir anlayış nasıl onurlu olur da ülke o anlayışa teslim edilir. Bir İmparatorluk hem büyüme stratejisini uyguluyor hem de elde ettiği toprakların ve halkın güvenliğini sağlamaktan aciz kalıyor. Kendi ülkesinin güvenliğini başka ülkelerin emrine vermek, süreç için de

---

11 Kazım Karabekir Paşa, HAYATIM, Yapı Kredi Yayınları, İstanbul Baskı, 2008, s. 154

oraların kaybedileceğini kabullenmektir ve nitekim sonuçta kaybedildi. Makedonya sorunu geniş bir bölgeyi kapsıyor buraya yabancı güçleri sokmak orayı erkenden elden çıkarmaya izin vermekten başka bir şey olamazdı ve sonuçta Makedonya'nın elden çıkması Türklere pahalıya mal oldu. Osmanlı, yatırımlarının büyük bölümünü bu bölgelere yaptı, doğduğu ve devlet olduğu Anadolu toprağına yok denecek kadar yatırım yapmadı ve sahipte çıkmadı, Anadolu'ya Cumhuriyet sahip çıktı.

Mürszteg Programın da Görev Bölümü

Mürszteg programının Rumeli'de sorunları çözmek yerine kilitleme sürecini yarattığını ve gerilimi doruklara tırmandırdığını görmekteyiz. *"Rumeli de asayişi sağlamak için bir Avrupalı general komutasında yabancı bir jandarma gücü kurulacak. Osmanlı Rumeli Umum Müfettişi olan Hüseyin Hilmi Paşa'nın yanına reformları izlemek üzere biri Rus diğeri de Avusturyalı iki memur tayin edilecekti. İdare ve yargı yeniden düzenlenecek Hıristiyanlara eşit sayıda yer verilecek, olaylardan zarar gören Hıristiyanlara tazminat ödenecekti. Bulgaristan'a göçmüş Makedonyalı Bulgarlar tekrar geri dönecek."*[12] Bu ağır koşulları İttihatçılar içlerine sindirememekteydiler ve olaylar günden güne devletin aleyhine ve emperyal güçlerin lehine gelişme sürecindeydi.

Avusturya'nın Balkan politikasının temel amaçlarından biri şu idi, Makedon bölgesini ele geçirerek Ad-

12 Taha Akyol, Rumeli'ye Elveda, Doğan Kitap, 1. Baskı İstanbul, Şubat 2013, s. 65

riyatik denizine inebilir miyim; diyerek bölgenin Rus kontrolüne girmesini kabullenememekteydi. Bölge kontrolü için Ruslarla birlikte hareket etmesinin nedeni de bu olsa gerekti. Makedonya Osmanlı toprağı, görev yapanlar yabancı askerler bu tablo Türk Subaylarının içine sindireceği bir fotoğraf değildi. Kendi öz ülkelerinin güvenliğinde kendileri sorumlu olması gerekirken bu sorun yabancılara ihale edilmiş durumdu ve bu kabul edilemezdi! Makedonya 'da sürekli olaylar olmasına rağmen bir kez olsun Padişah Abdülhamit o bölgeyi ziyaret etmedi ve Yıldız sarayında oturarak emirlerle, alaylı Arnavut paşalarıyla bölgeyi yönetmekteydi ve askerin yanında bulunup karavanasında bir kaşık dahi çorba içmedi. Makedonya'da güçlenen ve örgütlenen İttihatçılar, Sultan Abdülhamid'di de tahtında indiren onun yanlış uygulamalarının eseriydi. İttihatçılar tam bir vatansever genç subaylardan oluşan toprağının her karışını korumayı amaç edinmiş, ant içmiş fedakâr genç vatansever subaylardı.

Makedonya ile fazla oynayan Avrupalılar sonuçta oraların elden çıkmasını yarattılar ve öteden beri arzuladıkları doyumsuzluklarını doyuma ulaştırmak için son çareyi oranın yönetimiyle oynamakta bulacaklardı ve buldular. Mürszteg Programına göre, yabancı jandarmanın başına İtalyan General Di Giorgio Paşa getirildi. Balkanlar da asayişi sağlamak için çeşitli il merkezlerine yerleştiler. Makedonya emperyalist güçlerce resmen işgal edilmişti, bu durumu gören Türk olmayan azınlıklar ise Türklere karşı kin kusmaya devam etmektelerdi.

Emperyal güçlerin desteği ile Azınlıkların kurduğu çeteler terör eylemlerini acımasızca ve şiddetli olarak kirli eylemlerini hızlandırdılar. Makedonya'nın merkezlerine yerleşen yabancı birlikler bu birliklerin nerelere yerleştiklerini, Kazım Karabekir Paşa, İttihat ve Terakki kitabında Makedon şehirlerine yerleşen yabancı askerlerin nerelere yerleştiklerini şu şekilde yazıyor:

1 –*"Manastır Vilayetine İtalyanlar yerleşti.*
2- *Sezer'e Fransız jandarması yerleşti.*
3- *Selanik ve Üsküp'e Rus jandarması yerleşti.*
4- *Drama 'ya da İngilizler yerleşti.*
5-*Üsküp'e de Avusturyalılar yerleşti."*[13]

Görüldüğü gibi Makedonya Türk toprağı değil yabancı güçlerin talim yaptığı ve cirit attığı alana dönüştürüldü. Bölgeye yerleşen yabancı güçlere bakınca Balkanlar artık Türklerin kontrolü dışına çıkmıştı. Bu tablo düşünen herkesi çılgına döndürdü, çılgınlaşmayan birisi varsa o da Padişah ve ekibiydi. Balkanların güvenliği Fransızlara, İngilizlere, İtalyanlara, Avusturyalılara ve Ruslara bırakıldı. Osmanlı Balkanları bu emperyal güçlerin eline terk etti ve bu güçlerin ektiği tohumlar kısa sürede filizlendi ve bölgenin elden çıkmasını neden oldu. Balkanların güvenliğinde artık yabancılar sorumlu ve Türkleri aşağılayarak küçük görerek, hakaret ederek görev yapmaktaydılar. Akademisyen Hüner Tuncer

13 Kazım Karabekir, İTTİHAT VE TERAKKİ CEMİYETİ, Emre Yayınları, 2. Baskı İstanbul, Temmuz 1995, s, 69.

bu konuda bakın nasıl yazmakta, *"İkinci Abdülhamit, kendi güvenliği açısından sakıncalı bulduğu " mektepli subayları" İstanbul'dan uzaklaştırmak suretiyle, bunları Makedonya'da düzeni sağlamakla görevlendirmişti."* [14] Abdülhamit'in Balkan politikası kendi makamı için hesaplandı ancak tam tersi oldu. Dış politikasını da günü kurtarmaya yönelik sistem üzerine kurdu ve tüm hesapları tutmadığı gibi ülkenin geleceği de ateş çemberinin içine atıldı. Padişahlar yarınları düşünmeden gününü gün etmesinin sonucu koskoca imparatorluğun güvenliğini yabancılara bırakmak kabullenilemez bir durumdu. Saray, Makedonya'nın güvenliğini sağlayamayıp yabancı güçlere terk edince Harbiye çıkışlı subaylarda bunu içlerine sindiremeyerek isyan ettiler. Harbiye çıkışlı subayların Makedonya'daki, bu çirkin güçler karşısında daha fazla aşağılanmamak için gereğini yapma kararını aldılar. Tüm alınan kararlar son derece gizlilik içinde yürütülmekteydi, zira II. Abdülhamit despotizmi tepelerinde Demokles'in kılıcı gibi sallanmaktaydı.

Makedon Olayları Türklük Bilincini Tetikledi

Tüm Harbiyeli Subaylar ve Türk aydınları, Makedon yöresindeki bu yanlış uygulama ve eylemlerden ileri derecede rahatsızdılar. İstanbul kendi rahatından başka bir şey düşünmemekteydi. Padişah II. Abdülhamit, koltuk sevdasında olup Avrupalılar bağırdıkça bir mik-

---

14 Hüner Tuncer, Türk Dış politikası, 1. Cilt, Kaynak Yayınları, 1. Baskı Ankara, Ekim 2014, s. 299.

tar toprak vererek seslerini keserdi. Gün geldi sarı öküz olayına döndü ülkenin tamamını istemeye başladılar, bu durumu genç Harbiyeli subaylar kabullenemezlerdi ve bu kötü gidişe dur demenin geldiğini ve sonucu zamanı gelince Yıldız Sarayına bildirme kararını aldılar. Subaylar, aydınlar ve halk Padişahın bu tutumundan asla memnun değillerdi, bu rahatsızlık kurtuluş reçetelerinin Makedonya'da yazılmasına neden olacaktı. Hem Yıldız'ın tutumu hem de Batı'nın bu yaklaşımı Türk subayları arasında Türklük bilincinin körüklenmesinin kıvılcımlarını yakmaktaydı. Tanzimat sürecinde **"Osmanlıcılık"** ideolojisi ile tüm halkı tek çatı altında birleştirmek hedefi tutmadı. Osmanlıcılık ideolojisi tutmayınca, İkinci Abdülhamit "İslamcılık" ideolojisinde bütünleştirmek istedi ve bu ideolojide tutmayarak çöktü. Çökmeyen ve yaşayacak olan Türklük bilinci ve Türk kimliği Makedonya'da kabul görme sürecine girdi ve İttihatçılar bu kimliğin önderi olmayı başaracaklardı.

Fransız İhtilali, milliyetçilik akımlarını tetikleyince, tüm dünyada milliyetçilik akımları etkilenmeye başlandı ve bu etkileyiş Makedon bölgesinde yaşayan azınlıkların da milliyetçilik duygularını ateşledi, sonuçta bu etkilenmeden Türklerde nasibini aldı. Balkan milliyetçiliği ayrılıkçı gruplarca körüklenince genç İttihatçı subaylar ve aydınlar arasından da ***"Türk Milliyetçiliği"*** doğmaya ve kabul görmeye başladı. Türk milliyetçiliğinin doğuşu, gelişmesi İttihat ve Terakki örgütünün çalışmaları ile Makedonya'da doğarak tüm Anadolu coğrafyasında yayılma fırsatını buldu. Türklük ve milliyetçilik bilinci gelişerek Cumhuriyeti kuran ideolojinin altyapısını oluşturdu ve Türkiye Cumhuriyeti Devletini yarattı.

Balkanlardaki dış müdahale, Sarayın sessiz kalması Harbiyeli Subaylar arasında milliyetçilik akımının, Türkçülük şuurunun ulus kimlik bilincini hızla tetikleyerek yeni bir kimliğin, Türk kimliğinin varlığının yaratılmasına öncülük ediyordu. Bu Türklük bilinç ve şuuru Çanakkale de ve Anadolu İhtilalinde kendisini öncü güç olarak gösterdi. Balkan olayları Türk Milliyetçiliğinin temel tetikleyicisi olarak eyleme dönüştü ve sonucu bugünkü Türkiye Cumhuriyetinin varlığı ve birliği oldu. Makedon baskısı, emperyalist oyunları, değişen ve dönüşen dünya konjonktürünü, Makedonya'daki, milliyetçilik akımları Türklük bilincini ve Türk Milliyetçiliğini yaratan sürecin kaynağı oluverdi.

Abdülhamit, Harbiyeli subayları hep İstanbul dışına sürerek onlardan çekindiği için hep uzak durdu. Donanmadan korktuğu için donanma beni tahtımdan eder diye, Yıldız Sarayına saklandı ve donanmayı da Haliç'te çürümeye terk etti. Sultan Abdülaziz'in borçla kurduğu yüksek paralar ayırarak donanmayı yenileyip bu ülkenin geleceğine hizmet etsin diye, Abdülhamit ise donanmayı çürümeye terk etti. Donanmanın çürütülmesi sonucunda Mısır, Trablusgarp, Balkanlar, Selanik ve tüm Ege adaları kaybedildi. Tüm bu toprak kayıpları ve sahipsizlik Saray'a karşı duyulan güveni günden güne yok ediyordu. .

Ne jandarma ıslahı ne müfettişlik makamı nede Hıristiyan vali Balkanları bir türlü kontrol altına alamadı. Terör gitgide tırmanmaya başlıyordu ve çözümler çözümsüzlükte kilitlenmişti. Makedonya'daki subaylar doğru dürüst maaş alamazlarken, İstanbul'daki eğitimsiz subayların bir eli yağda biride kumar masalarında günlerini gün ediyorlardı. Makedonya'daki Harbiyeli subaylar çetelerle savaşırken, alaylı subaylar katlamalı maaşlarla tam bir ayrıcalık yaşamakta ve Rumeli'de ki subaylar bu rahatsızlığı yaşadığı halde vatan için seslerini çıkarmamaktaydılar. Tüm bu olumsuzluklar Türk milliyetçiliğini yaratan süreç oldu. Mürszteg Programı, İttihatçıları ve aydınları harekete geçirerek Saray'a karşı ve Türklük bilincine karşı üzerlerine düşen görevi yerine getirmenin misyonunu yüklüyordu.

MUSTAFA KEMAL İTTİHAT VE TERAKKİ'YE ÜYE OLUYOR

Mustafa Kemal'in Harp Okulu Süreci ve Şam'a Sürgünü

Osmanlı 1860'larden itibaren hem ekonomik hem de diş tehditler altında ağır sorunlar yaşamaya düşürüldü ve düşünen beyinler hep dışlanmakta olup çeşitli suçlamalara ve Bekirağa Bölüğü gibi işkence odalarına maruz bırakılmıştı. Mustafa Kemal'de Bekirağa Bölüğünde İşkencelere tabi tutulacak sonucunda Harbiye'deki öğretmenlerinin araya girmesi ile II. Abdülhamit'in hafiyelerinin elinde alınacaktı.

Mustafa Kemal, eğitim sürecinde Namık Kemal hayranı olup onun fikirlerinde, hürriyet özleminde ileri seviyede etkilenen ve şiirlerini ezbere okuyan, şiirlerini, düşüncelerini bir defterde toplayan tam bir vatan şairi aşığıydı. Mustafa Kemal kişisel gönül aşkını yaşamadan, Namık Kemal'in özgürlük, vatan, hürriyet aşkını gönlünde ve çevresine sunduğu birikimle yaşamaya çalıştı. Mustafa Kemal tam bir yurtsever, hürriyet aşığıydı ve bu özgürlüğün tüm toplumca paylaşılır olması arzusunu taşımaktaydı. Namık Kemal'e hayranlığından dolayı da **"Kemal"** ismi o hayranlık armağanı olarak okulca ve öğretmenlerince verildi.

Mustafa Kemal başarılı ve özgürlük aşığı öğrenci olduğu için öğretmenlerince çok sevilir ve takdir edilirdi. Askeri liseye İstanbul'da devam etmek için teşebbüslerde bulunurken öğretmenleri onu Manastır askeri lisesine yönlendirmeye çalıştılar. İstanbul'daki askeri okulların Padişahın kontrolünde olduğunu söylediler ve özgürlük aşığı Mustafa Kemal Manastır Askeri lisesine gidip kaydını yaptırdı. Manastır askeri lisesinin önemli aktif çalışkan öğrencileri arasında yerini aldı ve Manastır Askeri lisesini, İstanbul Harp Okulunu ve 1905'te İstanbul Harp Akademisini başarı ile bitirerek, Kurmay Yüzbaşı olarak atanacağı yere gitmeye hazırdı ve kendisini Bekirağa Bölüğünün zindanlarında buldu.

Mustafa Kemal, Erkânıharbiyede iken görüşlerinden dolayı okul yönetimince kayıtlara şöyle not düşülmüştü. Bu olayı Taylan Sorgun yazmakta, **"Dikkat edilecek bir zabittir"** diye farklılığı ortaya çıkmıştı. Dönemin okulunda çeşitli etkinliklere katılır ve farklı platformlardan görüşlerini açıklamaktan geri kalmazdı. Mustafa Kemal, bir konuşmasın da "siz yalnızca toprak kayıplarından meşgulsünüz, bunun mühim sebeplerine bakmak lazımdır. İktisadi vaziyetimiz, askeri vaziyetimizden ve siyasi vaziyetimizden ayrı bir vaziyetmiş gibi görmek vahim bir hatadır." Mustafa Kemal, daha öğrencilik yıllarında ekonominin önemini vurgulayarak geleceğin ekonomi ile şekilleneceğine işaret etmekte olup aynı zamanda büyük bir ekonomist sayılmaktadır. Bugünkü kanıtı ise karma ekonomik modelin uygulanması ve İkinci Dünya Savaşı sonu Keynesyen teorinin altyapısını oluşturmasıdır.

Yazar Taylan Sorgun Mustafa Kemal'in ekonomik konulardaki görüşlerini şu şekilde yazmakta: *"Bazı zümre ile saraydaki bir zümre ve saray çevresi hayatın imkânlarından faydalanmaktadır. Başımızda kapitülasyon denilen bir iktisadi bela vardır. Peki, bununla neler olmuştur? Avrupa zenginleşti, Avrupa milletleri fabrikalarını yaptılar, fakat kapitülasyonların getirdiği iktisadi vaziyet bunları yapmamızı men etti. Bugün mevcut topraklarımız içindeki öteki milletler Avrupa'nın kendi emelleriyle tatbik edecekleri siyaset ile kendi vaziyetlerini tayin etmek siyasetini güdecektir."*[15] Öğrencilik yıllarında, aydınlar arasında genel kanı meşrutiyetin ilan edilmesi ve özgürlük ortamının genişletilmesi gündemi belirlerken, Mustafa Kemal'in ekonomik konulara herkesin dikkatini çekmesi stratejik düşüncenin öngörüsünü yansıtmaktaydı. Ülkenin geri kalışının nedenlerini ve ekonomiyi çökertense kapitülasyonlar olduğunu görerek çevresi ile paylaşma gereğini duymaktaydı.

---

15 Taylan Sorgun, Devlet Kavgası (İttihat Ve Terakki), Kaynak Yayınları, 1.Baskı İstanbul, Mart 2001, s. 43

Ekonomi, Osmanlı aydınlarınca da yeterince bilinmemekteydi ve bunun temel nedeni İmparatorluğun ticareti yabancılara vererek bu konuda birikimli kadroların yetişmesi engellenmişti ve imparatorluğun yıkılışı da ekonomik nedendi. Öğretmenlerinin bazıları ondan çok şey beklendiğini daha öğrencilik yılların da görmüş ve geleceğin ışıklarını sezmiş ve bu ışıkların ülkenin karanlık yüzünü aydınlatacağına inanmışlardı. Her dönemin aydın bireyleri ülkesini düşünmek için üzerine düşen görevini bir vatan borcu olarak yerine getirmekten geri durmamayı asli görevi saymalıdır. Türk milleti ne zaman dara düşse bir kahraman çıkar ve onu yönlendirerek düzlüğe çıkarmayı başarır. Atatürk'te böyle sıkıntılı sürecin ışığı olarak doğdu ve aydınlatmasını sürdürerek bu milleti özgürlüğe kavuşturdu. Atatürk hem Türk milletinin lideri hem de geri kalmış mazlum milletlerin yol gösterici örnek aldıkları önderi olmuştu.

Harp Akademisin de hem derslerine çalışmakta hem de siyasi, sosyal, idari konularda arkadaşlarıyla görüşlerini paylaşmaya çalışmaktaydı. Harbiye'de gazeteler çıkardılar ve görüşlerini bu gazeteler de yaymaya başladılar. Yine muhbirler onu şikâyet eti ve hapse girmekten hocaları kurtardı. 11 Ocak 1905'te kurmaylık okulu bitti. Kuraların çekilmesi biraz uzun sürmekteydi ve onlarda bu süreci birkaç arkadaşı ile bir evde kalarak beklemek zorunda kaldılar. Eminönü'nde mezun olan arkadaşlarıyla evde kalırken yanlarına gelen ve hafiye olduğunu bilmedikleri bir garibanı eve almalarıyla bu kez Bekirağa Bölüğü'nün zindanlarını boyladı. Eve aldıkları bu fakir ve gariban görünümlü kişi Abdülhamit'in hafiyelerindendi. Bu süreci yazar Ersal Yavi, İhtilalci Subaylar eserinde bakın nasıl yazmakta: "Mustafa Kemal ve arkadaşları bir gün önce Fethi isminde eski, fakat askerlikten atılmış bir arkadaşına rastladılar. Acıdılar ve onu eve aldılar, ona iyilik etmek içindi. Kuşkusuz Fethi'nin askeri okullar müfettişi İsmail Paşa'nın gizli ajanı olduğunu bilmemekteydiler. Fethi'nin bu genç subaylara yaklaşımı, İsmail Paşa'nın Akademi'den beri Mustafa Kemal ve arkadaşlarını izlemesinin bir sonucuydu."[16] Eve gelen muhbir tüm konuşmaları İsmail Paşa'ya bildirmişti. Acıyarak eve aldılar o muhbir bir kese dolusu altına Mustafa Kemal ve arkadaşlarını sattı. Bir ulusun geleceği Bekirağa Bölüğünün zindanlarında ve nemli taş yapısının karanlık köşelerine mahkûm edilemezdi ve edildi.

Akademisyen Sina Akşin Mustafa Kemal'in sürgün olayını şöyle yazmakta: ***"Mustafa Kemal Harp Okulunu 1902'de bitirirken ve elle bir gazete çıkarırken yakalanmıştı ve olay örtbas edilmişti. 11 Ocak 1905'te Erkânı Harbiye'yi bitirdi ve bazı arkadaşlarıyla bir evde toplantılar yaptıkları için tutuklandı. Birkaç ay tutuklu kaldı. 5 Şubat 1905'te dosyasına şöyle bir not düşüldü, memleketi Selanik'e kolay gidemeyeceği ve sahile yakın olmayan yerde görev..."***[17] Sorgulamalar aç susuz zindanda ve işkenceler sonucunda öğretmen-

16 Ersal Yavi, İHTİLALCİ SUBAYLAR, Yazıcı Yayınevi, 2. Baskı İzmir, Eylül 2003, s. 87.

17 Sina Akşin, Jön Türkler ve İttihat ve Terakki, İmge Kitabevi, 7. Ankara Baskısı, Eylül 2014, s. 103-104.

lerinin yine yardımı ve arkadaşı Ali Fuat (Cebesoy'un) babasının da yardımı ile zindandan çıktı. Sina Akşit'in yazdıklarına göre sürgün yeri önceden belirlenmiş ve Selanik'ten uzak Şam'a gönderilmesi kararlaştırılmış.

Otuz yıllık süreç hafiyeler süreci de diyebildiğimiz süreçtir. Abdülhamit'in, hafiye sistemini beslemesi ve ülkeyi bunların verdiği bu haberlerle yönetmesi, suçsuzların cezalandırılması çarpık yönetimin bir yansımasıydı. Abdülhamit, hafiyelerle aydın peşine koşarken Osmanlı'ya ağır darbeler vuran Çar ordusunun, Japonya karşısında nasıl yenildiğine kafa yormuyordu ve Abdülhamit'in işi aydınları tutuklatmak ve koltuğunu korumaktı. Japonya 1905'te Kamçatka yarımadasında Rusya'ya saldırdı ve Japonya Orta Asya içlerine kadar ilerlemişti. Genç Kurmay Yüzbaşı Mustafa Kemal bu olay üzerine geniş araştırmalar yaparak, fikirler üreterek arkadaşlarıyla bu olayı paylaşmıştı. 1905'te Japonya'nın Rusları korkunç biçimde yenmesi, Mustafa Kemal'in hafızasında asla çıkmadı çünkü küçük devletin Çar İmparatorluğunu nasıl yenerdi bu olay Çanakkale'de, Kurtuluş Savaşında emperyalistlerin yenilmesinde ilham kaynağı olmuştu. Yeter ki ders çıkarmasını ve ders almasını bilelim ve o konuya kafa yoralım. Sır belki de burada idi, sır stratejik düşünmede ve tarihi doğru okumakta, doğru analiz etmekte yatmaktaydı. Mustafa Kemal'in her konuda analitik düşünmesi ve doğru akıl yürütmesi onu başarıya götüren, rakiplerinden ayıran üstün özelliklerinden birisiydi ve bu özellik onu vazgeçilmez kılıyordu.

Mustafa Kemal Şam'da "Vatan ve Hürriyet" Derneğini Kurdu

Mustafa Kemal 1905'te Şam'a sürgüne gönderildi ve bölgeyi ve askerlerin durumunu gözlemleyip incelediğinde, bunlar Türk askeri olamaz diye herhalde uzunca bir süre düşünmüştür. Ordu milletin güvenliğini sağlamakla görevli iken, halkı soymasına anlam verememişti. İsyanların neden çıktığını bizzat yaşayarak ve bu hantal ordu yapısıyla bir yere varılamayacağını daha 1905'te genç Kurmay subay olarak gözlemledi. Beşinci Ordu da askerin yöre halkı üzerinde ki baskısını bizzat yaşadı. Operasyona gidiyoruz diye baskınlar yaparak halkın haraca bağlanması onu çok üzmüştü. Ordunun durumu ve komuta kademesini orada görünce bu ordunun savaşları nasıl kaybettiğini, başarısızlığa nasıl düştüğünü ve düzeltilmesi için nelerin yapılması gerektiğini düşünerek yakın arkadaşlarıyla paylaşmakta ve çözümler üretmekteydi. Bu disiplinsiz ordu ile hedeflere varmanın imkânsızlığını gördü ve ilgilileri uyararak daha sonra Enver Paşa, Mustafa Kemal'in önerisinden hareketle alaylı subayları ordudan tasfiye edecek ve yeni disiplinli ordu ile yola devam edilecekti. İşte bu disiplinli ordu Çanakkale zaferini Türk milletine armağan ediyordu. Çanakkale zaferi Enver Paşa ve Mustafa Kemal'in disiplinli ordu eseridir.

Selanik kültüründen çocukluğunu yaşamış, gençlik kültürünü İstanbul'da almış ve yaşamış Mustafa kemal, Şam'a sürgüne gönderilince o yörenin kültürü kendisine tamamen yabancı gelmişti. Bir tarafta özgürlükler mücadelesi verilirken öte tarafta, tam bir feodal kültür bir eşkıya yaşam biçimi ve tam bir ilkellik ona çok farklı yaşam biçimini gösterdi. Batı toplumlarıyla Doğu toplumları arasındaki farkın sosyal, kültürel ve ekonomik olarak korkunç derecede büyük olduğunu gördü ve yaşadı. Aradaki makasın nasıl kapanır olması gerekir diye düşündü ve kendisi gibi düşünenlerle paylaşmaya çalıştı. Feodal yapıyı yıkmak ve onu çağdaş yaşam sürecine sokmak hiçte kolay değildi ve o kahraman bunu başardı. Avrupa'nın geldiği 500 senelik yolu o 15 yılda kapatmayı gerçekleştirdi ve geleceğin sağlam temellerini attı.

Mustafa Kemal, o süreci hatıratına şöyle yazmakta "İsyanları bastırmak için gönderilen askeri birliklerin, daha ziyade halkı ve aşiretleri soymakla meşgul olduklarını, soyulan malların, paraların, hatta ordu subayları arasında paylaşılmasının usul haline geldiğini, bu arada kendisine ve arkadaşı Müfit Bey'e de altınlar teklif edildiğini, bunu nasıl reddettiğini anlatır."[18] Ordunun yöneten kadrosunun nasıl Şam'da halk üzerinde olumsuz baskı ve kirli oyun sergilediği onu çok üzmüştü ve bu duruma kesin bir çare bulunmalı diye ajandasına kayıt geçiyordu.

Mustafa Kemal, örgütlü toplumun önemini daha öğrencilik yıllarında arkadaşlarıyla paylaşmıştı. Şam'da, **"Vatan ve Hürriyet"** derneğinin kurulmasına ve özgürlük mücadelesine arkadaş grubu ile katılmaya karar verdi. Özgürlük aşığı aydınları kısa süre de tanıyarak, ölü topluluğun derdine bir nebzede olsa derman olmak

18 Şevket Süreyya aydemir, ENVER PAŞA 1. CİLT 1860-1908, 2. Baskı İstanbul, 1972, S. 238

için ateşli mücadelesine Şam'da da başladı. Mustafa Kemal'in yaşam felsefesi, yaşadığı çevrenin aydınlanmasına ve özgürlük düzleminde aydınlatılmasına katkı sunmaktı. Mustafa Kemal ve arkadaşı Kurmay Yüzbaşı Müfit (Özdeş) ile dolaşırken bir küçük dükkânın önünde oturdular. Dükkân sahibi Türkçe selamladı ve sohbet böylece sıcak ortamda başladı.

Bu tanışma sürecini yazar Ersal Yavi şöyle yazıyor: "***Mustafa Kemal meraklandı ve dükkânın içine girdi ve felsefe, sosyoloji ve tıp konusunda Fransızca kitapları gördü. 'Siz esnaf mısınız yoksa filozof mu?' diye sordu. Aldığı cevapta 'esnafım ama okumayı severim, hele özgürlük edebiyatını' diyerek anlatmaya başladı. 'Adım Mustafa Cantekin, İstanbul'da ihtilalci hareketlerin beşiği sayılan Askeri Tıbbiye 'de okuyordum. Bu sırada bozguncu girişimlerle itham edilerek hapse atıldım. Arkasından da sürgüne gönderildim.'"***[19] Mustafa Kemal ve arkadaşlarını birkaç gün sonra evine davet etti. Mustafa Cantekin ile Mustafa Kemal'in arkadaşlığı böylece koyulaşma sürecine girdi ve birlikte hareket etme kararını iki Mustafa alıyordu.

Bir sohbetinde Cantekin, "İhtilal yapmalı, inkılap yapmalı" diyerek halkın özgürlükleri paylaşmasını hep istemişti ve bu yüzden de Tıbbiyeden atılmış ve sürgüne gönderilmişti. Bir sohbette arkadaşları "özgürlük için ölürüz" demelerine Mustafa Kemal sert çıkarak şöyle konuştu: **"Amacımız ölmek değil, ihtilali ba-**

---

19 Ersal Yavi, İHTİLALCİ SUBAYLAR, Yazıcı Yayınevi, 2. Baskı İzmir, Eylül 2003, s. 88 89.

şarıya ulaştırmak ve düşüncelerimizi gerçekleştirmektir. Bunları halka benimsetmek içinde yaşamak zorundayız."[20] **Mustafa Kemal,** Şam'da kuracağı cemiyetin alt kadrosunu böylece yaratmış olmaktaydı. Ölümü ve tehlikeyi göze alarak ve ölmeden önce ideallerini gerçekleştirmek o kadronun temel felsefesi haline gelmişti. Şam'da "Vatan ve Hürriyet" derneğinin kurulmasına yine arkadaşlarıyla birlikte karar vererek çalışmalara gizlice başladılar.

Mustafa Kemal **"Vatan ve Hürriyet Cemiyetini"** gizli olarak şu arkadaşlarıyla birlikte Şam'da kurdu. *"Ekim 1906'da Mustafa Kemal, tüccar Mustafa (İlk Büyük Millet Meclisinde Kozan, daha sonra Çorum Milletvekili olan Dr. Mustafa Cantekin), 30. Süvari Alayı Komutanı Lütfi, Kurmay Yüzbaşı Müfit (Daha sonra Kırşehir Milletvekili Müfit Özdeş), Dr. Mahmut'tan oluşan bu ekip " Vatan ve Hürriyet" gizli cemiyetini birlikte kurdular."*[21] Kurulan derneğin başkanlığına Mustafa Kemal getirildi ve Suriye ve yöresin de örgütün güçlü olması için yeni hedefler belirlendi. Mustafa Kemal Şam'da hem asker hem de ***"Vatan ve Hürriyet Cemiyeti'nin***" lideridir. Göreve başladığı tarihten itibaren özgürlük mücadelesinin içinde kendisini yine buluyordu.

Beyrut, Kudüs, Hayfa ve Yafa gibi yerleri gezerek cemiyetin buralarda şubesinin açılması faaliyetlerin de bulundu ve örgütleme çalışmalarına başladı ancak

---

20 Ersal Yavi, Age, s. 89.

21 Hüner Tuncer, Türk Dış Politikası 1. Cilt, Kaynak Yayınları, 1. Baskı Ankara, Ekim 2017, s. 306

buraların özgürlük ve organize olma konusunda çok kısır olduğunu gözlemledi. Bu yöreleri staj yapmak bahanesiyle gezdi, gördü ve aktif kişilerle diyalog kurma yolunu seçti. Ancak o yörede gizli örgüt kurmak kolay değildi, feodal yapının ve eğitimsizliğin üst seviyeleri yaşanmakta olup halkın hem tembel hem de ürkek oluşu nedeni ile o kalın kabuğu kırmanın zorlukları da o kadar zordu. Binlerce senenin insanlara yüklediği ağır patrimonyal yapının baskısı vatandaşı ezmiş ve bunun üzerine de tarikatların, aşiretlerin töresel baskısı ve yaptırımı yüklenince halk iyice uyuşturulmuştu. Mustafa Kemal bu cemiyet çalışmalarını bu yörede yürütürken etkin çalışmanın ve hedeflere varmanın Selanik kültüründe daha verimli olacağına karar verdi. Cemiyetin bir şubesinin de Selanik'te açılmasının doğru olacağı düşüncesiyle harekete geçti.

Mustafa Kemal, komutanlarının olurunu alarak gizlice Selanik'e gitmeye karar verdi ve orada **"Vatan ve Hürriyet"** Cemiyetini kurmak için Selanik'teydi. Mustafa Kemal önce annesinin yanına giderek elini öptü ve annesi Zübeyde Hanım bir anda oğlunu görünce şaşa kaldı. Annesi padişahın emri olmadan buraya nasıl gelirsin diye sormak isterken Mustafa Kemal **"gelmem gerekiyordu geldim"** yanıtını verdi. Annesine bakarak şu yanıtı verdi: ***"Padişah Efendimizin aslında ne denli güçsüz olduğunu da sana göstereceğim ama daha sonra."***[22] Diyerek annesini rahatlatmak istedi. Mustafa

22 Ersal Yavi, Age, s. 91.

Kemal, o gün evinde çıkmadı annesi ve kız kardeşiyle zaman geçirdi, akşam olunca kendisini Selanik'e gelmeye teşvik eden topçu Paşası Şükrü Bey'in evine gitti ve görüşmelere başladı. Daha sonra Selanik'te ki, arkadaşlarıyla gizli görüşmeler yaptı. Bu konudaki görüşlerini arkadaşlarıyla nasıl paylaştığını Atatürk'ün Bütün Eserlerinden okuyalım:

"Memleketin yaşadığı vahim anları size Söylemeye lüzum görmüyorum. Bunu cümleniz biliyorsunuz. Bu bedhaht memlekete karşı önemli vazifelerimiz var. Bugün Makedonya'yı ve bütün Rumeli kıtasını vatan camiasından ayırmak istiyorlar. Memlekete yabancı nüfuz ve hâkimiyeti kısmen ve fiilen girmiştir. Padişah zevk ve saltanatına düşkün, her aşağılığı yapacak iğrenç şahsiyettir. Millet zulüm ve istibdat altında mahvoluyor. Hürriyet olmayan bir memlekette ölüm ve yok oluş vardır. Her ilerlemenin ve kuruluşun anası hürriyettir. Tarih bugün biz evlatlarına büyük görevler yüklüyor. Ben Suriye'de bir cemiyet kurdum. İstibdat ile mücadeleye başladık. Buraya da bu cemiyetin esasını kurmaya geldim. Şimdilik gizli çalışmak ve cemiyetin organlarını oluşturmak zaruridir. Sizden fedakârlık bekliyorum. Kahredici istibdada karşı ancak ihtilal ile cevap vermek ve köhneleşmiş çürük idareyi yıkmak, milleti hâkim kılmak, kısaca vatanı kurtarmak için sizi vazifeye davet ediyorum."[23] Vatan ve Hürriyet Cemiyet'inin şubesini Selanik'te açtı ve tam da o sırada Selanik'te İttihat ve Terakki Cemiyeti'nin Selanik

---

23 Atatürk'ün Bütün Eserleri, Kaynak Yayınları, 1. Cilt, 5. Baskı İstanbul, Ekim 2012, s. 32

şubesi daha önce açılmıştı. Selanik'te iki cemiyet şubesi aynı anda mevcuttu.

Mustafa Kemal'in Şam'da nasıl çalışmalara katıldığını Akademisyen Utkan Kocatürk'ten okuyalım: "*Ekim 1905'te bazı arkadaşlarıyla 'Vatan ve Hürriyet Cemiyeti'ni' kurdu. Üç yıl içinde staj gereği tüm Suriye'yi gezdi ve ülke yönetiminin aksaklıklarını gördü. Arkadaşlarıyla Beyrut, Yafa ve Kudüs'te, kurdukları cemiyeti genişletti. Yafa 'da iken gizlice Selanik'e geçti burada 'Vatan ve Hürriyet Cemiyetinin' şubesini açtı. Şam'a döndü ve kıta stajını tamamladı. Mustafa Kemal'e 25 Aralık 1906'da üstün çalışması nedeni ile* ***'Beşinci Rütbe 'den Mecidi Nişanı' verildi.***[24] Mustafa Kemal'e daha mesleğinin baharında başarı madalyalarını alarak mesleğinin hakkını vermeye çalışan üretken subaydı.

Mustafa Kemal, Selanik'te İttihat ve Terakki Cemiyeti'ne Üye Oldu

Mustafa Kemal, Selanik'te "Vatan ve Hürriyet" derneğini kurdu. O sırada Selanik'te İttihat ve Terakki'nin Selanik şubesi açılmış ve Harbiyeli subayların birçoğu bu örgüte üye olmuşlardı. Yakın arkadaşlarıyla konuşarak durum değerlendirmesini yaptı ve arkadaşı Ömer Naci ile Selanik'te iki cemiyeti tartıştılar. Birisi **"İttihat ve Terakki"**, diğeri de **"Vatan ve Hürriyet"** cemiyeti idi ve iki cemiyetin şubeleri Selanik'te görev başında idi. Ömer

24 Utkan Kocatürk, Doğumundan Ölümüne Kadar KAYNAKÇALI ATATÜRK GÜNLÜĞÜ, Atatürk Araştırma Merkezi, Divan Yayıncılık, Ankara Baskı, 1999, s. 5.

Naci, Mustafa Kemal'i ikna etmeye kalkınca, Mustafa Kemal'in bu konudaki stratejik *düşüncesini Araştırmacı Yazar Taylan Sorgun şöyle yazmakta, "İki cemiyetin birleşmesini söylüyorsun. Aynı gaye için iki cemiyetin mahzuru vardır. Doğru, fakat bir mesele de şudur: İnkılaptan sonra hangi gayelerin peşinde olunacaktır. Galiba burada münakaşa edilmesi gereken hususlar vardır. İnkılaptan sonra siyasi vaziyet ile dünya siyasetine olan teşhis ve çarelerimiz arasında bazı ayrılıklar mevcuttur. Benim dâhili siyasi gayem ile cemiyetin gayesinin de münakaşa edilmesi icap eden hususlar vardır. "* [25]

Ömer Naci, Mustafa Kemal'i dikkatle dinleyerek görüşlerini söyle paydaşları ile paylaşmaktaydı. Bizim aklımıza gelmeyenleri anlattınız. Bence inkılaba muvaffak olalım ve söylediklerinizin tümünü sonra cemiyet içinde münakaşa ederiz... Dediğim gibi önce inkılaba muvaffak olalım. Mustafa Kemal kendisine yakın bulduğu arkadaşlarla sabahın ilk ışıklarına kadar münakaşa etti ve sonra kararını şöyle verdi. **" Cemiyetin tek bir isim altında olmasını kabul ediyorum. Fakat bilesiniz ki, inkılapta sonra hem idare şekli hem de öteki meseleleri münakaşa edeceğiz."** [26] 29 Ekim 1907'de Mustafa Kemal İttihat ve Terakki'ye üye oldu. Bu cemiyetlerin hedefleri aynı, gücün ikiye bölünmesi gelecek için sorunlara gebe olacağı gerekçesi ile tek merkezde birleşmenin doğru olacağına inanılarak İttihat ve Terakki Cemiyetinde birleşme kararı alındı.

25 Taylan Sorgun, DEVLET KAVGASI " İttihat ve Terakki", Kaynak Yayınları, 7. Baskı Ankara, Mart 2001, s. 90-91.
26 Taylan Sorgun, Age, s. 91.

Ömer Naci, Mithat Şükrü, Talat Bey ve daha örgütün ileri gelenleri bu iki cemiyetin tek çatı altında birleşmesini sevinçle karşıladılar. Fethi Bey, Mustafa Kemal'in İttihat ve Terakki'ye girişini yazmakta, **"...Sonunda Vatan ve Hürriyet Cemiyeti Mustafa Kemal'in kurduğu ilk cemiyet geride kaldı. Mustafa Kemal'de İttihat ve Terakki için de yerini aldı."**[27] Mustafa Kemal'de örgüt bölünmesin diyerek tek çatıda bütünlük ve kendisinin de İttihat ve Terakki'ye üye oluşu böylece gerçekleşti. Ancak süreç içinde örgütün tepe yöneticileri ile anlaşamayarak, İttihat ve Terakki'nin tepe yönetimi Mustafa Kemal'i örgütten uzaklaştırdı, hatta öldürülmesini dahi istediler. İleride bu konu detaylı olarak işlenecektir.

Mustafa Kemal 1908 Devrimi sonrası iki cemiyetin birleşmesini görüşürken devrim sonrası nelerin konuşulacağını iki sene önce arkadaşlarıyla paylaşmıştı. İttihat ve Terakki'nin 1909'daki kongresinde görüşlerini açıklayacak ve yöneticilerle ve Binbaşı Enver Bey'le yolları ayrılacaktı. Mustafa Kemal çözümlemeler konusunda daha stratejik düşünmekte ve karşıtları da kısa vadeli düşünerek çözümsüzlükler yumağının sarmalın da kurtulamayacaklardı. İttihat ve Terakki'ye girişi ile yöneticiler arasında iki yıl sonra ayrılık rüzgârları başlayacak ve stratejik konularda yolları ayrılacaktı. 1908 Devrimi gerçekleşince bazı örgütün tepe yöneticileri daha ilk yıllardan itibaren **"güç zehirlenmesi"** sürecini yaşamaya ve yaşatmaya başlamaları beraberinde kırgınlıkları getirmekteydi.

27 Taylan Sorgun, Age, s. 91.

Bölünmüşlüğü önlemek için daha önce açılan İttihat ve Terakki Cemiyetine kendisi de üye olarak kendi cemiyetini kapattı. Mustafa Kemal, burada bölünmek yerine birlikte hareket etme ilkesinden hareketle daha önce açılan örgütün üyeliğini severek kabul etmenin onurunu arkadaşlarıyla paylaştı. Daha o yıllarda Mustafa Kemal egosunun esiri değil, rasyonel düşünmenin yol göstericiliğinde şaşmadığını göstermişti. Olaylara günlük değil stratejik düşünmeyi ve stratejik bakmayı ilke kabul etmişti. Bireysel değil toplumsal hareket geleceğin çözüm anahtarıydı. Öyle olmaya çalıştı, bölünmek değil bütünsellik ilkesinden hareketle muvaffak olmayı başardı. Mustafa Kemal tekrar görevi gereği Şam'a dönmek zorunda kaldı. ***20 Haziran 1907'de Kolağası "Kıdemli Yüzbaşı"*** rütbesini alarak Şam'da Ordu Kurmay heyetine atandı. **Eylül 1907'de Makedonya'da ki 3. Ordu emrine tayini çıktı.**

Mustafa Kemal'in Selanik'e atanması en çok annesini ve kardeşini mutlu etmişti. Kendisi de bu bölgenin doğup çocukluğunun geçtiği yer olması dolayısıyla annesine kavuşması, arkadaşlarını görmesi ve özgürlüğün rahatça konuşulan yer olması sebebi ile çok mutlu olmuştu. Doğu'daki yaşamı görmek, Batı ile karşılaştırmak aradaki farkın büyüklüğünü anlamak onun ufkuna yeni çözümler yüklemişti. Bunun üzerine çözümler üretip arkadaşlarıyla paylaşma gereğini duymaktaydı. Doğu- Batı arasında ki uçurum çok yüksekti. Mustafa Kemal, Selanik'e dönünce Doğu kültürünü görerek yaşayarak yeni birikimlerle dönmesi onun ufkuna yeni ışıklar eklemişti. Bu ışık Kurtuluş Savaşında çoban ateşini yakacak ve düşmanı yıkacak güçlü kora dönüşecekti. Şam sürgünü, Kurtuluş Savaşında yeni ufukların keşfedilmesinde Mustafa Kemal'e ışık tuttu ve tüm Anadolu halkını tek çatı altında birleştirmeyi ve tek hedefe kilitlemeyi başardı.

Mustafa Kemal, hayatı boyunca çok sürgüne gönderildi ve o gittiği yerlerde geniş tecrübeler elde etti, yöreyi tanıdı, halkın beklentilerini tespit etti. Türk halkını yerinde gördü ve onu tanıması gelecekte Kurtuluş Savaşı'nın kazanılması ve Cumhuriyetin kurulması ile bu sürgün tecrübeleri halkımızın taçlandırılmasına ödül olarak döndü. Sürgünlerin ödül olarak Türk halkına döndürülmesini tarihte ilk kez Mustafa Kemal gerçekleştiriyordu. Sürgünler birer laboratuvar görevini ona yükledi ve her sürgün onun ufkuna yeni beklentilerin projeleştirilmesin de rehberlik ediyordu.

Ernest E.Ramsuer, Mustafa Kemal'in karanlık dünyalarla işinin olmadığını Selanik'te ki bir olayı şöyle anlatır: "Mustafa Kemal, kısa bir süre içerisinde Vedata Locasına gitme, görme ve incelemelerde bulunma fırsatını yakaladı. Fakat buradaki havanın çokta hoşuna gitmediğini anlamakta gecikmedi. Bu Loca Uluslararası Nihilist teşkilatına bağlıydı. Ayrıca milliyeti belli olmayan şahıslarla dolup taşmaktaydı. Bu kimseler, Rusya'nın şeytanlıklarından ve buradaki Yahudilerin yaşadıkları zulümlerden, Viyana'nın eğlence hayatından ve burada insanların çok kolay zengin olabildiklerinden bahsetmekten başka hiçbir şey yapamamaktaydılar. Bunlar sinsi, sağlıksız, sırlarla dolu ve içten pazarlıklı kimselerdi. Mustafa Kemal, uluslararası finans ve yeraltı örgütlerin pençesine takıldığını anlamıştı. Lakin bu teşkilatın hacmi ve etkinliği hakkında ciddi bir fikre sahip değildi. Atatürk'ün sonra ki yıllarda çözülmenin merkezi saydığı Mason teşkilatı ve gizli cemiyetleri ortadan kaldırdığı bilgisi doğru olmakla birlikte, 1908 Devriminin yapılışın da locaların etkisi olduğunu itiraf etmekte." [28] Mustafa Kemal'in hayatında asla karanlık ize rastlanılmaz. Bunu Ramsaur 'da eserinde açıkça yazmakta. Onun tüm düşüncesi doğruları halkı ile paylaşmaktı. Mustafa Kemal'i, Atatürk yapan da bu açık fikirleri, kurduğu Cumhuriyet Devrimi ve tutarlı davranışlarının bileşkesiydi.

Atatürk 1935 yılında mason localarını ülkemizde kapattı. Bunların kökü dışarıdan olduğu için ve her şeye karışır olduklarından dolayı bu locaların faaliyetlerine son verilmesi uygun bulunmuştu. Bunlar ulusun bütünlüğüne zarar verme eğiliminde oldukları için kapatılması kararlaştırılmıştı. Bu localar Selanik'te örgütlenmişti ve İttihatçıların zaman zaman bu localarda çalışmalar yaptıkları görüldü. Sebebi ise bu localara Abdülhamit'in hafiyeleri giremez ve ispiyonlamalar yapamazdı. Bu localar İttihatçılar için emniyetli noktalar sayılmaktaydı. O dönemde bu localara despotizmin hafiyeleri giremez, ispiyon yapamaz ve bu localarda yurtseverler rahat çalışma ortamı bulmuşlardı. Abdülhamit'in ispiyoncuları halkı o kadar rahatsız etmişlerdi ki, aydınlar çözümü bu localarda çalışarak bulmuştu.

İttihatçılar mason mu idiler? Cevap hayır. Selanik'te

28 Ernest E. Ramsaur, Jön Türkler 1908 İhtilalinin Doğuşu, Pınar Yayınları, 2. Baskı İstanbul, Mart 2011, s. 186

özgür ortam vardı ve tüm gayrimüslimlerin dernekleri, kulüpleri bulunmak ve basın serbestti. Avrupa ile iletişim ileri seviyede olup mason locaları da yaygın bir şekilde faaliyetlerini sürdürmekteydi. İttihatçılar mason değil ancak onların kulüplerinde faydalanmaktaydılar. Orası ittihatçıların emniyet açısında II. Abdülhamit'in hafiyelerinin giremediği yerlerdi ve buralar emniyet açısın da zaman zaman kullanıldı. Yazar Murat Bardakçı bu konuda şöyle yazmakta, ***" İttihat ve Terakki'nin mensupları masonluğu bir inanç sistemi değil, güvenlik vasıtası olarak gördüklerini söylerler. Abdülhamit'in jurnalcilerinin sızmayı başaramadıkları tek yer, mason localarıydı. Locaların vasıtası ile rahatça bir araya gelebilmek için mason oldukları ve mason umdelerini çok sonradan öğrendik. Enver ce Cemal mason değil hatta Enver bir ara mason localarının faaliyetini yasakladı"***[29] Mason localarına hafiyeler girip jurnal yapamadıkları için orası onlara yasaktı ve bu yasaktan İttihatçılarında yararlanması gayet doğaldı.

SELANİK İTTİHATÇILARIN MERKEZİ OLDU

Binbaşı Enver Bey'in Makedonya'da Çetelerle Vuruşması

Makedonya, kaynayan kazana dönmüştü ve olaylar çok yönlü gelişme sürecinde iken Binbaşı Enver Bey'in de tayini Üçüncü Ordu emrine çıktı. Bölgedeki terör olay-

29 Murat Bardakçı, ENVER, Türkiye İş Bankası Yayınları, 1. Baskı İstanbul, Kasım 2015, s. 153.

ları Türklere ve Müslüman halka çok büyük eziyetler ve işkenceler yapmaktaydı. Selanik, Manastır ve Kosova'da terör olayları sık sık yaşanmakta ve halk korku ve tedirginlik içinde önünü göremez olmuştu. Bombalamalar, yağmalamalar, adam öldürmeler, ırza geçmeler gibi olayların yaşanmasına müsait bölge halini aldı. Enver Bey, çetelerle çarpışmalarda görevlendirildi ve halkın da beğenisini kazanan Türk komutan oldu. Çok etkili konuşan konuşunca karşısındaki halkı coşturan coşturdukça eyleme geçiren bu konu da performansı çok yüksek ve yakışıklı kendine güveni tam bir örnek yurtsever kişilikti. Çevresine güven veren korkusuz, etkileyici ve vatanseverliği tartışılmaz özgürlük taraftarı, despotizmin düşmanı vatanseverlerin dostu komutandı. Yakışıklı Enver Bey, konuşunca karşısındakilerin tüylerini diken diken eden yüksek hitabet gücüne sahip, despotizme karşı özgürlüğe götüren yolun koridorunu açan tam bir örgütçü komutandı. Enver Bey'in bu bölgede yetiştirdiği örgütsel yapı, İstanbul'un işgali ile hem yurtseverleri, hem mühimmatları hem de işgal güçlerinin silahlarını Anadolu'ya kaçıran kadrolardı. Anadolu'nun çoban ateşlerini de yakan yine bu yiğitlerdi ve tümü de Mustafa Kemal emirleriyle organize edilmişti. Binbaşı Enver ile Mustafa Kemal iyi bir ikili ancak Enver Mustafa Kemal'i kıskanmaktaydı ve bu ruhi sıkıntı Enver'in başına ciddi sorunlar açmaya aday ruhsal durumdu, bunda bir türlü kurtulamayacaktı.

Mustafa Kemal ile Enver Bey'in Kurmay Subay olarak görev yerlerini karşılaştırma gereğini duydum.

Enver Bey, 16 Aralık 1902'de Kurmay Yüzbaşı olarak Makedonya'da 3. Ordu emrine tayin edilerek göreve başladı. Mustafa Kemal 1905 te Kurmay Yüzbaşı olarak Şam'a sürgün edildi ve ilk göreve orada başladı. Enver Bey, Mustafa Kemal'den 3 yıl kıdemli ve üst rütbede oluşu Mustafa Kemal'in komutanı durumundaydı. 21 Aralık 1906 da Balkanlarda eşkıyalığı kökünden kurutmak için faaliyet gösteren heyete seçildi. Enver, 3. Orduya normal tayinle atandı, Mustafa Kemal, Şama 1905'te sürgün edildi. Mustafa Kemal, daha okul yılların da kurulu ve çarpık yönetime karşı geldiği için sürgünlerde kendisini buldu ancak bu sürgünler onu yıldırmadı, aksine tetikledi, hırslandırdı ve ülkesinin geleceği için en riskli sahalara tereddütsüz girdi. Sürgünler onun geleceğinin ve Türk ulusunun haritasının yeniden yazılmasında birer rehber olarak yol gösterici oldu.

Enver Bey, 1903-1908 Yılları arasında Makedonya'daki ayrılıkçı çetelerle savaşarak askerliğin teorisini ve pratiğini o bölgede yaşadı ve öğrendi. Makedonya'da komutanlık görevini gerilla savaşı üzerine yaptı ve bu süreçte gerilla savaşı konusunda zengin birikime sahip oldu. Bu konuda geniş tecrübe ve pratiğe sahip oldu ve bu birikimlerini daha sonra Trablusgarp savaşında, Batı Trakya'da ilk Türk Cumhuriyeti'nin kuruluşunda ve daha birçok sahada gösterdi. Binbaşı Enver, Makedonya'da ayrılıkçı Bulgar, Sırp, Rum, Makedon ve Karadağ gibi çetelerin o bölgede eşkıyalık yapmalarına asla izin vermedi ve onların korkulu rüyası oldu. Çetelerin amansız korktuğu komutan olarak tanındı. Makedon bölgesinde Türklere nefes aldırdı ve gerilla savaşında kendisini kanıtladı, bu durum geleceğinin ışıklarını yakan süreci başlatmış oldu. Çeşitli meşakkat ve yorgunluğa dayanıklı, iyi atıcı, binici, cesur, azim ve irade sahibi bir askerdi. Zeki, fakat askerlik ve siyasette ileri görüşü ve sezişi nispeten zayıftı ve iyi bir teşkilatçı, örgütçü kimliğe ve kişiliğe sahipti. Mustafa Kemal cephe, Enver ise gerilla savaşları uzmanı idiler.

Enver Bey'in örgütlediği o sağlam yapı Kurtuluş savaşında Mustafa Kemal'in etrafında kenetlenecek ve savaş kazanılacaktı. Selanik, Manastır mıntıkaların da çıkan isyan ve çete takiplerinde olağanüstü başarı, cesaret ve hizmetleriyle tanınmış olan Enver Bey'i, Ali Fuat "Cebesoy" yazmakta: ***"Üçüncü ordu çevrelerinde çok takdir edilmiş ve sevilmişti... Enver Bey, cemiyetin Manastır merkezinde çalışıyor ve Selanik'te de umumi merkez idare heyeti azası olarak bulunuyordu. Her iki merkezin münasebetlerini koruyordu. Manastır çok hareketli idi. Ortada Enver olmasa, Manastır kendini umumi merkez olarak da ilan edebilirdi."*** [30] Ali Fuat Bey'de dönemin Kurmay subayı ve yakın arkadaş grubu olup Enver örgütçü, iyi bir asker ancak askerlik ve siyaset konusunda stratejik düşünceden yetersiz olduğunu paylaşmaktadır. Başarılı bir asker tarihi kitapları okumuyor yazmıyorsa alanın da istenilen başarıyı gösterse dahi işin bir tarafı öksüz kalır. Mustafa Kemal bu konuda çok okuyan ve araştıran, askerlikle ilgili kitap yazan, tarih kitaplarını ve başka kitaplara da sık sık baş-

30 Şevket Süreyya Aydemir, TEK ADAM Mustafa Kemal, Birinci Cilt, Remzi Kitabevi, Otuz İkinci Özel baskı, İstanbul, Mart 2011, s. 105.

vuran, Fransızca gazeteleri kitapları okuyan olması onu Atatürk makamına taşıdı.

Enver Bey, bölgenin sosyal- kültürel, etniksel, dinsel ve ekonomik yapısını yerinde görerek yaşadı. Cephe savaşlarından ziyade gerilla savaşları, ayrılıkçılarla savaşta tam bir bilinçli komutandı. *"Enver'in ilk şöhretini elde ettiği yer Makedonya'dır ve yüzbaşılığı ile Binbaşılığının burada yaptığı eşkıya takibi ile isim yapmıştı. Hem bağımsızlık için mücadele eden tarafta Hem de asker ve siviller arasında gayet iyi tanınmıştır. Asker yetiştiği yer de Makedonya'dır."*[31] Binbaşı Enver, Makedonya'da hem askerlikte verilen görevi en iyi biçimde yerine getiren komutan oldu, aynı zamanda bu bölge onu özgürlük aşığı olarak 1908 devriminin hikâyesini burada yazdı ve Makedonya'da sonuca taşıdı. Makedonya, Enver Bey'in özgürlük kahramanlığına giden yolun taşlarını döşedi.

Mustafa Kemal ise, cephe savaşların da çok iyi uzmandı. Enver, Sarıkamış savaşında yenildi sebebi ise cephe savaşlarında yetersiz birikime sahip olması, doğa koşullarını hesap edememesinin sonucunda savaşı kaybetti. Gerilla savaşı ile cephe savaşı birbirinde farklı alan savaşlardır. Mustafa Kemal ise çok iyi bir tarih okuyucusu savaşlar konusunda çok iyi bir araştırmacı ve bu konularda birikimli ve kendisini yetiştirmiş subay oluşu ona yenilmeyen İngiliz ordusunu Çanakkale'de yenme fırsatını verdi. Stratejik lider Mustafa Kemal cephe savaşlarının tam bir kurmay subayı olup bunu Çanakkale'de,

---

31 Murat Bardakçı, ENVER, Türkiye İş Bankası Yayınları, 1. Baskı İstanbul, Kasım 2015, s. 86

Sakarya'da ve Dumlupınar'da tüm dünyaya gösterdi. İkisinin de yurtseverliğine asla söz söylenemez.

Selanik Şubesinin Açılışı ve Binbaşı Enver Bey'in Liderliği

İttihat ve Terakki'nin Paris Kongresi 1902'de yapıldı ve örgüt ikiye bölündü. Ahmet Rıza ve arkadaşlarının Anadolu ve Rumeli şubelerinin sayılarını artırarak örgütün tek çatı altında birleşmesine karar verdiler ve bu konuda eyleme geçtiler. Prens Sabahattin ve babası Padişah Abdülhamit'in hışmına uğrayarak Paris'e kaçtılar ve orada boş durmayarak İttihat ve Terakki örgütünü de bölmeyi başardılar. Bu bölünme örgüt üyeleri arasında yol ayrımını yaratarak bu ayrılış süreç için de beslenerek günümüze kadar yaşama ortamını bulmasına neden oldu. Ordu İttihatçı ve İtilafçı diye bölündü ve bölünmenin maliyeti çok büyük bedellerin ödenmesine yol açtı. 1902 'de yapılan Paris kongresi sonuçlarına göre Prens Sabahattin yanlıları ile Ahmet Rıza tarafları olarak örgüt ikiye bölünmüş oldu. Prens Sabahattinciler İtilaf yanlısı, Ahmet Rıza'da İttihatçıların grubunda çalışmalarını sürdürmeye başladılar.

Ahmet Rıza Selanik şubesinin açılması için Dr. Nazım'ı görevlendirdi ve Nazım bu konuda tam bir örgütçü ve örgütün teorisyeni sayılmaktaydı. O dönemin doktorları çok etkili vatansever, birer soylu ittihatçılardı ve İttihat ve Terakki'de bu Tıbbiyenin ürünü olarak doğmuştu. Bu okul vatanseverler yetiştirerek ülkesine hizmet eden hem subay, hem doktor ve hem de birer

Türk milliyetçisi kimliğine sahip birer aydın yetiştirmenin kıvancını taşıyorlardı. Dr. Nazım, Paris'ten Selanik örgütünün kurulması için gönderildi ve tüm örgütün tek çatı altı da bütünleşmesi hedeflendi. Sabahattinciler dışında kalan örgütün tek çatı altında birleşmesi için çalışmalara hız verildi. Dr. Nazım'ın Selanik'e gelişi, *"Dr. Nazım, Paris'ten " Hoca Mehmet Efendi" ismi ile gizlice Selanik'e gelerek ilgili kişilerle görüşerek örgütün Selanik şubesinin açılmasının doğru olacağı sonucuna vardılar* ***ve Eylül 1906 da "Osmanlı Hürriyet Cemiyeti"*** *adı altında örgütü kurdular. 1889 da İstanbul'da" Terakki ve İttihat" adı ile kurulan örgüt Avrupa'dan da şubeleri bulunuyordu* ***1907 de" İttihat ve Terakki"*** *ismini alarak tüm şubeler bu isim altında toplandı."*[32]

Akademisyen Sina Akşin, Selanik'te İttihat ve Terakki örgütünün kuruluşunu şöyle yazmakta, **"Mithat Şükrü'nün evin de toplanarak örgütü Eylül 1906'da kurdular. Örgüt şu kişilerce kuruldu. Talat, İsmail Canbulat, Evranoszade, Rahmi, Mithat Şükrü, Bursalı Tahir, Naki, Ömer Naci, Kazım Sami, Süleyman Fehmi, İsmail Hakkı"**[33], bu 11 kişi örgütün Selanik şubesini gizlice kurdu ve faaliyete geçirdiler. **Binbaşı Enver Bey'de örgüte Eylül 1906'da 12. üye olarak kayıt yaptırdı.** Enver'in örgüte girişi örgütün şahlanışının, etkisinin ve dinamizminin her alanda güçlenerek hissettirecekti ve hissettirdi.

---

32 Murat Bardakçı, Age, s. 86

33 Sina Akşin, Jön Türkler ve İttihat ve Terakki, İmge Kitabevi, 7. Baskı Ankara, Eylül 2014, s. 105-106.

İttihat ve Terakki'nin Selanik şubesinin kuruluşunu kendisi de bir İttihatçı olan Üçüncü Cumhurbaşkanı Celal Bayar şu şekilde yazmakta: "*Osmanlı İttihat ve Terakki Cemiyeti 1906'da kuruldu. Türkiye'deki teşkilatı gizli ve tamamen bir ihtilal komitesi halindeydi. Maksadını silah kuvvetiyle elde etmek azmindeydi. Avrupa'daki İttihatçılar, bunlar açıktan açığa faaliyette bulunmaktalardı. Ahmet Rıza ve arkadaşları Paris'te "Meşveret" ve "Şurayı Ümmet" gibi gazetelerle Sultan II. Abdülhamit'in istibdadı aleyhine mücadele etmektelerdi. Cemiyet, Namık Kemal edebiyatının ışığı altında " Genç Osmanlıların" yolunu takip ediyorlardı.*" [34] Binbaşı Enver İttihatçı olunca çevresinde ki kişilerin de örgüte üyeliği ile örgüt, günden güne güçlenmekte ve özgürlük ateşi yükselmeye başlayınca sarayın duvarları da çatırdama moduna girmişti.

Selanik'te kurulan İttihat ve Terakki Cemiyeti, etkili subay ve aydınların örgüte girmesi ile kısa sürede güçlendi ve tüm örgütün öncülüğünü üzerine alarak lider konumuna geçti. Selanik, bir liman kenti olmanın yanında Avrupa'ya açılan önemli bir ticaret merkezidir. Bu öneminin yanında önemli bir kültür merkezi ve düşünce akımlarının, politik paradigmaların da Batı'ya açılan kapısı ve kaynaştığı şehirdi. Dünyadaki tüm etnik kökenli insanların Selanik'te ve barış içinde yaşadığı kentti. Zenginlik doruktaydı ve gayrimüslimlerin zenginlik merkeziydi. **"Bu şehir, İstanbul'dan fazla mil-**

---

34 Celal Bayar, Bende Yazdım Cilt 1- Milli Mücadeleye Gidiş, Türkiye İş Bankası Yayınları, İstanbul 1. Baskı, Kasım 2018, s. 158.

letlerarası bir kişilik ve renk gösteriyor, gençler kolaylıkla yabancı diller öğreniyorlar, onlarla rahatça konuşabiliyorlardı."[35] Selanik, İttihat ve Terakki örgütü için ideal ortamı sağlıyordu. İttihat ve Terakki Cemiyetinin önde gelenleri arasında ilişkiler kurularak, Selanik Burjuvazisinin bir yönetim değişikliği ile İstanbul sermayesine karşı rekabet yaratarak ticari faaliyet yeni bir sürece evrilebilirdi ve ekonomide hareketliliğin öne çıkma ihtimali artabilirdi. İnönü'nün deyimi ile ***"1908 devrimi bir kahramanlık hareketi, bir fedakârlık hareketi. Samimiyetle vatanperverlik hareketidir."***[36]

Selanik örgütü kurulduktan sonra sıra Anadolu örgütlenmesine geldi ve İzmir örgütünün kurulması için yine Dr. Nazım görevlendirildi. Araştırmacı Yazar Taylan Sorgun'da İzmir örgütünün kuruluşunu şöyle yazmakta, "Dr. Nazım örgütün Selanik şubesini açtıktan sonra yine gizlice İzmir'e tütün tüccarı **"Yakup Ağa"** takma adla gitti. İzmir'de tütün dükkânını açarak ve dükkânının da üst katını İttihat ve Terakki'nin gizli buluşma görüşme yerine ve şubesine çevirdi. İsmet Bey (Paşa) ile orada tanıştı ve örgüte üye yaptı. Eczacı Süleyman Bey de örgütün yeminli üyeleri arasındaydı ve ateşli gençlerindendi."[37] Dr. Nazım örgütün gezici beyni olup şubeler açarak örgütün gücünü ve bütünselliğini

---

35 Doğan Avcıoğlu, TÜRKİYE'NİN DÜZENİ Dün, Bugün, Yarın 1-Cilt, CEM YAYINEVİ, İstanbul Baskı, 1974, s. 247.

36 Doğan Avcıoğlu, Age, s. 248.

37 Taylan Sorgun, Türklerin İşkencede Bir Yılı Bekirağa Bölüğü, Destek Yayınevi, 1. Baskı İstanbul, Kasım 2009, s. 111

tek çatıda toplamak azmindeydi. Şubeler açıldıkça haberleşme ve bilgilendirmeler de hız kazanmaya başladı. Örgüt yurtdışında gelen gazete ve dergileri gizlice üyelerine göndererek okumalarını ve örgütün direktiflerini paylaşılmaktaydı. Tek çatıda birleşen örgüt iki yıl sonra 24 Temmuz 1908'de İkinci Meşrutiyeti ilan ettirerek Türk Milletini özgürlüklerle buluşturmayı başarıyordu.

Binbaşı Enver Bey'in örgütteki yükselişi ve örgüte bağlılığını bizzat kendisi tüm örgüt arkadaşlarına şöyle kanıtlayacaktı. Bu olayı Murat Bardakçı'dan okuyalım, " *Enver'in öz eniştesi ve kız kardeşi Hasene hanımın kocası Nazım Bey, Selanik Merkez Kumandanıydı. Sarayın tam bir hafiyesi olup çok sinsi ve örgütü her an deşifre etme ihtimali üzerine örgüt, kumandanın ortadan kaldırılmasına karar verdi. Bu infazın yapılması için de Enver'den yardım talep edildi. Enver yardımı kabul etti ve eniştesinin evinde kalıyordu ve eniştesini cam kenarına çağırdı ve Nazım'ın vurulması için tuzak kurdu ancak kurşun tam isabet etmeyince Nazım yara almadan bu suikasttan kurtuldu."*[38] Enver örgüte bağlılığı ile kız kardeşinin kocasını ortadan kaldıracak kadar örgütün emir ve eylemlerini yapmayı kanıtlamış ve örgüte bağlılığını böyle ispat ediyordu. Enver bu olay üzerine cemiyetin gözü kara ve güvenilir üyesi olmayı siciline işletti. Dışarda atılan mermi hedef şaşırınca Nazım yara almadan kurtuldu ve Enver'den şüphelenmişti. Nazım Bey, İstanbul'a gitti, Saray bu olayın peşini bırakmadı ve suçluların yakalanarak gereken

38 Murat bardakçı, Age, s. 90.

cezaya çarptırılması için gerekli çalışmalara başladı. Bu olay Haziran 1908'de gerçekleşti ve örgüt hafiyeleri derhal görev yerine koşmuşlardı ve Enver sıkı takip altına alındı.

İstanbul, Nazım suikastı konusun da epey yol almıştı ve Enver'den şüphe edilir eğilimleri artmaya başladı. Eğer Enver'in Nazım olayın da parmağı kesinleşirse ya Fizan'a sürülecek ya da hapse atılarak işkencelerden işkence beğenecekti. Tüm bu tablo Enver Bey'in aleyhine işleyen tablo olup yeni kararların alma vaktinin geldiğini göstermekteydi. Nazım Bey'in vurulması hem sarayı harekete geçirdi hem de İttihatçıları yolun sonuna getiren kararların alınmasına yol açtı. Örgüt olayın ciddiyetini anladı ve Enver Bey'i Saraya teslim etmeme kararını alarak onu Makedon dağlarına gönderecekti ve hürriyet kahramanı olarak karşılayacaktı. İttihatçılar kesin kararını Saraya karşı aldı ve kılıçlar karşılıklı kınından çıkıp, oklar atılma sürecine girdi ve gerilim doruğa tırmanıyordu.

Binbaşı Enver Bey, Talat Bey tarafında İttihatçıların genel merkezine çağrılarak kendisi ile ilgili bir karar aldıklarını bildirdi: "Enver Bey, gördüğünüz gibi sizi İstanbul'a çağırıyorlar. İstanbul'a gitmeniz mümkün olmadığına göre, bir süre ortalıktan kaybolmanız gerekmektedir. Sizi Tikveş'e göndermeye karar verdik. Yeni görevinizi İttihat ve terakki Genel Müfettişliği olarak tespit ettik. Aramızdaki haberleşme bildik yollardan olacaktır. Yanınızda bir müfreze olacak, fakat üzerinize bir kuvvet gönderme durumu hâsıl olursa derhal size yardımcı kuvvet gönderilecektir. Yalnız İstanbul'a sevk emri gelirse, siz buna uymazsanız bu isyan sebebi sayılabilir. Kuşkusuz bu durumlarda Saray ona göre tedbir alacaktır. "[39] Selanik Komutanı Nazım'ın olayı üzerine örgüt, Binbaşı Enver'i Tikveş'te dağa çıkmaya karar verdi. Aksi halde Saray Enver'i İstanbul'a çağıracaktı, doğru olan yapıldı ve Enver Makedon dağlarında özgürlük için mücadele ediyordu.

İttihat ve Terakki'ye Üyelik Şöyle Yapılmaktaydı

Selanik'te, İttihat ve Terakki'ye üyelik kuruluştaki üyelik gibi değildi ve aşırı titizlik, gizlilik, sıkı disiplin kuralları ve ciddi araştırmalar sonucunda yapılıyordu. Selanik'te örgütüne üye olmak çok gizli ve bir o kadarda ciddi bir olaydı. İttihat ve Terakki'nin kuruluşundaki örgüte giriş üyeliği farklı, Selanik'te subaylar arasın da örgüte giriş çok daha farklı ve aşırı araştırılmalar sonucunda yapılmaktaydı. **Selanik örgütü bir ihtilal komitesi olarak kurulduğu için üyelikte çok ciddi ve militan kadrolardan oluşturulmuştu.** Selanik ve çevresindeki subaylar arasındaki örgütlenme tam bir geriye dönüşü olmayan örgütlenme modeli idi. Herkes üye alınmaz ve çok araştırmalar sonucunda üye yapılırdı, üye olanlar da kolay örgütten çıkamazdı. Üyelik koşullarında genç, iyi ahlaklı, vatansever, münevver, idealist ve ideallerine taviz vermeden bağımlı, sosyal ilişkilerinde iyi aktif ve verilen görevleri başarı ile yerine getirmek gibi erdemlere sahip olanlar cemiyete üye yapılırdı.

---

39 Sinan Meydan, Sarı Paşa, Mustafa Kemal, İttihatçılar ve II. Abdülhamit, İnkılâp Kitabevi, 5. İstanbul Baskı, 2014 s. 396

Kurulmuş olan cemiyet, hürriyeti ilan ettirmek ve özgürlükleri halkla buluşturmak amacı ile kurulmuştu. Padişaha karşı kurulmuştu bu nedenlerden dolayı üyelik çok sıkı disiplin ve araştırmalar sonucunda kazanılırdı. Örgütün sağlam yapı üzerine kurulmuş olması, üyelik disiplini aşırı derece titizlik ölçüsü içinde yürütülmesi sonucunda, **Sarayın hafiyelik sistemi, örgütü deşifre edemedi ki, bu örgütün kuruluşunun sağlamlığını hatta üyelerin kalitesinin yüksek oluşunu gösterir.** Makedonya'daki, İttihat ve Terakki örgütü sağlam dengeler üzerine kurulduğu için çökmedi ve hedefine varmayı başardı.

Üyelik yapılışı, üye olacak adaya belli saatte ve gösterilen yerde hazır olması söylenir, görevli kişi gelir orada onu alır ve yine gözü bağlanır değişik yollardan ve zikzaklar yapılar örgütün gizli merkezine getirilirdi. Bir başka kişiye yine gözü bağlı olarak teslim edilir. O kişi alır ve örgütün kapısına kadar götürür ve kapıya vurulur, parolalar söylendikten sonra içeri girilirdi. **Parola " muin", "Hilal"** diye 3 kez seslenildikten sonra kapıdan içeri girilir ve adayın hâlâ gözü bağlı. İçerde gözü açılır ve tekrar sorulurdu **"hâlâ girmek istiyor musun"** evet cevabı alınırsa loş bir odaya götürülürdü ve gözü hâlâ bağlı. Masada üç kişi oturur onların sadece gözü görünür ve yüzlerinde maske, kırmızı cübbe giymiş olarak aday üyeyi karşılarlardı.

Araştırmacı Yazar Zıya Şakir üyelik sürecini şu şekilde yazmakta, **"Cemiyete girmek için iyice düşündünüz mü? Bundan sonra takip edeceğiniz yol çok tehlike-**

lidir. Yarın icap ederse millet için vatan için canınızı feda etmeniz teklif edilecektir. Cemiyet tarafında verilecek emirleri hiç tesir altında kalmaksızın yerine getireceksiniz. Bu emri yerine getirmeyenler en ağır cezaya çarptırılacaklardır. Bunları iyice düşününüz. Eğer korkuyor ve tereddüt ediyorsanız, sizi geri gönderebiliriz. Eğer kararınızı verir de yemin ederseniz bir daha geri dönemezsiniz." [40] Oturanlar şu soruyu üyeye sorarlardı "**cemiyetimize üye olmak için geldiniz, bizde kabul ettik tekrar soruyoruz cemiyete girmek için ısrar ediyor musun, bir tereddüdün var mı?"** Evet, cevabı alınırsa, aday ayağa kalkar masada bulunan tabanca, bayrak ve kuran üzerine elini koyarak örgütün yeminini birisi okur üyede tekrar ederek üyelik kesinleşmiş olurdu. Üyenin gözleri açılır ve heyetin yüzleri maskeli ve üzerlerin de kırmızı cübbe aynen durur. Üyelik böylece tamamlanır ve tekrar gözleri bağlanır aynı yöntemle alındığı yere bırakılır. Aday örgüte bu yollardan geçerek üye olmuş artık İttihat ve Terakkinin aktif üyesi ve verilen emirleri yerine getirmeye hazırdır.

Üyeliği kesinleşen ve örgüte giren kişi son olarak şu yemini ederdi, *"Dinim, vicdanım, namusum üzerine yemin ederim ki, Osmanlı Hürriyet Cemiyetine dâhil olduğum şu anda itibaren, Cemiyetin bana tevdi edeceği her türlü esrarı muhafazaya ve teklif eyleyeceği elimden gelen her hizmeti Bila tereddüt ifaya söz veriyorum. Ve cemiyete her ne surette olursa olsun ihanet edecek olursam, kanımı şimdiden*

40 Zıya Şakir, İTTİHAT VE TERAKKİ- 1 NASIL DOĞDU, Akıl Fikir Yayınları, İstanbul Baskı, Ekim 2014, s. 171.

helal ediyorum. Vallahi billahi."[41] Üyelik girişi yapıldıktan sonra süreç için de üye bilgilendirilir ve yeni görev ve iş bölümü kendisine bildirilerek örgütün aktif üyeliğini kazanmış olurdu. Örgüte üye olanlar da Müslüman olma koşulu aranmaktaydı. Müslüman olmayanlar örgüte alınmazdı. Osmanlı'yı yöneten kadroların ağırlık merkezi gayrimüslimlerdi. İttihatçılar üyelikte ağırlığı Türklere tanıdı. İttihatçılar, Padişahların dönmelerle ve devşirmelerle ülkeyi yönetme ehliyetini kaybettiklerini görerek kesin çözüm yollarının bulunması sürecini başlattılar.

Yazar Taylan Sorgun İttihatçı yeminini kısaca öz olarak yazar : "Her şey, her sır kalbimdedir, ihanet edersem başım gitsin."[42] İttihatçıların parolası Selanik'te ve Makedonya'da yaygın olarak şu şekilde kullanılırdı. *" Muin "di. Muin, Yardımcı demektir. "Mim", "ayn" üyeliği doğrular. Örgütün üyesi olduklarını anlamak için "mim" le başlayan cümle kurar, karşısındaki de" ayn" ile cevap verirse örgüt üyesi olduğu anlaşılır."*[43] Bu parola ile şöyle anlaşırlardı. Önce söze başlayan kişi "mim" harfli bir şeyler söylerdi. Cümleler, kelimeler ve içinde "mim" harfleri geçecek şekilde. Karşısındaki ise "ayn" ile başlayan cümleler ve kelimeler söylerdi ve karşılıklı diyalog sağlanmış olurdu. **Bu "mim" ve "ayn" yoluyla iletişim kuruluyordu.**

1865 Jön Türk örgütlenmesin de ve 1889 İttihat ve Terakki örgütünün kuruluşunda bu Selanik örgütlenme-

41 Zıya Şakir, Age, s. 172.
42 Taylan Sorgun, Age, s. 164
43 Kazım Karabekir, İttihat ve Terakki Cemiyeti, Kronik Yayınları, İstanbul Baskı, 2019, S. 110

sinde olduğu gibi yemin töreni yapılmaz ve örgüte giriş sıkı tutulmazdı. Jön Türklerde ise üyelik Selanik üyeliği gibi kurallara bağlanmamıştı. 1889'dan da üyelik böyle kurallara bağlanmamış ancak jön Türklere göre daha sıkı örgütlenme yapısına sahipti. Selanik örgütün merkezi olup, örgütlenmesi tam bir profesyonelce hazırlanmış ileri örgütlenme modeli idi. Padişah Abdülhamit'in hafiyelerinin aklı Selanik örgütlenmesine yenildiler. Selanik örgütlenmesinin aktif üyesi Binbaşı Enver Bey'di. Enver Bey, örgüt içinde yükselerek İttihat ve Terakki'nin tepe yöneticisi ve Enver Paşa rütbesi ile tarihte yerini alacaktır. Selanik örgütüne girmek ve örgütte aktif görev almak tam bir sıkı disiplin süzgecinde geçerek yapılmaktaydı.

Zıya Şakir, örgüt üyelerinin karşılaştıkları zaman birbirlerini tanımak için işaret parolalarını şöyle kurarlardı "Sağ elin üç parmağını bükerek başparmakla şahadet parmağı hilal şeklini alır ve sol göğsün üzerine getirilirken hilal şeklini alır ve karşısındaki de aynı işareti yaparsa örgüt üyeleri tanışırlardı. Sıra parolaya gelirdi ve Mim. Ayn. Ye. Nun."[44] Üyeler birbirleriyle önce el hilal halini alarak kalp üzerine konur ve sonrada parolalarla örgüt üyeleri birbirlerini tanırlardı. Selanik örgütü tüm şubelerin bu şekilde sıkı örgüt disiplininden geçirilmesini istemekteydi. Hafiyeler de boş durmuyor ve yeni süreçleri okumaya çalışmaktaydılar.

İttihat ve Terakki'ye giriş ve yemin törenini Taylan Sorgun "Halil Paşa" eserinde yazıyor: "İşte, Kur' anı Ke-

---

44 Zıya Şakir, Age, s. 169-170.

rime el basarak yemin ediyorum ki sizlere ihanet edecek olursam hançer ve tabancanıza laik olayım. Meşrutiyeti elde edinceye kadar Abdülhamit idaresine karşı gücümün yettiği kadar mücadele edeceğim. Cemiyetin idareyi yıkıncaya kadar vereceği kararlara fedakârca itaat edeceğim. Şayet bu mukaddes maksadın yerine getirilmesinden evvel tutuklanırsam cemiyetin sırlarına dair ellerim kemiklerinden ayrılıncaya kadar işkenceye maruz kalsam dahi hiçbir şey ifşa etmeyeceğime dinim, namusun ve şerefim üzerine yemin ederim. Yeminimden döndüğüm takdirde canımı şimdiden helal ediyorum."[45] İttihat ve Terakki örgütüne girenler bir daha kolay çıkamazlardı. Örgüt çok sıkı disiplin üzerine kurulmuş ve işlemesi de sıkı disiplin içinde yürümekteydi. Örgütün aşırı disiplin içinde kurulması olmasa idi, Padişah Abdülhamit'in hafiyeleri örgütü kısa sürede deşifre ederlerdi. Hafiye sistemi örgütün disiplinli ve kurduğu örgütlenme modeline yenilmiş duruma düştü.

ANADOLU VE ARAP VİLAYETLERİNDE ÖRGÜTLENME

İttihatçıların Anadolu Örgütlenmesi ve Çalışma Yöntemleri

Makedonya'daki, olayların sıcaklığı ve siyasi gerilimin günden güne hızlanması Anadolu örgütlenmesini ve var olan örgütlerle ilişkilerini ikinci plana atmasına

45 Taylan Sorgun, HALİL PAŞA, Bitmeyen Savaş Kut 'ül Amare, Kaynak Yayınları, 7. Baskı İstanbul, Kasım 2016, s. 38-39.

yol açtı. İttihatçıların Anadolu örgütlenmesi Selanik örgütlenmesinden çok daha öncedir. Anadolu'da iletişimin yetersizliği, feodal yapının etki alanı, tarikat ve aşiret güçlerinin toplum üzerindeki baskısı halkın, eğitim kültür seviyesinin düşük olması sebebi ile o bölgenin örgütlerinin sesini yeterince duyuramamasına neden olan etkenlerdi. Genç Harbiyeli subayların büyük bölümü Rumeli'de görevlendirilmişti. 1908' de II. Meşrutiyetin Selanik- Manastır hattında ilanı ile bölgenin öne çıkmasını bir tık daha üst seviyeye taşıdı ve Anadolu bir bakıma unutuldu gibi bir görünüm kazandı. Harbiyeli subayların büyük bölümü Rumeli'de görev yapması nedeni ile İttihatçıların aktif gücü Makedonya'da sesini duyurdu. Bu bölgede halkın eğitim ve ekonomik gücü Anadolu'ya göre çok ileride idi. Halkın örgütlenme konusundaki, eğilimi ve beklentisi başka bölgelere göre daha ileri seviyede olup bu durum İttihatçıların işini kolaylaştırdı.

Abdülhamit'in hışmına uğrayarak Anadolu'ya sürgüne gönderilen memur, subay ve öğrenci gibi İttihatçılar oralarda boş durmadan örgütlenmeyi gerçekleştirmek için tüm gayretlerini seferber ettiler. Padişah II. Abdülhamit İstanbul'dan hoşuna gitmediği kişileri düşünce suçlusu ilan ederdi ve onları Anadolu'ya ya da Rumeli'ye sürgüne gönderirdi. Onları cezalandırma yolunu seçmesine rağmen, o sürgünde ki dinamik yurtsever kadrolar birer ateş topu olarak geri dönüp kendilerini sürenlerden hesabını yine demokratik yollardan soracaklardı ve sordular da. Padişahlar kişileri sürgün etti ama düşünceler yaşadı ve günü gelince o düşünceler hesap sormasını da bildiler.

Anadolu'ya sürgüne giden yurtseverler, II. Abdülhamit'in hafiyelerinde uzaklardı ve hafiyelerin Anadolu'da sayıları çok azdı, onlar Balkanlarda ağırlıklı olarak görevlendirilmişlerdi. Bu nedenle İstanbul'dan uzak oldukları için daha iyi çalışma fırsatı ve imkânları yakalamışlardı. İttihatçılar Anadolu'da tam bir dayanışma yakalayarak halkın içinde geniş olarak destek bulmayı da başardılar. Akademisyen Orhan Türkdoğan Anadolu örgütlenmesinde şunu yazar, ***" Dr. Bahattin Şakir1905'te yakalanıp Erzincan'a sürgüne gönderildi. Cemiyetin Trabzon örgütü Şakir'i kaçırarak Avrupa'ya gönderdi."***[46]

Diyarbakır ve Erzurum'da İttihatçılar güçlü örgüt yapılarına sahiptiler. İttihat ve Terakkinin kurucularında Dr. Abdullah Cevdet Diyarbakırlı olması nedeni ile o yörede örgütü güçlü olarak kurdu ve yaydı. Yine Diyarbakırlı olan Zıya Gökalp'i örgüte üye yaparak aktif bir üye kazandırmış oldu. Abdullah Cevdet ve Zıya Gökalp'le örgütün Doğu'da gücü giderek artmaya başladı. Zıya Gökalp ve arkadaşlarının yine kendi yöresinde gizli cemiyet kurup arkadaşlarıyla yönettiği bilinmektedir. Diyarbakır'da 1905 ve 1908 arasında zaman zaman **"Telgrafhanem Hadiselerini"** diye başlayan olaylarının çıkış nedeni Hamidiye Alaylarının yolsuzluk olaylarına karışması ile yapıldığı bilinmektedir. Hamidiye Alayları, Kürt aşiretleri arasında baskılar yaratarak aşi-

46 Orhan Türkdoğan, 1906-1907 Erzurum Hürriyet Ayaklanması ile Yeni Belgeler, 1987, s. 23, 39, 47

retler arasında bölünmeler yarattı. Bu alaylara katılan aşiretler **"yerel iktidar"** gibi kendisini görerek bölge halkı üzerinde baskı unsuru olmaya kalktı.

Hamidiye Alayları, hem Kürtleri, hem de Ermenileri ve diğer halkları ezmeye, soygun, talan, angarya, adam kaçırma gibi halka çok kötü eziyetler etmeye başladılar. Bu alaylar bölgenin sorunlarını ve güvenliğini korumaları gerekirken halk üzerinde faşist baskı unsuru olmaya başladı. Bu Alaylar, Ermeni olaylarının da tetikleyicisi olarak tarihe geçti. Hem devletten maaş aldılar hem de bölgeyi barut fıçısı haline dönüştürdüler. Diyarbakır'daki olayları da Hamidiye Alaylarının yolsuzluğa karışması ile çıktığı bilinmekte. Milli aşiret Reisi Tuğgeneral Şakir İbrahim Paşa'nın Diyarbakır'da adının karıştığı soygunda, Zıya Gökalp önderliğinde halk sokaklara dökülerek bu yolsuzlukları protesto etmişti.

Diyarbakır Postanesi olaylarını birde Tarihçi Enver Behnan Şapolyo'dan okuyalım: "Hamidiye Boyu askerleri halka hiç rahat vermiyordu. Soygun yapar haraç alırlar, kızdıkları insanları da öldürürlerdi. Bunlar Doğuda türemiş bir çeşit derebeyleriydi. Diyarbakır surlarının dışına çadır kuran daha birçok boylar vardı ve halka rahat vermiyorlardı. Zıya Gökalp, bu durumda yakınan halkla birlik oldu ve Diyarbakır Postanesine el koydu. İstanbul ile konuşması 10 gün sürdü. Abdülhamit, Hamidiye askerlerini Hicaz demiryollarında çalıştırmaya söz vererek, sorunu çözdü."[47]

---

47 Enver Behnan Şapolyo, ZIYA GÖKALP İttihat ve Terakki ve Meşrutiyet Tarihi, İnkılap ve Aka Kitabevi, 2. İstanbul Baskı, 1974, s. 83-84.

Hamidiye Alayları Komutanı İbrahim Paşa'nın yolsuzluklarını Diyarbakır'da engelleyen Zıya Gökalp, onun için bir yolsuzluk destanı yazdı ve halka dağıttı. Destanın sonunu **"Ya adalet, ya ölüm!"** Bu postane olayları ile Zıya Gökalp yöresinde sevilen saygı duyulan lider durumundaydı ve zaten kendisi de İttihat ve Terakki'nin aktif üyesi idi. İttihatçılar Diyarbakır'da bu baskıcı Hamidiye Alaylarının sürülmesine öncülük ederek gücünü halkla, halk yararına kullandı ve bu güç halkla bütünleşme yolunu seçti ve halk özgürlüklerle buluşmanın mutluluğunu paylaşacaktı.

Erzurum'da 1906-1907 döneminde hükümetin yeni vergi koyması ve bunun protesto edilmesini İttihatçıların bu eylemi yönettiği bilinmektedir. Erzurum'da İttihat ve Terakki Örgütlenme tarihi 1896 yıllarına kadar uzanır. Erzurum'a sürgüne gönderilen Tıbbiye öğrencilerinden Emin ve Baytar Mektebinde ki Manastırlı Recep Talimatlar doğrultusunda İttihat ve Terakki komitesini kurdular ve 2 sivil iki subayda vardı ve 6 kişi tutuklandılar.

Akademisyen Orhan Türkdoğan İttihatçıların Anadolu örgütlenmesini şöyle yazar: "*Erzurum İT. Cemiyetinin yaklaşık 30 üyesi vardı. 1908 başında tutuklanarak yargılandılar ve ağır cezalar aldılar. Bunlardan Hacı Hafız Bey, Sabri Bey, Hacı Sabri Bey, Seyfullah Bey, iki kardeş olan Tevfik ile Abdullah Beylerdi. Yine iki kardeş olan Tahsin Bey ve Durak Bey ittihatçı oldukları tam olarak bilinmemekte olup tutuklananlar arasındaydı.* "[48]

48 Orhan Türkdoğan, Age, s.47

1908 Devriminden sonra Erzurum'da iki şube açıldı. İttihat ve Terakkinin önde gelen isimleri toplantıya katıldılar. Tutuklananlar serbest kalarak çeşitli görevlere getirildiler. Bu cemiyetin üyeleri Kurtuluş savaşında ve sonra da ülkesine hizmette sınır tanımayan fedakâr neferlerdi. Erzurum İT. Örgütü 1896' da beri yorulmadan vatan müdafaasını 1923'e kadar sürdürdü. Cumhuriyetle tek çatı Ankara etrafında toplandılar. Erzurum Kongresinin yapılmasında bu örgüt üyelerinin etkili ve perde arkasında çalışmaları takdire değerdi. Erzurum Kongresi yapılırken İttihatçı Kazım Karabekir'de 15. Kolordunun komutanıydı ve Mustafa Kemal'in emrinde büyük başarılara imzasını atıyordu.

Erzurum Olaylarına bir başka açıdan bakalım. *"Erzurum 1908 Devrimi açısından ayrı bir önem taşımaktadır. Erzurum'da 1906-1907 yıllarında meydana gelen ve yeni konulan bazı vergilerin kaldırılmasını amaçlayan şiddetli, uzun süreli, yaygın ayaklanmada meşrutiyet talebi de dile getirilmişti. Bu ayaklanma, İttihatçılarda derin bir heyecana yol açmıştı. Erzurum olayını iki ayrı İttihatçı örgüt destekledi ve bunlar Prens Sabahattin'in Teşebbüsü Âdemi Merkezci Örgütü ve İttihat ve Terakki Cemiyetlerinin büyük etkileri olmuştu..."* [49] Erzurum'da vergilerin artışını protesto etmek için hem Prens Sabahattin'in ve hem de Ahmet Rıza'nın örgütleri bu zamların halka ağır sorunlar yarattığını gerekçe göstererek iki örgüt dayanışma içinde halkın yanında yer aldılar ve birlikte eylemi ortaya koydular.

49 İttihat Terakki ve Jön Türkler, Kaynak Yayınları, Yayın No, 549, 1. İstanbul Baskı, Ekim 2009, S. 27

İttihat ve Terakki Örgütü Balkanların dışında Anadolu'dan da örgütlenmesini sürdürerek vatan savunması ve koruması görevini en iyi şekilde yerine getirerek 1908 Devrimini gerçekleştirdi. İT Cemiyeti sadece Rumeli'de örgütlendi demek eksik ve yanlış olur. İttihat ve Terakki'nin Anadolu örgütlenmesini Üçüncü Cumhurbaşkanı Celal bayar şu şekilde yazmakta, "İttihat ve Terakki'nin eski fedailerinden Ömer Naci, Kolağası Halil, Mülazım Yakup Cemil ve Mülazım Filibeli Hilmi beyler birkaç kişiden ibarettiler. Bunlar meşrutiyet ilanından sonra İttihat ve Terakki umum merkezince komşu memleketin Meşrutiyet ve Hürriyet için uğraşan inkılapçılarına yardım etmek üzere İran'a gönderilmişlerdi. 31 Mart isyanı çıkınca öz vatanlarında meşrutiyetin tehlikeye düştüğünü haber alınca geri döndüler..."[50] İttihatçılar kendi ülkesin de meşrutiyeti ilan edince komşu ülkelerde özgürlük için mücadele verenlere destek için gönüllü İttihatçılar İran özgürlükçülerinin de yardımına koştular. 31 Mart 1909 olayı üzerine yurda tekrar dönmek zorunda kaldılar. Özgürlükler komşu ülkelerden de paylaşılır olmuştu. **1908 Devrimi yerelde değil uluslararası kimlik kazandı ve Avrupa devletleri 1908 olayını "Devrim" olarak nitelemektedir.**

Erzurum ayaklanmalarının ana nedeni vergilerin yüksek oluşu ve halkın bu vergileri ödeme gücünün olmaması tepkilere neden olmuştu. İttihatçıların Anadolu örgütlenmesi buradan da etkisini gösterdi. Halk,

---

50 Celal bayar, BEN DE YAZDIM Cilt 1 Milli Mücadeleye Gidiş, Türkiye İş Bankası Yayınları, 1. İstanbul Baskı, Kasım 2018, s. 205-206.

Vali'nin görevden alınması için eylemini sürdürdü. Esnaf, halka destek için dükkânının kepenklerini kapattı. Erzurum halkı doğrudan sarayla irtibat kurmak için telgrafhaneyi işgal etti. Erzurum eylemleri ve vergilere olan isyanı yazar Ersal Yavi bakın nasıl yazmakta: "Vali. Erzurum Müftüsünden halkı yatıştırmasını istediyse de, Müftü buna yanaşmayarak, vergilerin zaten İslam'a da aykırı ve ayaklanmanın da meşru olduğunu belirterek, siyasi otoriteyi çiğnedi ve halka katıldı...28 Martta Vali'nin görevden alınmaması eylemi tekrar başlattı ve esnaf tekrar kepenk indirdi."[51] Erzurum isyanının şiddeti dinmeyince Padişah Abdülhamit, Erzurum valisi Nazım Paşa'yı Diyarbakır valiliğine, Diyarbakır Valisi Mehmet Atabey'i de Erzurum valiliğine atayarak olayların yatışmasını önlemeye çalıştı. Olaylar dinmedi ve 1908 meşrutiyetine kadar zaman zaman devam edecekti.

Anadolu'daki örgütlülük yapısı ile Balkanlardaki örgütlülük yapısı farklılıklar göstermekteydi. Balkanlardaki yapı farklı ve iletişim daha güçlü olduğu için ve de İstanbul'a yakın olmaları, baskılarını daha fazla duyurmaları son noktayı koymaya yeterli oldu. Prens Sabahattin'in de Erzurum eylemlerinde örgütünün İttihatçılarla güç birliği yapması önemli idi ancak Sabahattin bir İngiliz ajanı olup, daha sonra Sadrazam Mahmut Şevket Paşa suikastına katılması ile İngiltere'ye kaçması düşündürücü.

51 Ersal Yavi, İHTİLALCİ SUBAYLAR, Yazıcı Yayınevi, 2. Baskı İzmir, Eylül 2003, s. 74.

Mithat Şükrü İle Celal Bayar'ın Örgüte Katkıları

Örgütlenme konusunda İttihat ve Terakki'nin önemli ismi Mithat şükrü "Bleda" da örgütçülüğün piri sayılmaktadır. Anadolu örgütlenmesini de hep ön planda tutan İttihat ve Terakki'nin Selanik örgütlenmesini kendi evinde yapan, Kuran, bayrak ve silah üzerine gizlilik yemin ettirerek örgütün Selanik merkezine de kendi evini tahsis edendir. Kendi evi örgütün merkezi olunca Abdülhamit'in hafiyelerinin dikkatini çekmedi ve tüm örgütsel faaliyetler burada yürütüldü. Mithat Şükrünün eşi, Talat Paşa'nın kız kardeşiydi ve Talat'ta örgütün kurulmasında öncü liderlerdendi. Devrim sonrası dahi Bakanlar kurulunda görev almayı kabul etmeyerek geri planda kalarak kurmay görevini yürüterek Tanin gazetesini çıkartarak örgütün çalışma sistemine yön veriyordu. Tanin İttihatçıların önemli gazeteleri arasında yer almıştı. Enver (Paşa), Hüseyin Cahit (Yalçın) gibi isimlerin örgüte girmesini ve İttihatçıların **" Fedai"** kadrosunu da Mithat Şükrü kurdu. Çok iyi bir örgütçü olan Mithat Şükrü'nün bu örgüt kadrosu Kurtuluş Savaşında da üzerine düşen vatan görevini en iyi bir şekilde yerine getirdi. İttihat ve Terakki'nin devamlı Genel Sekreterliğini yaparak hükümette görev almayarak örgütü sürekli dinamizme etmeye çalışan arka planda sessiz lider konumundaydı.

Tüm örgüt yapısında sorumlu olarak etnik köken yapısına da özen göstererek bu durumu Hüner Tuncer şöyle tespit etmişti, *"İttihat ve Terakki'nin Selanik Merkezi'nin üyelerinin tümü Türk'tü. Manastır üyeleri-*

nin büyük bölümü ise Arnavut'tu. İstanbul Merkezde ise Türk, Arnavut, diğer Müslüman üyelerde bulunmaktaydı. ***Meşrutiyet ilan edildiği zaman örgütün üye sayısı yirmi bin kadardı.*** *Bunların çoğunluğunu genç subaylar oluşturmaktaydı. Meclisi Mebusan üyeleri ise, Türk, Arnavut, Rum, Ermeni, Yahudi, Bulgar, Ulah gibi. İttihat ve Terakki'nin üç lideri vardı Enver, Cemal ve Talat'tı. 17 Aralık 1908'de görkemli törenle meclis açıldı. Vekillerin 200'ü Müslüman, 40 ise Müslüman olmayan kesimdendi. Toplam vekil sayısı 240'tı. "*[52] Selanik örgütü Türk üyelerden oluşmakta, Manastır örgütünün büyük bölümü Arnavut olduğu için 1908 sonrası bunlar Halaskâran örgütü ile çalışmaya başlayacaklar ve İttihatçılardan ayrılacaklardı ve daha sonra Arnavut devletini kurdular.

Mithat Şükrü, Selanik eşrafında olup Mülkiyeli, asker, gazeteci, yazar ve Malta sürgünleri arasında yer alan bek raundu yüksek vatanseverdi. Ermeni tehciri nedeni ile Malta'ya 64 kişilik sürgün listesinde onunda adı geçti ve İstanbul'un işgali üzerine İngilizler onu da sürgüne gönderdiler suçsuz bulunarak diğer arkadaşları gibi yurda döndü. *"Mithat Şükrü'nün Mustafa Celal Bayar'la tanışması Bursa'da oldu. Mithat Şükrü Bursa'da bir otelde kalırken, bir gencin kendisi ile görüşmek istediğinin bilgisini verdiler. Bursa İttihat ve Terakki'nin üyesi olup Deutzsche Orient Bank'ta banka memuru olduğunu söylediler. Mithat Şükrü o tarihte Mahmut Celal (Bayar) ile böyle tanışmış oldu. Mahmut Celal ile görüşüp onu İt-*

52 Hüner Tuncer, Türk Dış Politikası 1. Cilt, Kaynak Yayınları, 1. Baskı Ankara, Ekim 2017, S. 317, 319

tihat ve Terakki'nin İzmir Kâtibi- Mesul yani İzmir sorumlusu olarak daha sonra atadılar."[53]

Celal Bayar, Kurtuluş savaşı yıllarında Yunan işgali sırasında Ege Bölgesi'nde halkı örgütlemek için Atatürk tarafında görevlendirildi. Mahmut Celal **"Bayar"**, **"Galip Hoca"** adı ile halkın içinde halkı örgütlemeye ve edinilen istihbarat bilgilerini Ankara'ya ulaştırmakla görevlendirilmişti. Yunan işgali sırasında, işgal bölgelerini gezdi, gördü ve askeri yığınak noktalarını tespit etti ve Ankara'ya iletti. Cumhuriyet kurulunca Atatürk'ün ekonomi bakanlığına getirildi ve Türkiye İş Bankasının kuruluşunu gerçekleştirdi. 1937 yılına kadar Atatürk'ün ekonomi bakanlığını yaptı ve 1937'den Atatürk ölünceye kadar Başbakanlık görevini ifa etti. Celal Bayar iyi bir ekonomistti ve kitlerin kuruluşunda önemli görevler üstlenmişti. 1950'de Atatürk'e karşı saldırılar artmaya başlayınca **"Atatürk'ü Koruma Kanununu"** çıkardı ve Atatürk'e olan sadakatini Atatürk düşmanlarına karşı göstermiş oldu. Atatürk ölünce ona karşı olanlar, karşı devrimi böylece başlattılar ve günümüzden de bu çirkin saldırılar sürmekte.

İttihatçıların Arap Vilayetlerinde Örgütlenmesi

İttihatçılar Anadolu'da örgütlenmesini sürdürürken Arap vilayetlerini de ihmal etmediler ve Balkanlarda, Anadolu'da ve Arap vilayetlerinden de bir bütünlük

53 Mithat Şükrü Bleda, İmparatorluğun Çöküşü, İstanbul, Remzi Kitabevi, 1979 Baskı, s. 54

sergileyerek örgütlülüklerini sürdürdüler. Arap vilayetlerinde örgütlülük Anadolu ve Rumeli'deki gibi kolay olmamaktaydı. İttihat ve Terakki'ye karşı bakış halktan ziyade yönetimin, subay-memur ve aşiret kesiminin etkisi, yönlendirmesi ve yönetmesi daha etkili olmuştu. Temel sorun halkın eğitimsiz, feodal kültürün etkisi ve aşiret ile tarikatların baskısı halkın kendi iradelerini kullanmak yerine, etkili kişilerin yönlendirmesi belirleyici oluyordu. Meşrutiyete karşı sahiplenmek ve ya sahiplenmemek, tavırlarını ortaya koyan güdülenmiş kişilik yapısı ve grupların yönlendirmesi ile öncelikler belirleniyordu. Siyasi yapılanmaya rehberlik edecek kişiler ve kadrolar son derece zayıf hatta yok gibiydi. Gerek Jön Türklerde gerekse İttihat ve Terakki'de Arap toplumlarını aydınlatacak, yönlendirecek yeterli yetişmiş kadroların zayıflığı Arap vilayetlerinde yeterince örgütlülük etkili olamıyordu ve olamamıştı.

1882'de Mısır, İngilizler tarafından işgal edilince Abdülhamit despotizminden kaçan aydınlara Mısır'da basın hayatını sürdürmelerine İngilizler destek olmuştu. Abdülhamit'le arası açılan İngilizler, Osmanlı'ya karşı önceleri Jön Türk hareketinin Mısır'da basın hayatını sürdürmelerine fırsatlar tanıdılar. İttihat ve Terakki'nin 1908 Devrim hareketi çıkarlarına ters geleceği için desteklemekten vaz geçtiler. Devrimsel düşünce hem Hindistan'da hem de Arap toplumun da İngiliz çıkarlarına ters düşeceği için İttihat ve Terakki düşüncesini reddetmektelerdi. İngilizler sömürü çarklarının sürdürülmesini yaşatmak için klasik Osmanlı düzeninin yanında yer almayı çıkarları için tercih ettiler ve aydınları dışladılar. İngilizler çıkarları için olaylara stratejik açıdan bakar ve hep asırlar sonrasının hesaplarını yapan millettir. İngilizlerin Osmanlı'ya, Müslümanlara ve Hindistan'a bakışı sömürü hesapları üzerine kurulmuştu ve genç İttihatçılar yerine yaşlı Padişah kadroları tercih nedenleriydi.

Tanzimat süreci ile Osmanlı ekonomisinde ve sosyal yapısındaki değişim kısmen de olsa Arap bölgelerine yansımıştı. Meşrutiyetle birlikte toplumsal yapıda değişimin daha da etkili olduğu görülmekte ve Tanzimat politikaları vilayetlerin merkezi idareye entegrasyonunu hızlandırmıştı. Balkanlarda olduğu gibi Arap toplumlarından da ve Anadolu'da toprağı kontrol eden feodal kesim, Tanzimat'ın getirdiği düzenlemelere karşı çıkıyorlardı. Bu eşraf kadrosu yeni kurulan **"vilayetler meclislerinde"** kendi çıkarlarını korumak için kendi taraftarlarını bu meclislerde görevlendirme gayretine girdiler. 1864'te Padişah Abdülaziz, valileri güçlendirmek için yerel yönetimlerin gücünü zayıflatarak, yerelde eşrafın daha önce elde ettiği imtiyazları valiye aktarıp eşrafın etkisini ve gücünü zayıflatma sürecini başlattı. II. Abdülhamit ise 1876- 1909 arası despotik yönetim gücü ile merkezi hükümetin gücünü daha da artırarak tam bir tek kişiye bağlı güçlü merkezi yapı ile yerel eşrafın etkisini zayıflatma yolunu seçti. Tanzimat'la birlikte İstanbul bürokrasisi ve okullar çok hızlı değişim süzgecinde geçmeyi başardılar. Tanzimat tüm Osmanlı devlet yapısını yeni sürece evrilmesine öncülük ederek yeniden yapılanmayı devletin ajandasına yazdırmayı başardı. Bugünkü sosyal yapının temelleri Tanzimat'la atılmış oldu ve Tanzimat'ın getirileri etkili oldu.

Tanzimat süreci ile İstanbul bürokrasisinin ve taşra bürokrasisinin karşılaştırmasını yaparsak, İstanbul bürokrasisinin yeni sürece daha hızlı entegre olduğunu görmekteyiz. Başkent, çok uzun süredir çeşitli etnik ve dini kökenden insanların bir arada yaşadıkları ve İmparatorluk kültürüne asimile oldukları bir merkezdi. İmparatorluğun diğer bölgeleriyle karşılaştırıldığında daha ileri bir eğitim düzeyinde olduğu görülmekte. Akademisyen Hasan Kayalı bu konuda şunları yazmakta: *"İstanbul, Batı'nın siyasi, ekonomik ve kültürel etkilerine açık olduğu için, Batılılaşma yanlısı genişleyen bir bürokrasiye insan kaynağı sağlayabilmişti. Tanzimatçıların pek çoğu İstanbul doğumluydu ve aileleri başka yerlerden gelmiş olsalar da, çoğu önde gelen devlet görevlilerinin oğullarıydı. İleri gelen devlet adamları kariyerlerine II. Mahmut'un kurduğu* ***Babıali Tercüme Odasın da*** işe başlamışlardı. Bura da dil eğitimi ve hükümet hizmetlerinde ki, temel eğitimi alıyorlardı."[54] Babalı tercüme bürosunda görev almak, devleti tanımak ve devletin üst düzey görevli memuru olmak önemli bir makamdı. Koca İmparatorluk bir bakıma burada yönetilmekte ve devletin beynini oluşturan makamdı.

Padişah İkinci Mahmut'un Babıali de kurduğu Tercüme odası ile devletin ihtiyacı olan uzman kadroların

54 Hasan Kayalı, Jön Türkler ve Arap Milliyetçiliği, Osmanlıcılık, Erken Arap Milliyetçiliği ve İslamcılık 1908-1918, Çeviren: Türkan Yöney, Türkiye İş bankası Yayınları, İstanbul, 1. Baskı Ocak 2018, s. 24

yetişmesine öncülük etmişti. Batı'daki, gelişmeleri hızlı bir şekilde yakalama gücüne süreç içinde eriştiler. Okulların açılması, bir ve iki meşrutiyetin ilan ettirilmesi bu süreçten gelen yetişmiş bürokrasinin aydınlarıydı. Halkın eğitim durumu yetersiz olduğu için gelişmeleri görmek, yakalamak gibi bir çabaları olamamaktaydı ve tüm yeni gelişmeler aydın kadroların omuzlarında olmasına rağmen, padişah kılıçları da bu entellektüellerin boyunlarında "demoklasin kılıcı" görevini görüyordu. Bu aydın kadrolar kılıçların gücüne, gölgesine değil de kalemin gücünün daha etkili olduğuna inanan kadrolardı. Her devirde aydın olmanın sorumluluğunu, sorunlarının çözümünü hep bu birikimli aydın çevreler üstlenmişlerdi ve zaman zamanda bedelini canlarıyla ödemişlerdir.

Araplar, Osmanlı tarihi boyunca Osmanlı yönetiminin tepe noktalarında fazla görevde bulunmadılar. İki yüz on beş Osmanlı sadrazamında Arap kökenli sadrazam yoktu. Üst yönetime gelenlerde Osmanlı'da yetiştirilmiş, İstanbul kültürünü almış din adamları ve yöneticilerdi. Mahmut Şevket Paşa ve Said Halim Paşa köken olarak Arap değiller, Mahmut Şevket paşa, köken olarak Gürcü olup Bağdat'ta dünyaya gelmişti. Said Halim Paşa ise Kavallı M. Ali torunlarındandır ve kökeni Rumeli Türküdür. Osmanlı Devlet yönetiminde, Arapların üst makamlarda görevde bulunanların sayıları yok denecek kadara azdır.

Tanzimat süreci Arapların da aydınlanmasına destek olarak onlarında bu süreçte nasibini almasının önündeki engelleri kaldırmak için büyük çabalar sarf ettiği görülmüştü. Bunlardan Yusuf El Halidi, Tanzimat'ın Filistinli bir temsilcisiydi. Yusuf, Filistin'in en eski eşraf ailelerinden biri olan Halidi sülalesinin oğlu olarak 1842'de dünyaya geldi. İstanbul'a gelerek Mekteb-i Tıbbiye 'de okudu daha sonra kurulmuş olan Robert Koleji'n de okudu ve Kudüs'e döndü, orada eğitim odaklı çalışmalara başladı. Tanzimat tipi laik bir Rüştiye kurmak için Suriye valisinden bir ferman almayı başardı. Kudüs'ün yeniden düzenlenmiş belediyesinde başkan olarak dokuz yıl görev yaptıktan sonra, İstanbul'da Tercüme Odasına atandı. Bu konuda Hasan Kayalının görüşlerini okuyalım: *"Yusuf'un bir çağdaşı da Beyrutlu Marunî Hıristiyanlarından Halil Ganem'di. Beyrut'ta memur olarak çalışırken oda Sadrazam'a tercüman olarak İstanbul'a getirildi. Mithat Paşa, Halil Ganem'i 1876 Anayasasının hazırlanmasında görevlendirdi. 1877'de ilk meclise vekil olarak seçildi. Daha sonra Halil Ganem İttihatçıların önemli isimleri arasında yer alacak ve Avrupa'da Ahmet Rıza ile ve Yusuf Akçuralarla çalışacaktı."* [55]

Halil Ganem, Paris'te Arapça ve Fransızca yayınladığı "La Jenne Turkuie'de" İmparatorluktan siyasi reformlar isteyen bir demokrat olarak yazılar yazmaktaydı. Çıkardığı gazetede ilk kez **"Genç Türkiye"** deyimini gazetesine mal etmişti. Avrupa'daki muhalefet 1880'lerin sonun da hızını yitirirken dahi, "Ganem, mücadeleyi bırakması için Abdülhamit'ten gelen rüşvet tekliflerini geri çevirmişti. Pek çok kişiyi yanına çeken Padişah Ganem ve

55 Kayalı Hasan, Age, s. 26-27

Ahmet Rıza gibileri çekemedi. "[56] Ganem kendi yazıların da ve çıkardığı gazetesinde ve yazdığı makalelerde Genç Türkiye ifadesini yazılarında ilk defa kullanması önemli bir ilke imza attı. Mısırı işgal eden İngilizlere karşı da etkili yazılarını sürdürmüştü. Halil Ganem 'in, Mısırın işgalini şiddetle reddederek İngiliz yayılmacılığına karşı duruş sergiledi ve eleştiri yazılarını sürdürmekteydi.

Halil Ganem'de, Ahmet Rıza gibi pozitivist düşüncenin etkisinde kalarak yazılarını bu yönde yazmaya başladı. İttihatçı örgütün Avrupa temsilcileri arasına onunda yazıları etkili olmaktaydı. Arap vilayetlerinde etkili çalışma ise Türk-Suriye grubu olup Türk- Suriye Cemiyeti kuruldu ve Arap muhalefeti ciddi çalışmalarda bulunmaktaydı ve İttihatçılarda bu çalışmalara destek veriyorlardı. M. Şükrü Hanioğlu'nun bu konudaki görüşlerini okuyalım, *"Türk-Suriye Cemiyeti 1895'ler de Paris'te ortaya çıktı. Bu cemiyet Dürzi Emir Arslan liderliğin de* ***'Peçeyi Kaldırmak'*** *adlı gazete etrafında toplanan örgüttü. Abdülhamit'ten gelen baskılar sonucunda bu örgüt Fransız yönetimince kapatıldı. Bu gazete kapatılınca cemiyetin yayın organını Halil Ganem ' Türkiye el Fetat' adlı gazeteye dönüştürerek yayına başladı. 1896 yılında Türkiye- Suriye Cemiyeti, Paris'teki İttihat ve Terakki Cemiyeti ile birleşti ve Ahmet Rıza'nın önderliğinde, Abdülhamit'e karşı Mısır'daki muhalefetle bağ kurmasına yardımcı oldu."*[57]

Ahmet Rıza ve ekibince çıkarılan **"Meşveret"** gazetesinin ilk sayısından itibaren reformların imparatorluğun

---

56 Kayalı Hasan, Age, s. 49
57 M. Şükrü Hanioğlu, İstanbul, 1996, s. 8, 105

tamamında uygulanmasını istemektelerdi. İmparatorluğun reformlarla yüzleşmesini ve Batı standartlarında bir devlet olma özlemini hep yayın organlarınca vurguladılar ta ki, 1908'e gelince tablo değişti. 1908'i yaratan süreçte Fransız İhtilali, Tanzimat aydınlanması, 1876 meşrutiyet süreci ve aydın kadronun yetişmesine öncülük eden II. Mahmut'un kurduğu **"Babıali Tercüme Odası"** aydınlarının özverili çalışmaları olmuştu. Tüm reformların Osmanlı hinterlandında uygulanmasını İttihatçılar istemekteydi ancak savaşlar tüm beklentileri ve planlarını uygulama fırsatını vermiyordu. Osmanlı'da aydınlar reformist süreci başlattı ve gerek içerde gerekse de dışarda sürekli savaşlar ve engellerle karşılaştılar.

Arap aydınlarının bazıları Batılılar ülkemize girerse kısa sürede topraklarımızı ele geçirecekler ve istediği gibi bizleri yönetmek isteyeceklerdir. Arap aydını ve Arapların görüşlerini Halil Ganem kendi yazdığı Arapça makalesin de şöyle anlatmakta "Türkler Dört yüz yıllık yönetimleri boyunca bir santimetre ülkemizi dahi almamışlardır. Toprakları, mülkleri, sanayiyi ve ticareti yerli halka bırakmışlardır. Araplar ve Türkler birlikte yaşadı şimdi bunu değiştirmek ve bir başkasını getirmek doğru olur mu? Müslümanlar bir Arap devleti kurmak istediklerinde, Hıristiyanlarda yabancılarla gizli ittifak yaptıkları gerekçesiyle suçlayanlar, sadece hükümdara yaranmak isteyenlerdir. Arap aydınları ve ileri gelenlerinin ümmetlerinin Osmanlı çıkarları çerçevesinde yaşamasından başka bir isteği yoktur."[58]

58 El-Mu'temerü'l-Arabiyü'l-evvel, s. 61, Bayhun, s. 19 "Hasan Kayalı, Age, s.256"

Halil Ganem, ölmeden önce yazdığı Arapların ve o bölgedeki Hıristiyanların Osmanlı'dan ayrılmak gibi bir düşüncelerinin olmadığını açıkça yazıyordu. Arapların Zengin enerji kaynakları ne zaman stratejik ürüne dönüşünce emperyal güçlerin iştahlarını kabarttı. Emperyal güçlerin kendi aralarındaki sömürge kavgaları geri kalmış ülkeleri savaş alanına dönüştürdü. Sömürge zihniyeti Birinci Dünya savaşını yaratarak milyonlarca insanın ölümüne sebep olurken kana doymayan emperyal güçler Birinci Dünya savaşında ders çıkarmadan İkinci Dünya savaşını çıkararak milyonlarca insanın ölümüne, sakat kalmasına, acı çekmesine, yokluk içinde yaşamasına neden olan soysuzluğu insanlığa reva gördüler. İlerici aydın Halil Ganem 1904'te hayata gözlerini yumdu.

İttihatçıların Paris Şubesi İle Selanik Şubesi Birleşti

Dağınık gruplar aynı hedefe odaklanmış ise bu grupların birleşmesi yeni bir sinerji doğuracağı kesindir ve birleşmeleri kaçınılmaz bir sonuçtur. Ahmet Rıza ve Selanik örgütü tüm İttihatçıların tek çatı altında birleşmesinin örgüte güç vereceğini ve hedeflere daha rahat varılacağına ve dağınık haldeki örgütün tek çatı altında toplanmasının doğru olacağına karar verdiler. Meşrutiyete giden yolun örgütlerin birleşmesinden geçtiğine ve güçlü örgütlülükle sinerjinin doğacağına inanarak Ahmet Rıza, Dr. Nazım'ı Selanik'e gönderdi. Dr. Nazım'ın görevi Anadolu'da örgütler kurmak ve kurulan bu örgütleri tek çatı altında birleştirmekti. Selanik'teki görüşmelerden sonra Dr. Nazım İzmir'e geçerek örgütün İzmir şubesini kuracaktır. Vatanı, içinde bulunduğu kötü durumdan kurtarmak ve milleti içinde bulunduğu zulüm ve esaretten çıkartıp, insanlığı laik bir biçimde yaşatmaktı örgütün hedefi. Bu amaçlara varmanın yolu ise tüm örgütün tek çatı altında birleşmesi ve hedefine böyle yürümesi doğru olandı ve öyle olmasına karar verdiler.

İttihatçılar geniş yelpazeye yayılmış cemiyet şubelerinin Balkanlar'da, Avrupa'da, Anadolu'da ve Arap vilayetlerinde iletişimin ve dağınıklığın sıkıntıları örgütü tek merkezde toplamaya mecbur bıraktı. İttihat ve Terakki örgütünün Selanik şubesi, tüm örgütün tek çatı altında birleşmesinin kaçınılmaz olduğunu gördü ve çözüm yolunun bulunması için gerekli görüşmelerin yapılmasına karar verildi. Paris ve Selanik şubesi arasında 27 Eylül 1907'de görüşmeler başladı ve birleşme yönünde şu kararlar alındı.

Araştırmacı yazar Ernest E. Ramsaur, Selanik örgütü ile Paris örgütünün birleşmesini ve aralarındaki yapılan protokolü şöyle yazmakta: "Paris ve Selanik örgütü 27 Aralık 1907'de şu maddeleri kayıt altına alarak birleştiler.

1- Komitenin dâhili ve harici üzere iki farklı kumanda merkezi olacaktır. Bunlardan harici kumanda merkezi Paris'te bulunacaktır. Dâhili merkez olarak ise şu anda Selanik'te yerleşik olan karargâh kullanılacaktır. Bu iki merkez birbirinden bağımsız ama birbirinden haberdar iki farklı amir tarafından idare edilecektir.
2- Temel maksadı Mithat Paşa tarafından 1876 yılında deklere edilen Anayasayı tekrar hayata geçirip sür-

dürmek olan komitenin, bu amaca ulaşabilmek için dâhili ve harici kullanılmak üzere iki farklı tüzüğü bulunacaktır. Bu tüzükler, dâhili ihtiyaçlar ve temayülü göz önüne alacak ve komitenin ve fertlerin görev sorumluluklarını yeniden düzenleyecektir.

3- Kumanda merkezleri gerektiğinde birbirlerinden bağımsız olmalarını göz önüne almaksızın başarılı mübadeleden bulunacaklardır.

4- Dâhili merkezin, doğrudan temasları sakıncalı bulması halinde şubeler ve şahıslarla, bu hususta kendisine bağlı olacak Paris'teki merkez vasıtasıyla ile görüşmesi uygun görülmektedir.

5- Harici merkezin, imparatorluk dışında şubelerin liderliğini icra etme görevine ilaveten komiteyi dış dünyada temsil etme gibi önemli bir görevi de ifa etme sorumluluğuna sahip olması gerekmektedir...

6- Kumanda merkezlerine, birbirlerinin fiillerini değiştirmeleri hususunda tavsiyede bulunma ve ikna edebilme çabası içerisinde olma dışında salahiyet tanınmamıştır.

7- Komitenin o sıralarda fikirlerini halka sirayet ettirebileceği vasıtalar Türkçe basılmakta olan "Şurayı Ümmet" ve yine Fransızca yayınlanan "Meşveret" gazeteleridir. Dâhili merkezin yardım ve destekleriyle, harici merkez tarafından yayınlanmakta olan "Şurayı Ümmet" in harici merkezin neşrettiği diğer tüm yayınların mesuliyeti her iki merkez tarafından müştereken paylaşılacaktır."[59]

---

59 Ernest E. Ramsaur, JÖNTÜRKLER 1908 İhtilalinin Doğuşu, Pınar Yayınları, 2. İstanbul Baskı, Mart 2011, s. 165-166.

Paris ve Selanik örgütü yukardaki maddeler ışığı altında birleşti ve Paris adına bu anlaşmayı Selanik'te Dr. Bahattin Şakir imzaladı. Bu iki örgütün birleşmesi ile İttihat ve Terakki örgütü güçlendi ve sinerjisi doruğa çıkma sürecine girdi.

Bu sırada İttihatçıların ikinci kongresi yapıldı. Kongrenin temel amacı, Abdülhamit'ten nefret eden tüm şahıs ve grupları tek çatı altında toplamak ve Abdülhamit'ten kurtulmaktı. Bu nedenle ikinci kongre yapımına karar verdiler. İttihat ve Terakki'nin ikinci kongresi 27-29 Aralık 1907'de Paris'te yapıldı. Bu toplantıya Ahmet Rıza, Prens Sabahattin ve Ermeniler katıldı. Bu ikinci kongrede birtakım pasif kararlar alınmıştı. Bu kongre sonu Ahmet Rıza taraftarları ile Sabahattin taraftarları arasında çatlak ileri boyuta taşınarak anlaşmazlık hat safhaya ulaştı. Sabahattincilerle Ermeniler, Ahmet Rıza ekibine karşı aleyhte çalışmalarını sürdürme sürecine girdiler.

Selanik örgütü, özgürlüğü önemsemiş kişi ve gruplarla konuşur ve çözüm yolları aranırdı. Talat Bey ile Prens Sabahattin Bey'de bir araya gelerek görüşmelerde bulundular. Ahmet Rıza Bey, Türk milletinin hâkimiyeti altında bir meşrutiyet istemekteydi. Talat Bey'le konuşan Prens Sabahattin Bey'in görüşlerini Zıya Şakir şöyle yazıyor: *"Prens Sabahattin ve İsmail Hakkı Bey'ler de bütün milletlere ayrı ayrı haklar vermek ve onlara kendi muhitlerinde, kendi fikirlerine uygun kanunlarla idare etmek esasına müstenit bir meşrutiyet talep ediyorlardı. Prens Sabahattin Bey'in prensipleri, Talat Bey'le arkadaşlarının hoşuna gitmedi. Buna binaen Ahmet Rıza Bey'e taraftar-*

lık etmeye karar verdiler. Bu karardan sonra daima Ahmet Bey'le muharebe ediyorlar, İttihat ve Terakki Cemiyeti'nin organı olan gazeteleri getiriyorlar, Rumeli'nin her tarafına dağıtıyorlardı..."[60] Prens Sabahattin ve arkadaşlarının görüşleri, İngilizlerin görüşlerine yakın olup onlara hizmet eden ve yerel yönetimlerde federasyon görüşlerini öne çıkarmayı savunan paradigma idi. Bu federatif yapı Osmanlı devletinin parçalanmasını isteyen görüştü ve İngiliz çıkarlarına hizmet ediyordu. Talat Bey'de Prens Sabahattin'in görüşlerini test etmiş oldu ve yollarının birlikte olamayacağı görüşüne vardı. Selanik ve Paris grubu birlikte hareket etmenin sevincini paylaşıyorlardı.

Harbiye Çıkışlı Subaylarla Alaylı Subaylar Arası Sorunlar

Padişah Abdülhamit, okumuş aydın ve çözüm üreten kesimden korkar ve cehalet ekibini kurarak onlarla birlikte koca imparatorluğu yönetiyordu. Okumuş değil kendine sadakatle bağlı alaylı kişileri subay yapar ve bu subaylara paşalık unvanı vererek onlarla yol arkadaşlığını tercih ederdi. Okumuş aydın kesim bu cehalet ordusu kadrolar ile devletin ayakta kalma şansı olmadığını görmektelerdi. Abdülhamit döneminde okumamış ona sadık ya da askerlikte başarılı olan askerleri, orduda görevlendirerek onlara **"Paşalık"** rütbesi vererek yüksekte maaş öderdi. Bu askerler **"Alaylı"** yani okulda okumamış as-

60 Zıya Şakir, İttihat ve Terakki Nasıl Doğdu Birinci Cilt, Akıl Fikir Yayınları, 1. Baskı İstanbul, Ekim 2014, s. 145-146.

kerlerdi. Alaylı subaylarla, Harbiyeli subaylar arasında da çekişmeler devam ediyordu ve bunlar yüksek maaş alıp rahat ederken, Harbiye çıkışlı subaylar hem az maaş alıyor hem de en zor koşullarda göreve tabi tutulmaktalardı. Alaylı subaylar ise Padişahın emrinde eğitimsiz ve ona sadık oldukları için terfiler alır yüksek maaşlarla ödüllendirilirdi. Bu durum İttihatçıları rahatsız ediyordu.

Ordu içinde görevli asker ve subaylar arasında görülen anlaşmazlıklar ve siyasi kavgalar sürüp gitmekteydi. Harp Okulu ve Harp akademisi çıkışlı subaylarla, alaylı denilen okula gitmeden padişahlara sadakatinden dolayı Paşalığa yükseltilen subaylar arasında sorunlar devam etmekte ve bu durum ordunun başarı grafiğini aşağı çekmekteydi. Bu ayrımcılık ileri boyutlara taşınınca, Harbiye çıkışlı subayları İttihat ve Terakki çatısı altında toplamaya sevk etti. Dönemin subayları Alman disiplini ile yetişmiş ve dünyanın nereye evrildiğini gören, iki üç yabancı dil bilen üretken kadrolardı. Alaylı kadrolar ve Yıldızın yönetenleri bu Harbiyeli subaylardan çekinmekte ve bunları devamlı taşrada görevlendirerek İstanbul'dan uzak tutmak için tüm ana görevleri bunlarmış gibi çaba içindeydiler.

Padişah Abdülhamit, alaylı subaylardan oluşan bir çeşit paralel askeri örgütlenmeye gitmişti ve bu durum emek vererek okuyanla okumayanı yan yana getirerek okumayanlara daha yüksek maaş vererek kendine hizmet ettirmekteydi. Harbiyeli subaylar vatan savunması için cephede düşmanla savaşırken, okumamış alaylı subaylar İstanbul'da keyf çatmaktalardı ve yüksekte maaş alıyorlardı. Bu subayların ikiye bölünmesini tetikleyen faktörlerden birisiydi. Abdülhamit'in yarattığı kadronun asli görevi bir bakıma padişahın koltuğunu korumak için görevlendirilmiş alaylılar grubuydu. O dönemde asker sürekli savaş halinde ve vatan savunması görevini sürdürmekte olup, ordunun bütünlük içinde ve disiplinli bir şekilde ana görevi ülkesini yarınlara sağlıklı biçimde taşımak asli görevi olmalı, yönetenler ayrıma değil birlikteliğe hizmet etmeli idi.

Balkan savaşlarını kaybettiren bu alaylı paşaları Enver Paşa ordudan uzaklaştırarak emekliye sevk etti. İsmet Paşa anılarında Enver Paşa'nın orduyu yeniden yarattığını ve siyasete katılanlar ve Balkan harbinde başarısız olanlar dâhil tümünü ordudan uzaklaştırdı. Çok yakın arkadaşlarını, beraber ihtilalde bulunmuş kimseleri, küçük rütbeli olanlar dâhil, tümünü ordudan çıkararak orduyu siyasetten temizlediğini belirti. İsmet Paşa şöyle yazmakta anılarında, ***"Balkan harbini yapan orduyu tümüyle değiştirmiş ve yeni bir ordu kurmuştu. Muhaberede bulunan kumandanların hemen hepsini emekliye ayırmış ve orduyu yeni Albaylardan kolordu kumandanı, Yarbaylardan Tümen komutanı ve yeni Generallerden de ordu kumandanı tayin etmişti. Yeni ordunun kurulmasında ve bu ordunun ümitsizlikten kurtulup yeni çalışma şevkine sahip olmasında Enver Paşa'nın disiplini etkili olmuştur. Ordu böyle kuruldu ve ordunun yetiştirdiği kadro Milli Mücadelenin bel kemiğini oluşturdu."***[61] Balkan yenilgisi ordu içinde

61 İsmet İnönü, HATIRALAR, Bilgi Yayınevi, Ankara Baskı, 2006, s. 85, 137,141

yeni bir süreci başlattı. Abdülhamit'in alaylı subaylarının tümü ordudan uzaklaştırıldı ve yeni bir orduyu genç Harbiyeliler kurdu. Bu ordu kısa sürede ciddi eğitimden geçirilerek Çanakkale'de ve Kurtuluş Savaşında kendisini kanıtlayarak tarihe yeni bir sayfa açtı ve bunun mimarı Enver Paşa ve komutanı da Mustafa Kemal'di.

Enver Paşa'nın orduyu hantallıktan kurtararak daha aktif, üretken ve disiplinli hale getirmesi Çanakkale destanını yazan ve Anadolu İhtilalinin kahramanlıklarını yaratan ordu oldu. Enver'in orduyu çağdaş yapıya kavuşturması genç Cumhuriyetin kurulmasında temel faktör olarak görülür. Enver Paşa'nın yarattığı yeni ordu Çanakkale'de Balkan yenilgi lekesini temizleyerek yeni bir altın sayfayı Mustafa Kemal komutasında gerçekleştirdi. Enver Paşa ile Mustafa Kemal aralarında sorunlar olsa da iyi bir ikili lider olmaları Cumhuriyetin kuruluşunun alt yapısını oluşturdular. Mustafa Kemal, elindeki kaynağı en iyi en ekonomik ve en rantabl kullanan, stratejisi çok yüksek liderdi ve bu ölçüler onu *"Atatürk"* makamına taşıdı.

Enver Paşa'nın ordu içindeki başarısız ve alaylı komutan ve subayları temizlediğini ve milli ekonomiye geçişini Enver Paşa yaptı. Bunu İsmet Paşa'nın hatıralarında okuyalı: ***"Balkan Harbinde rezil olan, kaçacak yer bulamayan, silahını bırakıp geri çekilen, ancak Çatalca'da durdurulabilen Osmanlı ordusu. Enver'in ordudaki bu yenileme operasyonu Almanlar içinde çok önemli bir yer tutmaktaydı. Orduyu yenileştirmeden Almanların da payı var ancak asıl pay Enver'e aittir. Müslüman esnafı işadamına dönüştürmek için***

şirketleşme teşvik edildi. Milli ekonomiye geçişin temelleri atıldı. Kapitülasyonların kaldırılması için teşebbüsler yapıldı."[62] Enver Paşa, orduyu yeniden yapılandırdı ve milli ekonomiye geçişin ön hazırlıkları ve Türk ve Müslüman ticaret kadrolarının yetiştirilmesi için teşvikler, desteklerle yönlendirildiler.

Ordudaki görülen kargaşanın temel sıkıntılarından biriside, rütbelerin yeniden düzenlenmesi ile ordu içinde sorunları artırdı. Ordu çok fazla siyasete bulaşmıştı. Ordu içinde ki subaylar birbirlerine selam vermez duruma geldi. Subaylar kılık kıyafetleri ile İttihatçımı yoksa İtilafçımı feslerinin giyiş şeklinden anlaşılmaktaydı. Arnavut askerlerinin de kendi aralarında ayrışmaları sorunları daha da körükledi. Atatürk, Cumhuriyeti kurunca orduya kesinlikle siyasete bulaşmama yasağı getirdi. Kışlaya, okullara ve camiye siyaset Atatürk döneminde giremedi ve bu ordunun siyasete karışmamasında Genelkurmay Başkanı Mareşal Fevzi Çakmak'ın da kararı etkili oldu. Siyasetin Osmanlı'nın son zamanlarında ülkeyi nerelere götürdüğünü gören Atatürk siyasetin nerelerde yapılacağını kesin olarak göstermişti. Bugünün siyasetçileri siyasetin nasıl ve nerede yapılacağı konusunda tam bir fukaralığı oynamaktalar.

Alaylı subaylar hızlı terfiler sonucunda yükselerek üst rütbelere geldiler ve bunlar Balkan Savaşlarında emir komutanın başında oldukları için Balkan bozgununda sorumluluğu bu kesimin omuzlarındaydı ve görevlerini yap-

62 Taha Akyol, Rumeli'ye Elveda, Doğan Kitap, 1. Baskı İstanbul, Şubat 2013, s. 229-230

madılar. 31 Mart 1909 olayının yaratılmasından da alaylı subayların kullanıldığı görülmektedir. Balkan savaşlarının çıktığı dönemde aktif ve tümü de Harbiyeli Kurmay genç subaylar İtalyanlara karşı Derne'de, Trablusgarp'ta Libya'yı korumaktaydılar. Harbiye Nazırı ise beceri ve yeteneği olmayan Nazım Paşa idi. Nazım Paşa'nın hataları yüzünde Balkanlar kaybedildi. Çünkü Balkanlardaki 120 bin askeri terhis ederek bölgeyi boş bıraktı. Kalan disiplinsiz asker ve beceriksiz Paşalar yüzünde Balkanlar elden uçtu gitti. Alaylı subaylar sorununun çözülmesi ile ordu yeniden yapılanma ile görevini yapan Türk ordusuna dönüştü. Yenilenen ordu Çanakkale'de emperyalizmi, Doğu'da Muş ve Bitlis'i, Rusların elinde geri alarak kendisini kanıtladı. Kurtuluş Savaşında Emperyalist destekli Yunan ordusunu bozguna uğrattı. Bu başarıların arkasındaki ön görü Enver Paşa'nın orduyu yenilemesi ve Atatürk'ün de birliktelik desteği oldukça etkili oldu.

Abdülhamit Döneminde Maaşlar Adaletsizlik Yaratıyordu

Padişah II. Abdülhamit alaylı subaylarla Harbiye çıkışlı subayları maaş konusunda eşit tutmama alışkanlığını sürdürmeyi ilkesel hale getirmişti. Okumuş Harbiyelileri de sevmez ve onları sürekli savaş meydanlarına göndermekten geri durmazdı. Serasker Rıza Paşa, Padişah Abdülhamit dönemin de subayların ve ordunun ekonomik durumunu tespit etmekte ve bunu Şevket Süreyya Aydemir şöyle yazmakta, "Kara ordusunun kasasında 264 kuruş vardı. Giyim için lazım olan milyonlarca arşın çuha, yabancı memleketlerden getirtiliyordu. Ayakkabı için ve koşum için milyonlarca okka deri, dışardan getirtiliyordu. Fes dışardan geliyordu. Buğday, arpa Romanya'dan ve Rusya'dan alınıyordu. Maaşlar son derece düzensizdi. Yılda 5 ya da 6 aylık çıkmaktaydı. **Devletin ordu mevcudu 195 bin kişiydi. Harbiye mektebi senede ancak 100 subay yetiştiriyordu.** Askeri binalar noksandı, depolar harap, boş, subayların hali perişan, erler ise elden ayaktan düşmüş tam bir perişanlıktı. Bu esna da hafiyeler, casuslar maaşlarını muntazaman alıyorlardı. Memurlar bütün maaşlarını, bu ilgili dairelerin yüksek memurları ve tekaüt sandığı nazırı ile ortak, bazı sarraflara aracılara kırdırıyorlardı ve bu faizden gelen paralar Boğazın içki masalarında tüketilmekteydi... Zabitanlar Yemen de, Makedonya'da eşkıya takibinde şehit düşerken, ailelerin çocukları perişanlık içindeydiler. Deniz subaylarının maaşları yüzde ona, kara ordusu subaylarının maaşları ise yüzde yirmi beşe kırdırılıyordu."[63] Serasker Rıza Paşa'nın sorunları dile getiren listesi uzayıp gitmekte.

İstanbul merkez vilayetlerden ve vilayetler de merkezden daha fakirdi ve kimsesiz ruhsuzdu. Nereye bakılsa bir kasvet, karanlık görünüyordu ve düşünen beyinler geleceğin acılarla dolu olduğunu yaşamaları onlara acıdan başka bir şey vermiyordu. Maaşlar iki ayda bir ödenir ve tayın bedelleri levazım müteahhitlerine kırdırılarak alınabilirdi. Geçim sıkıntısı subaylar arasında şiddetli ve ailelerine destek olmaktan ciddi sorunlar

---

63 Şevket Süreyya Aydemir, Enver Paşa, Remzi Kitabevi, 1. Cilt, 1860-1908, 2. Baskı, İstanbul 1972, s. 218, 220, 222

yaşamaktaydılar. Subaşlarında bulunanların veya saraya mensup olanların, her ay maaş ve tam tayın bedeli olarak zamanında ödenir ve refah seviyeleri yüksekti. Namuskâr insanlar, kahir ve zaruret için de perişan oluyordu. Tüm bu dengesiz yapılanmalar, ekonomik sorunlar, nepotizm aydınlar arasında kabul edilemez sürecin artarak devam etmesi isyanları yaratmaya yeşil ışık yakma sebebiydi.

Padişah Abdülhamit zamanın da tefecilik doruğa çıkmıştı ve bu arada kolay para kazananların sayıları hızla artmıştı. Sarraflar memurların maaşları yüzde yirmi beşle kırmak için aç kurtlar gibi bu işin takibini yapmakta. Tefecilik meslek haline gelmişti. II. Abdülhamit döneminde 17 yıl Seraskerlik yapıp 1908 de görevinde alınan paşanın hatıratını okurken koca imparatorluğun ne hallere getirildiğini görmek üzüntünün ötesinde başka bir mesajları vermemekteydi. Osmanlı Padişahlarının ileriyi görmeden günü bile kurtarmayı ihmal ederek bunlar neyin peşinde idi diye düşünmek, cehaletin ürününden başka bir şey değildi. Onca kanlar dökülerek o kanların bedeli olarak ele geçirilen topraklar birer birer elden çıkışı, askerin ve halkın ihmal edilişi ve Sarayın kendi kendilerini düşünmeleri tam bir aymazlığın yöneten kadroların ne hale geldiğini gösteriyor ve birileri de çıkıp ecdadı aşırı övmesi inandırıcılıktan uzak ve tarih okumamaktı.

Abdülhamit zamanın da dış temsilciliklerde görevli konsolosların durumu ise çok kötü olup ülkenin konsolosları dışarda sıkıntılı süreci yaşamaya mecbur bırakılmıştı. Her gün parasal sorunlar saraya iletilmekte,

Saray kendi rahatının dışında kimseyle ilgilenmez ve onlar hafiyeleri dinlerdi. Bu konsoloslukların gelirleri gümrük tahsisatında ödenmekteydi. İstanbul ve Trabzon gümrüklerinin en büyük kısmı Hazine-i Hassa yani padişahın giderlerine ayrılıyordu. Devletin gelir getiren tüm kurumları da Duyunu emrine verilmişti. Hazine emperyal güçlerin tutsağıydı.

Devletin gelirleri şu şekilde pay ediliyordu: "*Cidde, Yemen, İşkodra ve Preveze gümrükleri gelirleri, askeri idareye giderdi. Selanik, İzmir, Beyrut, İskenderun ve Edirne gümrüklerinin gelirleri ki bunlar gelirleri yüksek olanlardı, Duyun-u Umumiye (yani yabancı borçlara) giderdi. Bu gelirlerin bir kısmı da Ruslara tazminat olarak ödenirdi. Sefirler ve konsolosların gelirlerini de, Bağdat gümrük gelirleri karşılardı. Sarayın haftalık giderleri ise, 17 bin 250 altındı. Bu para haftalık olarak düzenli ödenirdi. Senede padişah II. Abdülhamit için 897 bin altındı. Oysa bütçeden ayrılan senelik tahsisat ise 577 bin altındı.*"[64]

Padişahın ekonomik anlamda hiçbir sorunu yoktu. Ancak imparatorluğun son zamanlarda geliri tamamen gümrük gelirleri ile ayakta durmaktaydı. O bölgeler elimizden çıkınca gümrük gelirleri de uçtu gitti ve devlet parasız ortadan kaldı. Osmanlıyı yıkan parasızlık oldu. Osmanlı tam bir yoksulluk çemberinin içinde sıkıştırıldı ve çarede üretilemez hale geldi. Asıl sorunun kaynağı maaşın dışında doğan haksızlık ise, sarayın terfileri istediği alaylı subaylara vermesi ve onların paşalığa ka-

64 Ş. S. Aydemir, Age s. 223-224-225

dar yükseltilmesiydi. Genç Harbiyeli subay ve komutanlar ülkeyi tehdit eden çetelerin ve isyancıların peşinde koşarken canlarını ortaya koyarak vatanı için canlarını verirken, alaylı subaylar belirli makamlarda emir komuta zincirinin içinde, gerçeklerden habersiz gününü gün ederek refah sürdürmekte idiler. Bu ayrımcılık devletin geleceğini tümden tehdit ediyordu.

Terfi etmek için en emin iki yol bulunmuştu. Ya Saraya girip görev almak ya da nüfuzlu birine damat olarak kolayca terfileri kapmaktı. Bazı paşalar saraydaki nüfuzunda yararlanarak padişaha sadık muhafızlar diye, mahiyetindeki askeri inzibat memurlarını subay olarak görevlendiriyorlardı. Bunlar da birkaç sene sonra terfiler alarak Albaylığa kadar yükselmektelerdi. Edirne'ye İstanbul'dan iki Hamidiye Süvari Alayı 1907 de gönderildi ve tüm subaylar padişah yaveriydi. Rüşvet doruklara çıkmış altta kalanın canı çıksın diye baskı unsuru kervanı sürüp gidiyordu. Osmanlı ekonomik, nepotizm, rüşvet, adam kayırma gibi yanlış ve tutarsız, ehliyetsiz kişi ve yönetenlerin yüzünde yıkıldı. Aileyi, kurumları, devleti yöneten kişiler günlük düşüncenin sarmalına sığınırlarsa gelecek kendiliğinden yok oldu demektir.

İngilizlerin Mısır'ı İşgal Etmesi Dengeleri Değiştirdi

Alman emperyalizminin güçlenmesi ve yeni sömürge avına çıkması, İngilizlerin Hindistan ve Ortadoğu çıkarlarını tehdit eder boyuta gelince, İngilizler Süveyş Kanal'ının kontrolünü ellerinde bulundurmak için Mısır'ı işgal ettiler. Mısır Osmanlı'nın önemli bir parçası idi ve Nil boylarının gelirleri Osmanlı ekonomisine büyük katkı sağlamaktaydı. Burası kaybedilince zaten kötü olan ekonomi, devletin gelirlerini ciddi oranda zayıflattı ve dışarıya bağımlılığı daha da artma sürecine girdi.

Osmanlı-Rus savaşı sonucunda (1877-1878) Osmanlılar, İngilizlerden beklediği desteği göremeyince ve İngilizlerin Kıbrıs'ı bu savaş sonu ele geçirmesi ile Padişah II. Abdülhamit'i yeni dost yeni ittifak arayışına yönlendirdi. Almanlarla ikili ilişkiler daha önce başlamıştı ve Alman-Osmanlı ittifakı güçlenerek yeni sürece evrildi. Bu ittifaktan korkan İngiltere, Süveyş Kanalı'nı elinde tutmak, Uzak Doğu ve Hindistan sömürü çıkarlarını korumak ve Mısır'ın başkalarının eline geçmemesi için Mısır'ı işgal ederek hükümranlığı altına aldı. Böylece Süveyş Kanal'ı İngiliz kontrolüne girmiş oldu. Burada şunu görmek ve ders çıkarmak zorundayız. Osmanlı kendi ayakları üzerine durmak yerine kendisini başka bir emperyal gücün etkisine sokması, gelecek için son derece tehlikeli yoldu ve kısa süre sonra bu tehlikeli yollar Osmanlı'nın yok oluşunu tetikledi.

İngilizler 1882'de Mısır'ı ele geçirince, Osmanlı Devleti ile arası açıldı ve Abdülhamit'te Almanlarla askeri, siyasi ve ticari ilişkilerini ilerletmeye başladı. Osmanlı-İngiliz gerginliği artarken Alman dostluğu ile yola devam kararı çıkmıştı. İngilizler kendilerini özgürlük taraftarı göstererek çeşitli yayınların yayınlanmasına Mısır'da izin vermeye başladılar. Abdülhamit baskısından kaçanlara İngilizler Mısır'da yayın fırsatları tanımaya başladı. Mısır, Jön

Türkler ve İttihatçılar için özgürlük alanı yaratmış oldu ve baskıdan kaçan özgürlük yanlıları Mısır'da nefes almaya başladı. Bu bir İngiliz siyaseti olup özünde özgürlükleri desteklemek kendi sömürge çıkarlarına ters düşmekteydi ve bu konuda İttihatçıları da sevmezlerdi, onlara şirin görünme taktiğinden başka bir şey değildi.

Mısır hem coğrafi konumu hem de liberal siyasi ortam yaratmış oluşu özgürlük yanlısı düşüncelerin sınırlıda olsa sığınağı haline gelmişti. Kahire'de İttihatçılar özgürce fikirlerini basın yoluyla duyurma, yayma fırsatını yakaladılar. Suriyeli aydınlar despotik yönetim yüzünde memleketlerini terk ederek onlarda Mısır'a göç ettiler. Bunlar Abdülhamit'in hışmına uğrayan aydın, subay, gazeteci ve yazarlar grubuydu. Mısır bir bakıma İttihatçıların barınma ve fikirlerini yayma kenti haline geldi ama Yıldız sarayı bundan rahatsızlık duyuyordu ve çözüm yollarını arama sürecine girecekti.

Mısır'ı yöneten Hidiv yöneticileri, İngilizleri ve Fransızları destekleyenlerin, Osmanlı'yı eleştirenlerin yazılarına, düşüncelerine onay vermekteydiler. İngiliz politikası hem Osmanlı'yı hem de Mısır yönetenlerini bölmek için ayrılıkçı stratejilerin uygulanmasını desteklemekteydi. Hidiv sülalesinde soğumuş olan bazı kişilerde İttihat ve Terakki görüşlerini savunur ve örgüte üye olmuşlardı. **Prens Mehmet Ali,** daha sonra Osmanlı **Sadrazamı olacak Said Halim'de** Ahmet Rıza'nın grubunda çalışmışlardı. İstanbul'da kaçan ve Arap vilayetlerin de gelen aydınlar Kahire'de **"Osmanlı İstişare Cemiyeti'ni"** kurdular. İslami modernist düşüncelerin savunulmasını

Suriyeli aydınlar üstlenmişti. Dolayısıyla Suriyeli aydınların Tanzimat süreci görüşlerini benimsediği ve Anadolu aydınlanmasına katkılar sundukları yadsınamazdı.

1889'da İttihad-ı Osmani "İttihat ve Terakki" cemiyetini kuranlar arasında olan Diyarbakırlı Abdullah Cevdet'te, Abdülhamit baskısına dayanamayarak 1905'te Kahire'ye gitmek zorunda kaldı. Abdullah Cevdet'in de bu Osmanlı İstişare Cemiyetin de önemli çalışmalara imza attığı da bilinmektedir. Türk- Arap istişare cemiyeti Abdülhamit despotizmine karşı birlikte özgürlük için mücadele kervanına da onlarda katılmışlardı. Kahire bu konuda İttihatçıların önemli bir merkezi halini aldı. Mısır Fransızların desteği ile zenginleşme ve özgürleşme sürecine girdi ve bu sürece İngilizlerde katkı sundular. Mısır'da yayın hayatını İngilizlerde desteklemişti. Osmanlı'da Abdülhamit hışmına uğrayan aydınlar soluğu ya Paris'te ya da Mısır'da alıyorlardı.

1908 Devrimi sonrası Arap toplumunda da bazı yenilikler devreye girdi. *"Mekke'de kendi kendini göreve atayan yerel komite kent hapishanesindeki mahkûmları serbest bırakmıştı. Kente girişteki duhuliye rüsumunu kaldırmıştı. Vali Ratip Paşa'nın koyduğu deve başına alınan vergiyi de yok derecesine indirmişti."* [65] Halkın yeni devrime bakışı, etkili kişilerin yönlendirmesiyle yön bulabilmekteydi. Arap toplumunda, eğitim-kültür seviyesi düşük ve tarikatların, aşiretlerin ve töresel değerlerin halkın yönünü bulmasında, kendine yön vermesinde

65 Tanin, 19 Eylül 1908

aşırı baskılar yaşamaktaydı. Özgür toplumlar ve bireyler kendi geleceklerine yön bulmaktan, başkalarının kendi üzerlerinde baskılarını hissetmezler, ettirmezler.

"İttihat ve Terakki, 5 Ekim 1908'de Avusturya'nın Bosna-Hersek'i ilhakından sonra İstanbul'da Avusturya mallarına yapılan boykot, Beyrut'ta da başarıyla uygulandı. Boykot, Avusturya'dan yapılan başlıca ithalat kalemi olan fesih yerini alacak devetüyü kalpak üretimi ile yerel ticarette yeni olanaklar yarattı."[66] Tarihsel sürece bakıldığında kişisel beklentiler ve bu beklentilerin tatmini bireylerin ve grupların günlük ekonomik taleplerini doyurması önemli yer tutmakta. Özellikle eğitim ve kültür yönünde yetersiz toplumlarda ekonomik talepler gündemin ilk sırasına oturmakta ve bireyleri yeni kararlara yönlendirmekte daha kolay fırsatlar yaratmakta.

Bazı Arap vilayetleri 1908 Devriminin başarısız olduğuna inanırken, kimisi de bunun lehinde destekler nitelikte gösteriler yapmışlardı. Bu devrimi destekleyenlerden birisi de Mekke Şerifi idi ve şöyle uygulamasını Hasan Kayalı anlatmakta, "*Her kim olursa olsun Kanuni Esasi hakkında konuşanın kamçılanmasını emretmişti. Subaylar meşrutiyet haberini alınca İttihat ve Terakki cemiyetinin şubelerini açmaya başladılar. Yeni rejim yönünde gösteriler başlattılar. Çoğunluğunu sivillerin ve gayrimüslimlerin oluşturduğu Kudüs'teki İttihat ve Terakki cemiyeti Selanik'le ilişki kurmuştu. Kudüs Mutasarrıfı Ekrem Bey, 1908 Devrimine sıcak bakmasa da duyurmak zorun da kalmıştı. Yafadaki cemiyet daha*

66 Takvim-i Vekayi, 1 Kasım 1908

güçlü çıkarak, Yafa Kaymakamı meşrutiyete ve İttihat ve Terakkiye anında sahip çıkıp desteğini verdi. Osmanlı ordusundaki Iraklı bir Miralay, Irak'ta İttihat ve Terakki kulüpleri kurmuş, Arapça- Türkçe Bağdat gazetesini yayınladı..." [67]

İttihat ve Terakki cemiyeti kurulduktan sonra gerek Suriye gerekse de Irak ve Kudüs gibi şehirlerde önemli örgütlenmelerde bulundu. 1908 Devrimi ile İmparatorluğun Arap bölgelerinde büyük oranda desteklendiği görülmektedir. Birinci Dünya savaşı ile emperyal güçlerin Arapları kendi lehine çeşitli vaatlerle çekerken, Türkler aleyhine Araplarda kampanyalar başlattılar. Araplardaki doğalgaz ve petrol yataklarını ele geçirmek isteyen emperyal güçler Türkler aleyhine tüm olumsuz propagandaları acımasızca yapmaya başladılar ve bu işten de başarılı çıktılar. Araplarda bu vaatlere kanarak Türkler aleyhine emperyal güçlerin yanında yer alarak Türk askerlerine acımasız işkencelerde bulundular. Arap toplumunun güven vermediğini ve kaygan zemin de hareket etmeyi tercih ettiğini tarih yazmakta ve bunun en acımasız örneğini de Türklere yaşatmaları oldu.

O dönemde Araplarda şöyle bir deyim geliştirilmişti ve okuyalım, **"kırk turp eder bir Türk, vurdum onu Türk'e yazık oldu turba."** Arap toplumunun Türklere karşı bakışını böyle slogan varı görüşlerle Türk düşmanlığını yaparak Arap milletlerini kendi yanlarına çekmeyi başardılar. İttihatçılar, Osmanlı'nın ayakta durma şansının kalmadığını görerek Türkleştirme politikalarını

67 Hasan Kayalı, Age, s. 73

devreye sokarak Türklerin ticarette, yönetime, siyasette öncelikli olma yolunu tercih etmeye çalıştılar. Emperyal güçler tüm azınlıkları kışkırtarak Osmanlı düşmanlığı yaratma yolunu seçmişti. Başta Araplar olmak üzere Türklere sırt çevirmeye başladılar. Bunu gören ittihatçılarda yeni kararlar almanın zamanının geldiğini geçte olsa görmüşlerdi ve o ileriyi görme vizyonu bugünkü Cumhuriyetin temel taşlarını döşemiş olacaktı.

"Avrupa müdahalesi mevzubahis olmadığı zamanlarda kılıç kuvvetiyle yapılmamış bir şeyin, Meşrutiyet idaresi altında kabil olamayacağını anlatmayacak derecede fikri siyasetten mahrum bir kimse tasavvur edilebilir mi? [68] Hüseyin Cahit'in o dönemde reformist hareketlerin zor olduğunu açıkça yazılarında dile getirmekte. Altı yüz yıllık devlet geleneğinin otokratik yapısı, demokratik düşüncenin gelişmesini ve pratiğe dönüşmesini devre dişi bırakmıştı. Kılıç hükümleri hep geçerli olma sürecini yaşarken demokratik sürecin başlatılması kolay olmuyordu ve direnç güçleri de boş durmamak için direniyorlardı. Tarihte devrimler yapılmıştır asıl sorunlar o devrimlerin yaşatılmasındaydı şöyle ki; pek çok devrimler tarihte yapıldı ve ömürleri sekteye uğratıldı. Diyalektik olarak her devrimin karşı devrimi de boş durmaz ve yeri gelince devreye girer.

---

68 Tanin Gazetesi, 31 Ağustos, 1909

İKİNCİ BÖLÜM
FİRZOVİK OLAYLARINDAN 1908 DEVRİMİNE GİDEN SÜREÇ

Reval Görüşmeleri 1908 Devriminin Fitilini Tetikledi

1908 Devrimine giden süreç yeterince ülkemizde araştırılmadığı görülmekte olup bu olay üzerinde doğru kaynaklardan araştırma yapma gereğini duydum. Reval Görüşmeleri, Osmanlı'nın paylaşımına yönelik kararların alındığı süreç olup bu nedenle bu konu geniş olarak ele alındı. Sanayileşen emperyalist ülkelerin gözü yeni sömürge alanları yaratmak ve eskilerinin de korunmasına yönelikti. Bir başka sorun ise, emperyalistlerin kendi aralarındaki çıkar çatışmalarıydı. Osmanlı'nın oynak politikası emperyalistler arasında çıkar çatışmasına dönüştürüldü. Osmanlı önce Fransızlarla ticari ve siyasi ilişkilerini sürdürdü; sonra da İngilizlerle siyasi ve ticari ilişkilerini sürdürmesi ile onlardan da darbeler alınca çıkarlarını Almanların yanında yer almakta karar kıldı. Ruslarla da Osmanlı'nın bir ara Abdülaziz zamanında ikili ilişkileri oldu. Japonlarla diyalog kurma süreci başlatıldı.

Osmanlı İmparatorluğunun Panislamist politika izlemesi, İngilizlerin Arap toplumunu yanına çekmesine neden oldu. Panislamist politikada korkan emperyal güçlerde boş durmadı ve Osmanlı'yı köşeye sıkıştırma politikasını izlemeye başladılar. Padişah Abdülhamit'in sürekli bir güçlü devlete yanaşması istenilen sonuçları vermiyordu. Reval görüşmelerine giden yolun taşlarını döşeyen İngilizler-Ruslar oldu ve Osmanlı'nın geri kalışı ve sömürge alanlarının büyük oluşu sanayileşen bu ülkelerin iştahlarını azdırdı. Osmanlı'da ki, zengin petrol ve doğalgaz yatakları zenginleşen ve şımaran güçlerin gözünü diktiği sömürge alanı olmasıydı.

Batı, Osmanlı'nın zayıf olduğunu görerek bölme planlarını daha 1800'lerden itibaren kendi aralarında pazarlık yapma konusu haline getirdiler. Napolyon'la Rus Çarı arasında Erfurt, görüşmeleri yapıldı. Çanakkale 18 Mart Üniversitesi araştırması bu konuda şöyle yazmakta, ***"1807'de Erfurd'da Boğazların Rusya'ya verilmesine razı olması karşılığında Avrupa'da üstünlük kurmasını desteklemeyi vadeden Rus Çar'ına Napolyon'un "Boğazlar bir imparatorluğa bedeldir. Kaldı ki, Marsilya'nın kapısı Boğazlardan geçer."***[69] Fransa ile Rusya Boğazlar konusunda pazarlıkta anlaşamıyorlar, sanki burası onların mülkiyetindeymişçesine. Osmanlı ekonomik, askeri ve siyasi düzlemde geri kalınca emperyalist ülkelerin pazarlık masalarında yerini buldu. Osmanlı güçlü devlet olma önemini yitirince, stratejik

69 Çanakkale 18 Mart Üniversitesi Atatürk ve Çanakkale Savaşları Araştırma Merkezi, Sayı 2, Mart 2004, s. 62.

planlardan mahrum kalınca sanayileşen devletlerin bir bakıma kendini insafına bırakmıştı. İmparatorluk olmanın gereği ve güçlü devlet olmanın olmazsa olmazı rakiplerinin ve dünyanın nereye koştuğunu önceden görüp gerekli önlemi alarak ayakta kalmasını bilmektir. Dünya değişime koşuyorsa sende koşacaksın kardeşim!

Reval Görüşmelerini birde Enver Behnan Şapolyo'dan okuyalım, **"Rus İmparatoru II. Nikola ile İngiltere İmparatoru Edward bir mülakat yaparak Makedonya hakkında karar verdiler. Birden bire olaylar gelişti... "**[70] Bu görüşmelerde Rumeli'nin paylaşımı konuşulup kendi aralarında bölgenin taksimatını yapmaları, bu pazarlık İttihatçı subayların ve aydın kadroların kabul edeceği bir sonuç değildi. Saray ise bu tür görüşmelere hep sessiz kalmayı tercih ederdi. Reval olayının arka planı ise Osmanlı'nın Almanlara olan yakınlığı İngilizleri, Fransızları ve Rusları rahatsız ediyordu. Osmanlı pazarlarının Almanya'nın kontrolüne geçeceği endişeleri Reval görüşmelerinin fitilini ateşledi ve bardak taşıyor, İttihatçıların da sabrı tükenme moduna giriyordu. Gerilim stratejisi tırmanma grafiğini yukarı çekerken tamda bu sırada beklenmedik olaylar Makedonya'da ortaya çıktı ve bu olaylar Firzovik olayları idi.

Osmanlı'nın zayıf tarafını gören İngiliz elçisi daha 1856'da tehditlerini savurmaya başladı. İzmir- Aydın demiryolu uzunluğu 130 km. olup 1856 yılında İngilizler demiryolunun temelini attı ve 1858 yılında hizmete

---

70 Enver Behnan Şapolyo, Türk İnkılabı Tarihi, Harp Okulu Mesleğe Hazırlama Sınıfı Yayınları, Harp Okulu basımevi, 1949, s. 51.

açıldı. İngilizler kendi çıkarları için Anadolu'ya ilk kez demiryolunu yaptılar. Ege bölgesinin tarımsal ürünlerini ucuza alıp özellikle incir, üzüm, tütün ve susam gibi yiyecekleri kendi ülkelerine götürmek ve ticaretini yapmaktalardı. Akdeniz'de İngiliz çıkarlarına hizmet için bu demiryolu bir bakıma aynı zamanda askeri üs görevini görmekteydi ve Anadolu'ya hâkim olma projesinin ilk girişimiydi. Ayrıca Mısır'ı ele geçirerek Süveyş Kanalı yolunu tutmak ve Uzak Doğu Hindistan çıkarlarını başkalarına kaptırmadan sömürü mekanizmasını sürdürmekti. Demiryolu temel atma töreninde İngiliz Büyükelçisi Osmanlı'nın valisini şöyle tehdit etmekte, ***"Batı uygarlığı Ege kapılarına*** dayandı. ***Şimdiye kadar geçmeyi pek başaramadığımız bu kapılar artık ardına kadar açılmazsa, kendi çıkarlarımız doğrultusunda zor kullanarak bu kapıları açacak ve isteklerimizi kabul ettirecek güce, hatta daha fazlasına sahip olduğumuzu herkesin bilmesini isterim.*** "[71] Bir devlet terbiye sınırlarını ve diplomasi sınırlarını aşarak böyle tehdit edilemezdi bu bir İngiliz küstahlığı ve tehdidinden başka bir şey değildi. Bu sorunun cevabını, koskoca imparatorluğu bu duruma düşürenler bu küstahlığa keşke cevap verebilselerdi? Padişah olmanın gereği gününü saraylarda gün ederek, yüzlerce cariyelerle gönül eğlendirmek olmamalıydı ve geleceğe dönük devletin yaşama planlarını da yapması gerekmekteydi?

Ak Deniz'in kontrolünü, Anadolu ve Egenin tarımsal

---

71 Turgut Özakman, Cumhuriyet Türk Mucizesi, Bilgi Yayınevi, 5. İstanbul Baskı, Ekim 2010, S. 655

üretimini, Süveyş Kanalı'nın kontrolünü ellerinde bulundurmak için hep geleceğe stratejik açıdan baktılar. İngiliz elçisi haddini aşarak daha 1858'ler den itibaren Osmanlıyı yok saymakta ve Ege bölgesine geldiklerini her şeye zorla da olsa hâkim olacaklarını açıklamaktan geri durmamaktaydılar. Osmanlı daha bu tarihlerde Batı karşısında yok hükmüne düşürülmüştü. Batı'nın biliminin, teknolojisinin ve askeri sanayisinin dışında kalan Osmanlı, Batı'nın tehditlerine ne yazık ki, boyun eğer duruma düşürülmüştü. Emperyalizmin gücü, sopası kendini şımarık çocuk oyuncağı gibi kendisini her yerde göstermekte olup küstahlığını sergilemekten geri durmamaktaydı. Bu emperyalist devletlerin şımartılmasında görevini yapmayan Osmanlı'nın Padişahlarının da günahı affedilemeyecek kadar yüklü idi. Batı, ileri seviye de teknoloji üretirken Osmanlı nelerin peşindeydi, sorumlulukları yok muydu diye düşünmek insana acının ötesinden başka bir şey vermiyordu.

İngiltere'nin Süveyş Kanalı'nın Hisselerini Ele Geçirmesi

Ak Deniz'i Kızıldeniz'e bağlamak için Mısır Firavunları planlar yaptı göletler oluşturdu ve bir türlü istenilen düzlemde gerçekleştiremediler. Hz. Ömer zamanında düşünüldü ve pratiğe yansıtılamadı. Asıl plan 1798-1802 Mısır'ı işgal eden Napolyon Bonapart tarafından kanal açılması planlandı fakat birçok nedenle yapımına başlanılmadı. Napolyon'un Mısır'ı işgali ile Fransız etkisi Mısır'da yerleşti ve Mısır ordusu ve ekonomisi Osmanlı'dan farklı olarak ileri seviyeye geldi. Mısır her ne kadar Osmanlı'nın eyaleti olsa da Fransızlar Mısır'da etkili güçtü. II. Mahmut zamanında Mısır ordusu İstanbul'u ele geçirmek için bugünkü Kütahya'ya kadar geldi. Osmanlı, Mısır belasında kurtulmak için Ruslardan yardım istedi ve Rus ordusu İstanbul'a girdi ve üç yıl sonra İstanbul'u ter etti. Bu durumda rahatsız olan İngiltere devreye girerek Mısır ordusunu kovaladı ve dengeler yeniden kuruldu ancak 1882'de İngilizler Mısır'ı işgal ederek kontrolleri altına aldılar ve Osmanlı Mısır'dan uzaklaştırıldı. İkinci Dünya savaşı sonrasında ise Amerikan etkisi Mısır'da etkili olmaya başladı ve günümüzde de etkisi devam ediyor.

İngiltere, Mısır konusunda boş durmayarak hem Arapların kontrolünü ele geçirmek ve hem de Hindistan çıkarlarını korumak için yeni planlarını devreye sokmaktan geri durmuyordu. Uzak Doğu çıkarları için Mısır'daki, Süveyş Kanalı'nı Fransızlara bırakılmaması için onları Mısır'dan uzaklaştırmanın hesaplarını yapmaya başladı ve Süveyş Kanalı'nı Fransızlar yapmıştı. Hindistan'a giden gemiler Süveyş Kanalında geçmekte idi ve bu kanalı İngiltere ne Fransızlara, ne Almanlara, ne Ruslara ne de Osmanlı'ya ne de başka bir güce bırakmak çıkarlarına ters durumdu. Süveyş Kanal'ı İngilizlerin olmazsa olmazları arasında yer alıyordu. Alman İmparatoru'nun Bağdat demiryolu yapımın da korkan İngiltere, Alman-Türk dostluğunu bozmak ve Osmanlı'yı parçalamak için Ruslarla, Fransızlarla görüşmelerini hızlandırdı ve Reval görüşmelerini başlattı.

Reval görüşmelerinin amacı Osmanlı'nın tümden ortadan kaldırılmasına yönelik görüşmelerdi. Alman hâkimiyetinin Osmanlı ve Arap topraklarında kurulmasını asla istemiyordu ve Osmanlının parçalanmasının kesin kararı bu düzlemde ortaya çıktı. Fransız muharrir R. Pinon 1907'deki "la Qestion de M. Et des Balkans" adlı eserinde bu konuda şunları yazmakta: **"İngiltere Rusya'yı Süveyş Kanalında uzaklaştırmak için diplomasi ile elinden geleni yapmıştı ve Rusya'yı kanaldan uzaklaştırmıştı. Mısır meselesi ve Londra konferansı 'ama bu sefer de Almanya'yı Süveyş'e yaklaştırmıştı. Hiç beklemediği bu netice ile karşılaşır karşılanmaz, İngiltere siyasetini değiştirmişti. O, ana kadar Osmanlı İmparatorluğu'nun yılmaz müdafi olan İngiltere, Rusya'yı Süveyş Kanalı'ndan uzaklaştırmak için diplomasi ile elinden gelenini İngiltere, bundan böyle milliyet prensibinin müdafi kesilecek ve Osmanlı İmparatorluğunun parçalanması için çalışacaktı."**[72] İngiltere Süveyş Kanalı'nı elinde tutmak için tüm legal ve illegal yolları kullanmayı kesin ajandasına kaydetmişti ve bu noktadan geriye dönüşü yoktu ve sonuçta istediğini elde edecekti.

Süveyş Kanalı yapım planının projelerini 1832'de Fransa'nın Kahire Konsolosu M. Ferdinand De Leseps hazırladı ve maliyet ve birçok nedenle pratiğe yansıtılamadı. Bu konsolosun raporlarını okuyan mühendis Lepere önemli bularak Fransız üst yönetimini bu konuda

---

72 Samih Nafiz Tansuh, Ya Devlet Başa, Ya Kuzgun Leşe İTTİHAT VE TERAKKİ, İlgi Kültür Sanat Yayıncılık, 1. İstanbul Baskı, 2016, s. 69.

ikna etmeyi başardı. Mısır yönetimine yeni gelen Hidivi Mehmet Sait Paşa, Fransızlarla 1854 yılında anlaştı ve kanal yapılacaktı. Mısır dışişlerinde Osmanlı'ya bağlı ve hem Osmanlı hem de İngiltere bu projeye karşı çıktılar ve proje askıya alındı. İngiltere Süveyş Kanalı'nın açılmasına tümden ve şiddetle karşı duruş sergiliyordu.

İngiltere, Osmanlı bu projeye onay verirse Kırım savaşında Paris antlaşması ile Avrupa devleti sayılan Osmanlı'yı çıkaracakları tehdidinde bulundu. Süreç içinde Süveyş Kanalının açılması için şöyle bir proje üretildi. Kanalı bağımsız bir şirket yapacak ve şirketin çıkaracağı hisselerle firma işi bitirecekti. Kanal, 1859-1869 yılları arasında Fransız ve Mısır sermayesi ile yapıldı ve İngiltere ekonomik olarak katkı sunmadı ve yapımına sürekli karşı çıktı. Sermaye için 500 franklık 400 bin senet çıkarıldı ve bu senetlerin 207 binini Fransızlar aldı. 170 binini de Mısır aldı ve geri kalanları da Avusturya ve Rusya satın aldı. Kanalın hisseleri böylece satılarak yapımı tamamlanmıştı. Mısır ekonomik olarak kötü yönetilince ekonomisi bozuldu ve elindeki 170 bin kanalın hissesini 100 milyon frank karşılığında İngiltere'ye sattı. İngiltere, bir tarafta kanala karşı çıkarken öbür tarafta hisseleri nasıl ele geçirir ve kanal yönetimine hâkim olurum hesabı sonucunda hedefine stratejik yöntemle varmayı başarıyordu. Süveyş Kanal'ı hisselerini İngiltere şöyle ele geçirdi. *"Süveyş Kanalı'nın açılmasına razı oldu ve Kanal üzerinde daha sonra kendi nüfuzunu kurmaktı. İngiltere 1875'te Kanal hisse senetlerinin büyük kısmını ele geçirdi. Kanal hisse senedi yoluyla İngiliz eline geçti."*[73] Kolay yolda Süveyş Kanal hisseleri İngilizlerin eline geçti ve zaten 1882'de Mısır'ı işgal ederek bölge hâkimiyetini kurdu. Hem Fransızları hem de Osmanlıları Mısırdan uzaklaştıran İngiltere ve Süveyş Kanalı'na da sahip oluverdi.

Osmanlı siyasi, ticari ve askeri düzlemde Almanya ile dostluk kurması, İngilizleri Rusların yanına itmiş oldu. Almanya'nın Süveyş Kanalı'nı ele geçireceğinde çekinen İngiltere Osmanlı'nın parçalanmasına karar verdi ve Reval görüşmelerini böylece başlattı. Bu süreçte İngiltere Fransa'yı da yanına alarak Üçlü ittifakı kurmuş oluyordu. İngiltere, Fransa ve Rusya tek cephede Almanlara karşı birleşti. Osmanlı, Bağdat demiryolu yapımını Almanlara vermese idi, Osmanlı'nın paylaşımı gündeme daha bir süre gelmeyebilirdi! Oynak politikalar dış politikada istenilen sonucu vermemekte ve günümüzde de bu böyle görülmekte.

Türk- Alman dostluğu ve çıkar birliği İngilizleri ürküttü ve Osmanlı'nın paylaşılması öne çekildi. Osmanlı'nın parçalanma görüşmeleri şöyle gelişti. İngiltere Kralı VII. Edward ile Rus Çarı II. Nikolas 6 Haziran 1908 de Estonya'nın Reval şehrinde bir görüşme yaptılar. Bu iki emperyalist ülke Osmanlı'yı kendi aralarında bölüşmek, Türkleri önce Rumeli'de atmak daha sonrada Anadolu'dan Orta Asya'ya sürmekti. Bu görüş öteden beri Almanya hariç emperyalist ülkelerden de benimsenen argümandı. Asıl amaçları Osmanlının yeraltı ve

73 Sabri Sürgevil, Türkiye Tarihi ve Uygarlıkları V, İlya İzmir Yayınevi, 3. Baskı, İzmir, Şubat 2013,s. 130.

yerüstü zenginlik kaynaklarını ele geçirmek ve buralarda sömürge devletçikleri yaratarak hem bir Pazar hem de ucuz işgücüne sahip olmaktı. Osmanlı hinterlantın da etnik kökenden gelen çok sayıda millet vardı. Bunları kışkırtarak isyanlar çıkarmak ve Osmanlı'yı kendi içinde devletçiklere bölmek çıkarlarına uygun olacaktı ve tüm hesaplar bu düşünce üzerinde yoğunlaştı.

Reval Görüşmeleri Şöyle Başladı

İngiliz ve Ruslar, Almanlardan korkarak bir ittifak içine girdiler ve bu ittifak Birinci Dünya Savaşını da çıkartan ittifak olarak tarihe geçti. Reval görüşmelerini Salah R. Sonyel 'den okuyalım: **"İngiltere Kralı VII. Edward'la Rus Çarı II. Nicholas arasında Tallinin (Reval)'de yapılan görüşme idi. Almanlar, bu görüşmede, Avrupa Türkiye'sinin bölüşülmesinin görüşülmüş olduğunu Genç Türklere duyurmuşlardı."**[74] Reval görüşmelerinde Almanlarda rahatsızlık duymaktaydı ve durumu anında Türk tarafına bildirdiler.

Reval'de 9 ve 10 Haziran 1908'de önemli bir görüşme yapıldı. Bu görüşme tarihe *Reval Mülakatı olarak geçti. "İngiliz Kralı Yedinci Edward ile Rus Çarı İkinci Nikola arasında yapıldı. Bu toplantıya her iki devletin üst seviyedeki dışişleri ile yüksek rütbeli askerleri de katıldı. Bu görüşmelerin duyulması üzerine etraf karıştı. Rusya bu buluşmayı bir barış bayramı görürken, İngiliz muhalefeti Kraliyeti şiddet-*

74 Salahi R. Sonyel, Gizli Belgelerde Osmanlı Devleti'nin Son Dönemi ve Türkiye'yi Bölme Çabaları, Kaynak Yayınları, İstanbul 1. Baskı, Mayıs 2009, s. 154.

le eleştirdi. Alman İmparatoru Rusları ve İngilizleri "haydutlar" diye ifade etti. Abdülhamit'te Reval endişelerini taşıdı ve Almanya'dan bilgiler almaya çalıştı. İttihatçılar da Reval Mülakatı ile Türkiye'nin taksimi ve Makedonya'nın paylaşılması kararı Balkanlardaki genç subayları çılgına çevirdi." [75] *Genç* Türkler arasın da mülakatın duyulması aşırı rahatsızlık yaratırken Saray'ın pekte rahatsızlık hissetmediği görülmekteydi. Görüşmeler daha bitmeden söylentilere bakılırsa, iki İmparator Türkiye'nin taksimini ele almış hatta paylaşmaya karar vermişlerdi.

Rusların, İstanbul ve Boğazları ele geçirme planlarına karşı, İngiltere hep Osmanlı'nın yanın da durmuştu ve imparatorluğun dağılmasını geciktirmişti. İngiltere senelerdir takip ettiği bu politikadan vazgeçti ve Almanların Abdülhamit'le anlaşması İngiltere için çanların çalındığı mesajını veriyordu ve buna izin veremezdi, vermedi. Rumeli bölgesin de terör hızla artmakta ve bunu bahane ederek baskı unsurlarını artırmak için yeni projeler peşine girdiler. Makedonya'nın güvenliğini sağlamak için Hıristiyan Vali atayarak bölgenin terör belasında kurtulmasına çözüm için ön tedbir, adı altında Türker'in içişlerine resmen müdahaleydi. Reval olayı bardağı taşıran son damla oldu. Reval görüşmelerinin duyulması üzerine, yurtsever subaylar tepkilerini ortaya koyarak ülkenin bütünlüğünün sağlanması için meşrutiyet yönetiminin zorunlu olduğu görüşü meşruluk kazanıyordu.

---

75 Murat Bardakçı, ENVER, Türkiye İş Bankası Yayınları, 1. Baskı İstanbul, Kasım 2015, S. 91-92

Araştırmacı Yazar Tevfik Çavdar "Talat Paşa" adlı eserinde Estonya'nın bugünkü "Talin" eski ismi" Reval" olan liman kentinde yapılan bu görüşmenin daha stratejik boyutunu şöyle yazmakta: ***"Sovyet Devriminden sonra Lenin ve arkadaşları tarafından açıklanan gizli belgelere göre Reval sadece bir dizi paylaşım konferansının sonucudur. Büyük devletler, özellikle İngiltere, Fransa, Rusya, Berlin'den beri var olan Balkan ve Ortadoğu dengesini bozmak ve bu yöreleri nüfus bölgeleri biçimin de yeniden paylaşmak kararındaydılar. Reval buluşması bardağı taşıran son damla oluşu..."*** [76]

Lenin, Sovyet Devrimi sonrası Brest- Litovsk antlaşması gereğince, Rus Çarlarının yaptığı tüm gizli belgeleri, kirli çamaşırları Lenin dünyanın gözü önüne serdi. Sosyalist lider Lenin, tüm dünyaya barış ve dostluk mesajını vererek emperyalist ülkelerin sömürü mekanizmasından vazgeçmesini istemekte idi. Reval görüşmeleri sonu Resneli Niyazi, Ohrili Eyüp Sabrı ve Enver dağlara çıkacak ve Meşrutiyetin ilanı için eylemlere girişeceklerdi. Çarlık Rusya'sı ise Balkanlar da kurulacak devletçikleri kullanarak, Ege denizine inmek oradan da Akdeniz'e açılarak Büyük Dedeleri Çar Deli Petro'nun vasiyeti olan **"S**ıcak denizlere inmek " stratejisini gerçekleştirmiş olacaklardı.

Makedonya'da oynan oyunların aynısının günümüzden de yeniden oynanması, Makedon halkının sürekli emperyalist ülkelerin tuzağına düşmesi olur ki, bu

---

76 Tevfik Çavdar, Talat Paşa, Kültür Bakanlığı Yayınları, 1. Baskı Ankara, 1995, s. 68.

tam bir tuzağın acımasız dişlilerine itmekti ve itildi. Makedonya'nın kısa süre içinde de yitirilme tehlikesiyle karşı karşıya bulunduğunu gören İttihatçılar, Paris örgütü ile görüşerek şu kararların alınmasını uygun buldular. *"Paris'te' ki, Terakki ve İttihat merkezi, Selanik'te ki merkeze 16 Mart 1908'de şu önlemleri öneriyordu: 1. Telgrafhanenin Müslümanlarca işgaliyle, Hükümete ve Avrupa'nın Makedonya konusundaki görüşlerinin kabul edilmeyeceğini. 2.Hıristiyanlarca, Müslümanların da kötü yönetimden şikâyetçi olduklarının açıklanması. 3. Çeşitli halkların eşkıyalıkların vazgeçerek, yasaların uygulanmasını istemeye çağrılması. 4. Rum, Bulgar ve Sırp çetelerin yok edilmesi için çaba gösterilmesini. Terakki ve İttihat'ın varlığını resmen duyurması ise, 28 Mayıs 1908'de olmuştu. İttihatçılar, Manastır'da Rus konsolosluğu hariç büyük konsolosluklara bir tasarı sundu. Müslümanlar ve Hıristiyan bütün Osmanlılar yabancı müdahalesine karşıydılar..."*[77] Reform talepleri bir türlü kabul görmüyordu ve Reval görüşmeleri başlatıldı.

Makedonya konusunda bir türlü ilerleme sağlanamıyordu ve Reval görüşmeleri başlatıldı. Reval görüşmeleri sonucunda Makedonya'nın elden çıkacağını gördükleri için İttihatçılar gizli çalışmalarını bırakarak resmen ortaya çıkma kararını aldılar ve İstanbul'a karşı ülkenin bütünlüğünü korumak için bende varım mesajını verdiler. Dış güçlere bir mesaj vererek tüm halkların özgürlük ortamında kardeşçe yaşayacağı mesajını vermekti. Ya-

77 Hüner Tuncer, Türk Dış Politikası 1. Cilt, Kaynak Yayınları, 1. Ankara Baskı, Ekim 2017, S. 313

bancı güçlerin bölgeden uzaklaşmasını istediler. Saray çözüm üretemeyince çözümü İttihatçılar üretmeye başladı. Makedonya'da canları pahasına eşkıyalarla savaşan İttihatçı genç subaylar bu bölgenin elden çıkmasına izin vermeyerek ortaya mecburiyet karşısında çıktılar. II. Abdülhamit'in Rumeli'de yabancılara karşı bonkör davranması İttihatçıları yaratan politikasızlığın ve tutarsızlığın sonucunda ortaya çıkıştı.

Reval Mülakatı konusun da Şevket Süreyya Aydemir şöyle yazmakta, **"Reval 'de Türkiye'nin taksimine karar verildi. Asıl sorun karadan ve denizden gittikçe güçlenen Almanya ise, İngiltere ve Rusya'yı bir cephe de vurmaya sevk etti. Bu cepheye daha sonra Fransa'da katıldı. "** [78] Almanya ile Türklerin işbirliği öteki emperyal güçlerin tepkisine neden oldu ve o güçler kendi aralarında anlaşarak Osmanlı'nın paylaşımına karar verdiler. Bu paylaşımı İngiltere Rusya ittifakı sağladı ve Fransa'da bu ittifaka katıldı. Osmanlı'nın önce Fransızlara, sonra İngilizlere, sonra Ruslara ve daha sonrada Almanlara yanaşmaları dış güçlere güven vermedi. Oynak politika sadece günleri kurtarmaya yetti. Dış politikada esnek politika uygularsanız güçlü devlet olmanız gerekir. Bu gücünüz yoksa gülünç duruma düşersiniz. Bunu gören yabancı devletler Osmanlı'nın parçalanmasının alt yapısını hazırladılar. Osmanlı ekonomik olarak zaten her şeyini tüketmişti. Tarih büyük oyuncularla ünlüdür ve günümüzden de ünlü oyuncu-

---

78 Şevket Süreyya Aydemir, Makedonya'dan Ortaasya'ya ENVER PAŞA Cilt Bir 1914-1922, Remzi Kitabevi, 2. Baskı İstanbul 1972, s. 508.

lar iş başında görevlerini sürdürmekteler; önemli olan bu oyunculara fırsat vermemektir ya da sizde güçlü iseniz onların oyunlarına karşı yeni oyunlar sergileyerek o oyunları boşa çıkarmalısınız. Reval görüşmeleri ile İttihat ve Terakki Cemiyet'i de gizli çalışmalarına son vererek açıktan çalışmaya başladı ve Saray bunu kabul etmiyordu ve olaylar bundan sonra farklı zeminde yürüme sürecine giriyordu.

Dün kurulan oyunlarla bugün oynanmak istenen oyunlar aynı. Oyunun kuralları aynı değişen oyuncular, masalar ve karılan kartların rengi. Emperyalist devletlerin amacı çıkarlar için her yolun makyavelist politika sayılmasını mubah görmesidir. Bu arada hep emperyalizmi suçlamak yerine geri kalan uluslarında oturup doğru bir analiz yaparak biz nerede hata yaptık ya da yapmaya devam ediyoruz diye uzunca öz eleştiri yapmaları gerekmektedir. Hatayı hep başkasında arayanlar gün gelir kendi hatalarının kurbanı olurlar. Zaten emperyalizmde bu hata üzerine yaşama fırsatı bulmaktadır. Osmanlı dünyanın en büyük toprak parçasına sahip olan devletiydi ve şunu ihmal etti, bu topraklar gün gelir nasıl korunur diye kafa yormadı? Bu ülkenin toprağı için kafayı Jön Türkler ve İttihatçılar yordu ve onları da sürekli günümüz dâhil hedef tahtasına acımasızca koydular.

Üçüncü Cumhurbaşkanı Celal Bayar, Reval görüşmelerini şu şekilde yorumlamakta: ***"Görüşme 6 Haziran 1908'de Reval 'de yapıldı. İngiliz Kralı ve Rus İmparatoru arasında yapıldı. Bu emperyalist devletlerin, ıslahat projesini daha ileri götürmüş olmaları, Ru-***

meli'deki üç vilayetimizi elimizden alacakları endişesini yarattı. Bu olay tehlikeyi önlemek için ihtilal hareketini hızlandırdı. Abdülhamit, "hafiyelerini" Rumeli'ye gönderdi. Parlayan hürriyet nurunu söndürmek istiyordu." [79] Celal Bayar, Reval Mülakatının ihtilal ruhunu tetiklediğini yazmakta. Abdülhamit baskısının milleti o kadar sıktığını gördüğü için ona karşı yapılan eylemi nura benzetmekte. Toplumun nurlu günlere, geleceğe susadığını görmekte ve talebini o yönde görmekte geleceğin orada olacağını ifade etmektedir. Daha önce Makedonya 'da 1903 te Mürszteg Programı uygulanarak bölgenin güvenlik sorunu, yabancı jandarma emrine verildi ve daha da karıştı. Çözüm değil terör olayları bu Mürszteg Programında destek bularak daha çok tırmandı. Makedonya'nın kontrolü ve güvenlik sorunları MÜRZSTEG PROĞRAMI ile çözülecekti oyalandı sıra bölgenin taksimine geldi ve Reval görüşmeleri Osmanlı'nın taksimi sayıldı. Reval görüşmeleri sonucunda İttihatçılar meşrutiyet için Makedon dağlarına çıkıyor ve gelişmeler yeni boyuta resmen evrildi.

Meşrutiyetin Sesi Dağlarda Yankılanmaya Başladı

Olayların gelişimi Mürzsteg'te hızlandı ve Reval Görüşmeleri ile pik noktasına ulaştı. Reval Görüşmeleri, devletin parçalanmasına yönelik paylaşım anlaşması

---

79 Celal Bayar, BENDE YAZDIM Milli Mücadeleye Gidiş, 1. Cilt, Türkiye İş Bankası Yayınları, 1. Baskı İstanbul, Kasım 2018, s. 163-164.

tüm yurtta tepkilerle karşılandı ve İttihatçıların isyanını meşrulaştırdı. **Binbaşı Enver'in önce dağa çıkışı ve arkasından da Resneli Niyazi ve Eyüp Sabri'nin dağa çıkması** Reval görüşmelerine tepki, meşrutiyetin ilanına ve özgürlüğün yankılanmasına yeşil ışıktı. 1908'in Haziran ve Temmuz ayları birbiri ile bağlantılı ve bir anda birçok olayın bir arada devreye girmesine neden olan süreci başlatan aylardı. Reval taksimatı, Firzovik olayları, Şemsi Paşa'nın öldürülmesi ve Tatar Osman Paşa'nın dağa kaldırılması ve meşrutiyetin ilanı bu kısa sürede doğup ve sonuçlanan olaylardı. Makedonya'da olaylar bir anda eş zamanlı ve iki ay gibi kısa sürede yeni bir sürece evrildi, bu olayların çok hızlı gelişmesini İttihatçılarda tahmin edemedi. Eş zamanlı gelişen bu olayların bir kısmı kendiliğinden olarak gelişti ve 1908 Devrimi'nin gerçekleşmesini yaratan nirengi noktası olarak tarihe geçti. Tüm bu olaylar önemli ve önemi kadar da birbiri ile ilişkili olması çok hızlı gelişmesi, İttihatçılar içinde ipucu kaynağı olması, 1908 devrimine giden yolun menzilini kısaltmış olmasını onaylıyordu.

İttihat ve Terakki dönemi bir savaşlar süreci olarak tarihin en karanlık en korkunç en acımasız ve yoklukların dorukta ve ekonominin iflas ettirildiği döneme rast gelmesi çözümlerin kilitlendiği süreçti. Dış baskılar korkunç seviyede **"Demokles'in"** kılıcı rolünü oynamaktaydı. Bu süreçte tüm dünya savaşın içinde kendilerini buldular ve en korkuncu Birinci Dünya savaşıdır. Tarih acımasızlıklarla dolu vahşi doğaya benzer, bazen sizin dışınızdaki tehditler sizin hesaplarınızı bozar geleceğinizi karartır ve önünüzü göremez noktaya getirir. Tüm hedefleriniz şaşar, yaptıklarınız gözükmez silinir ve bir bakarsınız ki "**vatan kahramanları**" tarihe "**vatan haini**" olarak geçivermiş olur. İşte bu olumsuzluklar tarihin acımasız doğasında her zaman bulunur ve geleceği doğru okuyarak bu acımasızlıklara meydanı teslim etmemek için stratejik düşünsel eylemi devreye sokarak her şeyi önceden görmek, planlamak ve zayıf taraflarınızı onararak doğru olanı görüp hedefe bu doğru yolda yürümektir.

Tarih diyalektik süreç için de yürür ve bu süreçte etkilerle tepkiler karşılıklı zaman zaman bir birinin kuyusunu kazımak için fırsatlar kollarlar, bu fırsatı rakiplere vermemek için doğru kararların aklın süzgecinden geçirerek devreye sokmak olması gereken doğru yaklaşım olmalıdır. Osmanlı, eğitime önem vermediği için geleceği okuma konusunda hep sınıfta kaldı ve bu sınıfta kalışın maliyeti çok büyük sorunları üretti ve Osmanlı'yı da bu sorunlar acımasızca köşeye sıkıştırdı. Osmanlı yarınlarını hiç ajandasına yazmadı ve sanki dünya hep tek düzlemde yürüyecekmiş gibi gördü. Son yöneten kadrolar ileriyi görmesine rağmen devleti toparlayıp dönüştürmesi kolay olmadı ve Batı ile Osmanlı arasında ki, makas aşırı derecede açılmıştı.

Devlet yönetiminde geleceği görerek sorunları zamanın da çözemez iseniz sorunlar üst üste yığılarak süreç için de bu sorunlar bir gün birilerinin üzerine yıkılarak onu da yok eder. İttihatçılar bu asırlarca biriken sorunları çözmeye kalktı çözüm kolay değildi ve işin bir tarafında temel gösterge ekonomi olunca parasızlık her şeyi tersine çevirdi. İttihatçılar kötü yönetimleri düzeltmeye geldi ancak sorunlar ağır basınca çözümü de kolay olmadı. Altı yüz yıllık ağır sorunlar önüne çıkanları bir fırtına gibi yok etti, ancak bu fırtınalar göğüs geren onu pişman eden kahraman Mustafa Kemal tarihin kaderini değiştiren komutandı. Tarihin akışı kolay değişmez değiştirmek her beyine nasip olmaz o kahraman ve komutan Mustafa Kemal olacaktı. İttihatçılar Makedon dağlarında 1908 Devriminin sesini duyurmak için padişah fermanı yerine kendilerini Makedon dağlarına ve kendilerini destekleyen halkın kucağına kendilerini attılar. Makedonya: Selanik, Manastır ve Kosova vilayetlerinin olduğu geniş bölge ve Osmanlı'yı ayakta tutan ekonomik kaynakların büyük bölümüne sahip olan topraklardı.

Binbaşı Enver Bey'in Makedon Dağlarına Çıkışı

Binbaşı Enver Bey'in, kısa yaşam öyküsünü görelim. Asıl ismi **"İsmail Enver"** 22 Kasım 1881'de İstanbul'da doğdu ve babasının memuriyeti nedeni ile eğitime öncelik verilmişti. Sırasıyla Askeri lise, Harp Okulu ve Harp Akademisini başarı ile bitirerek 1902'de Kurmay Yüzbaşı olarak III. Ordu emrine tayini çıktı. Makedonya'da çetelerle amansızca vuruşması asıl görev alanıydı ve bu çatışmalarda gerilla savaşını ve çetelerle vuruşma, istihbarat toplama alanında uzmanlaştı. Bundan sonra talih Enver'in önünde ki, engelleri kaldırmak için tüm fırsatları yaratmaya çalıştı. Sırasıyla 1908 Devrimini yaparak 2. meşrutiyetin ilanını Abdülhamit'e zorla kabul ettirdi. 1909'da II. Abdülhamit'in tahttan indirilmesini gerçekleştirdi. Trablusgarp savaşlarında başarıları ile tarihe geçti. 1913'te Edirne'yi Bulgarlardan alarak gücünü ve ününü üst seviyeye taşıdı. Saray'a damat olunca Genelkurmay Başkan vekilliği masasına da oturdu ve devletin tepe noktasına çıkmıştı. Sorunlar onu da köşeye sıkıştıracak ve o da yıpranma sürecine girecekti. . Enver Paşa, tarihin en acımasız dönemin de sorunların acımasızca yığılmış olduğu bir dönemde devletin tepe yönetimin de olması onu da sorunlar yıprattı. 4 Ağustos 1922'de Türkistan'da öldürüldü.

Mürszteg Programı, Reval Mülakatı ve özgürlük arayışları İttihatçıları Makedon dağlarına çıkmaya mecbur etti. Meşrutiyet ilan edilinceye kadar dağlarda kalacaklarını ve tüm çalışmalarını özgürlük için yapacaklarını Saray'a ve tüm yabancı elçiliklere de duyurdular. İttihat ve Terakki örgütü bu konuda kesin kararlılığını göstermiş oldu ve geriye dönüşü olmayan yola girildiğini etkili ve yetkili kişi ve kadrolara duyurdu. Makedon dağlarına çıkış fiilen eylemi başlatmış oldu. Sorunların yığıldığını ve bunun çözümü için bir çabanın olmadığını gören özgürlük yanlısı gençlerin ülkenin düştüğü bu acınacak durumda daha fazla sabredemediler. İttihatçı gençlik çözümü Makedonya'nın dağlık bölgelerin de milletine özgürlük getirme yolunu canları pahasına da olsa gözlerini karartarak eylemlere girişme kararlılığıydı. Oku yaydan çıkaracaklar ve Osmanlı'nın tüm topraklarını özgürlüklerle buluşturacaklardı. Enver Paşa'nın 41 yıllık yaşam öyküsünü yazan Murat Bardakçı bakın nasıl yazmakta: "Enver bir hayaller hastası, bir şöhret hırslısıdır. Fakat en fark ettirici ve ayırıcı özelliği, bir İhtilal tiryakisi olmasıdır. Allah onu hiçbir şeyden korkmaz, her şeyi kendine mal edip idaresi altına almaya, herkesi küçük görme gibi kişiliğe sahipti. Enver devlet işleriyle bir şeye teşebbüs ederken ihtimal ki büyük bir istekle 'Aman batıyoruz kurtarayım' demişti. Fakat teşebbüsü başarısızlıkla son buluşunca sadece dudak büker ' Zaten batacaktı battı...' deyip geçerdi... "[80]

Enver Bey, Osmanlı'nın kötü gidişini görünce bir İttihatçı bir ihtilalci olarak bu devletin emperyalist güçlerce paylaşılmayacağına, onların önüne set çekilerek durdurulacağına inanmış liderdi. İsmet Paşa, Enver Bey'i şu şekilde yazıyor: ***"İyi bir asker, iyi bir subay, iyi bir insan olarak cemiyetin kusur olarak bildiği unsurlardan, insanın tasavvur edemeyeceği kadar nasibi olmayan bir tiptir. Asker vasıfları bakımından vazife sever, çalışkan ve korku nedir bilmez müstesna bir kahraman olarak, askerliğin aradığı ölçülerin en yukarı seviyesinde yer almıştır."***[81] İsmet Paşa, Enver Bey'i böyle tanıtmaktadır. Binbaşı Enver, Türk milletinin kaderini etkileyecek kararların alınmasında öncü liderdi ve tarihin acımasızlığı önüne sorunlar çıkarmasına rağmen o aldığı kararlarda geriye adım atmadı. Osmanlı'nın sorunlarının büyüklüğü herkesi yuttuğu gibi Enver'i de sorunlu ve çözümü güç sürece soktu ve ölüm onu genç yaşında acımasızca yakaladı

---

80 Murat Bardakçı, ENVER, Türkiye İş Bankası Yayınları, 1. İstanbul Baskı, Kasım 2015, S. 25

81 Murat Bardakçı, Age, s. 25.

Devletin ekonomisinin çökmüş olması Binbaşı Enver Bey'i yeni arayışlara yöneltti. Enver, Almanya'nın ekonomisini ve savaş sanayisini bildiği için Osmanlı'nın da aynı güce sahip olmasını ülkenin bir an önce özgürleşmeye ihtiyacı olduğunu öncelik olarak gördü. İttihatçıların kesin hedefi bir an önce meşrutiyeti ilan ederek ülke özgürleşmeli ve halk huzura, refaha kavuşmalı ve Makedon sorunu böylece çözülmeli diyorlardı. Olayın ekonomik boyutu tam anlaşılamamıştı ve ekonomi Osmanlı döneminde yeterince bilinmemekteydi ve devleti yönetenleri de bu sorun sürekli düşündürdü. Osmanlı ekonomiyi bilmeyen anlamayan bir bakıma ekonomi cahiliydi. Düğüm noktası meşrutiyetle çözülecekti ve tüm hesaplar bu yönde yapıldı ancak ekonomi tüm dengeleri değiştirdi.

Napolyon'un tarihte söylediği şu sözü Enver Paşa için yorumlarsak belki de doğru yorum yapmış oluruz. Napolyon **"Fırsat olmaz ise kabiliyet işe yaramaz"** özdeyişi Enver'in fırsatları yakalayamadığını göstermekte ya da Enver fırsatları tam olarak değerlendiremedi diye de düşünebiliriz. Enver Bey dönemi, fırsatlardan çok tehditlerin çok fazla olduğu süreçte üstlendiği görevin ağırlığında bir türlü kalkamadı. Bu ağırlık 600 senelik yük olarak İttihatçıların üzerine yıkıldı ve bu dönemde her türlü yoklukların yaşadığı görülmekteydi. En büyük yokluk bir ülkede parasızlıktır işte o da Enver Paşa dönemine rastlar ve yokluğunu en inatçı biçimi kendisini hissettirmişti. Ülke savaş halin de üretim yok, dış borçlar dorukta, dışarı bağımlı ülke her şeyi ithal eden ülke sonuçta yoklar her şeyi yok etmekteydi. Cemal Paşa, sorulan bir soruya, ***"parasızlık yüzünde Birinci Dünya savaşına girdik"*** diyerek parasızlığın neler yaptırdığını anlatmaktadır.

Binbaşı Enver'in dağa çıkış olayını kendisi şöyle anlatmakta: ***"Vardar kapısından çıkarken nişanlarımı söktüm. Biraz müteessirdim. Bütün eski hayallerim, iyi ve büyük bir asker olmaktı. Hâlbuki şu andan itibaren artık bir hiçtim. Kim bilir nerede ve hangi kurşunla vurularak, kim bilir nerelerde kalacak ve asi diye, bir köşeye atılacaktım. Ama bir gün gelecek o gün beni de rahmetle ananlar elbette bulunacaktı..."***[82] O karamsarlık yerini 41 gün sonra kahramanlığa bırakacak ve Enver törenlerle **"Hürriyet Kahramanı"** olarak karşılanıp şarkılara, türkülere konu olup, gazetelere, dergilere ve tarihin parlak sayfalarında bir kahraman olarak yerini alacaktı. Aleyhine dönen koşullar bir anda lehine dönünce özgürlüğü getiren kahraman olarak tarihe geçti. Daha sonra Edirne'yi Bulgarlardan alarak **"Edirne kahramanı"** olaraktan tarihte yerini bulacaktı. Sarıkamış faciasını yaşayarak ışıkları sönen komutan olarak görülecek ve Birinci Dünya Savaşı ile de mağlubiyetin neferi ülkeyi terk etmek zorunda bırakılacaktı.

Binbaşı Enver dönemi, koşulların hızlı değiştiği ve her an her şeyin yer değiştirdiği süreç olarak tarihte görülür. Enver Paşa'nın dönemi, koşulların hızlı değiştiği ve değişkenlerinde sürekli bir bukalemun gibi renkten renge büründüğü süreçti. Değişkenlerin hızla değiştiği

---

82 Şevket Süreyya Aydemir, Age, s. 445

dönemde kişilerin önünü kolay görmesi kolay olmasa gerek. İttihat ve Terakki döneminde değişkenler sürekli yer değiştirmekte ve kimin kimle, kimin nereden olduğu görülmeyecek kadar karanlığa bürünmüştü.

İttihatçı Subaylar Meşrutiyet İçin Makedon Dağlarında

İttihat ve Terakki merkezi Meşrutiyetin ilanı için üç grup askeri Makedon dağlarına çıkarmaya karar verdi. Binbaşı Enver Bey grubu, Resneli Niyazi grubu ve Eyüp Sabrı grubu, yanındaki askerler sivil halk ve çeşitli kademedeki memurlar ve rütbeli subaylardan oluşan kadrolar dağa çıktılar ve amaçları meşrutiyetin ilan edilmesi ve özgürlüklerin halkla buluşturulması içindi. Askerin, memurların, aydınların, subayların, seçilmiş belediye başkanlarının özgürlük için dağa çıkması ve meşrutiyet ilan edilmeden inmeyeceklerini Yıldız sarayına bildirmesi, bir devrim hareketine dönüştü. Bu nedenle halkında katılımı ve desteği olduğu için bu hareket 1908 Devrimi adını alacaktı ve tüm dünya bu hareketi kansız devrim diye niteleyecekti. 1908 Devrimini tüm dünya önemserken bizim tarihimize yabancı kalmamız, bu tarihi görmememiz tarihimizin ileri hareketini reddetmemiz demek olur ki, 1908 hareketi bir devrim harekedir, kabul etsek te etmesek te bu bir devrimdir.

İttihatçıların Makedon dağlarına çıkması Yıldız Sarayı'nda fırtınaya neden olmuştu. Dağlara çıkan komutanlar ve yanındaki yol arkadaşları şöyle bir Dadaloğlu dörtlüğünü anımsayarak **"Ferman Padişahınsa**

Dağlarda Bizimdir" ilkesinden hareketle İstanbul fermanı yerine, dağların mekânı onları ana gibi kucaklayışına sığınarak çok sevdiği dağların koynuna kendilerini bırakacaklardı ve öylede oldu. Bu çıkış özgürlüğün müjdesini paylaşmak çıkışıydı ve bu müjde kısa süre sonra halkın beklentisine cevap olarak sunulacaktı. Makedon dağlarında yankılanan özgürlük sesleri Sarayın duvarlarını çınlatacak ve vakti gelince o duvarları yıkarak içeri girecekti. Orası milletin sarayı olacak ve özgürlükler birlikte paylaşılacaktı ve öylede oldu. Halkın özgürlükleri sarayın dört duvarlarının arkasına sığmazdı ve o duvarları yıkardı ve sonuçta halkın gücü o duvarları yıktı.

Saray, subayların meşrutiyet için dağa çıkışlarını bir isyan olarak değerlendirdi ve anında isyanı bastırmak için eyleme geçti. İsyan eden subaylarda meşrutiyet ilan edilmeden dağdan inmeyeceklerini saraya bildirdi. Saray ile isyancılar arasında düello devam etmekteydi. Kolağası Resneli Niyazi'nin ve Eyüp Sabri'nin askerlerle birlikte dağa çıkmasını bastırmak için Saray çok güvendiği Şemsi Paşa'yı isyanı bastırmak için görevlendirdi. Şemsi Paşa Arnavut'tu ve Arnavutların ileri gelenlerini toplatarak isyanın bastırılacağı haberini verdi. Saray Şemsi Paşa'ya son derece güven duymakta ve isyanın bastırılacağına emin gözüyle bakmaktaydı. Zıya Şakir meşrutiyet için dağa çıkış olayını şu şekilde yazmaktadır: *"Resne'de bulunan Seksen sekizinci Alayın Üçüncü taburu Kolağası Niyazi Efendi namında bir şahıs ile Resne Belediye Reisi Hoca Cemal, Vergi Kâtibi Tahsin, Polis Komiseri Tahir ve Mülazım Yusuf Efendilerden ve ahali ve askerden mürekkep takriben yüz kadar kişi. Tabur deposunu kırarak mavzer tüfeklerinden, cephaneden ve tabur sandığından biraz nakit para alarak dağa çıkmışlar. 3Temmuz 1908 Ohri Redif Taburu Kumandanı Kolağası Eyüp Sabri Bey'in de iki yüz asker ve halktan mürekkep bir kuvvetle dağa çıktığı bildirildi. 7 Temmuz 1908"* [83] Meşrutiyet için dağa çıkışlarda İttihatçıları destekleyen halkın, özgürlükler tarafında safını tutması saray için bir başkaldırı niteliğindeydi. Halkın gelecekte meşrutiyeti desteklemesi, İttihatçıların işini kolaylaştırır nitelikte oluyordu.

Binbaşı Enver'de daha önce 17 Haziran'da Tikveş'te bir grup askerle dağa çıkmıştı ve 41 gün dağda kalarak meşrutiyetin önemini Makedon halkı ile paylaştı, ateşli nutuklarıyla onları özgürlüğe hazırlamaya çalıştı. Bu dağa çıkışlar, Sarayın önlem teşebbüsleri ve o sırada Firzovik olayları da pat diye gündeme oturması bölgenin ateşini harlattı. Firzovik olayları, dağa çıkışlar, Padişahın paşalarını Makedonya'ya göndererek olayları bastırma süreci bir anda devreye güm diye girdi. Bu olaylar kısa sürede meşrutiyetin ilanını sonuçlandıran olaylardı. Akademisyen Sina Akşin Firzovik olayını şöyle yazmakta: *"Manastır'da Kolağası Resneli Niyazi Bey, belediye reisi, polis müdürü dâhil 200 sivil, 200 asker dağa çıktı. Bu hareketi bastırmak üzere yola çıkarılan Şemsi Paşa öldürüldü. Firzovik'te toplanan Arnavutlar kandırılarak meşrutiyet istediklerine dair Padişah Abdülhamit'e telg-*

83 Zıya Şakir, İttihat ve Terakki-1, Nasıl Doğdu, Akıl Fikir Yayınları, 1. İstanbul Baskı, Ekim 2014, S. 265-266,283

raf çektirildi. Rumeli'nin büyük merkezlerinde meşrutiyet ilan ettirildi ve 67 telgrafı Arnavutlar Abdülhamit'e çekti." [84] Bölgedeki gelişmeler her yönüyle İttihatçıların beklentilerine dönük ve onları onaylar düzleme gelişmekteydi.

İttihatçı Binbaşı Enver Makedon dağlarına yabancı değildi. O dağlarda çete savaşlarında bölgenin sosyal, kültürel, ekonomik yapısını ve değer yargılarını çok iyi bilmekteydi. Tikveş'te dağa çıkarak Makedonya dağları onu koynunda misafir ederek o da ideallerini Makedon halkı ile buluşturacaktı. Avcı Erkânı Harp Binbaşısı olarak Makedonya'da isim yapan Enver zaman zaman halkla buluşarak onlara özgürlüklerin gelmesini ve sorunlarının çözüleceğini anlatmaktaydı. O dönemde eşkıyaların halk üzerinde aşırı baskıları doruklara çıkmıştı. Rumeli'de ki olaylar yüzünden oralardaki ahalinin hiç olmazsa canlarını kurtarmak için, mallarını ve her şeylerini bırakarak kaçtıklarını halkla paylaşması, halkı duygulandırmaktaydı. Enver'in ateşli konuşmalarından biriside şöyle halkla buluşuyordu: "Hükümetin yolsuzluğunu, kayıtsızlığını görüyorsunuz. Ecnebi memurlar geldi. Yarında buralar parçalanacak. O vakit biz ne olacağız. Artık gidecek yerde yok. Denizlere döküleceğiz. Yahut ayaklar altında ezileceğiz. Böyle zaman da karı gibi ölmektense, işlerimizi düzeltmek için, erkek gibi ölmeyi göze almak yeğ değil mi"? İstanbul idaresini biliyorsunuz, binlerce insan hiçbir şey yapmadan binlerce lira alıyorlar. Hafiyelere, saray kölelerine, bin-

84 Sina Akşin, Kısa Türkiye Tarihi, Türkiye İş Bankası Yayınları, İstanbul 21. Baskı, Kasım 2016, S. 53

lerce liralar veriyorlar. On yaşındaki çocuklara Albaylık rütbeleri veriliyor. Bu keyfi idareyi kaldıralım. Padişah hazretleri Peygamber'den de akıllı değil ya? Peygamberimiz " meşveret " etmeden iş yapmayın demedi mi? O meşveret etmeden iş yapmazdı. Adalet olan yerde din olur. Arkadaşlar! İşte beni görüyorsunuz. Binbaşıydım. Anam, babam, kardeşlerim var. Hepsini bıraktım. Ben bu iş için çalışacağım. Sizde ölünceye kadar benimle çalışacağınıza söz verir misiniz? ..."[85]

Bunları konuşan genç Binbaşı Enver daha 27 yaşında gözü kara yalnız aslandı. Saray Rumeli'de ki gelişmeleri yeterince bilmemekte ve gazetelere yanlı ve olayları lehine çevirme biçimince ilanlar vermekteydi. Sarayın ilanlardan birisi şöyle yapıldı *: "Müfettiş Paşa'nın yaveri Enver Bey, ortadan kaybolmuştur. Kendisinin Genç Türkler tarafından öldürülmüş olmasından korkuluyor."*[86] Binbaşı Enver Bey, boş durmadı ve gazetelerde çıkan ilana karşılık şu ilanı verdi: "Ben müfettiş paşanın yaveri değilim. Ve genç Türkler tarafından da öldürülmedim. Bilakis vatanın kana boyanmasına sebep olan zalim ve müstebit idareyi yıkmak Meşrutiyeti tesis etmek için dağa çıktım. "Binbaşı Enver Saraya şu mesajı vermekteydi "Ferman Padişahınsa *dağlar da bizimdir*" ilkesinden hareketle Dadaloğlu'nu hatırlatmaktaydı. Enver- Saray atışması ve düellosu sürüp gidecekti ki, meşrutiyet ilan edilinceye kadar. Olaylar o kadar hızlı

---

85 Ş. Süreyya Aydemir, Age, s. 532

86 Şevket Süreyya Aydemir, Makedonya'dan Ortaasya'ya ENVER PAŞA Cilt I 1914-1922, Remzi Kitabevi, 2. Baskı İstanbul, 1972, s. 534

gelişme sürecine girdi ki, kimse bu hızı tahmin edemedi ve bu olayların akışını İttihatçılar lehlerine çevirmeyi başardı ve kaybeden Saray kazanan millet olacaktı.

Binbaşı Enver Bey, Rumeli Umum Müfettişine saygıda kusur etmemek için görüşlerini bildiren ve bildirmek amacı ile ona şu mektubu yazarak gönderdi : "Meşrutiyet usulünü yeniden tesis etmek vatan selameti için şarttır. Şimdiye kadar da hayatımı feda edercesine hükümete hizmet ettim. Şimdide meşrutiyet iadesi için mücadele etmek üzere dağa çekildim. Benim gibi binlerce hamiyetli gençler de bu yolda çalışacaklardır. Yardımcımız Allah'tır..."[87] **Rumeli Umum müfettişi Hüseyin Hüsnü Paşa'ya** özgürlük için, halkın talepleri için ve İttihat ve Terakki'nin direktifleri doğrultusunda Makedon dağlarına çıktığını bildirmekteydi. Umum müfettiş Hüseyin Hüsnü Paşa'da Abdülhamit yönetiminden şikâyetçi özgürlük taraftarı yurtsever komutandı.

Enver, halkın içinde ateşli konuşmalar yaparak halkı meşrutiyet yönetimi için bilgilendirme toplantılarına katılma ve onlara propagandalar yapmaktaydı. Bilgilendirme toplantıları sürerken Selanik demiryolu Müfettişi Kurmay Yüzbaşı Mustafa Kemal, Enver Bey'e bir mektup getirdi. O dönemde Mustafa Kemal, Selanik'te hem karargâh subayı hem de demiryolları Müfettişi idi. Enver'de dinleyelim bu buluşmayı : ***"Cemiyetin Rumeli Teşkilatı Umum Müfettişliğine tayin edildiğimi Mustafa Kemal Bey getirmişti.*** Öpüştük b***ir gece beraber***

87 Şevket Süreyya Aydemir, Age, s. 534

kaldık ertesi gün ayrıldı. Selanik'te her şeyin iyi gitmekte olduğu anlaşılıyordu. Şimdiye kadar ebeveynimden mektup gelmemişti. Gelmesini de istemiyordum. Onları böyle bırakıp gittiğim için belki de darılırlardı. Fakat Mustafa Kemal Bey'in getirdiği bir zarfı açınca kalben biraz sıkıldım; çünkü bu zarfta ebeveynimden olan mektuplar vardı."[88] Binbaşı Enver ve Mustafa Kemal, Abdülhamit despotizmine karşı kısa sürede meşrutiyetin yönetiminin getirilmesinde aynı düşünceleri paylaşmaktalardı ve çalışmalar aralıksız bu yönde devam etmekteydi.

Selanik- Üsküp Demiryolu Müfettişliği görevini de sürdüren Mustafa Kemal, Rumeli'deki tüm iletişim ve ulaşımı takip ve kontrol etmekte görevleri arasındaydı. İttihat ve Terakki merkezi tüm İttihatçı subaylara çeşitli örgütle ilgili görevler vermekteydi. Tüm ekip hürriyet ilan edilsin diye canla başla çalışmaktalardı. Binbaşı Enver, Tikveş'te nutuk atarak halkı coştururken, Manastır dağlarında Kolağası Niyazi Bey'de Yıldız sarayına, Rumeli Umum Müfettişliğine ve Manastır valiliğine şu telgrafı çekti: ***"Erzurum da yapılan zulümler milleti korkutmamıştır. Daha da cesaretlendirmiştir. Millet padişah hazretlerinin şahsına karşı değildir. Geçmiş zamanın da hesabını sormayacaktır. Hedefimiz bundan böyle medeni milletlere benzeyerek yaşamak için meşrutiyet idaresinin kurulmasıdır. Bize mani olmak için birtakım hafiyelerinizi Selanik'e doldurulmanız,***

---

88 Murat Bardakçı Age, s. 95

bazı tedbirler almaya çalışılmanız işleri daha da karıştıracaktır. Selanik'e gelen casus paşalarla, listelerini tertip ettiğimiz hain maiyetleri, hemen trenle defolup gitmedikleri takdirde, namus erbabı bize katılıp, vazifelerini yapacaklardır. Meşrutiyetin hemen ilanını istiyoruz. Bunu hükümet vermez ise, millet zorla alacaktır. Meclisi Mebusan'ın derhal açılmasını talep ediyoruz." [89]

Resneli Niyazi'nin Yıldız Sarayı'na, Rumeli Umum Müfettişliğine ve Manastır valiliğine gönderdiği telgrafta çıkılan yolun geri dönülmeyen yol olduğu vurgulanmaktaydı. Halkın talebi olan meşrutiyeti ilan etmesi ve anayasal düzene geçilmesi yönünde bir tehdit mahiyetindeydi. Binbaşı Enver, Resneli Niyazı ve Eyüp Sabri Makedon dağlarında iken aniden Arnavutlarda ayaklandılar. Tam bu sırada Arnavutlar, topraklarımız elden gidiyor diye eyleme geçtiler ve Avusturyalılar topraklarımızı işgal edecekmiş görüşü bir anda Makedonya'yı ayağa kaldırdı. Bu Firzovik olayları yalan yanlış haberler üzerine kendiliğinde halkın toplanması ile eylemsel özellik kazandı ve meşrutiyetin ilanında Firzovik olayları belirleyici olacaktı.

Firzovik olayları, İttihatçıların meşrutiyetin ilanı için dağa çıkışı, Arnavut Şemsi Paşa'nın Arnavutların ileri gelenlerini silahlandırarak emirlerini beklemesi ve Şemsi Paşa'nın öldürülmesi peş peşe ve kendiliğinden gelişen olaylardı. Olayların devamı ile Tatar Osman

---

89 Şevket Süreyya Aydemir, Makedonya'dan Orta Asya'ya ENVER PAŞA 1860-1908, II. Cilt, Remzi Kitabevi, 2. İstanbul Baskısı, 1972, s.533

Paşa'nın dağa kaldırılması ve sonuçta 1908 meşrutiyetin ilanı iki ay gibi kısa sürede oluşan olaylardır. Bu olayların bir kısmı da kendiliğinde ortaya çıktı ve bir biri ile ilişkili olaylardı. Bunları sırasıyla ve detaylı olarak görmeye çalışalım. Firzovik olayları, tarihte bir dönüm noktası olarak görülmekte ancak yeterince yer verilmemiş ve kısır kalan olay olarak tarihte yer buldu. Firzovik olayları ile gelişen süreç meşrutiyetin kısa sürede ilanını da beraberinde getiren olaylardı.

Firzovik Olaylarının Çıkış Nedenleri

Firzovik olaylarının çıkış nedenleri tamamen asılsız haberler üzerine çıktı ve süreç içinde yeni ve farklı boyutlar kazanarak, 1908 Devriminin öncü gücü haline gelmeyi başaran güç olarak tarihe geçti ve İttihatçılar bu gücü ellerine geçirerek 1908 Devrimini gerçekleştirmeyi başardı. Bu gelişmelerin çıkış nedenlerini, gelişmeleri ve sonuçlarının neleri etkilediğini ve yansımalarının nelere yol açtığını göreceğiz. Firzovik olaylarının gelişmelerini farklı kaynaklardan okuyarak bu olayların önemini geniş bir perspektiften okuma fırsatını bulacağız.

Makedonya'daki demiryollarında çalışan ve Kosova'da bulunan bazı yabancılar 1908 Haziran başında Firzovik'te bir eğlence düzenlemeyi tasarlarlar ve hazırlıklara girişirler. Bahar gelmiş eğlenmek, dinlenmek ve piknik yapmak ve aileleriyle güzel günler geçirmek isterler. Bu gezintiyi Müslüman olmayan kesim düzenler ve Müslüman Arnavutlar da bu piknikten rahatsız olurlar ve bu eğlencenin kendi topraklarının elden çıkmasına neden olacak bir oyun olduğunu tüm Müslümanlarla paylaşırlar. Bu paylaşım eline silah alan Arnavutların Firzovik yerleşim birimde toplanmasına neden olur. Avusturya'nın Arnavut'luğu işgal etmek, Arnavut topraklarını ele geçirmek için planlanan bir ön çalışması olduğunu düşünen Arnavutlar, Firzovik'te toplanmaya başlayacaklardır ve olaylar bundan sonra gelişerek devam etme moduna girecek.

Topraklarının Osmanlı devleti toprağında koparılması yönünde ki gelişmelerden etkilenen Arnavutlar, Avusturya'nın askeri bir işgal hareketini örtmek için düzenlenmiş bir hile olarak yorumlarlar. Toplantıyı düzenleyenler gelişmelerden rahatsız olur ve bir olay çıkmaması için iptal ederler. Silahını alan Arnavutlar Kosova yakınlarındaki Firzovik yerleşim biriminde toplanmaya başlar. Firzovik'te toplananların sayılarının Süleyman Külçe'nin belirttiğine göre 30 bini bulur. Yavaş yavaş Avusturya'dan bir hareketin olmadığı anlaşılmasına rağmen Arnavutlar toplantıyı terk etmezler. Bir devlet yetkilisinin gelerek kendilerini ikna etmesi için diretirler ve bu olay üzerine hem Saray hem de İttihatçılar devreye girer ve olaylar gelişerek devam eder.

Bu gelişmeleri bir başka açıdan okuyalım ve Firzovik olayları İkinci Meşrutiyet hareketini, halk hareketine dönüştürerek **"Devrim"** kimliğinin kazandığı hareket olarak tarihe yazdıran eylemdir. Kosova'nın merkezi Üsküp'te yabancıların okuduğu bir Sırp Okulu bulunmaktaydı. Üsküp'ten geçen tren hattının mühendisi ile bu okulun müdürü birlikte bir öğrenci ve aileleriyle bir gezi düzenlemeye karar verdiler. Gezi Firzovik yakınlarındaki bir korulukta yapılacak ve ulaşım trenle sağlanacaktı. Yazar Süleyman Külçe bu Firzovik olayları ile ilgili görüşlerini şu şekilde yazmakta ***"Bu gezide bir gizli maksat yok, aksine gezi sadece öğrenci ve ailelerinin kır eğlencesi niteliğindeydi. Bu çevredeki Arnavutların dindar olması; danslı, içkili bir eğlence yapılmasının izzeti-nefise dokunması ve yabancı güçlerin bir gizli niyeti olması duyuruldu. Vatanı bir felaketin beklediği ve dinini seven her Müslümanın Firzovik'te toplanması propagandası yapılarak uzaktaki Arnavutlara haber gönderildi."***[90] Firzovik olayları bir tarafta eğlenmek isteyen kesim, diğer tarafta buna din elden gidiyor, topraklarımız elden koparılacak diye karşı çıkan kesimin birbirlerini anlamamaları sonucu ve silahını alan Arnavutların Firzovik'te toplanması ile başlayan gelişmeler. (Firzovik yerleşim birimi bugünkü Kosova yakınlarında bulunmakta.)

Firzovik olaylarını Yazar Feroz Ahmet, Meşrutiyetin **"nirengi"** noktasını oluşturur diyerek önemi üzerinde durmakta. Nirengi tepe noktası anlamına gelir ki, Firzovik olaylarının İttihatçılar için önemi oldukça yüksek ve Abdülhamit içinse felaketin kendisi olacak, sürecin lokomotif gücü olaraktı. Firzovik olayları, karanlığın havuzlarını yıkacak ve aydınlığın meşalesini yakacak, özgürlüğün fişeğini tetikleyecek süreç oluyordu. Firzovik olaylarını Feroz Ahmet'ten okuyalım, *"Kır gezintisi yapılacak ve önden*

90 Süleyman Külçe, Firzovik Toplantısı ve Meşrutiyet, Kitabevi Yayınları, İstanbul 2013, s. 17-18.

gönderilen işçilere karşı gösteriler gelişerek, çevredeki Osmanlı idarecilerine karşı bir harekete dönüşmüştü. Kosova Valisi Mahmut Şevket Paşa, Kosova jandarma Kumandanı Galip Bey'i bilgi almak için olay yerine gönderdi. Arnavutlar örgütlü değildi. Galip bey bu durumu İttihat ve Terakki Merkezine bildirerek meşrutiyet lehine yararlanmayı istedi. İttihatçı Hacı Şaban Efendi, bu düzensiz ayaklanmayı meşrutiyet lehinde bir gösteri havası vermeyi başardı..."[91]

Firzovik'te toplanan Arnavutlar örgütsüz, eğitimsiz ve Arnavut ileri gelenlerinin direktifleri ile hareket eden, Padişah'ın sevimli kullarıydı. Firzovik toplantısı Sarayın bu kullarını elinde alacak ve 1908 Devriminin fitilini yakmaya öncülük edecekti. Bu toplantı ile Saray Arnavut desteğini kaybederek, bu gücü İttihatçılar ele geçirmeyi başaracaktı. Firzovik olayları tarihimizde yeterince araştırılmayarak ve yeterince yer verilmeyerek bu konu ikinci plana atılmış durumdadır. Resneli Niyazi ve Eyüp Sabri'nin dağa çıkışını bastırmak için Saray'ın görevlendirdiği Şemsi Paşa'nın topladığı silahlı Arnavutların ileri gelenlerinin Firzovik'te toplanması idi. Tüm bu olaylar birbirinden bağımsız ancak bir noktadan buluşulması İttihatçılar için aranan sürecin fişeklerini ateşlemişti.

Firzovik olaylarını Akademisyen Yusuf Hikmet Bayur'dan okuyalım: "Haziran 1908 ortasına doğru Kosova'da bulunan birkaç yabancı çok güzel çam ormanları olan Firzovik'te eğlence tertip etmeyi düşünür

---

91 Feroz Ahmet, İTTİHAT ve TERAKKİ 1908-1914, Kaynak Yayınları, 11. İstanbul Baskı, Şubat 2017, s. 34-35.

ve hazırlık yaparlar. Bu duyulunca bütün o havalideki Arnavutlar kuşkulanıp silahlı olarak orada toplanırlar ve ülkeyi yabancılara çiğnetmeyeceklerini söylerler. Bunu duyan eğlence tertipçileri gelmezler. Ancak Arnavutlar dağılmazlar ve aralarında türlü söylentiler dolaşır. Bunların biri hazırlanan eğlencenin Avusturya ordusunun gelmesini örtmeye mahsus olduğudur. Arnavutlar dağılmayacak ve bir ay kadar Firzovik'te kalacaklardır. Sonlara doğru sayıları 30 bini bulacaktır."[92] Firzovik olaylarını çeşitli tarih araştırmacısı ve akademisyenler farklı kaynaklardan yola çıkarak yazmaktalar. Bu olayların gelişmesi ile İttihatçıların beklediği değirmene su akmaya başladı ve İttihatçıların da bu gelişmeleri görüşleri doğrultusunda yönlendirmesi ile 1908 devrimi yaratılmış oldu.

Firzovik olaylarını farklı yazarların anlatımından hareketle bir de Araştırmacı Yazar Tevfik Çavdar'dan okuyalım. ***"Bu Firzovik olayları iki gelişmeyi ortaya çıkardı. Birincisi özgürlükçü hareketle doğrudan ilişkisi olmayan ama sonuçta Meşrutiyetin ilanın da etkisi görülen Firzovik olayıdır. İkinci olay ise, 3 Temmuz 1908'de Resneli Niyazi ve bunu izleyen günler de Ohrili Eyüp Sabri maiyetindeki askerlerle meşrutiyet ilanı için dağa çıkarlar. Ohri de İttihatçılar çok güçlü idi. Sabah içtimada askerler" yaşasın millet" diye bağırırlardı. Firzovik olaylarında İttihatçılar yararlanacaktı..."***[93]

---

92 Yusuf Hikmet Bayur, TÜRK İNKILABI TARİHİ CİLT II. Kısım IV, Türk Tarih Kurumu Basımevi, Üçüncü Baskı Ankara, 1991, s. 178-179.

93 Tevfik Çavdar, Talat Paşa, Kültür Bakanlığı Yayınları, 1. Baskı Ankara, 1995, s. 82-83.

İttihatçılar bu Firzovik olayların da yararlanmak için tüm maharetlerini ortaya koyarak Sarayla, Arnavutların arasına kalın bir duvar çektiler. Arnavutları yanlarına alan İttihatçılar İstanbul'un elini ve kolunu bağladı zira Padişah Arnavutlara çok güvenmekteydi. İstanbul Hükümetinin güvendiği dağlara Arnavut karı yağarak fırtına kopmaya başladı. Padişahın çok güvendiği alaylı Arnavut Paşaları, genç Harbiyeli subaylara yenilme sürecindeydi. Arnavut halkı silahı sever ve silah olmazsa olmazlarıydı. Sultan Abdülhamit'te Arnavutlara ve alaylı Arnavut Paşalarına çok güvenirdi çünkü Balkanlarda güvenliği Arnavutlara bırakmıştı. Abdülhamit Arnavutlardan paşalığa yükselttiği askerler Arnavutların ileri gelen, söz sahibi ailelerindendi. Bu nedenle Arnavutları Paşalığa yükselttiği Arnavut Paşalar yönetmekteydi. Arnavut Şemsi Paşa İttihatçılarca öldürülünce Arnavutların güvenleri Saraya karşı sarsıldı. Padişah Abdülhamit'in en büyük hatası Balkanların güvenliğini Arnavutlara bırakması, Balkanların elden çıkmasına neden oldu.

Firzovik, olaylarını Yazar Tahsin Uzer ise şöyle yazmakta, **"Firzovik toplantısını İttihat ve Terakki karşıtı Şemsi Paşa'nın organize ettiğini, ancak Paşanın vurulmasının Arnavutları sarstığını ve bu mitingin Miralay Galip (Pasinler) Bey ve Necip Draga ve arkadaşlarının çabalarıyla meşrutiyet lehine döndüğünü"**[94] yazmakta. Şemsi Paşa'nın vurulması ile

94 Tahsin Uzer, Makedonya Eşkıyalık Tarihi ve Son Osmanlı Yönetimi, TTK Yayınları, 2. Baskı Ankara, 1987,s. 91-92. Ayrıca Bakınız Ahmet bedevi Kuran, Osmanlı imparatorluğunda İnkılap hareketleri ve Milli Mücadele, s. 463.

Firzovik olayları İttihatçıların lehine döndüğünü farklı kaynaklardan görmekteyiz. Balkanların belkemiğini oluşturan Arnavutlar Sultan Abdülhamit'i ayakta tutan güçtü. Bu gücü kaybeden Padişah ayakta kalma şansını da kaybetmiş olmaktaydı. Firzovik olayları Şemsi Paşa'nın talebi üzerine yaratılmış olsa da bu topluluğu İttihatçılar kendi lehlerine çevirerek hedeflerine varacaktı. Arnavut desteğini kaybeden Yıldız Sarayı gücünü ve etkisini kaybediyordu.

Arnavutların Firzovik'te toplanmalarını Akademisyen Yusuf Hikmet Bayur'dan okuyalım, *"Şemsi Paşa'nın vurularak öldürülmesini Firzovik'te toplanan Arnavutların menfi etkilenmemesi için, Paşa'nın Avusturya ordusuna yol açmak istediği için bir yurtsever tarafından öldürüldüğü dedikodusu yayılmıştı. Firzovik ilave taburunda görevli bir teğmen olan Hilmi Efendi'nin de bu kanaatin yayılmasında etkisi olmuştu."*[95] Şemsi Paşa'nın, hakkında çıkan bu haberin Arnavutların Yıldız Sarayına karşı güvenini sarstı ve olay İttihatçıların lehine gelişerek güven kazanma madunda ilerlemekteydi.

Sınırların korunması konusunda Şemsi Paşa'nın yeterli önlemleri almadan Manastır'a gitmesi Arnavutlar arasında rahatsızlık yaratmıştı ve bu duruma tepkiler artmaya başladı. Yazar Süleyman Külçe bu durumu şu şekilde yazmakta, **"Zaten Firzovik'te toplananlar, Avusturya askerinin neredeyse Kosova'ya inmek üzere olduğu bir dönemde Şemsi Paşa'nın hiç tedbir**

---

95 Yusuf Hikmet Bayur, Türk İnkılap Tarihi, Cilt 1,Kısım 1, Ankara, TTK Basımevi, 4. Baskı 1991, s. 459.

almadığı, üstelik böyle bir durumda Kosova'yı savunacak iki tabur nizamiye askerinin yanına alarak bölgeden uzaklaştığı için hem heyecanlanmakta, hem de Paşa'ya diş bilenmekteydi."[96] Şemsi Paşa'nın sınırları koruma konusunda yetersizliğini Arnavutlarda anlamıştı ve bunu İttihatçılar değerlendirdi. Arnavutlarda Paşaya karşı bu konuda tepki duymaktalardı.

Manastır'da Resneli Niyazi ve Eyüp Sabri hürriyet için Makedon dağlarına çıkınca ve onları yakalayıp saraya götürmek için Saray Arnavut olan Şemsi Paşa'yı görevlendirdi. Şemsi Paşa, Prizren 'den hareket edince Arnavutların ileri gelenlerine şu bilgiyi vererek Firzovik'te toplanmalarını emretti ve bu olayı Süleyman Külçe 'den okuyalım: ***"Manastır'da bulunan mektepli zabitler Jön Türk ve Bulgar komiteleriyle birleşti. Padişahı düşürüp vatanı satacaklar. Dinini, devletini seven arkamda yetişsin. Firzovik'te toplansınlar orada mavzer tüfeği ile cephane tevzi edilecek. Vatan elden gidiyor, kasabaları hainler basmış, yağma etmekteler..."*** [97] Şemsi Paşa'nın da Firzovik toplantısını düzenleyerek İttihatçıları ortadan kaldırmak için bir planı da olduğunu Galip Pasinlerin hatıratında görmekteyiz. Şemsi Paşa'nın bu yalanlarını İttihatçılar lehlerine çevirerek Şemsi Paşa'yı da ortadan kaldırma sürecini başlattılar. Şemsi Paşa bu korkunç yalan ve iftiralarının karşılığını

96 Süleyman Külçe, Firzovik Toplantısı ve Meşrutiyet, Kitabevi 525, İstanbul 1. Baskı, 2013, s. 19-20.

97 Süleyman Külçe, Age s. 5.- Galip Pasinler "Galip Paşa'nın Hatıraları" Hayat Tarih Mecmuası, Temmuz, 1966, s.8. Sayfasına da bakılabilir.

bedeniyle ödeyecekti ve İttihatçılar bu bedenin ortadan kalkmasına karar verdiler.

Farklı kaynakların harmonisinden yola çıkılarak Firzovik olaylarıyla ilgili çıkan haberleri, yorumları ve Şemsi Paşa'nın talebi üzerine toplanan Arnavutları, İttihatçıların talebine uygun koşulun yaratıldığı sonucu doğmuş oldu. İttihatçılar Firzovik'te toplanan otuz bin silahlı Arnavutlarla temasa geçerek bunlardan yararlanma yollarını bulacak ve kitleyi kendi lehlerine çevirmeyi başaracaklardır. Şimdi İttihatçılar Firzovik olaylarında nasıl yararlandı bu olayın gelişimini ve akışını görmeye çalışalım.

Firzovik Olayları 1908 Devriminin Öncü Gücü Oldu

Firzovik olaylarının nasıl geliştiğini farklı kaynaklardan gördük ve bu olayların 1908 devrimine etkisini de okuyalım. Firzovik'te toplanan Arnavutların talebi bir devlet yetkilisinin gelerek bizleri bu konuda aydınlatması, aksi halde Firzovik'te dağılmayacaklarını bildirmeleri üzerine olayların akışına yeni bir boyut kazandırdı. Silahlı 30 bin Arnavut dağılmayınca olayların büyümemesi ve yeni sorunlar yaratılmaması için yetkililer devreye girdi. Kosova Valisi Mahmut Şevket Paşa, Firzovik'te toplanan bu Arnavutların dağıtılması için Kosova Jandarma Alay komutanı Galip (Pasinler) Bey'i Firzovik olayları ile ilgili olarak görevlendirdi. Galip Bey, Arnavutların dağılmalarını istedi ancak Arnavutlar dağılma taraftarı değildi. Yaz olunca toplanan kalabalığın yatması kolaydı ve onlar için belki de bir tür eğlence gibi algılanmaktaydı. Galip Bey, toplantı ile ilgili gözlemlerini İttihat ve Terakki merkezine bildirdi. İttihat ve Terakki merkezinde olayların üzerine planlı bir şekilde gidilme kararı alındı. Bu olayla ilgili stratejiler üretildi ve taktikler devreye sokuldu ve yeni bir süreç İttihatçıların lehine başlatılmış oldu.

Firzovik toplantıları ile Arnavut desteği İttihatçıların eline geçecek hem rahatlama hem de İttihatçıların hedefe varması kolaylaşacaktı. Firzovik toplantıları İttihatçılara yeni bir güç kazandırarak, İttihatçıların gücü Yıldız Sarayının önüne geçme sürecine hızla girdi ve Saray günden güne hatta saat başı köşeye sıkışmaya başladı. Arnavut desteği Abdülhamit için can suyunun ötesinde çok büyük güçtü. Bu toplantıları, İttihatçılar akılcı bir politika ile ilmek ilmek işleyerek yanlarına çekme stratejisini ve taktiklerini devreye sokarak seri bir şekilde meşrutiyet meşalesini yakmayı başlattılar. Koşullar ve gelişmeler İttihatçıların sona geldiğinin işaretini vermekteydi ancak aş pişme sürecinde idi hassas dengeler hâlâ korunmaya muhtaçtı öyle ise yeni rötuşlara gereksinim vardı.

İttihat ve Terakki'nin Üsküp şubesi, Üsküp'ün tanınmış ailelerinde olan yetişmiş 20 kadar yeminli sözü geçen militanlarını Firzovik 'teki olayları yönlendirmek için görevlendirdi. Bu sözü geçen etkili kişiler Firzovik'te kalabalığa karışarak gözlemlerde bulunmak ve onları yurtseverlerin lehine ve Yıldızın aleyhine çevirmek istiyorlardı. Ancak koşulların uygun olmadığını görerek beklemeyi tercih ettiler. Bu grubu İttihatçılar kendi lehlerine çevirmek için, yeni yöntemler arayışına gittiler ve Prizren eşrafında Şerif Efendi ve Kaçanik kazasında Hacı Şaban Efendinin sözlerinin etkili olacağında karar kılındı. Hacı Şaban Efendi tüm Arnavutluk'ta tanınan sözü geçen ve saygıdeğer bir âlimdi, halkın teveccühünü kazanmış dürüst din adamı olup güven yaratmıştı.

Üsküp İttihat ve Terakki şubesi devreye girerek, Vilayet Jandarma Kumandanı Galip Bey'i, Firzovik olayları için yetkili olarak görevlendirdi. İkinci yetki ise Rumeli Umum Müfettişi Hüseyin Hüsnü Paşa tarafından Firzovik olaylarını çözmek için memur edildi. Galip Bey, hem İttihatçılarca hem de devletin yetkili organınca görevlendirildi ve Galip Bey'de üzerine düşen görevi en iyi bir şekilde yerine getirmeye çalışacaktı. Firzovik olayları devam ederken Yıldız'ın Arnavut Şemsi Paşa'sı, Manastırda İttihatçıların emri üzerine Mülazım Atıf Bey tarafında vurularak öldürüldü ve İttihatçılar adım adım hedeflerine doğru koşmaktalardı.

Miralay Galip Bey'i, yöre halkı sever ve babacan tavırları onun devlet adamı oluşu silahlı Arnavutların güvenini kazanmıştı ve halka hitap ederek eğer meşrutiyet ilan edilirse topraklarınızı kimse elinizde alamaz diyerek, Arnavutları Yıldız sarayına karşı eyleme hazırladı. Kitleleri yönlendirmek biraz da ustalık, beceri, yetenek, o kitlenin sosyal, kültürel ve ekonomik yapıları ile beklentilerini doğru tespit önemli bir gösterge olarak karşımıza çıkmaktadır. Galip Bey bu silahlı grubu en güzel şekilde yönetmeyi hakkı ile başardı. Bu kalabalık **"meşrutiyet"** isteriz diye İstanbul'u telgraflara boğarak Padişahın uykularını kaçırarak tarihin destanını yazacaktı.

Galip Pasinler, yörenin sevilen saygı duyulan tanınmış dini otoritelerinden Hacı Şaban Efendiye camide halka vaaz vermesi için ricada bulundu. Hacı Şaban Efendi halkı camide toplayarak şu tarihi konuşmayı yaptı: "***Yasal olan Meşveret, danışma usulünün kurulmasına gerek olduğunu ve " elindeki kuranı gösterip" Meşrutiyet i istemek bu Allah kitabının dilemek olacağını cesaret ve açık bir şekilde anlattı. Ve Anayasanın ilanını Padişahtan istemek gerektiğini"***[98] söyleyerek halkın ikna edilmesini ve güvenini kazanarak Arnavut halkının meşrutiyet isteme sürecini eylemsel olarak başlattı. Bu konuşma ile İttihatçıların planları adım adım sonuca gitmekteydi.

İttihat ve Terakki'nin Üsküp Şubesinde gelen 20 propagandistinde halkın içinde etkili konuşmaları olumlu sonuçlar vermekte ve Hacı Şaban'ın görüşlerini onaylamaları Firzovik toplantısını İttihatçıların lehine çevirmeyi başardı. **Prizren Eşrafında Şerif Efendi'nin** de camide konuşma yapan Hacı Şaban'ın görüşlerini desteklemesi halkı ikna etmek için büyük destek olmuştu. Galip Bey'de yabancı işgalin olmaması için mutlaka meşrutiyet yönetiminin gelmesi şart diyerek özgürlük silahını kullanmaktan geri adım atmamaktaydı. Firzovik toplantısının kontrolü artık İttihatçıların eline geçmişti. Sıra yıldız sarayının uykularını kaçırmaya geldi ve Arnavutların ileri gelenlerinin topluca imzalayıp meşrutiyet isteme telgrafları, Yıldız sarayının duvarlarını dövmeye başladı.

98 Teoman Alpaslan, 31 Mart Ayaklanması, Kum Saati Yayınları, İstanbul 1. Baskı, 2009, S. 117

Genç Türk Devrimi kitabını yazan Habip Hamza Erdem, Firzovik olayları konusundaki, görüşleri şöyle: *"Kosovalı Müslümanların düzenledikleri toplantı, Jandarma Alay komutanı Galip (Pasinler) Bey'in çabalarıyla devrimci niteliğe olan bir mitinge dönüşerek ve mitingin sonunda İstanbul Hükümeti'ne Meşrutiyetin ilan edilmesi için 180 imzalı bir telgraf çekilecektir. ...Selanik ve Manastır meydanlarında top atışları ve konfetilerle Meşrutiyeti ilan edecektir."*[99]

Arnavutluk'un çeşitli bölgelerinden gelen silahlı gruplar ve bunların ileri gelenleri bir **"besa"** şeklinde karar aldılar ve karar imzalanarak Yıldız sarayına telgrafla bildirildi. **(Besa, Arnavut kültüründe yemin, ant, sözleşme, onaylamak anlamlarına gelir ve Arnavutlar için çok önemlidir.)** Bu olayın gelişmesini Süleyman Külçe 'den okuyalım, *"Camide bütün ahaliyi toplayan karar nihayet yazılı bir besa şeklinde tespit olundu. Üsküp, Kalkandelen, Gostivar, Mitroviçe, Priştine, Yenipazar ve diğer mahallelerden gelenler hürriyet ve kanuni esasinin iadesini 20 Temmuz 1908'de bir müşterek telgraf yazarak Padişaha makina başında gönderdiler."*[100] Galip Bey'in çalışmaları, Hacı Şaban Efendi'nin konuşmaları Arnavutları meşrutiyetin ilanı noktasında birleştirdi ve çalışmalar meyvesini vermeye başladı, sıra meyvelerin toplanmasına geldi.

---

99 Habip Hamza Erdem, FRANSIZ BASININDA GENÇ TÜRK DEVRİMİ, Kaynak Yayınları, İstanbul Baskı, 2016, s. 34.

100 Süleyman Külçe, Firzovik Toplantısı ve Meşrutiyet, Kitabevi Yayınları, İstanbul 2013, s. 85

Tarih araştırmacısı Akademisyen Sina Akşin Firzovik olaylarının imzaya dönüşerek Yıldız Sarayına gönderilişini yazmakta, ***"20 Temmuz 1908 günü Padişaha sunulmak üzere Sadrazam ve Şeyhülislama Kosova halkı adına 180 imza ile çekilen telgraflar İstanbul'a ulaştı."***[101] Arnavutları hep yanında gören Abdülhamit onlarında meşrutiyet istediğini görünce ki bu telgraflar Arnavutların ileri gelenlerinin imzalarını taşıyan telgraflardı. Saray çıldırmak üzereydi, Arnavut telgrafları fırtına etkisi yaratmıştı ve padişahın karşı koyma gücü tükenmişti. Telgrafı imzalayan Arnavutların bazılarının imzaları, Üsküp Eşrafından Salih, eski Üsküp belediye reisi, müftü, Üsküp müftüsü, Müderrisler, Üsküp Rufai Tekkesi, Kosovalılar ve diğerlerinin imzaları. Arnavutların ileri gelenlerinin imzaladığı ve meşrutiyet isteme telgrafları Sarayın uykularını kaçırdı sözün bittiği noktaya gelinmişti. İstanbul'dan olumlu bir haber gelmemekteydi.

Şemsi Paşa'nın İttihatçılarca Öldürülmesi

Makedonya'da sorunlar kördüğüm haline gelme sürecini yaşarken Şemsi Paşa, Mirtoviçe'de 18. Tümenin komutanı olarak görev yapıyordu. Şemsi Paşa 60 yaşında bir ayağını çekemez sakattı ve okuması yazması yok, Abdülhamit'in paşası olup Balkanlar bu tür paşaların emrine verilmiş durumda ve Harbiyeli genç subaylar da bunların emrinde görev yapıyorlardı. Makedonya

101 Sina Akşin, Jön Türkler ve İttihat ve Terakki, İmge Kitabevi, 7. Ankara Baskı, Eylül 2014, S. 128-129

bu alaylı paşaların yüzünden kaybedildi; bunu İttihatçılara mal eden Abdülhamitçiler sadece yalan üreterek Ulu Hakan Abdülhamit'i koruma stratejisini gündemde tutmayı görev haline getirmişlerdi. Akademisyen Yusuf Hikmet Bayur, Şemsi Paşa'yı bakın nasıl tanıtıyor ve yazıyor: "**Okuma-yazması yok denecek kadar General rütbesinde alaylı subaydı. Kendisi o bölge ahalisinde olup halkının ruhi durumunu iyi bilir ve Arnavut aşiretleri arasında tanıdıkları çoktu. Şemsi Paşa, Meşrutiyetçi ve okulda çıkma subayların düşmanı olup padişaha çok bağlıydı. Şiddeti ile ün yapmıştı. 3 Temmuz 1908'de Prizren 'de bulunuyordu ve Müslümanlarla Katolikler arasındaki ihtilafı çözmekti. Oradan giderken Firzovik'te geçmiş ve Avusturya ordusunun geleceği haberlerin asılsız olduğunu ve dağılmalarını söyledi ve Arnavutlar aldırmayarak dağılmadılar.**"[102] Şemsi Paşa, Mitroviçe 'den hareketle Firzovik'e uğrar ve Arnavutların dağılmalarını ister ve Makedonya'daki dağa çıkanları yakalamak için trenle hareket eder ve hedefi Meşrutiyet için dağa çıkanları cezalandırmaktı.

Firzovik olayları devam ederken Saray dağa çıkan İttihatçıları cezalandırmak için çok güvendiği Şemsi Paşa'yı, Resneli Niyazi ve Eyüp Sabri'yi ve beraberinde gidenleri yakalamak için görevlendirdi. Makedonya'da meşrutiyet talebi için dağa çıkan subayları Sarayın talepleri doğrultusunda derdest edip istenilen sonuca

---

102 Yusuf Hikmet Bayur, Age, s. 179.

mahkûm edecekti. Kendisi Arnavut olup Arnavutlarca belli çevre ve aşiretlerce sevilen birisiydi. Çok acımasız ve tam bir ölüm makinesinde farkı ve acıması yoktu. Hem Arnavut oluşu hem de bölgeyi iyi tanıyor olması sarayca bu işin içinde çok rahat çıkacağına kesin gözüyle bakılmaktaydı. Oysa Yıldız sarayındaki hesap, Makedon dağlarındaki hesaba uymayacaktı ve tüm dengeler Yıldız sarayının aleyhine evrilmeye başlandığını Saray görememişti, Sarayın hafiyeleri bu kez de Firzovik olaylarına yenilmiş oluyordu.

Şemsi Paşa kazanacağı zaferden emindi ve kadrosunu Arnavut halkının desteğini de alarak şöyle kurdu ve bu olayı Araştırmacı yazar Zıya Şakir yazıyor: *"Selanik'e gelince refakatinde üç tabur askeri Mitroviçe, Prizren ve Firzovik'te topladığı yirmi sekiz Arnavut asilzadelerinde oluşan bir de silahşor müfrezesi vardı. Bunlar doğrudan Paşa'nın emrinde ki silahlı ekibiydi. Önemli Arnavutları merkezdeki telgraf başına çağırdı ve emirlerini bekleme talimatını da vermişti. Manastırda bulunan bazı din ve devlet hainleri; Bulgarlarla anlaşmışlar. Müslümanları kesecekler ve Rumeli'de bir Hıristiyan hükümeti vücuda getirecekler. Firzovik'te toplanınız. Benden talimat bekleyiniz. Diyerek Arnavutlara yalan talimatlarını yağdırdı. Paşa bununla da yetinmeyerek Selanik'e gelirken uğradığı istasyonlarda yine Arnavut Beylerini toplamış, aynı emri vermişti."*[103] Şemsi Paşa, trenle Selanik'e gelinceye kadar yalan ve yanıltıcı haberlerle Arnavut aşiretlerinin top-

103 Zıya Şakir, İttihat ve Terakki-ı Nasıl Doğdu, Akıl Fikir Yayınları, 1. İstanbul Baskı, Ekim 2014, S. 271

lanmasını ve vereceği emirlerle harekete hazır olmaları direktiflerini yağdırmaktan geri durmuyordu.

Akademisyen Yusuf Hikmet Bayur'a göre, Şemsi Paşanın damatları ve yakınları İttihat ve Terakkinin üyeleridir Şemsi Paşa'nın çevresi İttihatçılarca çevrilmiş durumda o bunun farkında değildi. **"Şemsi Paşa'nın damadı Selanik'te alay kâtibi Selahaddin Bey onu görür ve üyesi bulunduğu İttihat ve Terakki hakkında bilgi vermez. Manastırda merkez komutanı olan başka bir damadı Rıfat Bey'de Cemiyettendir. O da Şemsi Paşa'ya hiçbir bilgi vermeyecektir. Yaveri ve kâtibi Süleyman Külçe 'de Cemiyettendir. Bu durum padişahın ve hükümetinin nasıl kıskıvrak edilmiş olduklarını gösterir."**[104] Şemsi Paşa'nın damatları, yaveri ve kâtibi İttihat ve Terakki'nin üyeleri olup, Makedonya cemiyetin kontrolüne girmiş durumda. Şemsi Paşa, Manastır'da üç saatten fazla postaneden İstanbul ile görüştü. Arnavutluk bölgesinde kuvvet takviyesinin getirilmesini ister. Yine Yusuf H. Bayur'a göre Anadolu'da takviye birlik ister ve bu birlikler gelmeden eyleme geçmenin doğru olmadığını Yıldız'a bildirir ve paşa gelişmelerden endişeli olduğunu çekilen telgraflardan görülmektedir. Paşa, Makedonya'da Cemiyetin etkili olduğunu geçte olsa gördü ancak Saray hala olayların ciddiyetini kavramamaktan diretmekteydi.

Şemsi Paşa, uğradığı yerlerde Arnavutları İttihatçılara karşı kışkırtmaya devam etmekteydi ancak tüm den-

---

104 Yusuf Hikmet Bayur, Türk İnkılap Tarihi, Cilt I, Kısım I, TTK Basımevi Ankara, 4. Baskı 1991, s. 181-182.

geler İttihatçıların lehine dönüşerek mesafe daralma sürecine girmişti. Paşa acımasız ve en yakın akrabalarını dahi ipe göndermekten çekinmemiş tam bir acımasızlık abidesiydi. Balkanlardaki karışıklıkları düzene sokmak, disipline etmek ve İttihatçıları cezalandırmak için geniş yetkilerle donatılmış ve Arnavutluk ondan sorulmaktaydı. İttihat ve Terakki örgütü bu bölgede çok güçlenmişti ancak İstanbul'un yeterince bu güçten haberi yoktu. Padişahın hafiyeleri ve jurnalcileri İttihatçıların çalışma stratejisine Makedonya 'da resmen yeniliyordu. Şemsi Paşa dağa çıkan İttihatçıları yakalamak için Arnavut ekibiyle ve tüm haşmetiyle bu dağları ben yarattım dercesine ve geçtiği yerleri titretircesine Manastır'a geldi. O kadar kibirli o kadar da cehalet için de oluşu tam bir küstahlık abidesi gibi görüntü vermeye çalışıyordu.

Şemsi Paşa'nın Manastır'a gelmesi ve Resne'ye hareket etmesi gerçekleşirse İttihatçıların tüm hesapları bozulabilecekti ve Paşa Manastır'da Resne'ye hareket etmeden işi bitmeliydi. Atıf, İttihatçıların gözü kara üyesi olup fedai şubesine yazılmak istedi. Fedai grubuna girmenin koşulları vardı, Atıf ısrar ederek benim tek kız kardeşim var bana bir şey olursa örgütün ona sahip çıkmasını istedi ve ısrarla fedai grubuna yazıldı. Bu süreci Kazım Karabekir'den okuyalım , "Şeref ve namusum üzerine yemin ederim ki, Terakki ve İttihat Cemiyetine ve onun fedai şubesine girmeyi kabul ettim. Bunu bir sır izinsiz kimseye söylemeyeceğim. Vallahi, Billahi."[105] Cemiyet ka-

105 Kazım Karabekir, İttihat ve Terakki Cemiyeti 1896-1908, Emre Yayınevi, 2. Baskı, Ocak 1995, İstanbul, s. 220.

rar aldı ve pek çok İttihatçı bu işe talip oldu ve **Mülazım Atıf "Kamçıl 'da"** karar kılınarak görev Atıf'a verildi.

Atıf, bu görevi tereddütsüz üzerine aldı ve arkadaşlarına şöyle seslendi: ***"Ben milletin selametini temin etmek düşüncesiyle, göz göre göre kendimi feda ediyorum. Gözlerim kapandığı dakikada anacığım ve kız kardeşim, hayatta tamamen sahipsiz kalacaklardır. Bu iki zavallıyı sana, arkadaşlarıma ve uğrunda hayatımı feda ettiğim milletime emanet ediyorum"***[106] diyerek kesin görev kararını verdi. Annesi ve tek kız kardeşini de güvendiği örgütüne emanet ederek gönül huzuruyla aldığı görevi bitirmek için harekete geçti.

İstanbul'da Padişah ve ekibi, Şemsi Paşa'nın meşrutiyet için dağa çıkanları cezalandırarak elebaşlarını da yakalayarak İstanbul'a getireceğinde kesin emindiler ki, Şemsi Paşa'nın ölüm haberi Yıldız sarayında fırtına etkisi yarattı. Şemsi Paşa'nın öldürülmesini Tarihçi Yazar Enver Behnan Şapolyo şu şekilde yazıyor: ***"İttihatçılar Şemsi Paşa'nın öldürülmesini bir fedai komitesine önce verdi. Kimse cesaret edemiyordu. Mülazım Atıf 'Ben öldürürüm' dedi. Paşa'ya Manastır telgrafhanesi önünde bir dilekçe verdi, Paşa istidayı alırken Atıf Bey ateş etti ve paşa kanlar içinde yere yığıldı. Komite azaları da kargaşa çıkarmak için ateşe başladı ve muhafızlarda ateş etmekteydi ve Atıf bu kargaşadan kaçarak Mülazım Mahmut (Soydan) Bey'in evinde gizlendi."***[107]

---

106 Zıya Şakir, Age, s. 280

107 Enver Behnan Şapolyo, Zıya Gökalp, İttihat ve Terakki ve Meşrutiyet Tarihi, İbrahim Berkalp Kitabevi, İstanbul 1943, s. 63-64.

Şemsi Paşa'nın vurulmasını o dönemde yaşamış ve Abdülhamid'in Selanik'te sürgün hayatını röportaj yaparak yazan gazeteci Yazar Zıya Şakir'den okuyalım: *"Şiddetli yağmur yağmaktaydı. Şemsi Paşa kapının eşiğinde iken Mülazım Atıf, Paşa'nın alnına nişan aldı ve kurşun vızıldayarak geçti. Herkes şaşkındı. İkinci atış Şemsi Paşa'nın göğsüne isabetle kollarını açarak " Aahh" diyerek yere yığıldı. Paşanın muhafızları baskına uğradıklarını zannettiler ve anında harekete geçemediler."*[108] Şemsi Paşa 7 Temmuz 1908 de Manastır'da postanenin önünde vurularak olay yerinde öldürüldü. Tam bir kargaşa yaratıldı ve İttihatçılarda havaya ateş ederek durumu kargaşaya veriyorlardı ve bu kargaşa Atıf'ın kaçmasını destekler duruma hizmet ediyordu. Şemsi Paşa'nın korumalarının atlı oluşu silah sesleri sebebi ile atlarına binemeden Atıf atların arasında kaçarak ayağında vurulmuştu ve yağmur kan izlerini anında yok etmekteydi. Arkadaşları onu kaçırarak gizlemeyi başardılar. Şemsi Paşa'nın vurulması Yıldız Sarayında deprem etkisi yarattı. Padişah, Şemsi Paşasını Manastırda kaybetmesi ile koltuğunun sallandığının farkına varamamıştı ve oraya yeni paşalarını göndermeye devam kararında geri durmadı.

İttihatçılar ertesi gün Atıf'ı bir faytonla Ohri'de ki Örgütün şubesine götürerek tedavisinin yapılması için tüm önlemleri aldılar ve Atıf kısa sürede iyileşerek örgütün hem kahramanı hem de fedaisi olarak görevini

---

108 Zıya Şakir, Age, s. 286-287.

sürdürmenin kıvancını paylaşıyordu. Atıf sağlığına kavuşunca Resneli grubuna katılarak özgürlük mücadelesini sürdürmeye Resneli Niyazi ile devam edecekti. Padişah bu olay üzerine en çok güvendiği adamı olan Tatar Osman Paşa'yı Makedonya'ya olayları bastırıp suçluları yakalamak için görevlendirildi. Şemsi Paşa'nın öldürülmesi Yıldız sarayında bomba etkisi yarattı ve yer yerinde oynadı. Saray tam bir saldırgan politika izleme sürecine girerek dağa çıkan subayları ve askerleri şiddetle cezalandırma kararında taviz vermiyordu.

Şemsi Paşa'nın nasıl vurulduğunu soranlara bu olayı Mülazım Atıf şöyle anlatmakta: *"Şemsi Paşa Sarayla görüştükten sonra postanenin kapısında çıktı. Arabaya binmek üzereydi yerimden fırladım bir dakika bile düşünmeden bana verilen cemiyetin kutsal emrini yerine getirecektim. Kolaylıkla elim tetiğe gitti ve koskoca herif yere yıkılıverdi. İşte olay bu kadar kısa sürede oldu."*[109]

Akademisyen Yusuf Hikmet Bayur'dan Atıf Bey'i (Kamçıl) okuyalım: **"Ben askeri mekteplerde bulunduğum sırada büyük vatan ve hürriyet şairi Namık Kemal'in eserlerini çok okurdum. Cemiyet'e büyük bir inatla girdim. Ve sırası gelince Cemiyeti ve dolayısıyla vatanı kurtarmak ve istibdat kalesine ilk ve kesin darbeyi indirmek üzere tereddütsüz, hatta şevk ve heyecan içinde katıldım..."**[110] Dönemin Harp Okulu mezunu subayların gözü kara ve vatan için tereddüt et-

---

109 Hürriyet Kahramanı Resneli Bey, Balkanlarda Bir Gerillacı, Çağdaş Yayınları, Mart 1975, İstanbul Baskı, S. 158

110 Yusuf Hikmet Bayur, Age, s. 185.

meden canlarını verdikleri ve vermek için sıraya girdikleri görülmektedir. Bu vatan aşkı Çanakkale'de, Kurtuluş Savaşında gözünü kırpmadan ülkesi için canlarını ortaya koyan bu aslan yürekli yiğitler sayesinde kurtuldu ve bu Cumhuriyet böyle kuruldu. Bazı densizler onların sayesinde sıcak odalarında oturarak onları acımasızca eleştirmeleri insanlık dışı yaklaşımı sergilemeleri kabul edilemez bir durum olsa gerek. Geçmişini bilmeyenlerin geleceği doğru analiz etmesi kolay olmuyor.

Atıf "Kamçıl" Şemsi Paşa'yı vurarak İttihatçıların gücünü, moralini yükselterek Meşrutiyetin ilk ışıklarını yakarak tarihe hürriyet kahramanı olarak geçti ve Atatürk'ün parlamentosunda milletvekili ve Cumhuriyetin çeşitli kademelerinde üst düzey görevlerde bulundu. Bölgede Arnavutların toplanarak "meşrutiyet" istemesi, Atıf "Kamçılın" Şemsi Paşayı vurması İstanbul'un uykularını kaçırmaya yetti. Makedonya'da iplerin elden çıktığını gören sarayın dalkavuklarının suyu fokurdamaya başlamıştı. Atıf (Kamçıl) Bigalı olup Cumhuriyet'in kuruluşu ile Çanakkale milletvekili olarak ülkesine hizmete devam etti.

Şemsi Paşa'nın vurulması olayını Süleyman Külçe yazmakta olup Süleyman Külçe,1905'te Harbiye'den mezun oldu. Daha sonra Şemsi Paşa'nın özel kâtipliğine getirilmişti ve o da İttihatçı idi. "*7 Temmuz 1908 saat öğleden sonra Manastır postanesinde sarayla uzunca görüştü. Dışarı çıktı Resne'ye gideceği fayton hazır beklemekteydi. Etrafında mülki ve askeri memurlar beklemekteydi. Paşa kapının önünde arabaya binmeye hazırlanır-*

ken üç el silah sesi etrafta panik kargaşa yarattı. Şemsi Paşa'nın muhafızları şaşa kalmıştı. Ortalık harp meydanına dönmüştü. Prizren belediye Reisi Hacı Rıfat Ağa, tabancası ile Paşa'yı vuran genci tabanca ile ayağında vurdu. Silahlar rasgele atılmaya devam ile vuran genç kargaşadan kayboldu."[111] Şemsi Paşa'nın korumaları ve Arnavutluk'u titreten bu askeri müfrezesi bir kez daha İttihatçıların militanlarına yenilmiş oldular.

Firzovik olaylarının mimarı Galip Bey, Manastır olayının kahramanı da Atıf bey ikisi de aynı sürede üzerlerine düşen görevleri en iyi şekilde sonuçlandırarak tarihin akışını değiştirmeyi başaran gözü kara İttihatçılardı. İşte 1908 Devrimi tüm yurtseverlerin üzerine düşen görevleri en iyi şekilde başarmaları ile yaratıldı. Devrimlerin bir bedeli vardır ve kolay yapılmaz. Firzovik kahramanı Galip Bey için şöyle tanım yapılmaktadır. Firzovik olayı kahramanı Galip Bey için Yazar Süleyman Külçe yazıyor, ***"Galip Bey, cesur, akil ve bilhassa çok metin bir adamdı. Tarih, Galip Bey'e Firzovik kahramanı adını vermekte haklı."***[112]

Firzovik olayları devam ederken, Şakir Paşa'nın öldürülmesi olayı ile Rumeli'de İttihatçıların gücü giderek artmakta ve Yıldız'ın başarı grafiği hızla aşağılara doğru gelme sürecini yaşamaya başladı. Balkanların birçok yerleşim birimlerinde **" Padişahım çok yaşa"** sloganının yerini, **"Yaşasın millet"** sloganı almıştı. Korku Yıl-

111 Süleyman Külçe, Firzovik Toplantısı ve Meşrutiyet, Kitabevi 525, İstanbul Baskı, 2013, s. 71-72.
112 Süleyman Külçe, Age, s. 79

dız sarayını sardı Balkanların özgürlük şarkıları günden güne güçlenerek hürriyet özlemini yaşamaya başladı. Yıldız Sarayı'nın korku imparatorluğu son tangolarını oynamaya bile fırsatları elinde alınmıştı.

Tatar Osman Paşa'nın İttihatçılarca Dağa Kaldırılması

Saray, Firzovik olayları devam ederken tam da bu sırada çok güvendiği paşası Şemsi Paşa'sı İttihatçılarca vurulunca, Tatar Osman Paşa'yı Makedonya'ya gönderme kararını aldı. Padişah, Şemsi Paşa'nın öldürülmesi üzerine Müşir Tatar Osman Paşa'yı göndererek, Şemsi Paşa'nın faillerinin yakalanıp derhal İstanbul'a getirilmesi talimatıyla hemen yola çıkardı. Tatar Osman Paşa'da Arnavut olup acilen trenle Manastıra geldi ve Resneli Niyazi ve Eyüp Sabri olaylarını çözme görevini üstlenmişti. Oda Şemsi Paşa gibi birer ölüm makinası stratejisini uygulayan ve çözümü burada gören Arnavut asıllı alaylı paşaydı.

Makedonya'da meşrutiyet için dağa çıkan eylemi başlatan ve geyik sevdalısı olan ve geyiğin kendisi için uğur getirdiğine inanan Resneli Niyazi İttihatçıların önemli militan subaylarındandı. ***"3 Temmuz 1908'de Resne'de Kolağası Niyazi Bey'in 200'ü asker ve 400 kadarda sivil vatandaşla dağa çıkması ile eyleme geçti."***[113] Resneli Niyazi, örgütün direktifi ile Makedon

113 Sabri Sürgevil, Türkiye Tarihi ve Uygulamaları V, İlya İzmir Yayınevi, 3. Baskı, Şubat 2013. S. 164.

dağlarına hürriyeti ilan ettirmek için çıktı ve Ohri Tabur komutanlarından Eyüp Sabri'de askerleri ile Makedon dağlarına çıktı. Bu arada Binbaşı Enver Bey'de ekibiyle Tikveş yöresinde "hürriyet" ilanı için dağa çıkmıştı. Tam bu sırada Firzovik olayları da başladı. Makedon dağları meşrutiyet, özgürlük, hürriyet diye " yaşasın millet" nidalarıyla seslenmeye başlamıştı. Yer gök İttihatçı doğurmakta, Makedon dağları özgürlük şarkılarıyla çınlatılıyordu.

3 Temmuz 1908'de İttihatçılar meşrutiyet ilanı için dağa çıkınca Padişah Abdülhamit, Anadolu'dan asker getirilerek Makedon isyanının bastırılmasını isteyen iradesini buyurdu. Makedonya'ya gönderilmek üzere İzmir, Yozgat ve Ankara'dan askerlerin isyanı bastırmak için 9. Temmuzda asker toplatılmaya başlandı. Rumeli'ye gönderilen askerlerin İttihatçı militanlarca yönlendirilmesiyle onlarda İttihatçılara katıldı ve isyana tepki göstermediler. *"Dr. Nazım Tütüncü Yakup Hoca unvanıyla İzmir'de bulunuyordu. İsyanı bastırmak üzere İzmir'den, Selanik'e sevk edilen askerleri yönetime karşı teşvik ve tahrik etmişti. Birlikler daha İzmir'den ayrılmadan devrimci düşüncelerin etkisine ve kontrolüne girmişti."*[114] 17 Temmuz 1908'de Fransız Konsolosunun bildirdiğine göre, İzmir çevresinde toplanan askerlerin maaşlarının ödenmemesi üzerine Makedonya'ya gitmeyeceklerini ve maaşlarının ödenmesi için İzmir defter-

---

114 Ahmet Bedevi Kuran, İnkılap Tarihimiz ve İttihat ve Terakki, s246. (Bakınız: Ersal Yavi, İhtilalci Subaylar, Yazıcı Yayınevi, 2. İzmir Baskısı, Eylül 2003, s. 85.

darlığına saldırdıklarını ve para olmadığı için defterdarın kaçtığını duyurmakta. Olay Padişaha intikal ettirilir ve gelen emir üzerine Ziraat Bankasından ödemelerin yapılması üzerine askerler gemi ile Selanik'e hareket etmeye hazırlandılar. Hükümet 27 Tabur askerin paralarını ödeyince gemi ile askerler yola çıkarılır. Resneli Niyazi, Balkanlarda Bir Gerillacı eserinde gelen askerler konusunda şunları yazmakta: "Anadolu tümeninin Selanik ve oradan da Manastır'a gönderilen taburlarının, İttihat ve Terakki Cemiyeti'nin ne amaçla uğraşıp çalıştığını öğrenmekten geç kalmadılar. Onlar da bu yola hazırdı. Ellerindeki silahlarıyla Cemiyet'e millete yardımda geri durmadılar..." Makedonya'ya ayak basanlar İttihatçıların safında kendilerini bulmaktaydılar.

Makedonya'da olaylar gerilim sürecini yaşarken, Padişah direktifi ile Anadolu'dan 18 bin askerin getirilişini birde Akademisyen Sina Akşin'den okuyalım, ***"15 ile 24 Temmuz tarihleri arasında Anadolu'dan getirtilen 18 bin askerde yolda gelirken, ya da Selanik'e çıktıktan sonra yapılan propaganda sonucunda meşrutiyetçi safa çekilmişlerdi."***[115] Bu süreçte olaylar devam ederken 17 Temmuz günü Padişahın fermanını okuyan Manastır mıntıka kumandanı Osman Hidayet Paşa, fermanı okurken vurularak öldürüldü. Rumeli tam bir kargaşa sürecini yaşıyordu ve Saray etkisi Balkanlarda siliniyordu.

Tüm bu olaylar devam ederken Tatar Osman Paşa olayları bastırmakla görevlendirildi. İttihat ve Terakki

115 Sina Akşin, Jön Türkler ve İttihat ve Terakki, İmge Kitabevi, 7. Baskı Ankara, Eylül 2014, s. 129-130.

örgütü de bu paşayı devre dışı bırakmak için yeni kararlar aldı. İttihatçılar Osman Paşa için farklı bir strateji devreye sokmayı uygun gördüler ve Osman Paşa'yı öldürmek yerine dağa kaldırmaya ve de gerekirse orada tutsak etmeye karar verdiler. Resneli Niyazi ve Eyüp Sabri, ekibiyle gece Manastır'a geldiler. Osman Paşa'nın korumalarına paşa ile ilgili ihbar aldık onu buradan başka yere taşımakla görevlendirildik dediler. İttihatçıların uyguladığı taktiksel yaklaşım Tatar Osman Paşa'nın korumalarını devre dışı bıraktı.

Paşa, Manastırda geceyi geçirmekteydi ki, konakta uyurken dağa kaçırılma olayını beklenmedik anda yaşadı, *"Resneli Niyazi, Eyüp Sabri, Nahiye müdürü ve Manastır eşrafından Nimetüllah Efendi kapıyı zorlamadan ve kırmadan içeri girdiler. Muhafızlar ses çıkarmadı ve Paşa uyurken 22 Temmuz 1908 gecesi Manastırda yatağında yatarken Osman Paşa'yı alarak hiçbir olay çıkarttırmadan Resne'ye kaçırdılar. Resne'de Rıza Bey'in evinde misafir ettiler."*[116] Sarayın Müşir Osman Paşa'sı dağdakileri indirip cezalandırmayı hayal ederken kendisi dağda İttihatçıların esir misafiri oldu. Bu olay üzerine Manastır Valisi Hıfzı Paşa Abdülhamit'e şu telgrafı çekerek, **"Manastır'da kulunuzdan başka herkes İttihatçıdır." Diyerek bölgenin İttihatçıların kontrolünde olduğunu Manastır Valisi Saray'a bildirmişti.**

Tatar Osman Paşa'nın da İttihat ve Terakki örgütünce dağa kaçırılması sarayın özgürlükleri kabulünden

116 Süleyman Külçe, Age, s. 89.

başka seçeneğinin olmadığını Padişah ve ekibi anlamaya başladı. Anayasanın ilanını ve meşrutiyeti deklere etmenin zamanının geldiğini kendi aralarında açıkça konuşur oldular. Yolun sonu idi başka kaçışın olmadığı görülmekteydi. Despotizmin sonunun gelişi, hafiye ile jurnalci dalkavukların çalışmadan üretmeden para kazanma döneminin bittiğini gördükçe deliye dönenlerin sayıları sayılmayacak kadar artmıştı. Artık milletin alın teri dalkavukların hovardalık parası olmayacaktı. Patrimonyal yapıların ömürleri sınırlıdır çünkü gücünü halktan alamazlar ve dalkavuklarının gücü ile kısa sürede olsa yaşarlar. Gücünü halktan almayan yönetimler sonunda yıkılmaya mahkûmdur ve Saray'da özgürlükler karşısında gümbürdeyerek yıkılıverdi.

Firzovik olayları, Şemsi Paşa'nın öldürülmesi ve Tatar Osman Paşa'nın dağa kaçırılması İstanbul'da Padişahın Sarayında rüyalarını kaçırmaya yetmişti. Hele Arnavutların da başkaldırarak "meşrutiyet" istemesi işin içinde çıkılır bir tablo değildi ve çözüm anayasanın ilanıydı. 1908 Devriminin kahramanları, Enver Bey, Mustafa Kemal, Galip Bey, Atıf Bey, Resneli Niyazi, Eyüp Sabri Bey önemli görevleri yerine getiren subaylardı. Bu özgürlük mücadelesin de Enver tek değil kadro hareketi görev başında olup, eşzamanlı olarak verilen görevleri eksiksiz yerine getiren güçlerdi. Bu süreç kollektifleşe gelişen süreç olarak görülecektir. Tüm bu olaylar karmaşık bir şekilde yürürken İttihat ve Terakki'nin merkezi iletişim konusunda, ***" Erkânıharp Kolağası Mustafa Kemal Bey'i sık sık hat boyundaki merkezleri teftiş***

ederek, icap edenlere lazım gelen emirleri verdikleri gibi, Tikveş cihetlerine de bir seyahat yaparak oradaki teşkilatı gözden geçirmişlerdir." [117] Mustafa Kemal, Ordu Kurmay görevinin yanında Selanik, Manastır ve Rumeli Demiryolları Kontrol Müfettişliği görevini de yürütmekteydi. İttihatçıların kendi aralarında kollektifleşe yaptığı iş bölümü onları hedeflerine hızla götüren bilinçli çalışma ve ön görülen geçerli strateji olmuştu.

1908 Devrimi ve İttihatçıların Son Bildirisi

Şemsi Paşa'nın öldürülmesi, Tatar Osman Paşa'nın dağa kaldırılması ile Firzovik'te toplanan Arnavutların sayılarının giderek artması ile İttihatçıların meşrutiyeti ilan etmesinin sonuna gelindiğinin göstergesiydi. Arnavutlar, telgraf başında bekleyerek sürekli Yıldıza çektikleri telgraflarla meşrutiyeti istemektelerdi ve son tehditlerini de savurmakta direterek, ***"Daha fazla intizara tahammülümüz kalmamıştır. Eğer yirmi dört saate kadar cevap vermezseniz, elli bin Arnavut'la İstanbul'a geliyoruz."***[118] *Diye* bağırmaktalardı. Priştine belediye Başkanı Sudi Bey'de o bölgenin tüm desteğini alarak sona gelindiği müjdesi İttihatçıları mutlu etmekteydi. İttihatçıların Serez'den çekilen telgrafı ise son noktayı koyan telgraf olacaktı, **"Meşrutiyet derhal ve resmen ilan edilmezse, yüz bin kişi ile İstanbul'a**

---

117 Zıya Şakir, İttihat ve Terakki –I Nasıl Doğdu, Akıl Fikir Yayınları, 1. Baskı İstanbul, Ekim 2014, s. 302.
118 Zıya Şakir, Age, s. 325

geliyoruz."[119] Padişah ise bu konuda yolun sonuna gelindiğini görmekte ve meşrutiyeti istemeyerek te olsa ilan edecekti. Meşrutiyet hazırlıklarına kesin kararını veren İttihatçılar ilan hazırlıklarına başladı ve son bildirileri ile son noktayı koydular.

Tüm Arnavutların desteğini alan İttihatçılar zaman kaybetmeden eyleme geçme kararını bir bildiri ile tüm Konsolosluklara örgütün resmi yazısı ile bildirdiler. Resmi bildiri ile İttihatçılar yönetime el koyarak ve istibdada son vereceklerini duyurdu. 22 Temmuz'da bildiriyi dağıtan örgüt, Temmuz 23'te meşrutiyeti ilan ettiğini resmen duyuracaktı. İttihat ve Terakki örgütü meşrutiyetten bir gün önce hazırladığı ve dağıttığı, Selanik sokaklarına yapıştırdığı beyannamesinin metninin bir bölümü şöyledir. Bu **beyannameyi *cemiyet 22 Temmuz 1908 gecesi Selanik sokaklarına astırdı. Bildirinin metni şöyle:*** "Vatanın refah ve saadetini temin etmek, milletin hukuku mukaddesatını muhafaza eylemek, terakki ve tekemmül esbabını hazırlamak, asayışı umumiyi emniyeti dâhiliyeyi ve hariciyeyi halelden korumak.

Ey vatandaşlar! Bu acı hakikatlerle kalbinizin her gün ezildiğini hissetmez misiniz? Sizi nimeti hürriyetten, nimet marifetinden mahrum ederek kâbusu bela bibi vatanın istikbalini, tehdit eden bu idare miste bidenin ve akıbetinizin ne olacağını düşünmez misiniz? Şefkatin de hayat bulduğunuz vatanın bütün istidadı refah ve saadetine rağmen ve evladı bulduğunuz vatanın na-

---

119 Zıya Şakir, Age, s. 350

mını bile telaffuzdan sizi men edecek kadar vicdanınızı tazyik eden bu muzlim esaret ömür sürdürmek insanlığınıza hakir gelmiyor mu? Bilmiyor musun ki âlemde her hakarete tahammül eden, en mukaddes hukukunu gasp ettiren, düşünmeyen insan yönetimindeyiz.

Ey ahali, ey çiftçi! Kazandığınız ve maişetinizden ayırdığınız paralar daha ne zamana kadar İstanbul'daki güruhun köşkler, apartmanlar vücuda getirmelerine yardım edeceksin? Padişah ile milletin arasına girecek hükümetin, Müşirlikten sadarete varıncaya kadar bir cümle makamı ehliyetsiz faziletsiz ve namussuzlara veren, zulüm ve rüşveti ikame eden...

... Artık yetişir! Vatanın istihsali ve saadet ve hürriyet uğrunda hayatını hiçbir şeyden esirgemeyen muhabbeti vatan en büyük meziyeti insaniye tanıyan, cins ve mezhep bilcümle Osmanlı erbabı hamiyeti olarak veya hür olmak için, Yaşasın vatan, yaşasın millet yaşasın hürriyet."[120] *(*İttihat ve Terakki Cemiyeti Selanik Merkezi ***bildirisidir.)***

İttihat ve Terakki örgütü meşrutiyeti ilan etmek için son hazırlıklarını yaparken Mustafa Kemal devreye girerek meşrutiyetin Selanik'te ilan edilmesinin daha doğru olacağını arkadaşlarıyla paylaşmaya başladı. Meşrutiyetin Selanik ve Manastırda ilan edileceğini öğrenen Mustafa Kemal, Ömer Naci ve Ali Fethi merkeze giderek Talat Bey ile bu durumu görüştüler. Mustafa Kemal, Talat Bey ile görüştü ve şu görüşü *paylaştı* ***"Her türlü ön-***

---

120 Zıya Şakir, İttihat ve Terakki-ı Nasıl Doğdu, Akıl Fikir yayınları, 1. İstanbul Basım, Ekim 2014, S. 344-345-346

lem alındıktan sonra hürriyetin Selanik'te ilan edilmesi ve diğer illerinde aynı gün ve saatte bu harekete ayak uydurmaları gereklidir."[121] Diyen Mustafa Kemal'i Talat anlamıştı ve konu arkadaşlarıyla görüşülerek doğruluğuna onay çıktı.

Resneli Niyazi'de Manastırda Meşrutiyet ilanını zaman bakımından doğru bulmamıştı ve genel merkezle anında temasa geçti. Mustafa Kemal, Genel Merkezde şöyle bir konuşma yaptı, ***"Hürriyet ilanı Selanik'e mal edilmesi hem teşkilatın merkeze bağlantısı bakımından gerekli, hem de siyasi bir zorunluluk olduğunu. Şimdi sembol göstermek lazım, Tikveş'te bulunan Binbaşı Enver'e yaptırmanın doğru olacağını ve Genel Müfettiş Hüseyin Hilmi Paşa'nın yerine de Enver'in getirilmesinin uygun olduğunu"***[122] söyledi. Enver ile Mustafa Kemal birbirlerinin başarılarını her zaman takdire değer bulmuşlardı. Araların da tatlı rekabet olsa da söz konusu vatan olunca kişisel hırslar derhal toprağa gömülürdü. 1908 Devrimi konusunda Mustafa Kemal olaya daha stratejik, daha bütünsellik açısında bakmakta ve ilgilileri bu konuda uyarmakta geri durmuyordu. 1908'de meşrutiyetin Selanik'te ilan edilmesini ve tüm Cemiyetinde aynı anda illerde ilan etmesini isteyerek örgütün gücünü göstermesini ve birlikteliğini açıklamaktaydı.

İttihatçıla**r Meşrutiyeti Makedonya'da** İlan Ettiler

---

121 Erol Mütercimler, FİKRİMİN REHBERİ G. Mustafa Kemal, Alfa İnceleme Araştırma, İstanbul Baskı, 2008, s. 175.

122 Erol Mütercimler, Age, s.175.

İttihat ve Terakki Cemiyet'i, Rus konsolosluğu hariç tüm konsolosluklara birer genelge göndererek istibdat yönetimine, İttihat ve Terakkinin son vereceğini bildirdi. Bu olay üzerine İttihat ve Terakki Cemiyet'i resmen ortaya çıkmış oldu. Bu sürecin gelişimini birlikte okuyalım. Enver Bey, Mustafa Kemal ve arkadaşları 22 Temmuz 1908'de Vardar Nehri yakınlarındaki Köprülü'ye geldiler ve gece sabaha kadar konuşup karar aldılar. **Köprülü Hükümet konağı önünde 23 Temmuz 1908'de üç pare top atışıyla Enver meşrutiyeti resmen ilan etti ve İstanbul'a sonuçları bildirdi. Binbaşı Enver şu telgrafı çekti:** *"Meşrutiyeti ilan etmezseniz İstanbul'a yürüyeceğiz "diye durumu bildirdi. " Hastayı tedavi ettik, Bulgar vatandaşları bizimledir. Beyhude kan dökülmemek için..."*[123] İçin gereğini yapın diye saraya bildirdi. Makedonya'da "***Kahrolsun istibdat, yaşasın hürriyet***" naralarıyla inliyordu. İttihatçıların özgürlük, eşitlik, kardeşlik, adalet, devrim**...** İçin özlemleri gerçekleşiyordu.

23 Temmuz 1908'de Padişah ve İstanbul'u sarsan bir ültimatomu Balkanlardaki, subaylardan ve Arnavutlardan aldı. Bu konuda Niyazi Berkes'in yorumunu okuyalım, ***"Dağa çıkmış gerillalar ve subaylardan anayasanın yürürlüğe konmasını telgrafla isteyen bir kesin uyarı aldı. Makedonya'daki durumu bastıramayacağını Padişah anladı. Bir iradeyle rafa konan bir iradeyle indirilen durumu, Devrimciler bile bu denli korkunç kâbustan bu denli kolay kurtulmuş olmanın***

123 Murat Bardakçı, Age, s. 97.

şaşkınlığı ve sevinci içindeydi."[124] Raflardaki anayasa yürürlüğe giriyordu ve Padişah II. Abdülhamit'in başka şansı yoktu ve şansını da daha fazla zorlayamazdı.

Mustafa Kemal, Binbaşı Enver Bey'e hürriyetin ilanı üzerine şöyle der: "*Selanik'te yapılacak törene* ***'Hürriyet kahramanı'*** *olarak katılmanız ve Genel Müfettiş sanıyla Selanik'e girmeniz gerektiğini ve büyük tören yapılacağını* "[125] bildirdi. Meşrutiyet kahramanları Resneli Niyazi ve Ohrili Eyüp Sabri, Manastır'a girince halk onları büyük sevinçle karşıladı. **"Yaşasın hürriyet", "Yaşasın meşrutiyet", Yaşasın Cemiyet"...** Sloganları ile Manastır Sokak ve caddeleri hürriyet özlemcilerinin haykırışları ile inletilmekteydi. Manastır'da ve tüm Rumeli'de özgürlük sevinci ve bayramı paylaşılıyordu. Özgürlüğüne susamış milletleri baskı ile tutmanın imkânsızlığını saray ve çevresi anlamıştı. Manastır, özgürlüğün meşalesini yakan kent olup, özgürlükler konusunda Selanik'le tıpkı iki jokey gibi at üstünde yarışıyordu.

Resneli Niyazi, meşhur geyiği ile halkın sevinç alkışları arasında Manastır'a Eyüp Sabri ile birlikte girince, **Manastır Vali'si Hıfzı Paşa,** tüm kadrosuyla Niyazi beyleri bekliyordu. Vali, Niyazi Bey'i kucaklayacaktı ki, Niyazi Valinin elini öperek sarıldılar ve halkın devrim sevici doruklara çıkmış ve halk bu sevinci paylaşmak için birbirleriyle kucaklaşıyorlardı. Rumeli'de devrim sevinci tüm halkı coşturmuştu, halk karanlık günlerin

---

124 Niyazi Berkes, *Türkiye'de Çağdaşlaşma*, Yapı Kredi Yayınları 24. İstanbul Bakısı, Mart 2017, s. 401.

125 Erol Mütercimler, Age, s. 176.

geride kaldığına inanmak istemişti. Ancak Rumeli kaynayan kazan olup halkların acıları dinmeden, emperyalist ülkeler bölgeden etnik kökenlerini kaşıyarak halka yeniden kan, gözyaşı, ölüm ve kötülüklerin çirkin boyutlarını ve yüzlerini göstermek için planlarını yapma peşine düşmüşlerdi.

Meşrutiyetin ilanı ile Makedonya'da etnik kökenler daha önce birbirleriyle kavga ederken, meşrutiyetin ilanı ile herkes birbirlerine sarılarak meşrutiyeti kutlamak için kuyruklar oluşturuyordu. Meşrutiyetin ilanı ile halklar arasında bir ısınma bir beraberlik bir hoşgörü sevinci yarattı ve insanlar 1908 devriminde aşırı mutlu olmuşlardı. Feroz Ahmet, Londra Times Gazetesi'nde alıntı yaparak bu konuda şunları yazıyor: "Üsküp, Manastır ve Selanik'te Müslümanlar ile Hıristiyanlar hep birlikte halkın sevincine katılıyorlar. Manastır'da Rum Metropoliti kalabalığa hitap ettikten sonra, Müslüman Müftü ve Bulgar papazları tarafından kucaklanıyordu"[126] Feroz Ahmet, The Times Gazetesi'nin 11 Ağustos 1908 sayısına göre şu coşkuyu şu birlikteliği şöyle yazıyor: "Müslümanlar, Hıristiyanlar, Yahudiler, Samiriler, Türkler ve Ermeniler kardeşçe bir araya gelerek bir alay meydana getirmişlerdi, önlerin de hürriyet amblemleri taşıyan bayraklar vardı. Yahudiler ise kapağı yaldızlı nakışlarla işlenmiş bir Tevrat taşıyorlardı." Halkın bu huzur ve mutluluğunu kıskanan güçler ilk iş olarak yeniden acıyı gözyaşını ve kavgayı o bölgeye getirmek için tüm gayret-

126 Feroz Ahmet, İTTİHATÇILIKTAN KEMALİZME, Kaynak Yayınları, 8. İstanbul Baskı, Haziran 2016, s. 103.

lerini sarf edeceklerdi. Tüm bu güzellikler de şu sonucu çıkarmaktayız ki, halk birbiri ile huzur içinde yaşamak istiyor, mutlu olmak istiyor. Oysa emperyalist güçler halkın gözyaşı dökmesinden mutluluk arıyorlar ve onların acısı o kirli beyinlere çıkar olarak dönmenin hesabı peşindeydiler. Ne yazık ki, birinin gözyaşı bir başkasının cüzdanlarını dolduruyordu bu da insanlığın hala "adam olamadığını" göstermekte.

Manastır'da 23 Temmuz 1908'de devrim kutlamalarını "**Sıradışı İttihatçı**" kitabını yazan Besarya Efendi o sevinci tüm Makedonya'da yaşayan halkın nasıl birbirleriyle kucaklaştığını ve mutluluğu nasıl birbirlerine sarılarak paylaştıklarını bakın nasıl yazmakta: **"Osmanlı bayrağıyla sarılı, beyaz sarıklı, yeşil sarıklı hocalar ve papazlar birbirlerine sarılıp sevgi ve kardeşlik yemini ediyorlardı. Şaşırtıcı bir şekilde herkes İttihatçı olmuştu ve özgürlüğün sevincini aşırı bir şekilde yaşıyorlardı. II. Abdülhamit'in adamları ve taraftarları artık onu inkâr ediyor ve en çok onlar bağırıyordu. 'Yaşasın özgürlük, zulüm bitti'."**[127] Tüm Makedonya'da yaşayan halk bu sevinci birbirlerine sarılarak meşrutiyetin gelişini kutlamaları özgürlüğe hasret çölde yaşayan bir bitkinin ihtiyacı kadar önemliydi. Özgürlükler verilmedi ve despotik yönetime direnerek alındı ancak bunu alanlarında eğitim kültürleri onu yaşatmaya, korumaya ve daha ileriye taşımaya yeterli olacak mıydı bunu zamana bırakmak doğru olandı. Şu gerçeği

---

127 Besarya Efendi, SIRADIŞI BİR İttihatçının Hayatı ve II. Meşrutiyet Dönemi Hatıraları, Timaş Yayınları, 1.İstanbul Baskı, Mart 2019, s. 85.

unutmayalım ki, özgürlükleri korumak özveri ister, halkın ona sahip çıkması gerekir özgürlüğün korunmasını sadece yönetenlere bırakmak sahiplenmemek en büyük noksanlık olur ve özgürlükler çocuk gibi olup sürekli korunmaya muhtaçtır. Enver Paşa ve Mustafa Kemal Paşa, özgürlükleri halka armağan etti ancak halk bu özgürlüklerin önemini anlamaktan hala kısır durumdadır.

İttihatçılar meşrutiyeti Selanik'te ilan edince, meşrutiyete ait ilgili planlarını yaptı ve bu süreci Yazar Feroz Ahmet şu şekilde yazıyor: "***Selanik, meşrutiyet hareketinin merkezi ve İttihatçıların karargâhı olmasına karşın, meşrutiyetin ilan edildiği son Makedon kenti oldu. Cemiyet meşrutiyeti 27 Temmuz'da Selanik'te ilan etme kararı almıştı, ancak olaylar o kadar hızlı gelişmekteydi ki, bu tarih 25 Temmuz olarak öne alındı.***"[128] Saray meşrutiyeti 24 Temmuz 1908'de ilan edince, İttihatçılarda Selanik'te 24 Temmuz'da meşrutiyeti ilan edip törenlerle kutlamaya başladılar. İttihatçıların meşrutiyeti ilan etmesindeki amaçları, Osmanlı devletini yeniden tam egemenliğine kavuşturmak için tüm mücadeleler bu yöndeydi. **Selanik'te meşrutiyet 24 Temmuz 1908'de törenlerle ilan edildi ve kutlanıldı.**

Enver Bey, Selanik'e gelerek büyük törene katılacaktı. İttihatçılar 23 Temmuz 1908'de Manastır'da meşrutiyeti kendileri ilan etti ve Rumeli'nin şehirlerinde kutlanmaya başlandı ki, daha padişah resmen meşrutiyeti ilen etmemişti. Büyük tören Selanik'te İttihatçıların merke-

---

128 Feroz Ahmet, İTTİHAT VE TERAKKİ 1908-1914, Kaynak yayınları, 11. İstanbul Baskı, Şubat 2017, s. 36.

zinde yapılacaktı. Abdülhamit, meşrutiyetin ilanını istememekteydi ve İttihatçılar tek taraflı olarak ilan edince çıkmaza girdi. Tüm dünya İttihatçı subayların Padişaha rağmen meşrutiyeti ilan ettiklerini konuşur ve basın çevreleri yazmaktalardı. Saray ya meşrutiyeti ilan edecek ya da iç savaş başlatacaktı. Binbaşı Enver ve ekibi Saray'a telgraflar çekerek eğer meşrutiyeti ilan etmezseniz bu halk İstanbul'a gelerek yönetime el koyacaklarını bildirdi. Sarayın meşrutiyeti ilan etmekten başka çaresi kalmamıştı. **"Abdülhamit hareketi bastırmak için teşebbüslerde bulunsa da artık çok geçti 23 Temmuz 1908 de Rumeli'de Meşrutiyet ilan edilerek tüm dünyaya bir bildiri ile duyuruldu. 24 Temmuz 1908'de II. Abdülhamit meşrutiyeti resmen ilan etti."**[129].

Padişah II. Abdülhamit Meşrutiyeti Bir Bildiri İle İlan Etti

Padişah II. Abdülhamit 24 Temmuz 1908'de mecburen meşrutiyeti ilan etmek zorunda kaldı. Selanik'te 101 pare top atışı ile meşrutiyet bayram havasında tüm Rumeli ve Anadolu'da kutlanmaya başlandı. Padişaha II. Abdülhamit 24 Temmuz 1908'de meşrutiyeti ikinci kez ilan etmek zorunda kaldı ve sonucunu da bir bildiri ile tüm dünyaya ilan etti. Yazar Tevfik Çavdar İttihat ve Terakki adlı eserinde, Abdülhamit'in meşrutiyetle ilgili bildirisini şöyle yazmakta:

---

129 Sina Akşin, Jön Türkler ve İttihat ve Terakki, İmge Kitabevi, 7. Baskı Ankara, Eylül 2014, s. 130.

" 1.Yurttaşların her biri hangi ırk ve mezhepten olurlarsa olsunlar hürriyet-i şahsiyetlerine malik ve ülkenin hukuk ve sorumluluğunda eşittirler.
2. Kanun gereğinden başka bir nedenle kimse sorgulanamaz, tutuklanamaz, hapsedilemez vb. bir muameleyle cezalandırılamaz.
3. Ne şekilde olutsa olsun ve kim tarafından oluşturulursa oluşturulsun olağanüstü nitelikte komisyonlar ve mahkemeler teşkil edilemez, hiç kimse ait olduğu mahkemenin dışında bir yerde sorgulanamaz.
4. Herkesin konutu saldırıdan masundur. Kanunun tayin ettiği husustan başka surette bir adamın konutuna girmek ya da onu gözetlemek caiz değildir.
5. Kimse hakkında kanunun tayin ettiği usulden başka surette bir takibat yapılamaz.
6. Yurttaşlarımızın gerek ticaret gerekse gezi amacıyla istediği memlekete gitmeye, istediği kimselerle toplanmaya hakkı yoktur.
7. Gazeteler baskıdan önce hükümetin denetimine tabi tutulamaz. Ve şahsi mektuplar, yazılı evraklar postalarda alıkonamaz.
8. Eğitim ve öğretim tamamen serbesttir.
9. Askerlerin dışında hiç kimse, rızası olmadan herhangi bir memuriyete tayin olunamaz. Memurlar, yasalara karşı olan durumlarda kendilerine verilen emirlere uymaya mecbur değillerdir..."[130]

---

130 Tevfik Çavdar, İTTİHAT VE TERAKKİ, İletişim Yayınları, 1. Baskı İstanbul, Temmuz 1991, s. 56-57.

Meşrutiyetin ilanından sonra Binbaşı Enver, Rumeli Vilayetleri Müfettişliğine getirildi. 12 Ocak 1909'da Almanya'ya Ateşemiliter olarak tayin edildi. 31 Mart ayaklanmasın da derhal yurda döndü. Yeni bir süreç ve yeni bir kurtlar sofrası dünyayı tehdit ederken, İttihatçılar bu sofranın için de kendilerini buldular. Dünya konjonktürü aşırı dengesiz sürece girdi, emperyalist ülkeler hem kendi aralarında kavga ederken hem de geri kalmış ülkeleri tehdit etme sürecini başlattılar. Emperyalizmin aşırı doyumsuzluğu, yeni sömürge peşinde koşması yeni hammadde talebi, yeni Pazar arayışı en fazla İttihatçıların meşrutiyeti ilan etme dönemine denk gelmesi İttihatçıların manevra alanını zayıflattı. Özgürlükleri halkla buluşturmak, halkın sorunlarına eğilmek fırsatı doğmadan savaşlar, çiçeği burnundaki İttihatçıları balayına çıkmadan yakaladı.

Padişah II. Abdülhamit'in kızı babasının ne kadar meşrutiyet yanlısı olduğunu yazmakta zamanı gelince ilan edeceğini dahi söylemekteydi. Abdülhamit'in kızı Ayşe Osmanoğlu, babasının meşrutiyet konusundaki görüşlerini şu şekilde yazacaktır, *"Biliyorsunuz ki ilk meşrutiyeti ben ilan etmiştim ve daima meşrutiyet taraftarı olarak kaldım. Lakin biz Japonlar gibi tek millet değiliz ve muhtelif unsurlardan müteşekkil olan imparatorluğumuzda yıkılmak tehlikesi bizi çok korkutmuştur. Bu sebeple zaman için de kaldırmayı uygun gördük."* [131]

Meşrutiyetin ilanından sonra ordu yeniden disiplin

---

131 Ayşe Osmanoğlu, Babam Sultan Abdülhamit, Timaş Yayınları, 8. İstanbul Baskı, Ocak 2016, s. 136

edilme sürecine sokuldu ve alaylı subayların tasfiyesi başlatıldı. Bu süreci Cumhurbaşkanı ve dönemin İttihatçısı Celal Bayar'dan okuyalım: "İttihat ve Terakki Cemiyeti her alanda yeniliklere devam etti. Eğitime önem ilk sırayı aldı. İttihat ve Terakki okulları açıldı. Kültür müesseseleri kuruldu. Gece okulları açılarak eğitim önem kazandı. Hayır, cemiyetleri kuruldu. Ticaret haneler açıldı. Sanat evleri kuruldu. Kongreler yapılarak fikir hayatı başladı. Türk Anonim şirketleri kuruldu. Avrupa'daki Jön Türkler ülkeye döndü. Milli iktisat başlatıldı ve yerli şirketlerin kurulmasına önem, öncelik ve destek verildi."[132]

Meşrutiyet ya da 1908 Devrimi Türk Milletini yeniden dönüştürmeyi hedefleyen bu konuda çalışmaları sürdüren tarihi olaydı. Başta Fransa ve Avrupa basını 1908 olayını ***"Devrim"*** olarak nitelediler. **Fransızlar ise 1789 Fransız Devriminin yavru devrimidir diye tanımladılar.** 1908 Devrimi ile değişen Toplum Cumhuriyetinde altyapısını oluşturma düşüncesini üretmeye başladı. 1876 anayasası Meşrutiyet ile bürokrasi gücünü artırmayı öne çıkarmayı hedeflemişti. 1908 II. Meşrutiyet ise halkı ve bir milletin varlığını ortaya çıkararak ümmetten millete geçiş ve milli değerler, milli üretimle, milli duyguları toplumla buluşturma sürecini başlattı. Türk Milleti, millet olmanın mutluluğunu yaşama sürecine kavuştu. Yeni bir milletin doğuşu müjdelendi. Ümmet kavramı yerini millete bırakmak zorunda kalıyordu.

---

132 Celal Bayar, Bende yazdım, Milli Mücadeleye Gidiş, Baha Matbaası, 1. Cilt, İstanbul Baskı, 1966, S. 138-139-150-151

Türk Milliyetçiliği konuşulur oldu. Osmanlı Devletinin adı bir hanedan adıydı, oysa Türk bir ırkın adıdır. Meşrutiyetle Türklük ve Türk milleti sahaya indi ve konuşulmaya başlandı.

Türk Milleti 1908 Devrimi ile yeni siyasal sürece katıldı ve örgütlenmeler ortaya çıktı. Birey hakları tanınma sürecine girdi ve siyasi partiler kuruldu. Tebaa anlayışı yıkılma moduna girdi ve vatandaşlık kavramı doğdu. Osmanlı'nın ırksal, etnik ve dinsel anlayışı yerini vatandaşlık hakları yerine bırakmaya başladı. Padişah Abdülhamit, kendisinin hep meşrutiyet yanlısı olduğunu söylemekte ve çok uluslu imparatorluk olduğu için devlet parçalanır diye meşrutiyeti kaldırdığını ifade etmekte. Oysa 1789 Fransız İhtilali imparatorlukların yerini ulus devletlerine bıraktığını tüm dünyaya göstermişti. Batı'nın gelişmişliğini görmemek imparatorluğun yaşama düğümünü çözememek olurdu ve öyle de oldu.

Padişah II. Abdülhamit meşrutiyet konusundaki görüşlerine devam ederek kızına şu bilgileri aktarıyordu: *"Kızım! Millet bugün eskisi gibi cahil değildir. Oldukça terakki etmiştir. Mektepler açılmış, zabitler yetişmiş, meşrutiyeti idrak edecek hale gelmiştir. Gazeteler ne kadar aleyhimizde bulunurlarsa bulunsunlar, inşallah Meşrutiyet idaresini yürütmek azmi kararındayım. Her türlü güçlüklere göğüs gereceğim."*[133] Abdülhamit'in ifadesine göre halkın eğitim ve kültür seviyesi yükselmişte neden kendisi meşrutiyeti ilan etmedi? Osmanlı zaten çok uluslu

---

133 Ayşe Osmanoğlu, Age, s. 136

imparatorluktu ve çok uluslu yapının bir gün sorun yaratacağı belli idi? Neden bunlar önceden düşünülmedi?

İttihatçılar 1908 Devrimini gerçekleştirerek meşrutiyeti ilan edince Padişahın da meşrutiyete sahip çıkması güzel bir yaklaşım ancak 31 Mart olayında meşrutiyetçileri değil gericileri desteklediği de tarihe geçen notlardı. Gericiler ve yobazlar 31 Mart'ta destek alarak subaylara ve askeri öğrencilere saldırarak onca askeri öğrencilerin ve subayların ölümüne neden oldular ve Padişah bu geri kafaları destekledi. Bu da II. Abdülhamit'in meşrutiyet karşıtı olduğunu göstermekte. Padişah II. Abdülhamit, son dönemde İslamist politika izlemekteydi, oysa meşrutiyet moderniteyi getirmeyi hedefleyen ve özgürlükleri halkla buluşturan o günün koşullarında modern yönetim anlayışıdır.

Devrim sonrası süreci Niyazi Berkes yorumlamaya devam ederek, ***"İttihat ve Terakki Cemiyeti ulusal bir siyasal örgütlenme modeli olarak görülüyordu. Bu doğmakta olan bir ulusal Türk biriminin ilk siyasal görünüşüdür. Devlet diye korkulan dev eridi, silindi; yeni bir kuşağın sesi ön plana geçti. Kişilerin kişiliği ve birey olarak siyasal hayatta pay sahibi olma olanağının ufukları açılmaya başladı."***[134] 1908 devrimi sonrası birey olmak, millet olmak ve halkın ülkenin kaynaklarında pay sahibi olması devrimin getirdiği önemli birikimlerdi. Koca imparatorluk yerini genç kuşaklara bırakmak zorunda kaldı. 1923 Türkiye'si bu genç kuşağın hiçbir beklentisi olmadan fedakârlıkların sonucu kuruldu.

---

134 Niyazi Berkes, Age, s. 402.

Arnavutlar 1908 Devrimi konusunda kendilerinin adının anılmamasına üzüntülerini belirtmelerini Süleyman Külçe yazmakta: ***"Arnavutlar hangi gerekçe ile olursa olsun, meşrutiyetin ilanını Firzovik Toplantısının ve dolayısıyla kendilerin ilan ettirdiğini düşünmektelerdir. Firzovik toplantısının meşrutiyete çevrilmesinin Necip Draga, bu gayretleri zikrettikten sonra 'Hal böyle iken meşrutiyetin ilanından beri ağızlarda, gazetelerde dolaşan isimler arasında bir Arnavut sözü var mı? Hep 'Yaşasın Enver', 'Yaşasın Niyazi', falan avazeleri duyuyorum, bunların arasında bir kerede 'Yaşasın Arnavut Kardeşliği' demek yok mu? Ben bundan bir kasıt, bir bilmezliğe vuruş görüyorum. Bunun için üzülüyorum, sıkılıyorum***"[135] Arnavutların 1908 Devriminin yapılmasında desteği oldukça yüksek. Enver ve ekibi bu devrimi kendilerine mal ederek Arnavutları gücendirmekteler. İttihat ve Terakki'nin kurucularını da devre dışı bırakmaları hoş karşılanmadı. 1908 Devriminde Arnavutların desteğini ötelemek, ona yer vermemek noksanlık sayılır. 1908 devrimi hem Tanzimat aydınlanmasının hem Jön Türk hareketinin hem İttihat ve Terakki Cemiyeti'nin ve hem de Firzovik olaylarıyla Arnavut desteğinin birikimleri ve eyleme dönüşmesi ile gerçekleşen devrimdir. Bu devrimin doğuşu birçok bileşenlerin sonucunda yaratıldı.

Sonuç, patrimonyal yönetim anlayışlarının ömrü,

---

135 Süleyman Külçe, Firzovik Toplantısı ve Meşrutiyet, Kitabevi Yayın 525, 1. İstanbul Baskı, 2013, s. 22-23.(Süleyman Kani İrtem, Yıldız ve Jön Türkler İttihat ve Terakki Cemiyeti ve Gizli Tarih, s 163.)

rasyonel akılcı düşünceye yenilmiş oldu ve bu tür yönetimlerin ömrü kısa olur. Halktan desteğini almayan yönetimler yine halkın gücü karşısında tarihte silinirler. 1876'da ilan edilen birinci meşrutiyet iki yıl sonra rafa kaldırıldı. Birinci meşrutiyette halkın desteği yoktu. İttihat ve Terakki, halkın desteği ile 23 Temmuz 1908'de ikinci meşrutiyeti ilan etti ve Padişah II. Abdülhamit'te 24 Temmuz 1908' de ikinci meşrutiyeti ilan etmek zorunda kaldı. 1908 olayına Devrim denilmekte. Sadece asker yapsa idi bu meşrutiyet darbesi ürünü olurdu. Geniş tabanlı kitlesel eylem olması Devrim ismini aldı. 1908 olayına Batılı devletlerde **"Devrim"** diye basın yayın yoluyla duyurdular. Fransızlar **"Bizim Yavru Devrimimiz"** diye manşetler attılar. İkinci meşrutiyette özellikle Arnavut halkının desteği çok yüksek seviyedeydi. Halkın desteği ile yapılan darbelere Devrim denir. Atatürk'ün yaptığı Anadolu ihtilali de halk desteği ile yapıldığı için Cumhuriyet Devrimidir.

Batı basınına dayanarak Feroz Ahmet 1908 devrimini şöyle yazıyor: "Ordu yurtseverliğin büyük ödülünü kazanmıştır ve 13 Nisan 1909'da sonra 24 Temmuz 1908 kadar şerefle hatırlanacaktır. Ordu dün başka hiçbir duyguyla değil, yalnızca vatan aşkıyla davranmıştır."[136] Avrupa devletleri ve basını 1980 Devrimini ve 1909 olayını genç ordunun beklentisi olmadan ve ülkenin geleceği için, milletin büyük menfaatleri göz önünde bulundurularak bu eylemleri gerçekleştirdiğini yazmakta. **"Genç**

136 Feroz Ahmet, İTTİHATÇILIKTAN KEMALİZME, Kaynak Yayınları, 8. Baskı İstanbul, Haziran 2016, s. 121.

Türk Devrimi" diye 1908'i hareketini tanıtmaktalar. Genç Türk Devrimi kan dökülmeden gerçekleşen ve dünyaya örnek devrim olarak tarihte yerini aldı ancak bizim Abdülhamitçilerce hala eleştirilmekte.

Binbaşı Enver'in Almanya'ya Ateşemiliter Olarak Gönderilmesi

Devrim sonrası özgürlük sahası genişledi ve Almanlarla öteden beri gelen dostluk pekiştirilerek, İttihatçılar da Almanların yanında yer alacak ve bu süreci okuyalım. 1908 devriminin gerçekleştiği sırada ve öncesinde İttihatçılarla Almanların yıldızı bir türlü barışmamıştı ve iki güç arasında sanki Çin Seddi örülmüştü. Nedeni ise Almanlarla, Padişah II. Abdülhamit'in siyasi, ticari ve askeri alanda ilişkileri üst seviyede olup, Almanlar despotizmin destekçisi ve yaşatılması için padişaha can suyu enjekte ediyorlardı gibi algılanıyordu. İttihatçılarda, İngilizlerden destek alıyor ve bu durumdan da Almanlar rahatsızlık duyuyorlardı. Almanlar, 1908 sonrası İttihatçıları köşeye sıkıştırmak ve daha çok padişah Abdülhamit'e yanaşmak için Bosna-Hersek'in ilhakını Avusturya'ya vermesi ile İttihatçı-Alman gerginliğini doruğa çıkardı. Almanların bu tutumunu protesto eden İttihatçılar, Avusturya mallarına boykot kararı aldılar.

Almanlar ile Abdülhamit dostluğunu, Mahmut Şevket Paşa desteklemekteydi bu nedenle Binbaşı Enver Bey'i Almanya'ya ateşemiliter olarak gönderdi. Alman dostluğu böylece İttihatçılara da bulaştı ve İttihatçılarda böylece Alman yörüngesine girmiş oluyordu. İngilizlerde, İttihatçıların getirdiği meşrutiyet ortamından rahatsız olmaya başlayınca bu sonuçlar İngiliz çıkarlarını tehdit nedeniydi. Hint Müslümanları, Mısırlılar ve Arap toplumu özgürlük için sokaklara dökülürlerse bu İngiliz çıkarlarına ve sömürü çarkına vurulacak darbeydi ve İngilizler bu duruma karşı yeni bir yol haritası belirlemeye başladılar. Sonuçta şunu görüyoruz ki, tüm olumsuz senaryolar Osmanlılar üzerine kuruluyordu.

İngiliz Dışişleri Bakanı Sir Edward Grey, 31 Temmuz 1908'de yazıyordu: "Türkiye gerçekten bir meşrutiyet idaresi kurar ve onu ayakları üstünde tutabilirse ve kendisi de kuvvetli hale gelirse, bunun sonuçları şu anda hiçbirimizin tahmin edemeyeceği yerlere ulaşacaktır. Mısır'daki etkisi çok büyük olacak ve Hindistan da kendisini hissettirecektir. Türkiye, şimdi bir meclis kurar ve hükümetini ıslah ederse, Mısır anayasa talebinde daha zorlu bir yolu seçecek ve bizim bu talebe karşı koyma direncimiz çok azalacaktır."[137] 1908 öncesi İttihatçıları destekleyen İngiltere, özgürlük ortamının ve kurulacak doğru yönetimle çıkarlarının tehdit altında olduğunu anlayarak İttihatçılara karşı muhalefet olma sürecini başlattı.

Mahmut Şevket Paşa'da tam bir Alman hayranı olup Askeri okullar, Harp Okulu ve Hap Akademisinin eğitimi Alman öğretmenlere verilmişti ve tüm subaylar Alman disiplinine göre eğitiliyorlardı. Abdülhamit tarafında Osmanlı-Rus Savaşı sonrası Almanlarla her düzlem-

---

137 Feroz Ahmet, İttihatçılıktan Kemalizm'e, Kaynak Yayınları, 8. İstanbul Baskısı, Haziran 2016, s. 161.

de ikili ilişkiler başlatılmıştı. Almanlar için Türk toprakları onların taleplerini karşılayacak sömürge alanı için istenilen taleplerine cevap verecek dolgunlukta idi. Almanya'nın Osmanlı topraklarını ele geçirmesi ve sömürgeleştirme politikası yeni Alman Pancermen topluluğunun kirli hedefi ise şöyle açıklanıyordu, **"Türkiye'nin Miras'ı üzerin de Almanya'nın Hakları"** adını taşıyan bir broşür yayınlayarak hâkimiyet kurma politikası açıkça görülmektedir.

Osmanlı'nın düştüğü durum tüm emperyalist ülkelerin iştahına iştah katıyordu ve kapanın elinde kalacak durumuna koca imparatorluk düşürülmüş durumdaydı. Bu Pancermen kuruluş Almanya'dan göçmenler göndererek Türkiye'nin kolonileştirilmesini istemekteydi. Doğan Avcıoğlu, Alman yazarı Tannenberg' in görüşlerini bakın nasıl yazmakta: *"İngiliz modeli izlenmesinden yanadır. Anadolu, Mezopotamya, Ermenistan, Suriye, Filistin, Arabistan, İngilizlerin Asya ve Afrika'da yaptığı gibi sömürgeleştirme öngörmekte. Rohrbach ise, sömürge valilerine ihtiyaç kalmadan kültürel sızma ve ekonomik sömürmeyle yetinilmesi kanısındadır."*[138] Almanların Türkiye'yi sömürgeleştirme planları ortada iken çaresizlik yüzünde, çözüm üretememe nedeni ile hep emperyal güçlere boyun eğildi. Tüm bu kötü gidişin sonuçlarının yansıması ekonomik sorunlardı. Ekonomi zamanında ele alınıp çözümler üretilse idi Osmanlı bu sıkıntılı sürece girmeyecekti.

---

138 Doğan Avcıoğlu, 31 Mart'ta Yabancı Parmağı, Kaynak Yayınları, 1 Baskı İstanbul, Kasım 2013, s. 38.

İkinci meşrutiyetin ilanından sonra yönetimde kısmen de olsa İttihatçıların etkisi görülmeye başlandı ancak İttihatçılar 1913 Babıali baskını ile yönetimde tam söz sahibi oldular. İttihatçılar 1913-1918 arası 5 yıl yönetimde kaldılar. Almanların siyasi ve askeri gücü Abdülhamit zamanında üst seviyeye çıkmıştı ve İttihatçılarda bu birlikteliği sürdürme kararındaydı. 1908 Devrimi sonrası Enver Bey, Almanya'ya ateşemiliter olarak gönderildi. Berlin'de Alman İmparatoru İkinci Wilhelm, Binbaşı Enver Bey şerefine verdiği akşam yemeğin de onu göstererek şu konuşmayı yapmakta, *"İşte müstakbel Türk ordularının başkumandı! Manevralarda gösterdiği anlayıştan dolayı kendilerini huzurunuzda tebrik ediyorum. Aziz Binbaşım, Türk ordusunu yaşlı paşalardan, vaktini geçirmiş kimselerden kurtarmanız lazım. Orduya yepyeni bir ruh aşılamak lazım, bunu sizin gibi gençlerden bekliyoruz. Eğer isterseniz, Goltz Paşa'yı size ordularınızın ıslah ve tensik edilmesi için mümtaz bir heyetle gönderir, emirlerinize de en modern Alman harp levazımını tahsis ederim. Türkiye'de senelerce kalır ve çalışırlar. İstikbalde yapacağımız harpte ortak düşmanımız oda Rusya'dır..."* [139] Alman İmparatoru Rusya'yı ortak düşman göstererek, Binbaşı Enver Bey'i hassas noktasında yakalamaktadır. Aslında İttihatçılar Almanları sevmiyorlardı, nedeni ise Almanlarla Abdülhamit'in aşırı birlikteliğini paylaşıyor olmasıydı. İttihatçılar İngiliz ve Fransızları tercih etmekteler-

---

139 Samih Nafiz Tansu, İttihat ve Terakki, İlgi Kültür Sanat Yayıncılık, 1. Baskı İstanbul, 2016, s. 282.

di. Meşrutiyetin ilanından sonra Binbaşı Enver Bey, Almanya'ya ateşemiliter olarak atanması ile İttihatçılarla Alman birlikteliği yeni bir sürece evriliyordu.

Binbaşı Enver Bey'in Alman imparatoru ile aynı masayı paylaşması ve gelecekle ilgili İmparatorun planlar yapması Osmanlı'nın Birinci Dünya savaşına girmesinin alt yapısını daha 1908'de hazırlamaktaydı. Padişah Abdülhamit'in, Orduyu Almanların emrine vermesi ile genç subayların da ateşemiliter olarak bu görevlerde bulunması, Osmanlı- Alman işbirliği ve güç birliği güçlenerek devam sürecine girmişti. Mustafa Kemal'de Balkanlarda Demiryolu Müfettişliği görevinin yanı sıra karargâh subayı görevini de sürdürmekteydi. Demirağlar projesi Mustafa Kemal tarafında daha o yıllarda düşünülen ve kurgulanan projeydi. Demiryollarının Makedon yöresine zenginlik kattığını ve halkın ekonomiye bu sayede nasıl katılarak ürünlerini pazarlara ulaştırdığını ve cebine para girince halkın nasıl mutlu olduklarını o yıllarda yaşamıştı. 1908 devriminin 1923 Cumhuriyet Devrimine bir bakıma projelerinde taşındığı süreçti. Mustafa Kemal'in, Demirağlar projesinin üzerinde durması daha o yıllarda bir ön görü abidesi ve demiryollarının bölge ekonomisine katkısını görmesi önemli bir tespitti ve Cumhuriyeti kurunca ilk iş demiryolları projesini devreye soktu.

Mustafa Kemal'in Şam'dan Selanik'e tayini çıkınca hem karargâh subayı olarak görev yapmakta hem de Rumeli demiryolları Müfettişliği görevini üstlenmişti. Demiryolu Müfettişliği görevi önemli idi ve bölge

Padişahın ajanlarıyla kaynıyordu. Bölgenin iletişim kontrolü, İttihatçıların iletişimini Tarihçi Yazar Sinan Meydan şöyle yazmakta, ***"Mustafa Kemal, Üçüncü Ordu Karargâhının Selanik şubesindeki görevinin yanı sıra Üsküp- Selanik arasında " Doğu Demiryolu Müfettişliği"***[140] görevi de verilmişti. Mustafa Kemal, demiryolunun güvenliğinde ve emniyetinde sorumlu müfettiş olarak görevini sürdürmekteydi. Osmanlı Üsküp-Selanik demiryolunu yap işlet yöntemiyle yabancı şirketlere yaptırılmıştı. Mustafa Kemal daha o günlerde bu demiryollarının millileştirilmesi hesaplarını ve düşüncelerini arkadaşlarıyla paylaşmıştı. Milli bir demiryolu projesi ve yurdun Demirağlarla örülmesi paradigması daha o yıllarda düşünüyor olması gelecekte işlerinin çok fazla olacağının bir göstergesiydi. Mustafa Kemal gününü gün etmek için yaşayan subay değil, her görev yaptığı yerde geleceğe dönük ülke yararına projeler üretmeyi ilke haline getiriyordu. Mustafa Kemal'in hayatı okunduğu zaman onun yaşadığı her yer onun için bir laboratuvar görevini görmekteydi. Bu araştırmacı yanı ve iyi bir gözlemci olması onu "Atatürk" makamına taşımıştı. Makedonya'dan Anadolu'ya can suyu verecek olan bu Demirağlar projesinin öyküsünü kısaca anlatma gereğini duydum. Mustafa Kemal, gününü gün eden komutan değil, yarınları düşünen yarınlarla ilgili projeler üreten bir projeler mimarıydı.

140Sinan Meydan, Akl-i Kemal 3. Cilt, İnkılâp Kitap, İstanbul Baskı, 2012, S. 300

Devrim Kahramanı Resneli Niyazi'nin Öldürülmesi

Devrim kahramanı Resneli Niyazi genç subay olarak, Yunan savaşında (1897) gösterdiği başarısını ile esir aldıkları Yunanlıları, İstanbul'a getirir ve gördüklerine inanamaz ve isyan eder. Resneli Niyazi, hayatının baharında yurtsever genç teğmen olarak İstanbul'da uğradığı Abdülhamit Paşalarının haksızlığını görüp yaşayınca ve kendisinin başarısının nasıl başkalarına verildiğini içine sindirememenin huzursuzluğu ile İstanbul'u terk ederek ve Makedonya'ya döner. Resneli Niyazi'nin başarısını İstanbul'daki paşanın oğluna verilmesi kirlenmişliğin, rüşvetin, adam kayırmanın, hak etmeyenlerin nasıl terfiler ettirildiğini bizzat yaşayarak ve içinde bulunarak gördü. Bu devleti yönetenlerin çivisinin çıktığını görerek üzerine düşen vatan görevini yapmaya karar verdi. Alaylı paşaların ülkeyi Abdülhamit destekli olarak ne hale getirmesi genç Harbiyeli subayları çıldırttığı için Makedon dağlarını yurt belleyerek 1908 Devrimini zorla yaptılar ve Abdülhamit ve alaylı paşalarını o görevlerden uzaklaştırdılar. Padişah Abdülhamit döneminde "nepotizmin" kirlenmişliği doruklara taşınmıştı ve düşünenlerin kâbusu olmuştu.

Bu haksızlık abidesi paşaları ve Abdülhamit, Resneli Niyazi'yi padişah koruması yapmaları için teklifte bulunurlar ancak yurtsever bu zabitan bu teklifi reddeder. O Makedonya'da ordunun başında olmak ister ve onlar onu Makedonya'da masa başına pasif göreve atarlar. Makedon dağları Bulgar, Sırp ve diğer çetelerin istilasına uğrayınca bu dağları o hainlerden temizleyen Resneli Niyazi ve arkadaşları hainlere gereken dersi onların anlayacağı dilden vermeyi başaran komutandı. Resneli Niyazi o bölgenin sayılır zengin ailelerindendi. Sözüne güvenilir halkını seven ve ona güven duyan, insancıl yanı çok ağır basan, çevresinde çok sevilen iyi kalpli askerdi. Bu dürüstlüğü ve güven vermiş olması dolayısıyla II. Abdülhamit despotizmini ortadan kaldırmak ve meşrutiyeti Osmanlı'ya getirmek için dağa çıktığı zaman hem askerlerden hem devlet adamlarından ve hem de halktan gönüllü kişiler etrafında toplanarak ve gönüllü olarak ona destek oldular.

Resneli Niyazi, Resne yerleşim biriminin asil ailelerindendi. Resne şuanda Makedonya devleti sınırları içinde ve Manastıra yakın bölgede. Arazi verimli ve elma bahçeleri çok ünlüdür. Resne'de, bir Resneli müzesi bulunmakta ve müzede Resneli Niyazi ile ilgili eserler sergilenmekte. Tarihi ve taş bina çok güzel konumda yapılmış iç kısmı da yine çok güzel düzenlenmişti. Resneli müzesi şehrin merkezin de geniş bahçe içine konumlanmış insan ruhunu dinlendiren ağaçlar arasında bulunmakta. Balkanların ünlü ve saygıdeğer gerillacısı Resneli Niyazi Bey'e **"Geyikli Niyazi Bey"** de denilmekte öyle anılmaktaydı. Geyikli Niyazi denilmesinin sebebi ise önüne çıkan sahipsiz yavru geyiğin yavrusunu alır ve bakar ve yanında ayırmadan büyütür bir dost bir arkadaş ve bir yoldaş gibi olurlar. Resneli Niyazi hiçbir çıkar hesabi yapmadan yurt sevgisi ve özgürlük savaşçısı olarak Balkanlarda gerilla savaşçısı olarak görev yaptı.

Trablus'a giden subaylar arasın da Resneli Niyazi'de bulunmaktaydı. İtalya 1911'de Libya'yı işgal edince İttihatçıların seçme subayları gönüllü olarak Trablusgarp'a savaşmak için oraya gittiler. Giden seçme subayların sayısı çok fazla idi. Balkan savaşı çıkınca bu subaylar Libya'da İtalyanlara karşı savaşıyorlardı. " *Mustafa Kemal, Fethi Bey 'Okyar', Enver Bey, Yakup Cemil, Resneli Niyazi ve daha çok İttihatçı gönüllü olarak Libya'da İtalyanlara karşı gönüllü savaşmak için gittiler.*" [141] Bu kahraman subaylarımız ne yazık ki, Balkan savaşı çıkınca birçoğu kendi doğduğu bölgeyi savunamadılar çünkü o sırada İtalyanlara karşı Libya'yı savunmaktaydılar. Genç İttihatçılar Libya'da savaşırken deniz savaşları konusunda edindikleri tecrübe, taktik ve stratejiler Çanakkale, Edirne savunmasında ve Kurtuluş savaşında önemli kazanımlar olarak kaydedildi. Libya savunması yapılırken Yemen savaşları çıktı ve bunların bir kısmı da Yemen de çıkan isyanlar için susuz çöllere gönderildi. Yemen'e asker göndermenin mantığını anlamak mümkün değil ve Yemen dipsiz kuyu görevini görmekteydi ve Kör İmam, Türk askerlerine, İngiliz desteğini alarak korkunç kötülüklerde, aşırı hainliklerde bulundu.

Avlonya, Arnavutluk geçici hükümetinin adı ve Arnavutluk orada kuruldu. Avlonya Adriyatik denizi kenarında liman şehri ve gemilerin yanaştığı ticaretin yapıldığı liman kenti idi. Resneli Niyazi olayını Mareşal Fevzi Çakmak şöyle anlatıyor: "*30 Nisan 1913 günü*

141 Fevziye Özberk, Resneli Niyazi, Kırmızı Kedi Yayınları, 1. Baskı İstanbul, Nisan 2019, s. 96-97

Avlonya'da iskele başında Resneli Niyazi Bey ve arkadaşı "koruması", iki Arnavut suikastçı tarafında şehit edildi. Katillerin birisi İsa Bolatin, ikincisi de Yakovalı Malisör Şaban Batak olduğu tespit edildi. Ancak Avlonya hükümeti yani Arnavutlar onları yakalamadı. İsa Bolatin daha sonra sığındığı Podgoriçe'de Karadağlılar tarafından öldürüldü. "[142]

Mareşal Fevzi Çakmak, özgürlük kahramanı Resneli Niyazi'nin nasıl acımasızca Arnavut canilerce öldürüldüğünü yazmakta ve öldürenlerin de cezalarını bulduğunu açıklamakta. Resneli olayı sanki Enver'in gölgesin de bırakılarak ikincilleştirilmiş gibi yayın hayatında fazla yer almaz. Bu nedenle Resneli üzerinde fazla durma gereğini duydum. Oysa Enver'le Makedon dağlarında delikanlıca vuruşarak, hürriyetin ilanının önde giden kahramanıydı. Resne, Ohri- Manastır arasında arazi çok zengin ve Resneli de oranın zengin toprak ağalarında idi. Resne'de ve Arnavutluk'ta pek çok Arnavut'un Türkçe konuştuğu ile karşılaştık. "Resnelinin arkadaşları II. Abdülhamit despotizminden kaçarak Fransa'ya giderler. Resnelinin de gelmesini ister hatta kaldıkları şato gibi evinde resmini gönderirler. Resneli reddeder gitmeyi ve o resimden hareketle Fransa'dan mimar ustalar getirterek o şato gibi evin aynısını Nesne'ye yaptırır. **'Ben Fransa'ya gelmedim ama evin aynısını getirttim'** diyerek arkadaşlarına sitem de bulunur. Hürriyet mücadelesinin yeri bu topraklar diyerek mesajını arkadaşlarına

---

142 Fevzi Çakmak, Batı Rumeli'yi Nasıl Kaybettik, Türkiye İş Bankası Yayınları, 2. Baskı, İstanbul, Ocak 2012, s. 635-636

gönderir." Resneli İttihatçılar arasın da gururla savunulan özgürlük kahramanı diye anılır.

Resneli ile ilgili de şu olayı anlattılar ve doğruluk derecesi halkın anlatımı, halk arasın da dolaşan şu söz Resneli'nin vurulması üzerine söylenen söz diye halk anlatır. **" Ne şehittir ne gazi, pisipisine gitti Niyazı"** sözünün bu kahramana ait olduğu söylenmekte. Devrim yaratan bir kahramanın böyle kolay ölümünü halkın kabullenememesinin bir sonucu olarak söylenen söz diye alıyorum. Hürriyet kahramanı Resneli Niyazi, mücadelesinin sonunda kalleşçe öldürülmesi sevdiklerini ve tüm İttihatçı camiayı derin üzüntüye sevk etmişti. Tüm hürriyet yanlıları Nesneli'nin vurulmasın da büyük üzüntü duymuşlardı. Meşrutiyet ilan **edilince "Yaşasın Niyaziler, yaşasın Enverler"** diye halk günlük yaşamının bir parçası haline getirdi ve türkülerine de bu kahramanları konu etmişlerdi. Bu vatanseverler halkın dilinde ve türkülerinde yaşar oldu.

Resneli hastalandı ve tedavi olmak için İstanbul'a geliyordu ve Avlonya'da gemiye binecekti, zira Balkanlar elden çıkınca o bölgeden İstanbul'a gelme imkânı kalmamıştı. Resneli Niyazi'nin vurularak öldürülmesini bir başka yazardan okuyalım: *"1912-1913 Balkan Savaşları, Onun çetelerle savaşarak kurtarmak istediği Rumeli düşman eline geçmişti. Balkanlar üzerinde İstanbul'a gelme şansı yoktu. Avlonya'da gemi ile gelecekti. Kendisi tifo hastalığına yakalanmış çok acı çekmekte ve İstanbul'da tedavi olacaktı. 17 Nisan 1913 günü Avlonya'dan gemiye binerken hain Arnavut kurşunlarıyla şehit oldu. Vurulun-*

ca " Niçin? " diyerek acı içinde hayatını kaybetti. Vuran Arnavutlarda bedelini canlarıyla ödediler. İşte bir masal kahramanı gibi dillerde dolaşan, her yaptığını karşılıksız bir vatan sevgisiyle yapan Ahmet Resneli Niyazi böyle kalleşçe öldürüldü." [143] Meşrutiyet kahramanı Niyazi'nin yaşam öyküsü böylece noktalandı. 1908 devriminin kahramanlarından birisi de böylece kalleşçe vurularak vuruluyordu. Tarih acımasızlıklarla dolu olup ders almayan ise insanlar, insancıklar.

---

143 Resneli Niyazi Bey'in Anıları, Balkanlarda Bir Gerillacı, Çağdaş Yayınları, İstanbul Baskı, Mart 1975, s. 237-238.

ÜÇÜNCÜ BÖLÜM
1908 DEVRİMİNİN 1923 DEVRİMİNE ETKİLERİ

1908 Devrimi 1923 Devriminin Alt Yapısını Oluşturdu

Osmanlı'nın patrimonyal klasik devlet yapısından kurtularak çağdaş devlet yapısına kavuşmasının temelleri 1908 devrimi ile başlar. İttihatçılar, Abdülhamit'i tahttan indirmeleri ile ekonomiye öncelik tanıdılar. Devletin tüm kodları yeniden yazıldı ve yeni modern devlet anlayışı ve üreten devlet yapısı devreye girme sürecini başlattı. Türk milliyetçiliği ile milli devlet ideolojisi konuşulur oldu, stratejik planlar yapılmaya başlandı. Türk Milleti kendisini yeniden gördü ve yeniden keşfetmenin sevincini yaşamaya başladı. Türk halkının dağınıklığı yeni bir millet yarattı ve bu millette Türk devletini kurmanın ön hazırlığını yapma sürecini keşfetti. Adeta **"Türküm"** demek suç sayılmıştı ve şimdi rahat konuşulma süreci başlıyordu. Devleti asırlarca dönme ve devşirmelerle yöneten Osmanlı ailesi, Anadolu Türkünü devre dışı bırakmıştı. 1908 Devrimi ile Anadolu'da bizim öz topraklarımız, orada da bizim insanlarımız yaşamakta diyerek sahiplenmeye çalışıldı. Osmanlı'nın önceliği Balkanlardı ve tüm yatırımlar ve eğitim öncelik olarak oralara yapıldı ve Anadolu toprağı kaderine, halkı da askere çağrılmanın, vergi vermenin görevlerini üstlenmişti daha doğrusu böyle buyurulmuştu. İttihatçılar Anadolu'yu yeniden keşfetti ve Atatürk'le anayurt oldu.

Anadolu'yu Batı'nın emperyalist ülkeleri keşfetmekte, oranın zenginliğini görmekte ve altı yüz yıl Osmanlı'yı yöneten kadrolar Anadolu'nun varlığını unutmuşlardı. Onlar için İstanbul ve Makedon bölgesi öncelikleriydi. İngilizler daha 1854'te İzmir-Aydın arasına demiryolu yaparak, Ege bölgesinin zengin sebze, meyve ve zenginliğini ülkelerine taşımaktalardı. İttihatçılar, Anadolu'nun keşfini ve zenginliğini gördü ve milli tarımı Ege bölgesinde başlattılar ve İzmir işgali ile direnen halk, anayurt yiğitleri olarak tarihe geçti.

Yazar Ersal Yavi, 1908 Devrimini şu şekilde yorumlamakta: "*1908 Devriminin üzerinde yüz yıl geçmesine rağmen hala esrar perdesi kalkmadı. 1908 Devrimi, Osmanlı İmparatorluğu'nu tümüyle çöküşten umutsuzca kurtarmaya yönelik, yenileştirme eylemleri zincirinde en son halkayı oluşturan bürokratik bir reform hareketinden başka bir şey değildir.*"[144] 1908 hareketi Türk devletini çöküşten kurtarmayı hedefleyen ileri reformist hareket ve buna o günün dünya konjonktüründe "devrim" demek doğru olandı ve Batı bu harekete devrim diyordu ve bizde "devrim" diyoruz.

---

144 Ersal Yavi, İHTİLALCİ SUBAYLAR, Yazıcı Yayınları, İzmir 2. Baskı, Eylül 2003, s. 71.

1908 Devrimi, Cumhuriyet devriminin öncü gücü olup gerekli altyapı taşlarını hazırlayarak cumhuriyetin ön sözünü o tarihte yazmayı hedefledi. Doğacak cumhuriyetin beşiğini hazırlayıp despot yönetimi tahttan uzaklaştırarak temel altyapıyı hazırlamaya çalışan süreçti. 1908 Devrimi de kaynağını 1876 Anayasası ve Jön Türk kadrolarının fedakârca çalışmaları ile yeni sürecin evrimsel stratejisini gelecek nesillere armağan etmeyi hedefleyen İttihatçı kadrolar oldu. İttihatçı kadrolar despotizmle savaşarak gelecek nesillerin Batı standartlarında yaşamaları için karanlıkların dehlizlerine meşaleler yakarak aydınlık yolun ışıkları ile genç nesilleri buluşturmayı hedeflemişlerdi. Karanlıkların kararttığı çağdışı beyinlerde, yanan bu meşalelerde aydınlığa çıkmanın yolunda kendilerine gösterilen bu doğru yolda yürümenin mutluluğunu paylaşacaklardı. İttihatçılar, karartılan tüm beyinlerin aydınlanması için o karanlık odalara birer mumlar yakarak aydınlanma seferberliğini başlattılar. İttihatçılar çağının çağdaşı olup 600 yıllık sorunlar onları da yordu ve yıpratma sürecine soktu; sorunları zamanında çözmeyen devletler o, sorunları torunlarına bırakırsa devlet etmiş sayılmazlar. Devleti yönetenlerin temel ilkesi yarınları ve hep geleceği düşünerek stratejilerini bu düzlem üzerinde kurmaları ve geliştirmeleri olmazsa olmazları arasında yer almalıdır.

1908 Devrimi ile Kemalist Anadolu Devrimi bir bakıma birbirlerini tamamlamada devriminin öncü gücü demokratik düşüncenin gelişmesinde geleceğe sahip çıkılmasında, tek adam değil ortak akıl ürünü olan demokratik düşüncenin temel değerlerinin oluşturulmasında tarihi misyonu üslenmesi oldukça önemli bir görevdi. 1908 Devriminin ilk oluşu bu konuda bilgi birikimi ve yeterince tecrübenin olmaması bazı sorunların doğmasını da beraberinde getiriyordu. Zaten ilk etapta tam randıman da beklemek fazla iyimserlik olurdu. 600 yıllık bir geçmişi olan askeri devlet yapısı ağır basan bir imparatorluktan demokratik sistemi kurmak işletmek, tabana yaymak çok zordu zira halkın eğitimi son derece düşüktü, özgürlüğü sağlamak kolay olamazdı ve ekonomi de iflas etmişti. Aynştayn şöyle der " Atomu parçalamak, ön yargıları yıkmaktan daha kolaydır." Diyerek, feodal ve töresel değerlerin kolay kalkmadığını bu bilim adamı vurgulamakta tereddüt etmiyordu. Toplumların en büyük düşmanı ön yargılardır. Ön yargılar kötü niyetli kişilerin elinde en büyük silah korkunç bir güç olup, onu eğitim yoluyla onların elinde almak doğru olandır.

Kemalist Anadolu Devrimi şüphesiz kazanımlarını 1908 hürriyet ve o devrimci kadrolardan almakta. Mustafa Kemal'de 1908 Devriminde aktif görev alarak 1923'lerin temel tecrübe ve birikimlerinin ilk meyvelerini tatmıştı. Tüm bu değerlerle yetişen Mustafa Kemal ve kadrosu Padişahlığı kaldırarak Cumhuriyeti kurdu. Mustafa Kemal hem teoride hem de pratikte tecrübe ve birikime sahip, sürekli araştıran okuyan ve birikimlerini de etkili ve yetkili kadrolarca paylaşan liderdi. Bu paylaşımcılık yapısı onu tüm arkadaş çevresi ve devletin yetkili organları tanımakta ve ona güvenmekteydi. Paylaşımları doğru analizlere dayanmakta ve yol gösteren, geleceğin tehlike ve tehditlerini önceden gören olmasıydı. 1908 Devriminin merkezi Selanik'te, 1923 Devrimin ise Anadolu'nun merkezi Ankara oldu.

Mustafa Kemal, Kemalist Anadolu Devriminin önderi olup ön birikimini 1908 genç Türk Devrimi geleneğinden alıyordu. İttihatçı devrim kadrosu ile onların içinde çıkan Kemalist Devrim kadrosu, önderleri açısından bir değerlendirme yapılacaksa yapılan işe, yürütülen eyleme, tarihsel role bakmak gerekir. ***"İttihatçılar Devrimin A kadrosu ise, Kemalistler ise bu kadroların daha üstünde A üssü kadrolardı. 1908 Devriminin tek önderi yok üçlü ekip vardı bunlar Enver- Cemal ve Talat Paşalar. Kemalist Devrimin tartışılmaz tek lideri var o da Mustafa Kemal Paşa. Mustafa Kemal 1908 Devriminin hem içindeydi hem de kenarındaydı. Tecrübeler, denemeler ve sınamalar Meşrutiyetin çıkmazını gösterdi ve Cumhuriyet seçeneğini büyüttü."*** [145] Mustafa Kemal, 1908 devriminin içinde olması ona büyük tecrübeler ve pratikler kazandırması büyük avantaj yarattı. Süreç içinde İttihatçıların hatalarını söylemesi bazı sorunları beraberinde taşıdı ancak bu eleştiriler onlara da ışık tutan meşale oldu.

1908 Devriminin Getirdiği Yenilikler

İttihat ve Terakki Cemiyeti, özünde aydınlanma sürecinin başlangıcı sayılan Tanzimat ile Cumhuriyet ara-

145 Doğu Perinçek, İttihat ve Terakki ve Jön Türkler, Kaynak Yayınları, 1. Baskı, Ekim 2009, s. 34-35

sındaki geçişleri yaratan sürecin aktörleri olarak kabul edilmekteler. Tanzimat'ın ve Jön Türklerin birikimlerini Kurtuluş Savaşına taşıyan, bu değerleri Cumhuriyetin kodları ile birleştiren, Cumhuriyet devrimini yaratan kadrolar İttihatçı kadrolardı ve Atatürk'te bir İttihatçı idi. Tanzimat Batıcılığı, Jön Türk hareketini besledi büyüttü ve eyleme sevk etti. Jön Türk hareketi ise İttihat ve Terakki Cemiyetini yaratarak bu harekette 1908 Devrimini doğurdu. Tüm bu aydınlanma süreçleri birikerek 1923 Devrimini yarattı. Aydınlanma süreci olgusal süreçtir yavaş yavaş gelişerek potansiyel bir güce dönüşür ve bu güç bir anda mermi gibi kinetik yapıya bürünerek hedefine tam isabetle varır ve bunun önünde kimse duramaz. Tüm devrimler, birikimler sonucunda ve süreç içinde eyleme bir anda dönüşür yeter ki o an gelsin. 1908 Devrimi, İkinci Abdülhamit despotizmini yıkarak yerine anayasal süreç olan meşrutiyet yönetimini getirdi ve Türk ulusunu "ulus" yapan süreci başlattı.

1908 Devrimi beraberinde birçok yenilikleri de getirdi, basın hürriyeti, Matbuat hürdü, siyasi partiler, yeni fırkalar ve kulüpler, işçi cemiyetleri gibi kuruluşlar kendini ifade etmeye başladı. Gerçek anlamda bir tek siyasi parti vardı ki Balkanların komitacı geleneğinden geliyordu. Tarihçi İlber Ortaylı bunu şöyle yazmakta: *"İttihat ve Terakki Cemiyeti. Cemiyet kısa zamanda her şeye hâkim oldu. İkinci seçimler "sopalı seçimler" diye anıldı. Bir müddet sonra hiç tahammül edemedikleri için meclisi tatil ettiler. İmparatorluk yıllarca "kanun kuvvetinde kararnamelerle" yönetildi. Tabi diktatör yönetimlerin kendi-*

ne göre avantajları da vardır. ***Bürokrasi, eğitim, ordu II. Meşrutiyet yılların da modernleşti. İttihatçılar vatanseverdi. Bu onların hem gücüydü hem de hatalarının bir nedeniydi."***[146]

1908 Devrimi sırasında ve bir süre sonra İttihatçıların yanında yer alan destek veren azınlıklarda daha sonra o desteği çektiler. Bu durumu Akademisyen Niyazi Berkes bakın nasıl yazmakta: ***"Bu kendisinin onları itmesi yüzünden değil, bu halkların sanıldığı gibi artık 'İttihat' içinde olmama bilinci aşamasına gelmiş olmalarındandı."***[147] Fransız ihtilalinden sonra halkların bilinci ve kendilerini tanımlamaları ve ayrı devlet olma talepleri giderek hız kazanmıştı. İmparatorluklarda yıkılma sürecine girince bu durum emperyalistlerinde iştahını kabartmak için biçilmiş kaftandı. Sonuçta imparatorlukların yıkılma süreci dengeleri emperyalistlerin lehine çevirdi ve yeni yeni doğacak devletçikler sömüren devletlerin değirmenine su taşımaya yaradı. Fransız İhtilali, imparatorlukların sonunun geldiğinin işaretini veriyordu. Bu mesaja alanlar kendilerini yenileme sürecine endekslediler ve Osmanlı bu konuda mesajı almak istemedi. Tüm imparatorluklarda canlıdır ve onlarında bir ömrü var, Osmanlı'nın da ömrü bir noktada tarihin külleri arasına gömüldü. İmparatorlukların tarihin külleri arasına gömüleceğini İslam âlimi İbni Haldun, Mukaddime eserinde asırlar öncesinde açıkça eserine yazdı.

146 İlber Ortaylı, Türkiye'nin Yakın Tarihi, 31. Baskı, 2018, s. 18
147 Niyazi Berkes, Age, s. 403

Niyazi Berkes'e göre 1908 Devriminin bir başka önemli sonucu ise, ***"Türk halk yığınlarının olaya ilk kez olarak din açısından değil, politik açıdan tepki göstermesi olmuştu. İkinci Abdülhamit rejiminin yalnız aydınlar arasında değil, halk arasından da din-devlet ilişkisi anlayışında farkına varılmayan derin bir çatlamaya yol açtığı ortaya çıktı."***[148] 1908 Devrimi dinsel çerçevede değil politik yaklaşımda görülmesi bu da Türk milletinin laiklik konusuna eğilimin yüksekliğini göstermekte olup aydınların ve halkın politik noktada buluşması yeni bir rejim arayışının, meşrutiyetin meşruluğunun sindirilmesi işaretini vermekte. Devrim sonrası ilk kez resmen ve özgürce siyasal partiler kuruldu, bastırılan fikirler ortaya çıktı ve yeni eleştirel süreç başladı. Devrim sonrası vatan, hürriyet, terakki "İlerleme" gibi kavramlar içinde yuvalanan partiler Türk siyasal yaşamında yerini aldılar.

1908 Devrim öncesi matbuattaki baskının nasıl özgürlüğe kavuştuğunu tarihçi Bernard Lewis farklı bir bakış açısı ile kaleme almış: ***"Türkiye'de matbuat otuz yıl boyunca var olmadı. Aslında gazete vardı, hem de pek çok. Ama sansürün makası onları öylesine hadım edercesine kesip biçmiştir ki, hiçbir kuvvetleri kalmamıştır. Tabiri caizse onlara 'hadım' gazete derim. Veya yerel renkleri korumak adına, hadımağası... Onlara bu ızdırabı yaşatanların ortadan kaybolduğu gün erkekliklerinin kendiliğinden filizleneceğini ve***

148 Niyazi Berkes, Age, s. 404.

bunu kanıtlamak içinse sadece o günü beklediklerine dair çok daha teslimiyetçi bir sabırla bu ezik hayatı toptan ölüme tercih etmelerini anlıyorum, bende aynısını yapardım."[149] **Basın** hayatına getirilen baskının otuz yıl boyunca çekilemez bir yanının olmadığını tüm eli kalem tutanlar bilir ve 1908 devrimi sonrası matbuatın özgürlüğe kavuşması tüm basın çalışanlarını sonsuz mutlu etmişti. Abdülhamit despotizmi tüm düşünenlerin düşüncelerine pranga vurarak adeta onları hadım etti onlarda mücadele ile hadımağaları despotizmini yıktı.

1908 Hürriyet Devrimi, dünya devrim tarihinin yansımaları ve 150 yıllık Türk aydınlanma sürecinin bir ürünü olarak karşımıza çıkar. Cumhuriyet Devriminin öncülü hürriyet devrimi olarak görülür. Devrimler görüldüğü gibi birbirlerini tetiklemektedir. Osmanlı Padişahları ve yönetenleri, ülkenin sorunlarını çözmek yerine devşirme cariyelerle günlerini gün etme sürecini yaşamaktaydılar. Bu çarpık anlayışın ülkeye hayır getirmeyeceğini gören yurtsever gençlik yeni bir insan modelinin, yeni fikirlerin yaratılması için elinde gelen tüm gayretleri göstererek çalışmalara aralıksız başladı. Tüm dünyada değişim tepe yönetimlerince yapılırken Osmanlı bu değişime hep engel çıkardı. Son zamanlar da özgür Osmanlı'nın yerine ekonomik olarak "tutsak Osmanlı" yarattılar. Tüm gelir getiren kurumlar ve hazine emperyalist güçlerin eline geçti çünkü aldıkları borçları öde-

---

149 Bernard Lewis, Modern Türkiye'nin Doğuşu III Edisyon, Arkadaş Yayınevi, 10 Baskı Ankara, 2018, s. 255. (Çeviri, Boğaç Babür Turna).

yemeyince maliyeye el koydular. Osmanlı mali özgürlüğünü kaybedince tüm özgürlükleri ipotek altına girdi.

Devrim sonrası kurulan siyasi partiler o gün kuruldu ve bugünde aynı düşünceleri yansıtan partileşme ekolü yaşamakta. Avrupa'da, İstanbul'da ve sürgün yılların da tartışılan fikirler, devrim sonrası kurulan siyasi partilerin ideolojilerinde etkili oldular. Akademisyen Niyazi Berkes'in bu konudaki görüşleri şöyle, ***"Mizancı Murat'ın temsil ettiği İslamcı görüş. Prens Sabahattin'in temsil ettiği, Mithat Paşa'dan gelen merkeziyetsizlik görüşü ve Ahmet Rıza'nın temsil ettiği, Namın Kemal'den gelen merkezi imparatorluk görüşüdür. Bu süreçte üç partileşme eğilimi doğdu. İttihat ve Terakki Cemiyeti 1913'te partileşti. Bu partinin ideolojisinde Türk Milliyetçiliği ve ulusalcılık gibi doktrini vardı. İkinci partileşme görüşü Ahrar(Özgürlük) yani liberal partisi ve sonra Hürriyet ve İtilaf(Özgürlük ve Uzlaşma) partisi oldu. Üçüncüsü de İttihadi Muhammedi partisi oldu."*** [150] İttihadi Osmani partisi Mısır'da kuruldu, modernite ve reformcu olarak projeleri bulunuyordu ancak yaşama şansı olmadı. Bugünkü partilerin temelleri bu üç ideolojisinden kaynaklanarak kuruldu. 1908 devriminin bugünkü siyasi partilerin ideolojilerini de yaratmış olması. Bugün Türkiye'de, İslamcı Partiler, Sol Partiler ve de Merkez liberal Partiler olarak üç ana grupta toplanırlar ki, bunun temelleri 1908 devriminin ürünleri olduğu görülmektedir.

---

150 Niyazi Berkes, Age, s. 406

1789 Fransız Devriminin de 1908 Devrimi üzerinde ki etkileri oldukça yüksektir. Anadolu İhtilali, hem fikir bazında hem ekip açısında alt öncüllerini 1876 ve 1908 hareketinden almaktadır. Mustafa Kemal'de İttihat ve Terakkinin üyesi olup daha sonra İttihatçılarla stratejik ve taktiksel konularında aralarında bazı ayrıcalıklar çıkmıştı. Anadolu İhtilalın de tüm kadro tek yürek olup Mustafa Kemal etrafında toplanarak gelecek için tek yürek olmayı başardı ve düşmanı yenerek Cumhuriyet devrimini birlikte başardılar. Bu devrim hiç kolay olmadı bu devrimde acı vardı, gözyaşı vardı, açlık-susuzluk ve her şeyin yokluğuna rağmen birlik ve beraberlik inancı her şeyin üstesinde gelmeyi başardı ve doğru sonuca milletçe varılma başarıldı.

Mustafa Kemal, Anadolu İhtilali için yola çıktığı zaman en büyük silahı umuttu, umudunu kaybedenler asla başaramazlar ilkesinden hareketle umutla yola çıktı. O umudu gerçeğe dönüştürerek geleceğin meşalesini birlikte paylaşarak özledikleri hedefe o umut sayesinde vardılar. Umut devrimci düşüncesin ışığını yaratarak özgür bir geleceği genç nesillere armağan eden en büyük yol gösterici meşaledir. Umut devrimci eylemdir asla kaybedilmemeli. Mustafa Kemal bu umudu gençlere armağan ederek asla umutsuzluğa kapılmamaları direktifini "Ey Türk Gençliği" hitabetinde verdi. Aslında bir vatan umut üzerine doğdu ve yeşerdi, kökleşti ve yaşıyor. Umut en büyük güç en önemli devrimci eylemdir. Mustafa kemal 1919'da Samsun'a tek umutla çıktı o umut büyüdü güçlendi fırtınaya dönüşerek emperyalist ülkelere kasırga darbesini indirdi ve bugünkü özgür devleti yarattı. Her gencin bir umudu olmalı ve o umudu da yeşerterek, insanlık yararına dönüştürerek geleceğin zengin beyinlerini umutla yaşatmak doğru olan düşüncedir. İşte İttihatçılar bir umut olarak doğdu ve yaşadılar ve yaşattılar. İttihat ve Terakki'de bir umutla beş gencin başlamasıyla doğdu yaşadı ve onların umudu 1908 devrimini gerçekleştirdi. Umudu yabana atmamak gerekir her bireyin, her kurumun ve her ülkenin umudu hep canlı kalmalı ve kendini sürekli yenilemeli, unutmayalım umutta canlıdır onu diri tutanlar kazanır.

1908 Devrimi Sonrası Kurulan Cemiyetler ve Kulüpler

Özgürlük ortamı doğunca, ülke genelinde çeşitli cemiyetler ve kulüplerin kurulmaya başlandığı görülmeye başladı. Bu demokratik kitle örgütleri süreç içinde kendilerini geliştirerek ve güçlenerek Anadolu işgalinde direniş hareketinin başlamasında etkili güç haline geldi. Devrim sonrası düşünce akımları, özgürlük ortamını bulunca yeni yeni cemiyet ve kulüplerin kurulmasına neden oldu. İttihat ve Terakki cemiyetinden sonra ilk kurulan "Osmanlı Marifperver Gençler kulübü" kuruldu. Bu kulübün amacı, Müslüman din adamları ile Hıristiyan din adamlarının gençleri ilim ve irfan konularında donatmaya yönelikti. Bu kulüp cehaletle savaşmak için ayrım yapmadan tüm gençlerin eğitimini desteklemeye yönelik çalışacaktı.

Abdülhamit ve meşrutiyet döneminin önemli yazarı

Zıya Şakir o dönemde kurulan cemiyet ve kulüpler konusunda ve açılışları hakkında şu bilgileri vermekte:

1. Osmanlı Tahsil Görmüş Gençler Kulübü
2. Osmanlı Hukuk Cemiyeti
3. İslam Kardeşliği Cemiyeti. Bu Cemiyet hacca gidenlere yardımcı olmak ve İslam propagandası yapmasına yönelikti ve taraftar bulamayınca kurucuları tarafında kapatıldı.
4. Cemiyeti İttihadiye İlmiye: Bu cemiyet sarıklı güruhu elde tutmak için Kara Kemal Bey tarafında kuruldu.
5. Mektebi Sultani (Galatasaray Lisesi) Mezunları cemiyeti tarafında kuruldu. Bu cemiyetin amacı siyasi olmayıp birbirlerine yardım ve destek olmak amacıyla kurulan dernekti."[151] Bu cemiyetlerin dışında "Dersaadet Vekilleri Cemiyeti", " Osmanlı Mühendis ve Mimar Cemiyeti." "Mektebi Mülkiye (Siyasal Bilgiler Fakültesi) mezunları birlik cemiyeti. Arnavut İttihat kulübü, İstanbul Galata'da ve Manastır'da kurulan cemiyetti. Bu cemiyetin daha sonra Arnavutluk özgürlük hareketine destek olduğu görülmektedir. Doktorlar Mülkiyei Osmaniye Cemiyeti...

Meşrutiyet sonrası kurulan ve önemli işlevler yüklenen kulüplerin önemlilerinden biriside **"Selameti**

151 Zıya Şakir, İTTİHATÇILAR DÖNEMİNDE MUHALEFET, Akıl Fikir Yayınları, İstanbul Baskı, Temmuz 2019, s. 189-190.

Umumiye Kulübü" idi. Merkezi İstanbul Divan yolunda kurulan bu cemiyet, yarı siyasi bir görüşü içermekteydi. Üyelerinin çoğunluğu İttihat ve Terakki üyeleri olup, İttihat ve Terakki'nin bazı gördüğü hatalarını eleştiren göreve sahipti. Yönetime karşı eleştiri mekanizmasını devreye sokan ve yönetenleri uyaran bir misyonu üstlenmişti. Yazar Zıya Şakir bu cemiyet konusunda şunları yazmakta: **"Avam halkın terbiyei fikriyelerini temin için konferanslar vermekti. Bu nedenle gece dersleri açmışlardı. Ücretsiz olarak gece dersler veriyorlardı.**"[152] Bu kulübün amacının okuma-yazma bilmeyen halkın eğitimine destek olmak için kurslar düzenleyerek yardımcı olduğu görülmekte. İttihatçıların temel görevlerinden biriside halkı eğitmekti ve bu görevi de fiilen başlatmış oldular. Bu kulüp kütüphane açmak, yurt dışına öğrenci seyahatleri düzenlemek, ticarethane ve fabrika açanlara destek olup yardımcı olmaktır.

Selameti Umumiye Kulübü, bahriye ve tıbbiye öğrencilerinden oluşan bir tiyatro kurdu ve heveskâr gençlerin bu düzlemde önünün açılmasına yardımcı oldu. Bu tiyatro Ramazan ayında Şehzadebaşı'nda halka temsiller verdi. Yönetimle halkın ortak noktalarda buluşma yolları kesişmiş oluyordu. "İstibdat ve Facialları" bu dönemde sahneye kondu ve Abdülhamit despotizmi sahnelenmişti. Yine o dönemde **"Haydar Paşa Osmanlı İttihat Kulübü"**, Türk ve Musevi öğrencilerce kurularak amaçları Türk öğrencilerine eğitim ve lisan öğretmekti.

---

152 Zıya Şakir, Age, s. 191.

Her vilayetlerde **"yükselme ve yardımlaşma"** cemiyetleri kurulmuştu ve halkın sorunlarına ve eğitimine, sosyalleşmesine destek olarak görev yapacaktı. Halk, düşüncelerini kısmen de olsa rahat söyleme fırsatını yakaladı. 1908 devrimi değişimi ve dönüşümü sınırlıda olsa getiren devrimdi süreçti ve Kuvayı Milliye ruhunun tohumlarını atan ileri bir dönüşümü yarattı.

Devrim sonrası Paris'te bulunan Prens Sabahattin'de önce gemi ile İzmir'e sonrada İstanbul'a geldi ve gelince Paris'te ölen babasının da cenazesini beraberinde getirdi. Prens Sabahattin, Ermeni ve Rumlarca çok sevilendi ve Türkleri aşağılayan birisi olup, İngiliz ekonomi modelini ülkeden uygulamakla bir bakıma görevlendirilmişti. Yazar Zıya Şakir bu konuda şunları yazıyor: **"Prens Sabahattin kendisine şarlatanca reklam yaptırıyordu. Paris'te oturup da başına üç beş serseri Rum ve Ermeni toplayıp lak lak etmekten başka ne iş görebildi? Hadi bunu hoş görelim. Fakat babasının tabutunu Yunan bayrağına sarmasına ne diyelim? Bu adam Türklüğü ve Müslümanlığı aşağılamış, milli ve dini hissiyatı rencide eylemiştir..."**[153]

İttihatçılar İstanbul'a gelen Prens Sabahattin'in tutumunu bildikleri için hem kendisini hem de onun adamlarını kontrollü olması konusunda uyardılar. Prens ve adamları 1908 devrimine ortak olduklarını söylemekte idiler. İttihatçı kadrolar onların düşüncelerini bildikleri için onları kontrol altında tutma gereğini duydu-

---

153 Zıya Şakir Age, s. 180.

lar. Prens Sabahattin'in gözü sadrazamlık makamında olup, **"Yerinde Yönetim Modelini"** savunan bir ekonomik modeli savunuyordu ki bu model eğitim kültür seviyesi düşük Türkler için değil, İngiliz çıkarına hizmet eden modeldi. Bu modelle Osmanlı tümden ekonomik olarak yabancıların esaretine girmiş olacaktı ve İttihatçılar buna izin veremezdi ve de vermediler. İttihatçılar, Osmanlı'nın yıkılışının temel nedeni ekonomi olduğu için, ekonomi onların önceliği olmuştu. Milli ekonominin temelleri İttihatçılarca atıldı ve tek taraflı olarak kapitülasyonları kaldırdılar. Kapitülasyonlar Lozan'da, Musul'dan sonra en fazla gündemi işgal eden ikinci konu oldu.

1908 Devrimi Sonrası Mustafa Kemal'in Görüşleri

İkinci Meşrutiyet ya da 1908 Devrimi İttihat ve Terakki'nin gücü ile II. Abdülhamit'e kabul ettirmesi sonucu Saray meşrutiyeti ilan etmek zorunda kaldı. Bunu içine sindiremeyenler 31 Mart 1909 gerici isyanını çıkarttırarak meşrutiyeti ortadan kaldırmaya teşebbüs ettiler. 31 Mart olayı başarılı olamayınca II. Abdülhamit tahttan indirilerek Selanik Alateni köşkünde ikamete tabi tutuldu

Devrim sonrası anayasal sisteme geçildikten sonra Mustafa Kemal'in gelişmeleri ve hatalarını görerek tepkisini şöyle göstermişti: ***"İstanbul'daki askerlerin saraya kayıtsız ve şartsız bağlılığından endişe edildiği için, Rumeli'den Özel Avcı Taburları getirilmişti. Fakat sözünü ettiğimiz bölünme bu birlikler içinde geçerliydi. Nisan ayı başlarında bir grup Ayasofya***

önlerine namaz kılarak devrim karşıtı söylemlerde bulunmuşlardı. O sırada Serbesti gazetesi başyazarı Hasan Fehmi'nin bir suikast sonucu öldürülmesinin faturası İttihatçılara çıktı ve o sırada hükümet listesi açıklanınca Mustafa Kemal' Bunlar mı bunlar mı bu kabinemi uğruna bunlarca yıl mücadele ettik"[154] diyerek tepkisini koymuştu. Devrim sonrası kurulan hükümetin yetersiz ve devrimi bu kabinenin taşıyamayacağın daha ilk günde görerek tepki ile karşılıyordu Mustafa Kemal.

Türk vatanı Rumeli'nin kaybolma tehlikesine karşı Halil İnalcık 1908 Devriminin önemini şöyle anlatmakta ancak dengeler o dönem de o kadar Osmanlı'nın aleyhine bozulmuştu ki, süreç Türkler aleyhine işlemekteydi. Akademisyen Halil İnalcık, 1908 devrimi konusunda şunları yazmakta: " **İttihat ve Terakki Cemiyeti, askeri bürokrasi ve yeni yetişen erkân-ı harp subayları ' aralarında Mustafa Kemal ve Enver' bir darbe girişimiyle Meşrutiyeti, Kanun-i Esasi rejimini geri getirdiler.** "[155] Türk milleti böylece meşrutiyete kavuştu.

Meşrutiyetin ilanı ile aydınlar halkın özgürlüğünü zenginleştirmek onları bilgilendirmek için Genç Kalemler, Türk Yurdu, Halka Doğru gibi dergilerden yazılarla halkın özgürlük özlemlerini tatmin etmeye çalıştılar. Tarık Zafer Tunaya, İkinci meşrutiyetin ilanı üzerine şöyle tanım yapmakta ***"Yeryüzünün herhangi bir ülkesinde,***

---

154 E. Mütercimler, Age, s. 180

155 Halil İnalcık, Rönesans Avrupa'sı, T. İş Bankası Yayınları, 4. Baskı İstanbul, Ocak 2013, s. 315

bir anayasanın tekrar yürürlüğe konmasıyla mucizelerin gerçekleşeceğine inanmış insanlar varmıdır? Sorusuna tek cevap: Evet, Meşrutiyet'in Osmanlı Türkleri... Denebilir. "[156] Devrim sonrası basın hayatından da önemli gelişmeler ve özgür basının hinterlantı hızla genişledi. Meşrutiyet sonrası basının tümüne yakını İttihatçılara methiyeler düzmüşlerdi. Abdülhamit'in despotizminden kurtuldukları için. İkdam, Sabah, İslamcı basın, Sıra tel Mustakım gibi basın önce İttihatçıları desteklediler sonra da eleştiri dozlarını artırdılar. Selanik'te çıkan " *İttihat ve Terakki, Hürriyet, Rumeli, İstanbul'da çıkan Tanin, Şurayı Ümmet, Tasviri efkâr, İstiklal, Hak, Hadisat, Vakit*"[157] gibi gazeteler İttihat ve Terakki'yi destekleyen basındı. Kalem, Karagöz gibi mizah dergileri de yayın hayatında yerini aldılar. Özgür basın ile halkın eğitim kültür seviyesi süreç içinde istenilen hedefe doğru ilerleme moduna girmişti.

Devrim Sonrası Dış Ülkelerin Yaptığı Yorumlar

Genç Türkler devrimi gerçekleştirdikten sonra Batı basınında ve devletler düzeyinde çeşitli yorumlar yapılmıştı. İttihatçıların yaptığı devrim, pek çok tepkiler aldı. "İtalyan basını yıkılan padişah değil bir saltanattı" diyerek devrimin önemine dikkat çekiyordu. İtalyan basını Abdülhamit'in yıkılışını saltanata benzeterek devrimin

---

156 Tarık Zafer Tunaya, Devrim Hareketleri İçinde ATATÜRK VE ATATÜRKÇÜLÜK İstanbul Bilgi Üniversitesi.1. Baskı, Eylül İstanbul 2002, s. 14

157 Tarık Zafer Tunaya, Age, s. 33-34

önemini ve gerekliliğini vurgulamaktaydı. Yapılan yorumların bir kısmi aşağıda okuyucunun hizmetine sunuldu.

Rus Çarı, 1908 devriminin getireceği sonuçlardan kendi ülkesi için ciddi olarak rahatsızlık duyuyordu zira kendisi özgürlük karşıtı yönetim sergiliyordu. Kendi hinterlantında ki, Türklerin, azınlıkların ve halkının yeni talepleri olacağı düşüncesi gündemlerine oturmuştu. Yusuf Hikmet Bayur bu konuda şunları yazmakta: ***"Rusya Türkiye'deki Meşrutiyet hareketinin, Rus idaresindeki Türkler için bir örnek olarak alınmasından endişelenmekteydi."***[158] Rus Çarı, despotizmle ülkesini yönetiyor olması, Türk özgürlük hareketi çıkarlarına ters geldiği için endişeler duymakta uykuları kaçıyordu. Rus Çarlarının despotizm anlayışı, Lenin ve arkadaşlarının Rus Sosyalist Devriminin yapılmasının önünü açtılar ve kendilerinin de kurşuna dizilmesini engelleyemediler.

1908 Sonrası İngiliz Dışişleri Bakanı Grey, İstanbul sefirine Genç Türkler için şu tavsiyeleri öne sürmekte: "Genç Türkler acele etmemelidirler. Yoksa irtica baş gösterebilir. Şimdi esas mesele hükümetin muktedir ve namuslu ellere geçmesidir. Diğer işler bunun arkasından gelir. Artık sağlam maliye esastır. Genç Türkleri teşvik için elimizden geleni yapmalı ve birtakım istekler sürerek onlara güçlükler çıkarmamalıyız. İngiliz sermayesine de çalışmak için fırsatlar verileceğini umarız."[159]

---

158 Yusuf Hikmet Bayur, Türk İnkılabı Tarihi, Cilt I, s. 233. (Bakınız: Şevket Süreyya Aydemir, Age, s. 73.)

159 Şevket Süreyya Aydemir, ENVER PAŞA Makedonya'dan Orta Asya'ya 1908-1914, Remzi Kitabevi, Cilt II, 17. İstanbul Baskı, Nisan 2019, s. 74.

İngilizler, İttihatçılara destek olmayı ve onlarla birlikte çalışmak istemeleri ve maliyenin emin ellere geçmesi konusunda yardımcı olacaklarını bildirmesi, İngiliz çıkarlarıyla örtüşme stratejisini öne sürmeleri yeni bir sürece hizmetti. İngiliz siyaseti çıkarları için üretken siyasetti ve bu da geleceği doğru okumaktan geçiyordu.

Devrim sonrası Almanlar ile İngilizler arasındaki çekişme, Türkler üzerinde yürütülmekteydi ve İttihatçılara yakın olma iki güçlü ülke arasında başlamıştı. İngiliz Dışişleri Bakanı Grey, 25.8.1908'de şu direktifi İstanbul diplomatına ve ilgililere vermekteydi: "Irak'ta sulama işlerine, Bağdat demiryolu oralara varmadan çalışmalar başlanılmalıdır. Musul'a kadar işlere İngilizlerce el atıldığı için, Alman demiryolu Basra Körfezine yaklaşmadan önce, Irak'a İngiliz menfaatlerinin yerleşeceği ümidindeyiz."[160] Irak bölgesinde iki süper gücün yarışı, petrol yatakları iştahlarını kabartıyor ve Osmanlı devletinin varlığı hesaba katılmıyordu.

İngilizler resmen Türk devriminden çıkarları bozulacağı için rahatsızlıklarını açıklamakta ve gereken önlemlerin alınması için örgütlerini uyarmaktalardı. Türkiye gerçekten bir Meşrutiyet idaresi kurar onun ayakları üstünde tutunabilirse ve kendisi de kuvvetli bir hale gelirse bu İngiliz çıkarlarını yaralar diye telaşa kapıldılar. İngilizlerin bu konudaki görüşlerini, İngiliz Dışişleri Bakanı Sir Edward Grey 31 Temmuz 1908'de şöyle yazarak yetkililerini uyarıyordu: ***"Mısır'daki etki çok büyük***

---

160 Şevket Süreyya Aydemir, Age, s. 75.

olacak ve Hindistan'da kendini hissettirecektir. Fakat Türkiye, şimdi bir meclis kurar ve hükümetini ıslah ederse, Mısır anayasa talebinde daha zorlu bir yolu seçecek ve bizim bu talebe karşı koyma direncimiz çok azalacaktır. İyi bir şekil de işleyen Türk anayasası varken ve Türkiye'nin durumu gittikçe gelişirken, Anayasa isteyen Mısır halkının ayaklanmasını zor kullanarak bastırmaya girişirsek çok acayip olacaktır. Mısır meselesi yüzünden, Türk hükümetiyle değil, fakat Türk halkının hissiyatıyla çatışmaya girişmenin bize hiçbir faydası olmayacaktır.[161] İngilizler çıkarlarını rasyonel politikalarla sürdürmeyi hep ön sıralara koymayı tercih ederler.

İngiltere 1908 Devriminde kendi çıkarları bozulacağı için açıkça bundan rahatsız olduklarını biliyorlardı. Türklerin özgür ortamdan faydalanması, zenginleşmesi belli ki onları rahatsız etmekte idi. İngilizler kendi sömürü mekanizmalarının yürümesi için her yolu mubah saymaya devam kararındalardı. Bu kirli düşüncelerini Anadolu'nun işgalinden de görmekteyiz. Dünyada her olumlu gelişmeleri kendileri için görmekte, başkaları içinse reddetme geleneği onlar için alışkanlık halini almıştı. Bu kısır görüşü İttihatçılar bozmayı başardı.

Fransız basınının Türk devrimini yorumlamalarını görelim. Türk Devrimi'ni Fransız Devrimi ile karşılaştıran yazar Jean d'Orsay şöyle yazmakta, "Abdülhamit, hiçbir biçimde XVI. Louis'e benzetilemez. Oysa

161 Feroz Ahmet, İttihatçılıktan Kemalizm'e, Kaynak Yayınları, 8. Baskı, 2016, İstanbul, s. 161

Abdülhamit 33 yıl boyunca kör bir diktatörlük uygulayagelmişti." Yazar görüşlerini şöyle sürdürmekte, ***"Türk Devrimi'nin etkilerinin Fransız Devrimi gibi olacağından da kuşku duyulmamalı. Çünkü tarihsel koşullar hemen hemen aynı. Ve Türk Devrimi, çağdaş tarihin doruk noktası olarak ortaya çıkmıştır. Onun tüm ülkelerin devlet adamları üzerinde bugün olduğu gibi yarında görmemezlikten gelemeyecekleri sonsuz yankıları olacaktır."*** [162] Fransız basını Türk devrimini desteklemekte ve sahiplenmekteler.

Fransız basını ve yöneten kadroları Türk Devrimi'ni kendi devrimlerinin yavru devrimi olarak görmekte ve desteklemekteler. Fransız sosyalist hareketinin önemli isimlerinden Jean Jaures, Türk devrimini şöyle duyurmakta, *"Her iki ülkede görülen ortak yan, Müslüman dünyanın bağımsızlığını kazanmak ya da korumak ve yabancı ülkelerin boyunduruğunu kırmak için ayağa kalktığı biçiminde tanımlanabilir. Temel de Türk Devrimi bir ulusal devrimdir. Her ne kadar Türk liberalleri bol keseden özgürlük ve eşitlik dağıtıyor görünüyorlarsa da aslında ülkelerini Avrupalı egemen güçlerin vesayetin de kurtarmaya çalışmaktadır."* [163] Yazar devamla şöyle demekte, *"Her şeyden önce mutlakıyete karşı savaşmaktadırlar. Çünkü mutlakıyet, bireyi boğduğu gibi uluslaşmanın önünde de ölümcül bir engel oluşturmaktadır."* Fransızların farklı görüşte olan düşünür ve yazarları ve basını Türk Dev-

---

162 Habip Hamza Erdem, Fransız Basının da GENÇ- TÜRK DEVRİMİ, Kaynak Yayınları, 1. İstanbul baskı, Ocak 2016, s. 41.

163 Habip Hamza Erdem, Age, s. 42.

rimini desteklemiş ve savunmuşlardır. Kendi devrimlerinin Müslüman bir devlette uygulanıyor olması kendilerini mutlu etmektedir. Fransızlar Türk Devrimine tam anlamı ile sahip çıktılar. Bir bakıma 1789 Fransız devriminin bir İslam ülkesinde görülmesi ve uygulanıyor olması Fransız devletini, halkını mutlu etmekte olup onlar bundan sevinç duyuyorlardı.

1908 Devrimini Alman İmparatoru Desteklemekte ve şöyle diyor: "İhtilal Paris ya da Londralı' Jön Türkler' tarafından değil, ordu tarafından ve de 'Alman subayları' olarak bilinen, Almanya'da eğitim görmüş Türk askerleri tarafından yapılmıştır. Tümüyle askeri bir ihtilaldir. Her şeyi denetim altına almış bu subaylar kesinlikle Alman dostudurlar."[164] Alman İmparatorunun bu görüşleri şuna dayanmakta ve askeri okullardaki subay öğretmenler Almandı ve Alman disiplinine göre Türk subaylarını yetiştirdiler. Yetişen Türk subayları Batı standartların da ve birden fazla yabancı dil bilmekteydiler. O dönemin subayları tam bir Alman subayı gibi ve Alman disiplinine göre yetişmişti. Dünyanın nereye evrildiğini gören aydın askeri kadrolar Cumhuriyetin kuruluş felsefesine de mumlar yakacaklardı. Alman eğitim ve Alman disiplinine göre yetişen Türk subaylarının kendine güveni tam ve dünyanın nereye evrildiğinin analizini yapacak ciddi altyapı birikimine sahiplerdi. Padişah Abdülhamit'in en iyi hizmeti belki de, Askeri ve Harp Okullarını Alman subaylara teslim etmesi ve o su-

164 Suavi Aydın, Modernleşme ve Milliyetçilik, Gündoğan Yayınları, 1. Baskı Ankara, Mayıs 1993, s. 163.

baylarda kendi disiplinine göre bu Türk subaylarını yetiştirmesi ile 1908 devriminin gerçekleştiriliyor olmasını yaratan sonucu yarattı.

Anadolu hareketini başlatan Mustafa Kemal'i ziyarete gelen Batılı gazeteci ve ajanlar Ankara'nın tozlu yollarında gördükleri Türk subaylarının tümü şakır şakır yabancı dille konuştuklarını görünce şaşa kalmışlardı. Kimi gazeteciler Ankara hareketini 1920'ler de ciddiye almaya ve bu yönde yayın yapmaya başlamışlardı. Bu tablo eğitimin ve okulların başarısını yansıtan stratejik süreçti. Emperyalist güçler kendi çıkarları ve geleceklerinin tehlikeye gireceğini görerek İttihatçılara karşı II. Abdülhamit yanında yer almayı tercih ettiler. Almanya hariç tümü yaşlı imparatorluğun tepesindeki despotizmin yanında olmak için can attılar. Almanlarda önce Abdülhamit'in yanında yer aldılar ve daha sonra Almanlar İttihatçıların yanında çıkarları gereği yer almak zorunda kaldılar.

Devrim sonrası Avusturya Hariciye Nazırı Erental 19.8.1908'de Nazırlar kurulunda şu görüşü öne sunmuştu. *"Türkiye'de Meşrutiyet'in ilanı, şimdi bizimde işgalimiz altında olan Bosna-Hersek'te, aynı işi yapmamızı icap ettiriyor. Bosna-Hersek'i devletimize kesin ilhak etmeliyiz. Hem bu iş üzerinde Rusya bizi serbest bırakırsa, bizde onu Boğazlar üzerindeki istek ve teşebbüslerinde destekleriz."*[165] Avusturya ise devrim sonrası Ruslarla

165 Şevket Süreyya Aydemir, ENVER PAŞA Makedonya'dan Orta Asya'ya 1908-1914, Remzi Kitabevi, İkinci Cilt, 17. Baskı İstanbul, Nisan 2019, s 73..

birlikte hareket etmeyi düşünmekteydi ve çıkarı gereği Türk Boğazlarını Ruslara peşkeş çekmekte geri durmuyordu. 1908 Devrimi kimi ülkeler için fırsat kimileri içinse tehdit kodları taşıyor olmuştu.

Amerikan görüşleri. Japonya'nın dünyaya entegrasyonunu Amerika 1854'te birçok sıkıntılı sürece rağmen sağlamıştı. Amerika İkinci Dünya savaşına kadar emperyalist politikasını sınırlı uyguladı. Ancak dünyadaki gelişmeleri gözlemlemek, geleceğe dönük politikalar üretmek konusunda düşüncelerini eyleme dönüştürmek için dünyanın yeni aktörü olarak tüm etkinliği ve gücüyle ortaya çıktı. İngiliz emperyalizminin yerini şimdi Amerika alıyordu ve İngiltere gücünü kaybetmişti. Dünya yeni bir sürece Amerikan emperyalizmi ile evrilme sürecine girdi. İkinci Dünya savaşı sonu, Atatürk döneminin tam bağımsız Türkiye'si de Amerikan emperyalizminin yörüngesine girdi.

Amerika, **"Monroe Doktrini'ni"** ilan ederek, Avrupalı sömürge devletlerinin Amerika kıtasında sömürgeler elde etmek için savaşlar çıkarmak, bölge halkını ve ülkelerini sömürge haline getirmeye izin vermeyecekti. Kendisi de başka ülkeleri sömürmek için Amerikan topraklan dışına çıkmayacaktı. **Bu görüş Amerika'nın politikası haline geldi. Başkan "Monroe" kendi adıyla 1823'te kongreye bu doktrini sundu ve İkinci Dünya savaşına kadar devam etti. Amerika bu Doktrin gereğince tüm Avrupa devletlerine eşit mesafede durdu.** İkinci Dünya savaşı ile ABD'de kendi koyduğu kuralı çiğneyerek savaşlara katılmaya ve emperyalist politikalar uygulamaya hızla başladı. Zenginleşen Amerika, yeni sömürge alanları için kendisi kuralını yıktı ve emperyalist politikalara devam kararı aldı. Amerika'nın emperyal politika uygulamasının ideolojik boyutu da bulunmaktadır. İkinci Dünya savaşı çıkmasa idi Amerika **"Monroe"** doktrinine sahip kalacak mı idi? Onu zaman gösterecekti. İkinci Dünya savaşı sonunda İngiliz emperyalizmi çökünce doğan boşluğu Amerika başka aktörlere kaptırmayacaktı ve Sosyalist sistemin önüne bir engel gerekiyordu, bu engel Amerika olmalıydı ve oldu da. Bir başka görüşte şu, faşizmin Kıta Avrupa'sında öne çıkışı ve faşist eylemleri başlatması, Amerikan politikasına ters sonuçtu ve gereği için gerekli önlemlere başvurdu.

Amerika, 1908 Devrimini gözlemlemeye ve konsolosları vasıtasıyla İstanbul'da haberler almaktaydı. 24 Temmuz ve 28 Temmuz 1908'de İstanbul Amerika elçisi Leishman sürekli ABD'yi bilgilendirmekteydi. "Padişahın seçimlere gidilmesini duyuruyordu. Ortam sakin endişeler var. İkinci Telgrafta, siyasal tutuklular için genel af ilan edildiği, bütün tutukluların serbest bırakıldığını belirttikten sonra, eski rejim hakkındaki hoşnutsuzluk çok yaygındı. Değişimin görece kansız gerçekleştiğini ancak özgürleşen kitlelerin taleplerinin her geçen gün arttığı için karışıklıkları beklenebileceğini, öte yandan Sultanın işlerini bu noktaya gelmesinden sorumlu tutulan saray kliğini tasfiyeye zorlandığını belirtiyordu."[166]

---

166 İttihat Terakki ve Jön Türkler, Kaynak Yayınları, Yayın No, 549, İstanbul 1. Baskı, Ekim 2009, S. 86-87

Amerika ile ikili ilişkiler 1824'te konsolosluk seviyesinde başladı. 1830'da Amerika- Osmanlı ticaret anlaşması yapılarak ticari ilişkiler gelişme sürecine girdi. Amerika'nın Osmanlı'ya ilgi göstermesinin nedeni Osmanlı sınırları içinde yaşayan Hıristiyan nüfusun çok oluşuna bağlıdır. Amerikan Protestan misyonerler Yahudilerden destek alamadılar ama Ermeniler üzerinde etkili sonuçlar almaya başlayınca eğitim faaliyetlerine öncelik tanıdılar. Robert Kolejini 1863'te açarak eğitime alanına girdiler. 1842'de 4 olan Protestan kilisesi süreç içinde 190 çıkarıldı. **Sonuç olarak tüm devletlerin 1908 devriminin kansız oluşundan olumlu yorumlar yapmaktalardı.**

31 Mart Gerici Ayaklanmasının İstanbul'da Başlatılması

Meşrutiyet yönetimini içine sindiremeyen tutucu kesim, sömürü çıkarları tehlikeye giren eksantrik güçler ve onları destekleyen Hürriyet ve İtilaf partisi ile onun askeri kanadı Halaskaranlar bu gerici eylemin baş aktörleri olup isyanı başlattılar. 1908 Devrimine karşı olanlar İstanbul'da böyle bir ayaklanmanın çıkarılmasının kendilerin lehine olacağı hesaplarını gizliden gizliye yaparak bu eylemi planlayıp yapma kararını aldılar. İttihat ve Terakki halkın deyimi ile **"eski köye yeni adet"** getirdi ve bu kabullenilemedi. Yobaz ve gerici güruh daima statükodan beslenmeyi, semirmeyi ve uşaklık etmeyi ilkesel olarak içselleştirdikleri için onlara özgür olmak özgürlüğün semeresini torunlarına taşımak diye bir beklentileri olamazdı ve hiçbir zaman olmadı da.

Onar gününü gün etmenin ötesini düşünemezlerdi ve tarihe bakınca bu hep böyle süre geldi. Hem üretmezler zaten üretme güçleri ve kabiliyetleri de yok bu güruhun, bunların hedefi her şeye karşı çıkmak ve sokakları kan gölüne çevirerek bu kargaşadan nemalanarak kirlenmiş beklentilerini tatmin etmekti.

Meşrutiyetin ilanından sonra İttihat ve Terakki örgütü halkın özgürce düşünmesini, davranmasını ve özgürlüğün tadını rahat rahat çıkarmanın keyfini yaşasın diye vatandaşları özgür bıraktı ve müdahaleden kaçındı. Özgürlüğün kullanılmasının da bir ölçüsü vardı ve kötü niyetli kişiler bu özgürlüğü İttihatçıların aleyhine kullanmak için yeni ve gizli senaryolar üretme peşine koştular. Bu aleyhte propaganda belli klişeleşmiş geleneksel kültür ve din üzerinde yapılmaya başlandı. Cehalet ordusunun ve art niyetli piyonların elinde kullanacakları malzeme belli, her şeye karşı çıkmak ve "din elden gidiyor" diye onu "joker" gibi kullanmayı alışkanlık haline getirmekti. Halkı etkileyen önemli ve etkileyici tek silahları dindi ve başkada dayanacak ve tutunacak dalları yoktu.

Zıya Şakir bu konuda şunları yazmakta: ***"İttihat ve Terakki'nin en büyük hatalarından birisi de, Meşrutiyet'in ilanı ile beraber bir İhtilal hükümeti teşkil etmemesi oldu. Cemiyet, mutlakıyet idaresinin atıl, aciz, felçli, kararsız, karaktersiz hükümet tarzına isyan etmişti. Çünkü dâhili ve harici fenalıklara sebebiyet veren, hükümetin o tarz mesleki idi..."***[167] Bu

167 Zıya Şakir, İttihatçılar Döneminde Muhalefet, Akıl Fikir Yayınları, İstanbul Baskı, Temmuz 2019, s. 226.

gerici güruh, meşrutiyet sonrası zaman zaman şu silahlarını çeşitli toplantılarında sözlü ve basın-yayın yoluyla yazmaya başladılar. İttihatçılar 1908 devrimi sonrası bir ihtilal hükümeti kursa ve olayların akışına ve gelişmelerine göre gerekli önlemleri alsa idi bu tür olaylar olamazdı. Onlarlar despotizmle değil demokratik yollarla toplumu yönlendirmek ve yönetmekti hedefleri ancak toplum buna hazır değildi ve İttihatçılar bunu göremedi.. Meşrutiyet yönetimi hem içerde hem de dışarda birçok kesimi rahatsız etmişti ve gizliden gizliye aleyhte propagandalar yapılıyordu.

Zıya Şakir'in bu konudaki görüşlerini okuyalım: ***"Kışlalarda hamam borularını kaldırmışlar, zabitler rakı içiyormuş. Din elden gidiyor, meşrutiyet dediğiniz kıp kızıl gâvurluktur ve şeriattan ayrılmayın. Ramazandı hemen hepsinde dini neşriyat artmıştı. Meşrutiyet, din ve şeriata bir darbe indirmiştir. Şu mübarek Ramazanda oruç tutmayan ve namaz kılmayanlar göze batacak kadar artmıştır. Direkler arası sair yerlerde tiyatrolar, gazinolar, çalgıcı kahvelerinde eğlenceler artmış ve camiler ile mescitler boş kalmış. İslam kadınları hiç olmazsa şu Ramazan ayında kapalı giysinler..."***[168] Meşrutiyet karşıtları özgür ortamı bulunca, İttihatçılara karşı halkı kışkırtmaya başladılar ve süreç içinde bu aleyhte konuşmalar ve yazmalar 31 Mart çıkarcı çevrelerin isyanını başlatmasına neden oldu. Gerici güruh, çıkarcı basın ve softa din adamları özgürlüğü

---

168 Zıya Şakir, Age, s. 229,230-231.

kötüye kullandı. Çünkü onların beslendiği yağlı damar kapanıyor ve üretmeden yaşamak onların olmazsa olmazlarıydı.

31 Mart 1909 olayını başlatanlar, İstanbul Taşkışla binasında ki, Avcı Taburlarının komutanlarını sabaha karşı bazılarını ağaçlara bağladılar, bazılarını da odalara kilitleyerek komutayı çavuş ve onbaşılar ele geçirerek ayaklanmayı Taksim'de başlattılar. Komutan ve Subayların içerde tutulması ve bunların kurşuna dizileceği söylentilerini askerler arasında yaydılar. Bu propaganda ile askerlerin kendilerine daha güven duymalarını yaratmış oluyorlardı. Askerin komutasını **"Hamdi Yaşar"** ismindeki bir çavuş üstlenmişti. Sokağa çıkan bu askerlerin komutası Hamdi Yaşar'ın emrine girdi ve sloganları **'Padişahım çok yaşa, şeriat isteriz'** naralarıyla sokağa dökülüyorlardı. Askerleri sokağa döken Hamdi Yaşar Çavuş, Nisan ayında bu isyanın bedelini idam sehpasında canıyla ödüyordu.

Asker sabah kışladan çıkmaya başlayınca karşılarında şu manzara ile karşılaştılar ve bu gelişmeyi Şevket Süreyya Aydemir şu şekilde yazmakta: **"Ne gariptir ki 4. Avcı Taburu harekete geçip kışladan çıkmaya başladığı zaman kışlanın önünde, ellerinde yeşil bayraklar bulunan birtakım sarıklı hocalar dolaşıyordu. 'Ey kahramanlar, şeriat elden gidiyor, ne duruyorsunuz? Diye sesleniyorlardı askerlere..."**[169]

---

169 Şevket Süreyya Aydemir, ENVER PAŞA Makedonya'dan Orta Asya'ya 1908-1914, Cilt II, Remzi Kitabevi, 17. İstanbul Baskı, Nisan 2019, s. 133.

Ayasofya Meydanında, Osmanlı Mebusan Meclisi önünde toplandılar. İki yüz kadar sarıklı hoca takımı, tekbir getirerek asilerle birleşti. Tüm bu ayaklanmanın arkasındaki güruh,1908 devrimini kabullenemeyen iç ve dış güçlerdi ki, şüphesiz desteklerini Yıldız Sarayı'nda alıyorlardı. İstanbul'da Birinci Ordu ***"Hassa Ordusu"*** bulunuyor ve sayıları 15 bin civarında olup Kumandanı ise Mahmut Muhtar Paşa idi.

Ayasofya'da toplanan isyancı güruh, istemeyüz sloganları ile ortalığı inletiyorlardı. "Şeriat isterük, mektepli zabit istemeyüz, Harbiye Nazırı Ali Rıza Paşa'yı istemezük, Hassa Kumandanı Mahmut Muhtar Paşa'yı istemezük..." gibi taleplerini haykırarak hırçınlıklarını, taşkınlıklarını sürdürmekten geri adım atmıyorlardı. Abdülhamit'in Başkâtibi Ali Cevat Bey ile Şeyhülislam Ziyaettin Efendi Ayasofya'ya gelir ve şu manzara ile karşılaşırlar. *"Ayasofya meydanında tüfeklerine süngülerini takmış, boyunlarına ve göğüslerine çapraz fişekleri geçirmiş binlerce asker dolmuştu. Padişahımızın iradesi var meclise gireceğiz diye askere 'selam dur' borusu çaldı. Başıbozuk askerler meclise girdi..."*[170] Mecliste 30-40 kadar vekil vardı ve Meclis Başkanı Ahmet Rıza Bey yoktu ve olsa linç edeceklerdi. Askerlerin arasında ve şeriat isteyen hocalardan biride Hoca Rasim'di ve mecliste taleplerini vekillere aktardı ve "şeriat isteriz" diye coşmuştu.

31 Mart isyanını tetikleyen baş aktörlerden biriside Volkan Gazetesi sahibi Derviş Vahdeti idi. 1908 devrimi

---

170 Şevket Süreyya Aydemir, Age, s. 138.

sonrası İstanbul'a gelen bu zatı muhterem İngiliz ajanı olduğu söylenmekte ve finans kaynağını da oradan temin etmişti. Eğitimsiz, cahil ve şımarık üretmeden kolay yaşamı alışkanlık haline getiren bu şahıs, meşrutiyet düşmanlığını gazetesinde yaymaktaydı. Derviş Vahdeti kendisi **"Mehdi"** yani kurtarıcı diye tanıtmaktaydı. İsyan bastırıldıktan sonra yapılan sorgulamalarda şu bilgiler elde edildi. ***"Kıbrıslı Mahmut oğlu Derviş adındaki şahıs, hiçbir ilmi ve içtimai terbiye görmemiş olup, şimdiye kadar içki ve şarkıcılıkla serseri bir hayat geçirmiş olduğu, sorgulama sırasında kendi ifadeleri ile meydana çıkmıştır."***[171] Derviş Vahdeti, Hareket ordusu kumandanına yalvararak bir dilekçe ile şu beyanatta bulunarak affını ister. "Ben deliyim, ne yaptığımı ne yazdığımı bilmiyorum." Diye yalvarması, suçlarını arkadaşlarının üstüne yığması kişilik yapısının kimliğini ve karakterinin bozukluğunun çapını sergilemekteydi.

31 Mart Olaylarını Yaratan Süreç Nasıl Gelişti?

Hamdi Yaşar, alaylı çavuştu ve isyancıların başkumandanı olup aldığı destekle isyanı başlattı. Medrese öğrencileri, çağdışı din adamı maskesinde olan yobaz takımı ve yerlerine gelecek genç subaylardan korkan alaylı askeri kadrolar ve çevrelerinin yarattığı tutucu bloğun ayaklanması 31 Mart olayının yaratıcılarıydı. Bu karşı devrim güruhunu destekleyenler ve tetikleyenler arasında Prens Sabahattin ve onun partisinin de yer aldığı

171 Şevket Süreyya Aydemir, Age, s. 146.

bilinmekteydi. Bu ayaklanmayı eksantrik güçlerin de desteklediği bilinmektedir ve güçlerin başın da ise çeşitli kaynaklara göre İngiltere gelmekte idi. 31 Mart olayını tetikleyen güç, yazar Ecvet Güresin'e göre İngiltere oldu ve İttihatçıların yönetimde söz sahibi olması çıkarlarına ters düşüyordu. İttihatçıların emperyalizme karşı duruş sergilemesi, İngiliz çıkarlarını tehdit eder olması onların da Abdülhamit limanına sığınmayı tercih etmeleriydi.

31 Mart 1909 gerici ayaklanmasında İngiltere ayaklanan askerleri destekleyerek, İttihat ve Terakki aleyhine tavır aldı ve İttihatçıların Almanlarla askeri bağlantılarında rahatsız olmaktalardı. İngiltere'nin İttihatçılardan rahatsız olmasının temel nedeni bu kadronun özgürlükleri savunuyor olması, ulusçuluk kavramını gündeme taşıması Müslüman ve Türkçülük akımının kabul görmesi İngilizleri telaşlandırdı. Özgürlük mücadelesi Araplara da sıçrarsa İngiliz sömürü alanları zarar görür hatta sömürge alanlarını kaybedebilirlerdi. Özünde tüm emperyalist ülkelerin sömürge çıkarına İttihatçıların 1908 Devrimi ters gelmekte idi. Halk uyanırsa emperyalist ülkelerin çıkarları bozulurdu. Öyle ise 1908 Devrimi ortadan kaldırılmalı ve İttihatçılar cezalandırılmalı düşüncesi eyleme dönüştürüldü. Osmanlı toprakları sömürge alanı için emperyalistlerin iştahını kabartıyordu; öyle ise bu halk uyanmamalıydı ve sömürü çarkları sürdürülmeliydi. Halkın uyanmaması geri kalması hem emperyalist ülkelerin işini kolaylaştırıyordu hem de padişah ve ekibinin işine geliyordu ki, bu nedenle 1908 devrimi hem içerde hem de dışarda pek çok çıkar grup-

larının hesaplarını bozmuştu ve gerici ayaklanması bu düşüncenin ürünü olarak tarihe geçti.

31 Mart karşı devrimi hareketi Arap hinterlantın da kabul görmedi ve Şam'da İttihatçılara karşı olan İttihadi Muhammedi derneğinin isyan başlattığı ve etkisinin de düşük kaldığı görülmüştü. 31 Mart Vakası, İstanbul'da etkili oldu ve İstanbul dışına taşmadan etkisiz hale getirildi. Bu isyanı Akademisyen Hasan Kayalıdan okuyalım: "Şam hariç Arap vilayetlerinde etkisi hissedilmedi. Valiler, yerel ayaklanmalar çıkmasından korkmaya sebep olmadığını bildirirken, bu fırsattan istifade ederek birliklerin kuvvetlendirilmesini ve güvenlik mekanizmasının düzeltilmesini istemişlerdi. Şam hariç, yerel birimlerle İstanbul'daki, isyancıların arasında hiçbir bağ yoktur. Şam'da karşı devrimci ayaklanma, tutucu eşraf ve İttihadi Muhammedi'nin yerel şubesi tarafından düzenlenmişti."[172] Şam'da isyan genişlemeden kontrol altına alındı, asıl olay İstanbul'da etkili oldu.

15 Nisan 1909 da The Times gazetesi başyazarı şöyle yazmakta, *"Türklerin hemen hiç kan dökmeden ve maddi zarar yapmadan ordu eliyle yeni bir ihtilal yaptıklarını belirtmekteydi. Belki asker arasında, bazı gericiler vardı, ama ayaklananların saflarında Temmuz devrimini yapan subaylar kadar, aydınca siyasal kararlar alabilecek kadar eksik değildi."*[173] İngiliz basını, 31 Mart gerici ayaklanmasını desteklemekte ve ikinci bir devrim olarak nitelemesi

---

172 Hasan Kayalı, Jön Türkler ve Araplar, Türkiye İş bankası Yayınları, 1. Ocak Baskısı,2018,s. 86-87

173 15 Nisan 1909 da çıkan The Times Gazetesi, Başyazarı.

ise desteklerini açıkça ortaya koymuş olmakta. İngilizler çok aceleciydi ve İttihatçılar bu İngiliz oyunlarını bozacak ve bu durumda Almanlar İttihatçıların yanında yer alacaktı. 1909 hareketini İngilizler kansız devrim diye nitelemesi bu gerici ayaklanmayı resmen desteklemesi, Alman İmparatorluğunu Türklerin yanında yer almaya sevk etti ve İngiltere bu süreçte Almanlar konusunda tarihi yanılgı içine girdiğini tarih yazacaktı.

31 Mart ayaklanmasının önceden planlandığını ve Erzincan ve Erzurum'a militanlar gönderilerek taraftar yaratılmaya çalışıldığını Taylan Sorgun şöyle yazmakta: "Erzincan ve Erzurum'a elebaşı ajanlar göndererek bazı çavuşları elde etmişler ve ayaklanmaya hazırlamışlar. Bu ayaklanmaya geniş bir şekilde hazırlanılmıştır. İsyancıların amacı Anadolu ordusunu ele alarak Rumeli'den gelen orduya karşı koyabilsinler diye. Erzincan'da iki büyük kışla vardı. Birisi topçu diğeri piyade birliklerine aitti. Ayaklanmaya katıldılar ancak ordu komutanı Mareşal İbrahim Paşa, Müftüyü alarak askerleri geniş bir alanda topladı ve eylem bitirildi." [174] 31 Mart eylemine hazırlanan güruh Erzurum ve Erzincan'daki, eylemlerinden hedeflerine varamadılar ve komutanlar olayı büyütmeden ve kan dökülmeden eylem kontrol altına alındı.

31 Mart gerici ayaklanmasını yaratan güruhun liderlerinden biride Prens Sabahattin olduğunu Cemal Paşa, hatıratında yazmakta: "Saffet Lütfü Bey ve arkadaşlarının ve

---

174 Taylan Sorgun, İmparatorluktan CUMHURİYETE (Fahrettin Altay Paşa anlatıyor), Kumsaati Yayınları, 5. Baskı İstanbul, Mayıs 2004, s. 37,39.

gerek Nihat Reşat ve arkadaşlarının muhakemesi sırasında öğrendim ki, Prens Sabahattin hazretleri de 31 Mart'ın tertipçilerinden birisi imiş."[175] Prens Sabahattin, cezalandırılamadı araya İngiliz sefareti devreye girerek tutuklanmaktan ve yargılanmaktan kurtarıldı. Üstelik 27 Nisan 1909'da İngiliz yazar Ramsay, Sabahattin'e bir şey yapılmayacağını kesin dille söyleyebilmişti. Bu ülkenin kontrolünün İngiliz elinde olduğunu göstermektedir. Osmanlı emperyalist devletlerin at koşturduğu, ajanlarının kol gezdiği bir ülke haline getirilmişti. Ekonomi zayıfsa takatiniz ve yaptırım gücünüz emperyalist ülkelerce yok hükmündedir.

31 Mart ayaklanmasını Doğan Avcıoğlu, Ecvet Güresin'in ortaya çıkardığı belgeye dayanarak Prens Sabahattin, in Mehmet Reşat'ı ziyarete gelmesini ve beklentisini şu şekilde yazmakta: "İttihat ve Terakki Cemiyeti gayet mahirane ve esrarengiz birtakım oyunlar oynuyor. Belki bir ihtilal çıkaracak ve birçok kan dökecekler. Bu ihtilal sonucun da Abdülhamit'i hal ederek, sizin hakkınızda yapılacak muameleyi bilemezsem de Yusuf İzzettin Efendiyi tahta geçirecekler... Sizi tahta çıkarmak için çareler düşündük. İhtilal 10-15 günden evvel olmaz. İhtilalin önlenmesine çare olamasak ta sizin hayatınızı ve hukukunuzu korumak için çare bulduk. Biraz paraya ihtiyacımız var, bunun için müzakereye geldim."[176]

---

175 Cemal Paşa, HATIRALAR (İttihat ve Terakki ve Birinci Dünya Harbi), Tamamlayan ve tertipleyen BEHÇET CEMAL, Selek Yayınları, İstanbul Baskısı, 1959, s. 32.

176 Doğan Avcıoğlu, 31 Martta Yabancı Parmağı, Kaynak Yayınları, 1. Baskı İstanbul, 2013, s. 100.

Sabahattin'in para temin için sarayla nasıl tezgâh oyununa girdiğini ve kimi padişah makamına getireceğinin pazarlığını yapma peşinde oluşu gülünç ve sinsi planın önceden hazırlandığını göstermekte. Daha sonra Padişah olacak V. Mehmet Reşat, Sabahattin'in oyununa gelmeyecek ve İttihatçıların yanında yer alacak ve padişahlık koltuğuna oturacaktı.

Sina Akşin 31 Mart olaylarını başlatan sevk ve idaresini yapan Abdülhamit değil, muhalefettir. Abdülhamit muhalefet liderlerinden Sabahattin gibilerini sevmezdi. Yine Avcıoğlu'na göre, Abdülhamit'in 31 Mart olaylarının lideri değil ancak bu durumdan yararlanmak istemişti. Doğan Avcıoğlu, Muhalefet liderlerinden Rıza Nur'un Abdülhamit'i devirme planlarını onun hatıratında alıntı yaparak şu şekilde yazmakta, ***"31 Mart'ta İttihatçılardan kurtulun muştu, böyle bir fırsat bir daha ele geçer mi? Bunları burada bir daha ezip işi bitirmeli. Düşündüm, ya Abdülhamit? Dedim ki aynı zamanda onu da halletmek mümkündür. Harbiye nezaretine gittim ve Nazım Paşa ile görüştüm..."***[177] 31 Mart şeriatçı olaylarını başlatanların Abdülhamit'i de devirerek kendi düşüncelerine uygun ve yönetebilecek birini tahta çıkarmak planları arasındaydı. Bu devrime karşı çok önceden planlar kurulmuş ve eyleme geçilmişti. İngilizler ne olursa olsun İttihat ve Terakki'den kesin kurtulmak istiyorlardı ve 31 Mart olayını para ile finanse ettikleri mümkündü. İttihatçılar, Almanlarda destek almakta

177 Doğan Avcıoğlu, Age, s. 103.

ve İngilizler hem İttihatçılardan hem de Almanlardan kurtulmak planları dâhilinde idi. Prens Sabahattin'in planları sadrazamlık makamını elde etmek ve İngiliz çıkarlarıyla birliktelik oluşturmaktaydı. Prens Sabahattin, sadrazam olmak için her türlü oyunun peşine düştü ancak planları İttihatçılara yenilecekti.

Padişah Abdülhamit'in 31 Mart İsyancılarını Desteklemesi

İsyancı güruh pek çok kan döküp İstanbul'u esareti altına aldıktan sonra Padişah Abdülhamit ile görüşmek için Yıldız Saray'ına gittiler. Padişah Abdülhamit'in gerici ayaklanmasını yaratanları Yıldız Sarayında kabul etmesi, 31 Martçıları destekler nitelikte ve onlar da bundan güç aldılar ve çılgınlıklarını sürdürmeye kararlı hale geldiler. Bu olayı İttihatçı Cumhurbaşkanı Celal Bayar şu şekilde yazmakta: **"Beş altı bin kadar silahlı güruh ve asker de meclis önünü sarmıştı. Lazkiye Mebusu Mehmet Arslan Bey asilerin açtığı ateşle öldürüldü. Adliye Nazırı, Nazım Paşa'da vurularak öldürüldü. Donanmadan Bahriye Binbaşısı Ali Kabuli Bey'i yakalamışlar ve 'şeriat namına' parça parça etmek istiyorlardı. Bu Ali Kabuli Beyi bir kafes içinde Yıldız'a getirdiler. 'Şeriat isteriz, Padişahım çok yaşa' devamlı bağırmaktalardı. 'Şevketlim bu adam haindir. Sarayı topa tutacak İstanbul'u yakacaktı' Ali Kabuli huzura çıkarıldı ve Padişahı askerce selamladı. Padişah iki asiyi yanına çağırdı ve bunlarla ayrı ayrı konuştu. Padişahın Başkâtibi Cevat Bey, bu**

laubali hareketi beğenmedi, 'Zatı şahanemize bunlarla görüşmek yakışmaz' dedi. Abdülhamit' Bizi yatağımızda yatarken niçin yaksınlar, sormayalım mı?' cevabını verdi. Bundan sonra asiler Ali Kabuli Beyin üzerine saldırarak süngülerle delik deşik ettiler. Cesedini saray civarında bir ağaca astılar."[178] Cumhurbaşkanı Celal Bayar, bu gerici olayını yaratanları Padişah Abdülhamit'in açıkça desteklediğini yazıyor ve koltuğunu bunların desteği ile yaşatacağını düşünerek onları cesaretlendirmekten çekinmiyordu ve böylece kendisinin sonunu kendisi onaylamış olmaktaydı. Padişah II. Abdülhamit, tahttan indirilmeyi fazlasıyla hak ediyordu ve etti.

Asiler Teğmen Selahattin Bey ve akrabası bir subayı da hunharca öldürdüler. Sokağa çıkan subay ve mektepli öğrencileri ve subayları gördükleri yerde katletmeye başladılar ve İstanbul bu asilerin eline geçti. Okullu talebelere düşmandı bu güruh okumuş insan düşmanı ve cehaletlerin derin dostu olup o cehalet havuzunda beslenmekteydiler. İstanbul sokakları silahın ve süngünün esaretine girmişti, kara cübbeliler sokaklara dökülmüş cinayet avına çıkmışlardı. Asiler boş durmayarak saldırılarını sürdürüyorlar ve **"Emin Aslan adındaki bir mebus Hüseyin Cahit'e benzediği için hunharca öldürdüler."**[179] Abdülhamit'le bu gerici güruhun gö-

---

178 Celal Bayar, BENDE YAZDIM Milli Mücadeleye Gidiş, 1. Cilt, Türkiye İş Bankası Yayınları, 1. İstanbul Baskı, Kasım 2018, s. 174-175

179 Kazım Özalp- Teoman Özalp, Atatürk'ten Anılar, Türkiye İş Bankası Yayınları, 2. Ankara Baskı, 1994, s. 4.

rüşmesi ve destek alması katliamlarının artmasına ve acımasızca sürdürmesine destek oldu. Padişah olayları yatıştırması gerekirken yeşil ışık yakması İstanbul sokaklarının kırmızı kana boyanmasının nedeni oldu.

Volkan gazetesi açıkça bölücülük yaparak yabancı güçleri dost göstermekten sıkılmada propagandalar yapmakta. Bu gazete daha da ileri giderek" **Önce İngiltere sonra Şeriat"** diyerek meşrutiyet yönetimine açıkça cephe aldı. Derviş Mehmet, tam bir İngiliz ajanı olarak yetiştirildi ve İngiliz çıkarlarına hizmette geri durmamıştı. Finansman ihtiyaçları İngilizlerce karşılanmış, o da onlara hizmette kusur etmemeye özen gösteriyordu ve karşılıklı çıkar sürdürülmekteydi. İngilizler Osmanlı ve Orta doğuda tüm sorunlarını parasal yöntemlerle çözmeyi prensip haline getirmeye çalıştı. İngiliz altını hızlı koşan kısrak oldu, her yere koşarak İngiliz sorunlarını ve çıkarlarını zarar görmeden çözerdi. İngilizler geri kalmış ülkelerde İngiliz altını ile sömürge alanları yarattı, para ile satın alınan, onun çıkarlarına hizmet eden **"o kadar hain"** çoktu ki, sayıların dili donardı, sayamaz üzüntüden diller paslanırdı. Celal Bayar'ın anlattığına göre Padişah Abdülhamit'te bu gericileri tümden destekler durumdaydı.

İttihatçılara karşı Rusların ve İngilizlerin dost olduğunu savunan şeriatçı yapılanma bakın neleri dile getirmekte, ***" Şeriatçı Volkan gazetesi ile İttihad-i derneğinin yöneticisi Derviş Vahdet'i ye göre, Rus Çarı ve İngiliz Kralı, İslam'ın dostları. Peki ya, düşman kim? Düşman, İngiliz dostluğuna inandığı halde, milliyet-***

çi eğilimlerle İngiliz politikasına az çok karşı çıkan İttihat ve Terakki'dir." [180] Öz halkına güvenmeyen bu güruh, çözümü ve desteği dış güçlerden aramakta ve içerde kendisi gibi düşünmeyenleri düşman görmekteydi. Oysa Osmanlı ne çekti ise bu dış güçlerden çekti ve dış güçler devleti yok etti. İngiltere, ne kadar çok altın dağıtırsa o kadar vatanına ihanet eden güruhta toplayabilmekteydi. Ulusçuluk kavramının gelişmediği toplumlarda parayla satılan ihanet çetelerinin sayıları artar. Araplar, İngiliz ve Fransız altınlarını görünce Osmanlı'yı anında çil çil altınlara sattılar. Bir millette ulusçuluk fikri gelişmemişse, o milletler ülkesini açık Pazar yapmaya adaydır. Atatürk bu kötü gidişi gördüğü için ümmet değil millet dedi; millette vatan bilinci, ulus bilinci geliştikçe ülkesine ihanet edenlerin sayıları azalır.

Akademisyen Vahdettin Engin, 31 Mart olayına destek verenleri şu şekilde yazmakta: ***"Bazı sarıklı öğrenciler, Ahrar Fırkası'na mensup bazı politikacılar, hatta bazı milletvekilleri, Prens Sabahattin bey takımı. Bazı gazete yazarları ve İttihad-i Muhammedi Fırkası mensupları. Bütün bu kuruluşları bir araya getiren İttihat ve Terakki'ye olan düşmanlıktı."*** [181] Hassa Ordusu kumandanı Mahmut Muhtar Paşa, ordunun başında ayrılarak saklandı. İsyanı bastıracak ordu ortadan yoktu. Sadrazam, Hüseyin Hilmi Paşa'da istifa etti ve mey-

180 Doğan Avcıoğlu, 31 Mart'ta Yabancı Parmağı, Kaynak Yayınları, 1. Baskı 2013, s. 30

181 Vahdettin Engin, Bir Devrin SON SULTANI II. ABDÜLHAMİT, Yeditepe Yayınevi, 4. Baskı İstanbul, Mart 2017, s. 317.

dan boşluğa düştü ve isyancıların cirit atması kolaylaştı. Meclis Başkanı Ahmet Rıza'da ortadan kayboldu ve İstanbul başıbozuklara kaldı. İstanbul'da tam bir başıbozukluk hüküm sürüyordu.

Abdülhamit stratejisi, ne kadar okumuş Harbiyeli subay varsa tümünü yakınından uzaklaştırarak İstanbul'un dışında görevlendirirdi. Bu Harbiyeli Subaylar, isyanları bastırır, cephelerde ayrılıkçı güçlerle savaşır ve maaş bazen alamazlardı ve İstanbul'da alaylı subaylar gününü gün ederlerdi. Okumuş subaylardan ve okumuş aydınlardan uzak durmayı tercih ederdi. Onun etrafındaki koruma ordusu ve danışmanları alaylı Paşa ve subaylardan oluşmaktaydı. Okumuş yerine okumamışı tercih etmesi ve okumuşları da İstanbul dışında İstanbul'dan uzak yerlerde tutmaktı. Dün okumuşlardan nefret edenler,2018'de YÖK üyeliğine atanan unvanı Prof. olan bir şahıs şöyle söylemekte "Ben bu ülke de okumuş değil okumamış insanların ferasetine inanıyorum" diyerek cehaleti öne çıkarmakta ve cehaletten beslenmeyi desteklemesi düşündürücü.

İkinci meşrutiyeti içine sindiremeyen iç ve dış güçlerin durumunu Yazar Mücahit Gültekin bakın nasıl yazmakta "İttihat ve Terakki'yi; doğrulukla çalışanlardan, yıllarca işkencelere göğüs gerenlerden kurulu saygın ve kutsal bir dernek olarak halka tanıtmışlar. Sonra da tüm güçleriyle İttihatçıların karşısında olmuşlar. Özgürlüklerini kısıtlayan İkinci Abdülhamit'i övmüşler. İkinci meşrutiyetin getirdiği özgürlüklere karşı çıkmışlar. İttihat ve Terakki'yi ortadan kaldırmak, devlete egemen olmak için, gizli gizli örgütlenmeye başlamışlar ve 31 Mart Gerici Ayaklanmanın planlanmasın da etkili olmuşlar."[182]

Bu güruh, acımasızca tüm ilericilere saldırarak şeriat isteriz naralarıyla günlerce şımarıklıklarını sürdürdüler. Çok sayıda genç subay adayı askeri öğrencileri acımadan katlettiler. 31 Mart olayını Kazım Karabekir Paşa'da yazdı, birde onun kaleminden okuyalım bu olayın akışını: *"31 Mart günü ağızdan ağıza işitiliyordu. Unkapanı köprüsü yıkılmış, ahali birbirini kırıyormuş. Avcı ve nizamiye askerlerinin bölük bölük zabitsiz, İstanbul tarafına geçtiği görülüyordu. Ahali de askerin peşinde Harbiye Nezaretine gidiyordu. Zabitleri vuruyorlardı. Asker şeriat isteriz diye isyan etmişti..."*[183] Başıbozuk askerlerin ve yalan haber yayarak sokağa dökülen insanların yarattığı bu isyan bastırıldı ve olan suçsuz insanlara oldu. Bu askerlerin başında subay yok çavuşlardan oluşan rütbesiz piyonlar vardı.

31 Mart olayına Veliaht Vahdettin'in de karıştığını Doğan Avcıoğlu yazmakta, "**Mustafa Kemal'in, Meclis gizli celselerinde İngilizlerin adamı olmakla suçladığı Vahdettin'in de; Ecvet Güresin, 31 Mart ayaklanmasında parmağı olabileceğini belirtmekte. Duruşmalar sırasında Vahdettin'in İttihadi Muhammedi Cemiyetine girdiği ve bu cemiyete yardım ettiği ileri sürülmüş fakat hanedanın bu işe bulaştırmaktan**

182 Mücahit Gültekin, Osmanlı'nın Çöküşü, E Yayınları, 1. İstanbul Baskı, Ekim 2017, s. 258-259

183 Kazım Karabekir, İttihat ve Terakki Cemiyeti 1896-1909, Emre Yayınları, 2. İstanbul Baskı, Ocak 1995, s. 435.

çekinildiği için fazla kurcalanmamıştı."[184] Vahdettin İngilizlerin elinde kukla ve Kurtuluş Savaşından da Kemalistlere düşman ve İngilizler dost olup aynı zamanda İngiliz mandacılığını isteyen zatı muhteremdi ve ülkesini bırakarak kaçtı, İngiliz zırhlısı ile. Nedense bizim padişahlarımızın son zamanda yabancı hayranı olmaları, onlara sığınmalarını aklımız alamıyor duygularımız isyan ediyor.

İstanbul sokakları şeriat naraları ile inlemekte ve geceleri halk uyku uyuyamaz hale gelmişti. Yobazların baskısı ve kinci davranışları halkı tam bir sindirme sürecine soktu. Padişahın da ses çıkarmaması onları tam bir şımarıklığa, küstahlığa ve İstanbul'un tepesinde tepinen lümpenleri haline getirdi. *"İstanbul'da işbirlikçi muhalefet ve İngilizler istedikleri gibi at oynatmaktaydılar. Hariciye Nazırı Rıfat Paşa ve tertipçilerinden İsmail Kemal, işbirlikçi bir Arnavut nasyonalistidir. Yunan hariciye Nazırı Baltacis 'ten para alarak Osmanlı mebus seçimlerinde çalışmak için görevlendirilmişti. Bu satılık kişi, İngiltere'nin adamıdır. Bütün Arnavut köylerine dağıtılan bir telgrafında İsmail Kaya, tertipçilerin arasın da yer aldığı31 Mart'ın, bir irtica hareketi olmadığını söylemiştir. Ona göre 31 Mart efkârı umumiye'nin, memleketin siyasi hayatına diledikleri gibi hükmetmek isteyenler aleyhine ayaklanmasından ibarettir. Bu iddiaya göre İngiliz Sefaretinin 31 Martı irtica olarak görmemesi."*[185]

1908 Devrimi sonrası Ahmet Rıza Meclis başkanlığı-

184Doğan Avcıoğlu, Age, s. 101.
185 Doğan Avcıoğlu Age,, s. 84

na getirilmişti. İrtica olayı üzerine İttihatçıların lideri ve teorisyeni Ahmet Rıza Bey Meclis başkanlığı görevinden istifa ettirildi. Gericiler, Sadrazamlığa İngiliz hayranı yaşlı kurt Kamil Paşa'nın getirilmesini istemekteydiler. Harbiye Nezaretine de Nazım Paşa'nın getirilmesini talep ediyorlardı. Sultanahmet meydanın da toplanan güruh şöyle haykırmaktalardı **" Şeriat isteriz. Gâvurluk istemeyiz! Mektepli zabit istemeyiz! Padişahım çok yaşa!"**[186] 31 Mart olayını yaratan güruh kendi görüşleri doğrultusunda bir hükümet kurulmasının peşindeydi. İstedikleri gibi İmparatorluğu II. Abdülhamit'le birlikte despotizm baskısı ile yönetsinler.

İngiliz yanlısı Sadrazam Kamil Paşa, İngilizlere fazla tavizler verirken ve İngilizler etkili hale gelirken bu tavizlerden Almanlar rahatsız olmaktaydı. Alman İmparatoru'nun Türk ordusunu ıslah etmek için gönderdiği subay ve eğiticilerde 31 Mart olaylarından rahatsız olmuşlardı. "Alman subayları, 31 Mart kargaşası sırasında, disiplinin tamamen kaybolduğu bir orduda çalışamayacaklarını dile getirerek istifa etmeye kalkıştılar. Alman Büyükelçisi Marshall von Bieberstein, onlara beklemek zorunda olduklarını bildirdi. İmparator Wilhelm'inde görüşleri bu yöndeydi."[187] O anda Osmanlı ordusu ile bağları kesmek, İngiliz beklentilerine hizmet

186 Şevket Süreyya Aydemir, İKİNCİ ADAM, 1. Cilt, Remzi Kitabevi, 14. İstanbul Baskı, Mart 2011, s. 55.

187 Ahmet Feroz, JÖN TÜRKLER Osmanlı İmparatorluğu'nu Kurtarma Mücadelesi 1914-1918, Türkiye İş Bankası Yayınları, 11. Baskı İstanbul, Haziran 2021, s. 21. (Çeviren: Tansel Demirel)

etmekten başka bir şey olamazdı ve ordu içinde kalarak kazanımlarını korumak doğru olandı ve Almanlarda kalarak doğru olanı yaptılar. Burada Almanların yüksek menfaatlerini korumaya karar verdiler. Şunu görüyoruz ki, tüm emperyalist ülkeler Osmanlı'nın topraklarına göz dikmiş durumdalar ve Türklerin gerçek dostları yoktu. Tarih dış politikada gerçek dost yok der ve ülkelerin çıkarları öncelik kazanır varsayımı güncelliğini sürekli korumaktadır diye not düşmekte.

Hareket Ordusu İstanbul'da ve Mustafa Kemal'in Okuduğu Bildiri

İstanbul'da gericiler kan dökmeye devam edince İttihatçıların önemli liderlerinden Talat Bey olayı ilgili birimlere acilen telgrafla bildirerek gerekli önlemlerin alınması konusunda şu talepte bulundu: *"İstanbul'da ayaklanma başlamıştır. Merkezi Umumi bu sebeple Selanik'e nakledilmiştir. İsyanın Şark vilayetlerine sirayeti ihtimali vardır, Şark vilayetlerinin idaresini Merkezi Umumi namına ele almanız zarureti hâsıl olmuştur."*[188] *Talat* Bey, gerici isyanıyla ilgili olarak şark bölgesinde ki ilgili komutanları uyararak isyanın oralara sıçramaması konusunda anın da uyarmıştı ve şarkta gereken önlemler alındı. İsyanın İstanbul dışına taşmaması için genç İttihatçı kadrolar iletişim kanallarını kullanarak gerekli önlemlerin alınarak, isyanın İstanbul'la sınırlı kalması

---

188 M. Taylan Sorgun, Halil Paşa, Bitmeyen Savaş, İttihat ve Terakki'den Cumhuriyete, Yaylacık Matbaası, İstanbul, 1972, s. 67

önceliklerivdi. Padişah ve kadroları isyanın bastırılması konusunda mücadele vermiyor, sorunu çözmek İttihatçılara kaldı ve onlarda gerekli olan sorunu çözme kararını aldılar. Çözüm Selanik örgütünce çözülecekti ve karar alınıyor acilen hazırlıklara başlanıldı.

İttihatçılar Selanik'ten harekete geçerek İstanbul'a yürümek ve ayaklanmayı bastırmak için hazırlıklara başladı. Selanik'te ki, ordu gelerek İstanbul ayaklanmasını bastıracak haberleri üzerine, İngiliz gazetesi alaycı yazısı ile The Times şu yorumu yapmaktaydı, *"Hareket Ordusu'nun tehditlerinden " blöf" diye söz etmekteydi. Times, üç haftadan önce yığınak yapılmayacağını, yapılsa da, Nazım ve Ethem Paşaların İstanbul yakının da bir yığınağa müsaade etmeyeceğini, muhakkak saymaktaydı. Ethem paşa, Mahmut Şevket Paşa'nın İstanbul'a ordu ile gelmemesi için uyarı da bulunmuştu."*[189] Selanik'te hareket eden ordu İstanbul'a gelerek ayaklanmayı bastıracaktı.

İstanbul'u gerici işgalinden kurtarmak için Selanik'te Mahmut Şevket Paşa başkanlığında Hareket Ordusu kuruldu ve Edirne'de gelen askeri birliklerle buluşularak İstanbul'a girilecekti. Selanik Kurmay heyetin de Mustafa Kemal'de bulunmaktaydı ve İttihatçılar Mahmut Şevket Paşa'nın komutası altında toplanarak İstanbul'a en kısa sürede yürümeye hazır hale geldiler. O sıra da Osmanlı donanmasının başında İngiliz Amiral Gambel Paşa bulunmaktaydı. Yani donanma bir İngiliz komutana teslim edilmişti. Donanmayı İngiliz Generale teslim

189 Doğan Avcıoğlu, Age, S. 84

eden II. Abdülhamit son zamanlarda İngilizlerle pek yakın ilişki içine girmişti. Aslında donanmayı da Haliçte çürümeye bıraktı ve ortada düzgün donanmada yoktu. Hareket Ordusu İstanbul'a girerse onu önleyecek komutan Gambel olacak diye işgalciler sevinmekteydiler. Selanik'te kalkan Mahmut Şevket Paşa komutasındaki Hareket Ordusu kısa sürede İstanbul'a girdi.

Hareket Ordusu (Özgürlük Ordusu) tüm güçleriyle İstanbul Hadımköy'e geldi ve Üçüncü Ordu Komutanı Mahmut Şevket Paşa, Hareket Ordusu Komutanı da Hüseyin Hüsnü Paşa idi. Hareket Ordusu 6 Nisan 1909'da Yeşilköy'e girdiği zaman halk akın akın orduyu ziyarete geliyordu. Kurmay heyeti bir bildiri hazırladı ve Sadık Bora bu bildirinin **Mustafa Kemal** tarafından İstanbul halkına okunduğunu şöyle yazıyor:

"1- Millet kendisini senelerden beri zulümle idare eden baskıcı idareyi parçaladı ve meşrutiyeti getirdi...

2- Millet, yaşamın ve geleceğin tek garantisi olan meşrutiyetin parçalanarak şer'i kanunların, toplumun kurtuluşu ve mutluluğunun temeli olan anayasamızın ayaklar altına almak isteyenleri gördü. Bu alçakça durumun yaratılmasına sebep olanlara hak ettikleri cezayı vermek için İstanbul üzerine yürümeye karar verdi...

3- Hareket Ordusunun maksat ve görevi, meşru meşrutiyet hükümetimizi hiçbir kuvvetin sarsmayacağı surette kuvvetlendirmek ve sırf şeriat kuvvetleriyle perçinlenen kanunuesasinin önünde hiçbir kanun, hiçbir kuvvet olmadığını... Vurgulamaktaydı.

4- Zulüm görmüş ahali ve tarafsız askerler tamamıyla himaye edilecektir. Ancak tahrikçiler ve fesatçılar laik oldukları kanuni kovuşturmadan mutlaka kurtulamayacaklardır.
5- Faziletli din ilmi heyeti başımızın tacıdır. Fakat şahsi çıkarları adi menfaatleri için yalandan âlim kılığına bürünen birtakım hafiyeler ve çıkarcılar elbette kanunun pençesinden kurtulamayacaklardır.
6- Muhterem millet mebuslarının ve onların güvenine sahip vekiller heyetinin hayatları ve kanunuesasinin kendilerine sağladığı hukuk yetkileri tamamıyla sağlanacak, sükûn ve umumi asayiş temin edilecektir.
7- Vatanın milli selamet ve saadetinin gerektirdiği bu askeri icraat esnasında yardım, dâhili inzibat ve sükûneti ve cümle ahalinin can ve mal emniyeti için her türlü tedbir alınmış bulunmaktadır.
8- Muhterem elçiler ve tüm yabancı misafirlerin huzurlarının bozulmasına meydan verilmeyeceklerdir.
9- İstanbul'un feci olayında kanları dökülen şehitlerin ruhları karşısında hesap vermeye, korku ve dehşete kapılmaya mahkûm olanlar ancak bu kanlı facianın failleri ve teşvikçileridir. Bu hakikati herkes bilmeli, telaş ve heyecana kapılmayıp müsterih olmalıdır."[190] Mustafa Kemal, ayrıca kara ve deniz kuvvetleri içinde bir bildiri okudu. Ordu içinde birlik beraberliğin sağlanacağını ve yasalar

190 Sadi Borak, ATATÜRK'ÜN İstanbul'daki Çalışmaları 1899-16 Mayıs 1919, Kaynak Yayınları, 2. Baskı İstanbul, Ağustos 1998, s. 54-55.

çerçevesinde suçluların gereken cezaya çarptırılacağını da deklere etmekteydi.

Bildiriden sonra gerici güruhun teslim olmayışı ve saldırılarını sürdürmesini Tarihçi Enver Behnan Şapolyo'nun Hareket Ordusu'nun dört kolda İstanbul'un belli merkezlerine yürüdüğünü ve teslim olmayan isyancılarla vuruşmaya başladığını bakın nasıl yazmakta: **"Bakırköy, Davutpaşa, Kâğıthane ve Balmumcu çiftliğini tutmuştu. İstanbul karakollarında ateş edildi ve Babıali önünde birkaç saat süren çatışma oldu. Harp Okulu öğrencileri de özgürlük Ordusuna katıldı ve Taksim kışlasına yöneldiler ve çatışmalar sonunda teslim alındılar. Taksim ve Taşkışla çetin çarpışma oldu ve 11 Nisan'da teslim oldular. 13 Nisan'da Yıldız Sarayına girildi."**[191] Çatışmalar aralıksız sürdü ve Özgürlük Ordusu tüm asilerin işgali altındaki İstanbul'u kurtardı. 27 Nisan 1909 günü Padişah Abdülhamit tahtından indirilerek Selanik'e sürgüne gönderildi. **31** Mart olayını yaratan sorumlulardan hesabı soruldu ve gereken cezalara çarptırıldılar.

İstanbul'un Defalarca Kurtarılmasında Mustafa Kemal'in Rolü Çok Büyük Oldu

1- 31 Mart 1909'da gerici isyanına karşı, İstanbul'un kurtarılmasında Mustafa Kemal ve İttihatçıların fedakârca çalışmaları sonucunda İstanbul gericilerin elinde kurtarıldı.

---

191 Enver Behnan Şapolyo, Zıya Gökalp, İttihat ve Terakki ve Meşrutiyet Tarihi, İbrahim Berkalp Kitabevi, İstanbul, 1943, s. 118-119-120.

2- Çanakkale Savaşı ile emperyalizmi yenerek İstanbul'u emperyalistlerden kurtarması. Emekli General Naim Babüroğlu, Kurmay Albay Mustafa Kemal'in İstanbul'u Çanakkale Savaşlarında defalarca kurtardığını şu şekilde yazıyor:

a. "Birinci kurtarış 25 Nisan 1915'te 57'nci Alayla Arıburnu'nda düşmana karşı yaptığı taarruzdur. Bu taarruzla Conkbayırı düşman eline geçmesi önlendi.

b. İkinci Kurtarış, 9 Ağustos 1915 günü, Conkbayırı'na saldırıya geçen ANZAK kolordusu, birinci Anafartalar Zaferi ile ikinci kez yenilir ve İstanbul kurtarılır.

c. Üçüncü kurtarış 10 Ağustos 1915 günüdür. 10 Ağustos'ta kesin sonuca varmak için saat 4.30'da süngü hücumu yapıldı, silah patlamadan kesin düşmen yenildi.

d. Dördüncü kurtarış 21 Ağustos 1915'te İkinci Anafartalar Muharebesi ile düşman yenildi ve İstanbul hayalleri yok oldu."[192]

3- Mondros Mütarekesi ile İstanbul'u işgal eden emperyalist ülkeler, Kurtuluş Savaşı sonrası işgal kuvvetlerinin yurdu ve İstanbul'u terk etmesi ile İstanbul Atatürk tarafından son bir kez daha kurtarılmış oldu. İstanbul'un ismi Konstantin'e polisti bu isme Türkçe isim olarak 30 Ocak 1929'da "İstanbul" ismini Atatürk verdi ve tüm dünyaya duyur-

192 Naim Babüroğlu, KEMALYERİ Mustafa Kemal'in Çanakkale'de 9 ay 13 Günü, Asi Kitap, 2. İstanbul Baskı, Aralık 2017, s. 186.

du. Atatürk hem İstanbul'u hem de ismini yabancı egemenliğinde kurtar askeri komutandı.

Üçüncü Cumhur Başkanı Celal Bayar Mustafa Kemal'in Selanik'te hareket eden orduya "Harekât Ordusu" ismini verdiğini şöyle yazmakta: ***"Atatürk, Ankara'da muhtelif zamanlarda bu bahse temas etmişti. Ben de kendisini dinlemiştim. Demişti ki 'İrticai bastırmayı üzerine alacak askeri kuvvetimiz için bir isim düşündüm. Öyle bir isim olmasını istedim ki, çarpışan tarafların duygularına dokunmasın... Herkes bu ismi benimseyebilsin. Fransızca mouvement manasına gelen "HAREKET" kelimesi aklıma geldi. Zaten yürüyüş halindeydik. Kuvvetimizin adı " HAREKET ORDUSU " oldu.***[193] Celal Bayar'ın anlattığına göre "Hareket Ordusu" ismini Atatürk koydu. Bazı Atatürk karşıtları bu ismi onun koymadığını savunmaktalar. Kaynakla sabit olup başka yoruma yer bırakmayacak kadar net ifade. Gelen ordu, İstanbul'a kan kusturan gerici ayaklanmayı bastırdı ve suça karışanlar hukuk önünde gereken cezaya çarptırıldı. Bu isyanda umduklarını bulamayan isyancılar sinsice yeraltına çekilerek oraları geçicide olsa mesken tutmaya çalıştılar.

Doğan Avcıoğlu, İngilizler İttihat ve Terakki'nin siyasetini kendilerine zarar vereceğini gerekçe göstererek karşı çıkmaktalardı ve bu gerici ayaklanmayı da desteklediler. İngiltere, İttihat ve Terakki hareketini daha, başından itibaren bir tehlike olarak görmekte idi. "İngil-

---

193 Celal Bayar, Bende Yazdım, Baha Matbaası Cilt 1, İstanbul 1965, s. 214

tere, Alman emperyalizminin artan tehdidi karşısında, Rus ittifakını diş politikasının temel taşı görmektedir. Çarlık Rusya'sı ise, Boğazlar ve İstanbul'u ele geçirme çabası içindedir. Ayasofya üzerinden" hilali " kaldırıp, "haçı" oturtmak için sabırsızlanmaktadır. Bu nedenle Çarlık Rusya'sı başlangıçtaki sahte dostluk gösterilerine rağmen, Türkiye'yi güçlendirme ihtimali olan milliyetçi İttihat ve Terakki hareketine karşı çıkmaktadır. Türk ihtilalinin tekerleğine çomak sokmak için elinden gelen her türlü oyunu sergilemekte."[194]

İttihatçıların meşrutiyet mücadelesi emperyalist güçleri rahatsız ettiği gibi, içeride de birtakım kişi ve kurumları rahatsız etmişe benzemektedir. Gerici basın İngiliz sermayesi ile İttihatçılara karşı kan kusmaya devam etmekte. Bu gelişmelerden de II. Abdülhamit hiç rahatsızlık duymamakta hatta gerici ayaklanmasını desteklemekte geri durmadı. Tabloya makro açıdan bakınca özgürlüğü savunanlarla statükoyu savunanlar karşı karşıya. Ülkesinin geleceği için çalışanlarla, ülkenin geri kalmasını savunan yerli güçlerle emperyalistler aynı karede buluşmuşlardı. Üçüncü Cumhurbaşkanı Celal Bayar, II. Abdülhamit konusunda şunları yazmakta : ***"Meşrutiyeti gözden düşürmek ve sonun da eski rejimi getirmek amacıyla sinsice, alttan alta çalıştığını, adamları eliyle altınlar dağıttığını ileri sürmektedir."***[195] Padişah II. Abdülhamit'in tahttan indirilmesi. Bu ayaklanmayı bastıran "Hareket Ordusu" 30

---

194 D. Avcıoğlu, Age, s. 55
195 Celal Bayar, Age, s. 412

yıl ülkeyi despotizmle yöneten II. Abdülhamit Tahttan indirilecek ve V. Mehmet Reşat Padişah koltuğuna oturacaktı.

Gerici basının eylemlerini Mahmut Şevket Paşa büyütmeden kısa yolda sorunu bir bakıma bastırarak çözüm yolunu seçti, "***Volkancıların arkasında dış ülkelerin gizli teşekküllerinin parmağı olduğuna şüphe yoktur. Nitekim bu şüphe, duruşmalar sırasında kuvvetlenmiş, fakat İttihatçı Mahmut Şevket Paşa, Düve-i Muazzama ile arayı bozmamak için soruşturmaya izin vermemiştir.*** "[196] Cevdet Güresin'in görüşlerine göre 31 Mart olayın da yabancı güçlerin parmağı kesin ve bunu gören Mahmut Şevket Paşa olayı büyütmeden kapatmak zorunda kaldı.

Tahttan İndirilen Abdülhamit Selanik'e Sürgüne Gönderildi

Sürgün olayını ve o süreci kısaca okuyalım. 31 Mart olayında şer güçlerin ülkeyi parçalamak, gericilerin cirit attığı bir devlet haline getirmek için Yunan'ı, İngiliz'i, Padişahı ve gerici yobaz takımı işbirliği etmişçesine tek karede toplanmışlardı. Hareket Ordusu şer güçlerinin oyunlarını bozarak devleti bu kargaşa yapıdan kurtarmaya kararlıydı. Tüm kirli oyunlar Osmanlı topraklarını parçalamak üzerine kurgulanmış ve oyun oynanmaktaydı. Ayaklanmayı Hareket Ordusu bastırdı ve İstanbul

---

196 Ecvet Güresin, 31 Mart İsyanı, Barbaros Kitabevi, İstanbul Baskı 1969, s. 85

nefes aldı. Abdülhamit tahttan indirilerek Veliaht V. Mehmet Padişah olarak koltuğa oturdu. Sultan Abdülhamit bu gerici ayaklanmaya taraf olduğu için kendi sonunu kendisi getirerek koltuğa veda ettirildi. Bu süreci Sina Akşin'den okuyalım: ***"24 Nisan 1909 günü Hareket Ordusu İstanbul'u işgal etti. Abdülhamit direnilmemesi için askere emir vermiş olmasına rağmen yer yer isyancılarla kanlı çatışmalar oldu... Meclisi Umumi son toplantısını İstanbul'da yaptı. Şeyhülislamın verdiği fetvaya dayanarak Abdülhamit tahttan indirildi ve Veliaht V. Mehmet Reşat padişahlık makamına oturdu."***[197]

Padişah Abdülhamit tahttan indirilerek yeni padişah görevine başladı. Hareket ordusu Kurmay Başkanı Mahmut Şevket Paşa'ydı. Mustafa Kemal, Enver Bey ve İttihatçı kadrolar Selanik'te bu hareket Ordusunun oluşturulmasında büyük emekleri takdire değerdir. O sırada Enver Bey Almanya'da Ateşemiliter ve 31 Mart olayı üzerine yurda dönerek Hareket Ordusuna Çorlu yakınların da katıldı. İstanbul'da gerçi ayaklanma bastırıldı ve İttihatçılar duruma hâkim oldu ve sıra görev taksimatına geldi. Hareket Ordusu şer güçlerini çabucak kontrol altına aldı ve İstanbul sokakları rahat bir nefes alma sürecine girdi. Mahmut Şevket Paşa'ya 1. 2. ve 3. Ordular Müfettişliği Umumiliği adı ile özel görev verildi. Bu isyanı bastıran komutan olduğu için. İstanbul'da 3 yıl sıkıyönetim ilan edildi ve sıkıyönetim komutanlığına da Mah-

---

197 Sina Akşin, Kısa Türkiye Tarihi, Türkiye İş Bankası Yayınları, 21. İstanbul baskısı, Kasım 2016, s. 62

mut Şevket Paşa getirildi. İttihatçılar böylece İstanbul'u güvenli komutana teslim etmiş oldular, bir daha gerici isyanıyla karşılaşmamak üzere.

Hareket Ordusu komutanı Mahmut şevket Paşa, gericilerin yaptığı isyanı bastırdıktan sonra bu hareket ordusu için de yer alan subayları çeşitli görevlere ve yurt dışına göndermeye karar verdi. ***"Paşa, ilkelerine sadık tam bir devlet adamı ve ileriyi gören komutandı. Bazı subayların daha iyi yetişmesi için onları çeşitli görevlere yönlendirdi ve Enver Bey'i Almanya'ya ateşemiliter olarak gönderdi. Mustafa Kemal'i karargâh Kurmay subaylığında görevlendirdi ve Hafız Hakkı Bey'i Viyana ateşemiliter olarak gönderdi. Cemal Bey "Paşa" Fransa'ya ateşemiliter olarak görevlendirdi. Ali Fethi Bey'i de tahttan indirilen Padişah II. Abdülhamit'in komutanı olarak onu korumakla Selanik'e gönderdi."***[198] 31 Mart ayaklanmasını bastıran Kurmay subaylar, yabancı elçiliklerden görevlendirildi. O ülkelerin gelişmişliklerini görmek, oraları tanımak, teknolojilerini, askeri güçlerini ve tüm gelişmişliklerini görerek kendilerinin de vizyon sahibi olmaları için böyle bir görev uygun görülmüştü.

Sultan Abdülhamit, tahttan indirildikten sonra Selanik'e gitmesi istendi ve gitmemek için diretti. Bu süreci Zıya Şakir yazıyor, *"Hüsnü Paşa, padişahın Selanik'e gitmesi için görevlendirildi ve ikna edemedi. Miralay Galip Paşa'da ikna edemedi ve Abdülhamit gitmemek için diretmekteydi. Fethi Bey, 'Efendim! Biz asker sıfatı ile*

---

198 Cemal Kutay, Üç Paşalar Kavgası, Posta Kutusu Yayınları, İstanbul 1978, s. 38-39

aldığımız bu emri icraya mecburuz. Zatı şahaneleri bu gece Sirkeci'den hareket edecek trenle sevk etmek emri aldım."[199] Fethi Bey, Abdülhamit'e ya gelirsiniz isteğinizle ya da biz aldığımız emir üzerini sizi zorla götürürüz diyerek devrik padişaha seçenek hakkı bırakmadı ve derhal yola devamda karar kılındı. Trenle Selanik'te ki, Alateni köşkünde ikamete tabi tutuldu. Selanik işgal edilince bir Alman gemisi ile İstanbul'a getirilerek Beylerbeyi sarayında yaşamını 1918'e kadar sürdürdü.

Mahmut Şevket Paşa'nın Hareket Ordusuna katılan bu kurmay subayların İstanbul'un dışında görevlendirmesinin kendine göre birden fazla sebepleri olsa gerekti. İyi yetişsinler diye ya da İstanbul'dan uzak kalsınlar diye. 1876'dan itibaren Osmanlı'yı despotizmle yöneten II. Abdülhamit 1909 tarihinde tahttan indirilerek otuz üç yıllık despotizm süreci yerini 1908 Devrimine bırakmak zorunda kaldı. Abdülhamit'in sevaplarını günahlarını bir teraziye koyarak değerlendirmenin doğru olacağı görüşündeyim. Eğitime desteği takdire değer ancak toprakların üçte ikisi bu padişah tarafından kaybedildi. Devleti despotik yönetimle yönetti. Kendisini padişah yapan Mithat Paşa'yı tayf zindanlarından boğdurtarak öldürdü. Hatalar yumağı sayfalara sığmayacak kadar büyük ve sayfalar açıldıkça daha da büyümeye aday sürecin içinde bulundu.

Bernard Lewis, Mahmut Şevket Paşa'yı şu şekilde tanıtıyor: "Paşa'nın başlıca meselesi siyaset değil sa-

199 Zıya Şakir, İTTİHAT VE TERAKKİ II. CİLT- Nasıl Yaşadı, Akıl Fikir Yayınları, 1. Baskı İstanbul Baskı, 2014, s. 368.

vunmaydı ve İttihat ve Terakki Cemiyeti'nin eski gücüne dönmesini kolaylaştırma yöntemiydi. 1909 ile 1911 arasında Cemiyet kıdemli subay ve yaşlı devlet memurlarında... Egemen ve siyasi güç haline geldi. 21 Kasım 1911'de Hürriyet ve İtilaf partisinin kurulmasıyla sorunlar artmaya başladı."[200] Emperyal güçler Osmanlı içinde sürekli çıkarları doğrultusunda tüm kurumlarla oynamaktaydılar. Ekonomik olarak iflas eden ülkelere sürekli yaptırım uygularlar ve baskıları "Demokles'in kılıcı" gibi devamlı sallandırılırdı.

İtalyan basını Abdülhamit'in tahttan indirilmesini şöyle yazmaktaydı. **"Devrilen bir sultan değil ama yıkılan bir saltanattır."**[201] İtalyan basını yıkılan bir saltanattı diyerek geleceğin daha özgür ortam olacağı mesajını vermekteydi. Sultan Abdülhamit'ten sonra patrimonyal yönetimin yerini meşrutiyetin aldığı görülmekte. Yeni bir dönem yeni bir süreç 1909'dan sonra başladı. Devletin ağır sorunları yeni yöneticilerin de önünü tıkamakta ve geleceği görme konusunda zayıf durumdaydılar. Osmanlının ekonomik olarak iflas etmesi ve aşırı dış devletlere borçlu olması, İttihatçıların da önünü görmesinde ve çözümler üretmesinde sürekli sorunlar yarattı. Patrimonyal yönetim yıkılınca **"devlet aklı"** geleceği görme konusunda yeni bir sürece evrildi. Bu devlet aklı yeni kurulacak Cumhuriyetin yolunu çizen çağdaş ve laik sistemin temellerini atan sürecin ön sezgileriydi.

200Bernard Lewis, Age, s. 297-298.

201 Habip Hamza Erdem, Fransız Basınında GENÇ-TÜRK DEVRİMİ, Kaynak Yayınları, 1. İstanbul Baskı, Ocak 2016, s. 59.

Türk- Alman Dostluğu Yeni Bir Sürece Evrildi

31 Mart olayından sonra Türk- Alman dostluğu askeri ilişkilerde ve diplomatik kanallardan yeni bir sürece evrildi. Emperyalistlerin tüm beklentileri Orta Doğu petrolleriydi ve tüm senaryolarda bunun üzerine kuruldu ve bu bölgenin sahibi de Osmanlı olunca hedef tahtasına Osmanlı konuldu. Alman-Osmanlı ilişkilerinin tarihsel boyutunu kısaca görelim. Bu petrolün hatırı için Alman İmparatoru Kayser'in nasıl kılıklara bürünerek nasıl gülünç duruma düştüğünü Doğan Avcıoğlu'nda okuyalım, "II. Abdülhamit dönemi, Suriye'de şeyhler gibi giyinerek Selahattin Eyyubi'nin türbesine çelenk koymuştu. Harun Reşit ile Şarlman arasındaki dostluğu hatırlatarak 300 milyon Müslüman'ın Halifesi Abdülhamit'in en yakın dostu olduğunu ilan etmişti. Düşmanları ona **"Berlin Halifesi"** *demişlerdi. Alman* emperyalizmi, Anadolu ve Mezopotamya'ya nüfuz etmek ve halkı Müslüman İngiliz ve Rus sömürgelerini tehdit etmek için, İslamiyet'i iyi bir ideolojik silah olarak görmüş ve bundan yararlanmaya önem vermiştir. "[202] Almanların Ortadoğu petrolleri hep ilgisini çekti ve o bölgenin kontrolünü ele geçirmek ve Süveyş Kanalı yolu ile Hindistan'da İngiliz sömürgesinin kollarını kesmek istemesiydi. Bir ve İkinci Dünya savaşlarının da temelinde bu petrol kaynakları bulunmaktaydı. Almanların Birinci Dünya savaşında Osmanlı'yı yanında görmesinin temel nedeni yine

---

202 Doğan Avcıoğlu, 31 Martta Yabancı Parmağı, Kaynak Yayınları, 1. Baskı İstanbul, Kasım 2013, s. 39.

Arapların hidrokarbon yatakları oluşudur. Şunu çok iyi bilmek zorundayız ki tüm ülkelerin dış politikada dostu değil çıkarları ön plandadır. Almanya'da tıpkı öteki emperyalistler ülkeler gibi çıkarlarını düşünmek ve çıkarları peşinde koşmaktı.

Alman İmparatoru Wilhelm, 1889'da II. Abdülhamit'in konuğu olarak eşiyle birlikte İstanbul'a geldi. Abdülhamit'in Kızı Ayşe Osmanoğlu bu ziyareti yazıyor: *"Wilhelm'in ilk gelişinde onu Dolmabahçe rıhtımında karşılayan babam oldu. Bizzat gemiye gidemediği için itiraz etmiş ve yerlere serilmiş olan halıları işaret ederek,' Bunlar bir şey değil, size en mükellef halıları sermek isterdim ama biraz aceleye geldi' demiş, pek memnun olan İmparator teşekkürle babamın elinde tutmuş ve dostlukları böyle yani Alman- Türk dostluğu başladı."*[203] Türk alman dostluğu İttihat ve Terakki'nin kuruluş yılı olan 1889'da daha güçlü yapıya kavuşma sürecine girdi ve nedeni ise 93 Osmanlı-Rus savaşı ile İngilizlerin Kıbrıs'ı ve 1882'de Mısır'ı ele geçirmesi olmuştu. İngiliz oyunları karşısında Alman gölgesine sığınan Osmanlı oldu. Son dönemlerde Osmanlılar sürekli emperyalizmin merhametine sığınarak onların gölgesini hep arayıp durdular, bu da Osmanlı'nın sonunun gelmesini getirdi.

Alman İmparatorluğu ile Osmanlı İmparatorluğu dostluk arayışları ve başlaması II. Abdülhamit'in dış güç odaklarını dengelemesi sonucunda ortaya çıkan dostluk olup süreç için de ilerledi ve bu dostluk gün gel-

---

203 Ayşe Osmanoğlu, Babam Sultan Hamit, Timaş Yayınları, İstanbul, Ocak 2013, s. 53

di Abdülhamit'in tahttan inmesine kadar uzandı. İkinci Alman İmparatoru'nun gelişi ise, 1899'da gerçekleşti. İmparator Saraydan iyi bir şekilde ağırlanarak böylece Türk- Alman dostluğu giderek güçlenme moduna girdi ve birlikte Birinci Dünya savaşına Almanlarla girildi. Türklerin, Almanların yanında Birinci Dünya savaşına girmesinin zeminini Abdülhamit'in orduyu Alman emrine vermesi oldu. Alman subaylarca yetiştirilen Türk subayları doğal olarak onların disiplinini aldığı için onların yanını tercih etti.

Ernest E, şunları yazmakta: "*Öne sürülen görüşe göre, 1908 Devrimi Almanların teşviki ve tahriki sonucunda meydana gelmiştir. Bu inancın dayandığı zemin devrimden kısa süre sonra Alman etkisinin imparatorlukta doruk noktasına ulaşmış olmasıdır.*"[204] Osmanlılarla Almanların ikili ilişkileri çok öncelere dayanmaktadır. Osmanlıları Almanlarla siyasi, askeri ve ekonomik olayların içine iten sebeplerden önemlisi ise İngiliz politikasının Osmanlı üzerinde ki yanlış ve kasıtlı uygulamalarının sonucudur. Orta Doğu politikası İngilizlerle hep Osmanlı'yı karşı karşıya getirmesi, Osmanlı'nın yeni dayanaklar araması ile Almanlarla yakın ilişki kurmasını gündeme getirdi. Abdülhamit dış politikada sürekli oynak politika izlemesi Osmanlı'ya dış politikada güven vermeyen süreci yaşattı ve Osmanlı'nın yıkılmasını uzatmış oldu. Bir başka ifade ile Abdülhamit Osmanlı'nın yıkılışını uzatmış oldu, bunun şu faydası oldu bu uzatma-

204Ernest E. Ramsaur, Jön Türkler, 1908 İhtilalinin Doğuşu, Pınar Yayınları, 2. Baskı, Mart 2011, s. 193

dan Mustafa Kemaller doğdu ve ülkenin kurtuluşu bu subayların elinde bugünkü konumuna getirildi.

Bir başka önemli neden ise, Osmanlı-Rus savaşı sonrası İngilizlerin bu savaş sonucunu ganimete çevirme oyunları, Abdülhamit'i Almanların yanına iten neden oldu. Bu 93 savaşı sonrası İngilizler Kıbrıs'ı ele geçirdi ve 1882'de ise Mısır İngiliz kontrolüne girince, Padişah Abdülhamit safını Almanların yanında tutmaya başladı. Almanlarla başta askeri saha olmak üzere her alanda ilişkiler kurulma sürecine girildi. Almanlarla Abdülhamit ilişkileri bayram günlerini yaşarken, İttihatçılarda Almanlara karşı ve İngilizlerle sıcak günlerin dostluğu içine girmişti. 1908 Devrimi ile Almanlar, İttihatçıları köşeye sıkıştırmak için Bosna- Hersek'in Avusturya'ya verilmesini onaylaması İttihatçıları isyan noktasına getirdi.

Alman İmparatorluğu ile Osmanlı İmparatorluğu dostluk arayışları ve başlaması II. Abdülhamit'in dış güç odaklarını dengelemesi sonucunda ortaya çıkan dostluk olup süreç için de ilerledi ve bu dostluk gün geldi Abdülhamit'in tahttan inmesine kadar uzandı. İkinci Alman İmparatoru'nun gelişi ise, 1899'da gerçekleşti. İmparator Saraydan iyi bir şekilde ağırlanarak böylece Türk- Alman dostluğu giderek güçlenme moduna girdi ve birlikte Birinci Dünya savaşına Almanlarla girildi. Türklerin, Almanların yanında Birinci Dünya savaşına girmesinin zeminini Abdülhamit'in orduyu Alman emrine vermesi oldu. Alman subaylarca yetiştirilen Türk subayları doğal olarak onların disiplinini aldığı için onların yanını tercih etti.

İngilizlerin Hindistan zenginliğini elinde tutmak için, Süveyş kanalının ellerin de olması kendi çıkarları için son derece önemliydi. İngilizler önce Hindistan sömürgesini ellerin de tutmak sonra da Arap petrollerini ve Süveyş kanalını denetimlerin de tutmak olmazsa olmazlarıydı. Uzak Doğu hâkimiyetini öteki emperyal güçlere kaptırmamak için Mısır'ın İngiliz kontrolünde olması ve Süveyş kanalının kendilerine hizmet etmesi İngiliz politikası için taviz verilmez stratejik alanlardı. Süveyş kanalının açılışına ve İngiliz politikasına bu çerçeveden yeniden bir bakalım. İngilizler, Mısır'ın Fransız kolonisi olacağında endişelenerek 1863'te savaş gemilerini İskenderiye önlerine göndererek engellemek istedi. Daha sonra İngilizler fikir değiştirdi sebebi ise "Süveyş Kanalı'nın açılmasına razı oldu ve Kanal üzerinde daha sonra kendi nüfuzunu kurmaktı. İngiltere 1875'te Kanal hisse senetlerinin büyük kısmını ele geçirdi. Kanal hisse senedi yoluyla İngiliz eline geçti."[205] Siyasi ve ticari yolla İngiltere Süveyş Kanalı'nı ele geçirmiş oldu.

Almanya 1908 Devrimine karşı hem dost hem de İttihatçıların karşısındaydı. İttihatçılar, Abdülhamit'le Almanların araları iyi ve istibdadın ayakta kalmasının desteği Almanlardan geldiği için Almanları sevmezlerdi. Almanlar, İttihatçıları gözde düşürmek için ilk darbeyi Almanlar vurdu. 1908'de Almanların müttefiki Avusturya Bosna- Hersek'i ilhak etti. Bulgaristan bağımsız devlet oldu. Girit özerklik kazandı. Almanya araya girerek

---

205 Sabri Sürgevil, Türkiye Tarihi ve Uygarlıkları V, İlya İzmir Yayınevi, 3. Baskı, İzmir, Şubat 2013,s. 130.

biraz devlete tazminat ödediler ve olay kapandı. Padişah Abdülhamit'in sesi çıkmadı. İsmet İnönü hatıralarında 1908 devrimi konusunda Almanlara karşı duruşların şu şekilde özetlemektedir: "Meşrutiyet ilan edildiği zaman sempatimiz daha çok İngiltere ve Fransa'dan yanaydı... Almanya'ya gelince, biz Almanya'yı ilk zamanlar istibdadın yardımcısı olarak görüyorduk..."[206] Avusturya, Bosna- Hersek'i ilhak edince Avusturya mallarını İttihatçılar boykot ettirdi. Selanik tüccarları ve mason localarının ticareti Almanya ve Avusturya ile yürütülüyordu. Fesler Avusturya'dan geliyordu ve Selanik'te anın da fes fabrikaları ve atölyeleri kuruldu ve ithalata karşı yerli üretim fes üretimi ile başlatılmış oldu.

Mısır'ın İngilizlerce işgal edilmesi ve Abdülhamit'in elinde alınması Abdülhamit-Alman dostluğunu pik seviyesine çıkardı. Tüm bu İngiliz siyasetinin Osmanlının aleyhine olduğunu gören Abdülhamit Alman dostluğuna daha sıkı sarıldı. Bu dostluk İttihat ve Terakki ile güçlenerek devam etti. Almanya'da emperyal bir devletti ve kendisinin de yeni sömürgelere ihtiyacı vardı. Sanayileşme süreci emperyal güçlerin sayısını artırdıkça, geri kalmış bölgelerde ve ülkelerde çatışma alanları yaşamın parçası haline gelme sürecine dünya hızla girdi. Sömürge alanları kapma yarışına giren emperyal devletler dünyayı yeniden kana bulayacakları birinci ve ikinci dünya savaşlarını çıkarmadan geri durmayacaklardır.

206İsmet İnönü, Hatıraları, Ulus Gazetesi, 19 Mart 1968. (Bknz: Doğan Avcıoğlu, Türkiye'nin Düzeni dün, bugün, yarın, Cilt 1, Cem Yayınevi 1974, s. 251.)

31 Mart'tan sonra İttihatçılar daha çok Almanya'ya yakınlaşacaklardır. General Liman Von Sanders, çok sayıda Alman subayıyla İstanbul'a gelerek Türk- Alman dostluğunu daha ileri bir yere taşımıştı. Enver Paşa, Harbiye Nezaretine getirilecekti. Ordunun Almanlara teslimini Mahmut Şevket Paşa şöyle açıklamaktadır : *"Biz, artık Alman harp usulünden kendimizi kurtaranlarız. Otuz seneyi aşkın bir zamandan beri ordumuzda Alman muallimler bulunmuş, zabitan heyetimiz kâmilen Alman harp usulüyle terbiye edilmiş, velhasıl bizim ordumuz Alman askeri talim ve terbiyesinin ruhu ile yetişmiştir. Şimdi bunu değiştirmek mümkün değildir. Alman teknisyenler gelerek hatta bir Osmanlı Kolordusunun yönetimini onlara vererek tam yetişmelerini sağlamak." Mahmut Şevket Paşa öldürüldükten sonra Liman Von Sanders Paşa emrine Enver Paşa bir ordu verecektir."* [207]

Osmanlı Ordusunun otuz yıldan beri Alman disiplini ile yetiştiğini ve İngiliz oyunlarına karşı Almanya'ya yanaşıldığını ve Alman-Türk dostluğu ile askeri ilişkilerin ileri boyutlara taşındığını ve bu sürecin birçok sorunları da beraberinde getirdiği görülecektir. Osmanlı ordusu yetersizdi. Şevket Süreyya Aydemir, Balkan yenilgisi sonucunda askeriyedeki tasfiyeyi şöyle yazmakta, " Enver Bey, Paşalığa getirilince 1100 kadar general, yüksek rütbeli subay ve subayı birden emekliye sevk edildi. Balkan Harbinin şöhretli, fakat yenilmiş generalleri ve rütbeli amirleri, bu arada toptan tasfiye edilmiş oldular... Kısa

---

207 Doğan Avcıoğlu, 31 Mart'ta Yabancı Parmağı, Kaynak Yayınları, 1 Kasım 2013, İstanbul Baskı, s. 135-136

bir süre sonra orduda eski ve yaşlı şöhretlerden kimse kalmadı."[208] Balkan savaşının yenilgisini alaylı paşaların acizliği sonucunda kaybettik.

Enver Paşa, Balkan Savaşları sonucunda büyük yenilgiye yol açan subay ve paşaları ordudan uzaklaştırdı. Enver Paşa, Balkan Harbini yapan orduyu kâmilen değiştirmiş ve yeni bir ordu kurdu ve bu sonucu İsmet Paşa yazmakta, *"Yeni orduda miralaylardan " Albay" kolordu kumandanı, Yarbaylardan tümen kumandanı ve yeni Generallerden Ordu kumandanları tayin edilmişti. Kurmay kadroları, daha küçük rütbelilerin eline geçmişti. Tasfiye, Enver Paşa'nın elinde nispeten en az haksızlıkla yapılmıştır. Yeni ordunun kurulmasında ordunun ümitsizlikten kurtulup, yeni bir çalışma şevkine sahip olmasında Enver Paşa'nın kuvvetli disiplini amil olmuştur."* [209] Enver Paşa'nın orduyu yeniden genç kurmay subayların emrine vermesi ile bu ordu Çanakkale'de dünyanın en güçlü ordusunu dize getirdi. Kurtuluş Savaşın da genç Türk subayları milletle el ele vererek tarihi yeniden yazmayı başardı.

Alman- Türk askeri ilişkileri Enver Paşa ile ileri bir seviyeye taşındı. 14 Ekim 1913'de Alman heyeti İstanbul'a geldi. Alman İmparatoru, Liman Von Sanders Paşa'ya şöyle tavsiyede bulundu, ***"İktidarda ister genç Türkler, ister yaşlı Türkler bulunsun, sizin için müsavi olmalıdır. Siz yalnız orduyla meşgul olacaksınız. Siyaseti Osmanlı ordusunda çıkarın. Siyasetçilik o ordunun***

208Şevket Süreyya aydemir, İKİNCİ ADAM 1. Cilt, Remzi Kitabevi, 14. İstanbul Baskı, Mart 2011, s. 79-80

209Şevket Süreyya Aydemir, Age, s.79-80

en büyük hatasıdır. Türk ordusu siyasetten ayrılmış, fakat bu defa da Alman siyaseti Türk ordusunun kaderine hâkim kılınmıştı..."[210] Alman disiplini ile yetişmesinin meyveleri ve kanıtları hem Çanakkale'de hem de Kurtuluş savaşında performansı en yüksek ölçüde görülecek ve takdir edilecektir. En iyi şekilde kendilerini yetiştiren Türk subayları ve aydınları başta Atatürk ve silah arkadaşları olmak üzere yurdun kurtuluş ve kuruluş felsefesini tarihe altın harflerle yazdılar. Genç Cumhuriyeti bu kadro kuracak ve bundan da Alman disiplininin, payı önemi büyük olacaktır. Enver Paşa, ordudan siyaseti çıkardı ve ordu görevini yapar hale geldi ve kazandığı zaferlerle bunu kanıtladı. Türk ordusu 2000'ler de yeniden kirli siyasetin içine çekilerek ciddi yaralar alıyordu.

İttihatçılar, Almanları 1908'e kadar hep Abdülhamit'in yanında ve istibdadın koruyucu meleği olarak görüyorlardı. Doğan Avcıoğlu Türkiye'nin düzeni adlı yapıtında şunları yazıyor, **"Almanya'ya gelince, biz Almanya'yı ilk zamanlar istibdadın yardımcısı olarak görüyorduk."** [211] 1908 sonrası Almanlarla İttihatçılar aynı karede buluştular ve birlikte yeni bir dostluk süreci başladı. Almanya ile birlikte hareket etmeye parasızlık nedeni ve koşulların zorlaması ile girildi. Çok güçlü üçlü ittifak İngiltere, Fransa ve Rus bileşkesi Türkleri de Almanya'nın yanına savurdu.

---

210 Ş. Süreyya Aydemir, Age, s. 83

211 Doğan Avcıoğlu, TÜRKİYE'NİN DÜZENİ Dün Bugün Yarın Birinci Cilt, Cem Yayınevi, İstanbul Baskı, 1974, s. 251.

DÖRDÜNCÜ BÖLÜM
MAKEDONYA'YA GENEL BAKIŞ VE MİLLİYETÇİ AKIMLAR

Emperyal Güçlerin Balkan Politikası

Osmanlı İmparatorluğu, büyüme ve genişleme stratejisini bir düzen içinde tamamladı ancak bir şeyi yerine getirme konusunda sınıfta kaldı. Elde ettiği toprakların korunması, buraların güvenliği nasıl sağlanır konusundaki yaklaşımına hiç kafa yormadı ve temel sorun süreç içinde bu oldu. Ülkeleri ve bölgeleri ele geçirerek sorunun çözüldüğünü zannederken değişen ve dönüşen dünya konjonktürünü dikkate alamadı. Ele geçirdiği topraklar gün geldi birer birer elden kayıp gitti. Sayısız kanlar dökülerek elde edilen topraklar buharlaşarak uçup gitmesi kolay olmadı. Bu topraklar elden gittikçe devleti yönetenler birbirlerini suçlamaya, kaybedilen topraklara enerjilerini harcamaları ve çözüm bulamamaları imparatorluk içinde kısır döngü yarattı. Bu kısır döngü süreç içinde devletin parçalanmamasına bir türlü engel olacak çözümü üretemedi. Emperyalistler Balkanları devletçiklere bölerek Türkleri Rumeli'de atmak için tüm senaryolarını bu düzlemde kurdular ve kısa sürede amaçlarına varmayı hedefliyorlardı ve varacaklardı.

Osmanlı'nın 1683 Viyana kuşatması ile sürekli toprak kaybetmesi, kaybedilen toprakları geri ele geçirmek mücadelesi zaman kaybından başka işe yaramadı. Her gelen yönetenler, kendisinden öncekileri suçlaması kör düğüm düşüncesini kuramsallaştırdı k, bu çok tehlikeli sonuçları beraberinde getirdi. Eldekileri koruyalım derken onlarında büyük bölümü de elden uçup gitti.

Makedonya'yı önce kaynayan kazana çevirdiler sonrada kazanın ateşini harlatarak kanların dökülmesi ile her türlü kirli oyunların oynanmasını hem çaldılar hem de oynadılar. Olan o temiz insanların kanlarına, canlarına, acılarına oldu. İmparatorluk çok uluslu yapıları nasıl bir çerçeve içinde tutarım diye stratejiler geliştirme konusunda yetersiz kaldı. Bu yetersizlik Balkanların geleceği emperyalist ülkelere hizmet eder duruma düşürüldü. Tarih Araştırmacısı Yazar İsmail Şefik Aydın, emperyal güçlerin reformlar adı altında koskoca Osmanlı İmparatorluğu'nu nasıl oyaladıklarını şöyle yazmakta, *"Osmanlı'yı reform yapmaya zorlayan devletlerin amacı, bu reformlarla güçlenecek olan Osmanlı tebaası azınlıkları kendi kontrollerine almaktı. Yoksa bunların, Osmanlı'nın modern bir devlet olması gibi bir arzuları yoktu."* [212] Emperyal güçlerin reform adı altında oyalama stratejisini sürdürme taktikleriydi.

Batı devletlerinin amacı Osmanlı'ya refah sağlamak değil azınlıkların güçlenmesi ve onları yanlarına çeke-

---

212 İsmail Şefik Aydın, II. ABDÜLHAMİT Ezberler ve Gerçekler, Altınordu Yayınları, 1. Baskı, Ankara 2018, s. 22.

rek devleti kendi içinde parçalamaktı. Bu hedeflerine de kısa sürede vardılar. Araştırmacı Şefik Aydın Balkanlardaki milliyetçilik akımlarının nasıl tetiklendiğini ve Ortodoks Kilisesinin bu konudaki görüşlerini bakın nasıl yazmakta: **"Mustafa Kemal,** Sofya'da Askeri Ateşe iken bir arkadaşına yazdığı mektupta Balkan milletlerinin kısa sürede nasıl başarılı olduklarının sebebini çözdüğünü bildirir. Mustafa Kemal'e göre sebebi Ortodoks Kilisesidir. Kilisenin Balkan milletleri arasında yıllardır ektiği milliyetçilik tohumları sayesinde, Balkan milletleri Osmanlının karşısına dikilmişlerdir. Ne acıdır ki, Balkanlarda kilise milliyetçilik tohumları ekerken, Müslüman din adamları da Türk Milliyetçiliğinin karşısına dikilmişlerdir. Türk Milleti, Arapça din eğitimi ve Arap alfabesi yüzünden, ne dinini doğru düzgün öğrenebilmişti ve ne de milliyetçilik duyguları gelişmişti." [213] Balkanlardaki milliyetçilik akımlarını tetikleyen Kilise olduğu halde, bizde Arap kültürü ve alfabesi Türk Milliyetçiliğinin önüne setler çekti.

Büyük güçler Balkanlara hâkim olabilmek için güçlerini birleştirdiler ve bu düzlemde her türlü kötü niyetlerini devreye soktular. Rusya ve Avrupa devletleri Balkanlara sahip olmanın planlarını yapmaktaydılar. Paris antlaşması ile Rusya'nın Balkanlara inme politikası kısa sürede olsa askıya alındı. Osmanlı'nın Almanlarla siyasi ve askeri ilişkileri Rusların Balkanlara inmesinin önünü açtı. Araştırmacı yazar Ağanoğlu bu durumu şu şekilde

213 İsmail Şefik Aydın, Age, s. 154.

yazmakta: "1877-1878 Osmanlı- Rus savaşı ile Balkanlardaki Ortodoksların hamiliğine Rusya soyundu. Rus Büyükelçisi General İgnatiyev aracılığıyla Balkanlardaki Slavları kışkırtılmıştı. Bu savaş neticesinde Ruslar Balkanlarda bağımsızlığını kazanan devletçiklerin hamiliğini üstlendi. Rusya 1905'te Japonya ile yaptığı savaşı kaybedince, geleneksel politikası olan gözünü Balkanlara ve Boğazlara dikti. 1908 Reval Mülakatı ile Fransa, Rusya'nın Boğazlarda üstünlüğü ele geçirmesini istemiyordu." [214] Rusların Doğuda Japonlara yenilmesi ile gözünü Balkanlara ve Boğazlara dikmesi Balkanlardaki etnik kökenli azınlıkları Osmanlı aleyhine kışkırtmaya teşvik ederek onlara sahip çıkmaya başladı. Doğuda yenilen Rusya zayıf gördüğü Osmanlı üzerinde ağır baskılar kurarak içerde halkına yenilgiyi unutturma stratejisini devreye soktu. Osmanlı en zayıf dönemini yaşıyordu ve Rusya bu zayıf süreçte Japon yenilgisini Osmanlı üzerinde baskılar kurarak unutturma peşine düştü.

Makedonya'nın Etnik Unsurları

Bu dönemde Osmanlı siyasal, ekonomik se sosyal olarak sorunlu süreçte geçiyordu. Paris Antlaşması ile Batılı bir devlet sayılması sorunların çözümüne yeterli bir sonuç ve beklenti yaramıyordu. Batı'nın temel stratejisi bu yaşlı imparatorluğu paylaşma hesaplarına girmişti ancak öteden beri kim nereye sahip olacak anlayı-

214 H. Yıldırım Ağanoğlu, GÖÇ Osmanlı'dan Cumhuriyet'e Balkanlar'ın Makûs Talihi, Kum Saati Yayınları, 1. İstanbul Baskı, Kasım 2001, s. 45

şı ile aralarında anlaşamıyorlardı. Tarihçi Enver Behnan Şapolyo, bu konuda şunları yazıyor: *"Fransız devrimiyle doğan ulusçuluk akımı Avrupa'da* ***'Panslavizm' ve 'Pancermanizm'*** *akımlarını doğurmuştu. Irk ile ulusçuluğa dayanan bu ülkü en büyük etkisini, bir azınlığın bulunduğu Osmanlı İmparatorluğunda gösterdi. Rusların kışkırtması, Fransızlar ve İngilizlerin yardımıyla Balkanlarda ulusallık akımı doğuracak Sırp, Yunan, Romen ve Bulgar ayaklanmalarını meydana getirdi."*[215] Osmanlı'nın yıkılışını tetikleyen çok uluslu imparatorluk oluşundan kaynaklanmaktaydı. Tarihi ve asırların imparatorluğu, azınlıkların bir gün gelecek "h**ak talep edecekler**" görüşlerini hiç gündemine almadı ve bu durumu düşünmek bile istememesi düşündürücü! Milliyetçilik akımları tetiklenince azınlıklar sürekli olaylar çıkarmaktaydı ve azınlıklarda kullanıldıklarının farkına varamamaktan direnmekteydiler.

Makedonya denildiği zaman üç büyük vilayet akla gelir ve bunlar Kosova, Selanik ve Manastır. Önceleri bu bölgeye Rumeli ya da Balkanlar denilmekteydi ve Makedon ismi sonraları ortaya atıldı. Makedonya'nın büyük bir kısmı Rusların İstanbul'a girmesi ile yapılan Ayastefenos antlaşması ile Bulgaristan'a verilmişti. İngilizlerin ve Batılı devletlerin araya girmesi ile Berlin antlaşması sonucunda bir kısmı Bulgarlardan alındı. *"Bulgarlar Büyük Bulgaristan iddialarıyla Makedonya'nın kendilerine ait olduğunu ileri sürerek ayaklanmaları başlattılar. Ko-*

215 Enver Behnan Şapolyo, ZIYA GÖKALP İttihat ve Terakki ve Meşrutiyet Tarihi, İnkılap Aka Kitabevi, 2. İstanbul Baskı, 1974, s. 67.

mitalar kurdular. Bu komitalar Makedonya'da halka kan kusturdu. Oysa Makedonya'nın nüfusunun büyük kısmı Müslümandı. 1.5 milyon Müslüman, 900 bin Bulgar, 300 bin Rum ve Sırp bulunmaktaydı..."[216] 93 Osmanlı- Rus savaşı, Balkanların elden çıkmasının zeminini hazırladı ve bunu içine sindiremeyen aydınlar ve genç subaylar İttihat ve Terakki örgütünü 1889'da kurdular. Dengeler 1878 den itibaren Türklerin aleyhine döndü ve sonuç Balkan toprakları hızla kaybedilme noktasına geldi.

Meşrutiyet ilan edilince özgürlükler yeni manevra alanı buldu ve emperyalist güçler azınlıkları tetiklemeye daha çok zaman ayırdılar. 1908 Devrimi ile Balkanlarda hareketlenme hızlandı. Bu hareketlenmeyi Ahmet Feroz, İngiliz belgelerine dayanarak yazıyor, *"Yeni rejim, ilk büyük bunalımını 1908 Ekim'inde yaşadı. 5 Ekim'de Bulgaristan tam bağımsızlığını ilan ediyor; bir gün sonra da Avusturya -Macaristan, Bosna ve Hersek'i kendi İmparatorluğuna katıldığını açıklıyordu. Ve aynı gün Girit Yunanistan'la birleşmek kararına vardığını duyuruyordu. Babıali'nin yapacağı bir şey yoktu. Bu alınan kararlar 1878 Berlin kongre kararlarına aykırıydı..."*[217] Balkanlarda dengeler Türklerin aleyhine gelişerek hızlanma moduna giriyordu. Balkanlarda kurulacak devletçikleri yönetmek ve sömürmek yanlarına almak ve Türkleri oradan uzaklaştırmak ana hedefleri olmuştu. Balkanlardaki

---

216 İlker Babürşah, Ah Şu İttihatçılar, Kamer Yayınları, İstanbul baskı, 2013.

217 Feroz Ahmet, İTTİHAT VE TERAKKİ 1908-1914, Kaynak Yayınları, 11. İstanbul baskı, Şubat 2017, s. 51.

dengelerin bozulma süreci günümüze kadar devam etti ve son olumsuzluk Sırp ve Bosna- Hersek olaylarıyla acımasızca kanlar döküldü.

Türk kültürünün ürettiği önemli bir söz var ***"Tepelere çıkmak kolay ancak oralarda kalmak hiçte kolay değil."*** Osmanlı doruklara çıkmayı başardı fakat farklı yönlerden esen rüzgârlara süreç içinde mağlup oldu. Merkezlerden çok uzaktaki toprakların elden çıkışı hızlı oldu bu çıkışlar Sarayda kargaşa ve çözümsüzlük yarattı, kısır görüşlülük devleti sürekli çözümsüzlüğe sevk etti. Sorunlar artınca çözümde süreç içinde kör düğüme dönüşerek çözümsüzlük karanlığına gömüldü. Çözümsüzlük artınca herkes birbirini suçlamaya başladı ve tam bir kısır görüş **"körler sağırlar birbirini ağırlar"** sarmalına dönüştü. Osmanlı torakları toprak diye sınırlarının içine kattı ancak korumasını bilmediği için kaybetti. Uzaklara hâkim olmak, kontrol etmek sorun oldu. Yemen, Habeşistan, Fizan... Gibi toprakların kontrolü imkânsızlaştığı gibi yanı başında Balkanların korunmasını bile başaramıyordu.

Abdülhamit döneminin Sadrazamlarından Halil Rıfat Paşa, kaybedilen topraklar için bir gerçeği dile getirmişti **"Gidemediğin yer senin değildir."** Gittiğimiz ve zapt ettiğimiz yerlerde bizim olmaktan çıktı. Bir şirketin sloganı günümüz de şöyle **"Sahip olmak yeterli değil önemli olan kontrol etmektir."** Osmanlı sahibi oldu ama kontrol edemedi ve topraklar birer birer elden çıktı. Tüm bu olumsuzlukların temelin de yarınları düşünmeme ve yarınlarla ilgili stratejiler üretememe yatmaktadır. Oysa çok geniş Arap toprakları da vardı ama kaybedilen verimli Balkan toprakları yürekleri yaraladı. Balkan halkı, Avrupa'nın ideolojik yapısında çok etkilendi ve etnik milliyetçilik hızla yayıldı. Fransa, İtalya, Almanya, İngiltere, Rusya, Avusturya gibi ülkeler homojen yapıda oldukları için değişim sürecine çabuk entegre olarak sanayileşme sürecini çabuk tamamladılar.

Osmanlı bir Balkan İmparatorluğu idi ve yatırımlarının büyük bölümünü bu bölgelere yaptı. Bu yörenin toprakları çok verimli ve tarımsal üretim için, hayvan üretimi için oldukça verimli topraklardı. Su kaynakları hem bol hem de kalitesi yüksekti. Arazi dalgalı değil genelde ova ve yaylalardan ibaretti. Osmanlı ilk telgraf hattını Kırıma çekerek iletişimi önce o yöreden başlattı ki, sene 1855. Demiryolları önce Balkanlarda hizmete girdi. Yollar, köprüler öncelikli Rumeli'ye yapıldı ve bu süreç için de Anadolu'ya hizmet götürülmedi. İngilizler Anadolu'ya ilk demiryolunu Aydın- İzmir arasına yaptılar ve bölgenin tarımsal üretimini İzmir limanın da sevk etmek bu bölgeden kalıcı olmak ve Uzak Doğunun ticareti için Mısır'ı kontrol altında tutmak içindi. Bu demiryolu ile Hindistan sömürü mekanizmasını başkalarına kaptırmamaya yönelikti ve olaya stratejik açıdan bakıyorlardı. Bu Aydın-İzmir demiryolu hattı, Akdeniz'de İngiliz çıkarlarına hizmet ve Mısır'ın bir bakıma destek kuvveti konumundaydı. İngiltere, Osmanlı-Rus savaşı sonrasında Kıbrıs adasını ele geçirince hem Akdeniz'de hem de Süveyş Kanalı'nda üstünlüğü rakiplerine göre elde etmişti ve bu topraklar Osmanlı'nın topraklarıydı. İngiltere, Osmanlı toprakları üzerinde Akdeniz hâkimiyetini kurdu ve böylece Uzak Doğu'nun kontrolünü de ele geçirmiş oldu.

Sultan Abdülhamit, Balkanların güvenliğini koruma yetkisini Arnavutlara bıraktı. Arnavutların okumamış askerlerine **"paşalık"** rütbesi vererek oranın güvenliğini bu yöntemle çözmek istemesi günü kurtarmak için evet, yarınlar içinse tümden uzakları görmemek ve kısır görüşün esiri olmaktı. Değişen dünya konjonktürü ve teknolojik askeri üstünlük sizin elinizi ve kolunuzu bağlamaktaydı. Bu yeteneksiz paşalar yüzünde Balkanları kaybettik ve Osmanlı sanayileşemeyince de her şeyini kaybetti. Osmanlının temelde yıkımını hızlandıran süreç, sanayileşememesi ve teknolojiye kapılarını kapaması oldu.

Makedonya'dan Bitmeyen Vahşet

Fransız Devrimi ile ulusçuluk kavramları etnik kökenleri tetikleyerek bu durum emperyalist ülkelere malzeme yarattı. Sanayileşen emperyal devletler yeni pazarlar yaratmak ve uzuz işgücüne kavuşmak için Osmanlı İmparatorluğunu bölmek ve parçalamak sevdasına kapıldılar ve bunu da süreç için de başardılar. Osmanlı- Rus savaşları Makedonya'nın etnik yapısını tetikleyerek Berlin Antlaşması ile etnik unsurlara yasal dayanak yarattı. Bu antlaşma gereği **Makedonya'daki Selanik, Manastır ve Kosova "Doğu Rumeli Eyaleti"** adı ile eyalet kuruldu. Berlin antlaşmasının 13 ve 23 maddeleri gereğince Osmanlı Hıristiyan tebaa lehine reformlar yapacaktı. Makedonya'dan Türkleri atmak için tam bir yasal fırsat yakalamış oldular. Berlin antlaşması

Balkanları yeni bir sürece evirdi ve olaylar Osmanlı'nın aleyhine gelişme moduna çok hızlı giriyordu.

Akademisyen Enver Zıya Karal'ın bu konudaki görüşlerini okuyalım, "Balkanlar'ın güneyinde Doğu Rumeli adıyla yeni bir eyalet kurulacak ve ıslahat yapmak kaydıyla doğrudan doğruya Osmanlı devletine bağlı olacaktır. Başına imzacı devletlerin uygun bulacağı bir Hıristiyan vali Babıâli tarafından beş yıllık süre için atanacaktı. Babıâli, Doğu Rumeli eyaletinin karşılaşacağı iç ve dış tehditler karşısında alacağı kararları ve gerekçelerini İstanbul'daki, yabancı elçiliklere bildirecekti. Girit'in özerkliği genişletilecek, reformlar konusunda Osmanlı büyük devletlere bilgi verecektir..." [218] Batı'nın zengin devletleri Berlin antlaşması ile etnik unsurların koruyuculuğunu üstlendiler. Bu durum Balkanların kontrolünün yabancı ülke emrine verilmesiydi. Osmanlı'nın yumuşak karnı Rumeli bölgesi oldu ve dış tehditlere açık hale geldi. Balkanların her tarafında isyanlar çıkarttılar. Her isyan Osmanlıyı biraz daha yıprattı. Balkan savaşlarının temel sebeplerinden biriside etnik yapının yarattığı kargaşa, savaş ve ölümler oldu.

Balkan milliyetçiliğinin sürekli tetiklenmesi acımasızlaştı, gaddarlaştı, kavgacı hale geldi, hoş görü kavramını yitirdi; Türkler üzerinde her türlü baskı, şiddet ve kadınlara karşı kötülükler, ölümler gibi korkunç olaylar yaşandı ve yaşatıldı. Bölgeyi ele geçirmek isteyenler bu amacına ulaşmayı etnik unsurları birbiri ile çatıştırarak amaçlarına

---

218 Enver Zıya Karal, Osmanlı Tarihi VIII. Cilt, Türk Tarih Kurumu, Ankara Baskı, 1962, S. 224

varmayı tercih ettiler. Balkanların kozmopolit etnik yapısı güncellenerek Osmanlı'nın aleyhine sürekli kullanılmaya başlandı. Balkan Türklerinin kökenleri ve geldikleri yerler hakkında kısa bir not düşmeyi uygun buldum.

Osmanlı Balkanları ele geçirdikçe, buralardan bir tampon bölge oluşturma yolunu seçti. Buralara Anadolu'daki Türkleri ki, bunlar Yörük, Türkmen adı ile tanınan öz be öz Orta Asya'dan gelen katıksız Türklerdi. Fethedilen yerlere bu Türkler Anadolu'dan getirildi ve ikamete tabi tutuldular. Bu Türklerin gözü kara Osmanlı'yı Balkanlarda temsil etmektelerdi. Bu topraklar verimli olunca buraya getirdiği Türklerde tarım ve hayvancılıkla geçimlerini sağladıkları için, verimli toprakların sahibi olmaları Türklerinde iştahını kabarttı ve çabuk intibak edebildiler. Osmanlı geriledikçe Türkler üzerinde baskılar giderek çekilmez noktaya geldi. Balkanlardaki topraklar kaybedildikçe giden Türkler de geri vatanı olan Anadolu'ya göç ederek gelmeye başladılar. Önceleri oraya göndermekle **"sürgün"** muamelesine tabi tutuldular ve geri gelince de **"göçmen"** ya da **"muhacir"** muamelesiyle Anadolu'da karşılaştılar. Öz topraklarına dönünce halk tarafında dışlanır muameleye tabi tutulmaları bu milletin yeterince tarihini bilmediğinin bir göstergesi olup milli duygulardan mahrum bırakılışıdır. Balkanlardan göçmen olarak Türkiye'ye gelen Türkler özbe öz Türk olup Anadolu'dan giden Türklerdi.

Yazar **Necati Cumalı,** Makedonya Türklerinde olup 1900 ve Viran Dağlar adlı eserinde oradaki vahşeti, terörü ve Türklere yapılan zulmü şöyle yazıyor: "Ölüm sarmaş dolaş yaman bir dönemdi o dönem. Bellekleri yangın, ölüm, ırza geçme **hikâyeleriyle** ***doluydu. Yangınlar çıkarılır, buğday ambarları, samanlıklar, ahırlar, köy evleri yakılırdı. Evsiz kalan günahsız insanlar, yangından kurtarabildikleri küçük çocuklarını, yaşlıları, kırık dökük eşyalarını, oradan oraya atarlardı kendilerini.***

Damlarından uğrayan atlar, inekler, keçiler alevler arasında çıkış yolu bulabilmek için sağa –sola atılırlardı. Sabah evinden sapa sağlam çıkan erkeklerinin gece yarısından sonra ölüleri kapılarının önüne bırakılırdı ya da yol kıyısında ölü bulunduğu haberi gelirdi. Genç kızlar, kadınlar zevk için, istenildikleri için, salt kirletilmiş olmak için kirletilirdi. Ölüler gözyaşlarıyla gömülürdü. Irzına geçilen kadınlar arasında arasın da delirenler, kendilerini öldürenler olurdu. Yangınların ardından felakete uğrayanlar bir beygire ya da bir yük arabasına yükledikleri, kurtarabildikleri eşyalarıyla, kaç Genç kuşaktır yaşadıkları köylerinden, ***tam olarak nereye yerleşeceklerini, ne iş tutacaklarını bilmeden göç ederlerdi.***

Umutları, yeryüzünde kimsenin kendilerini düşman görmeyeceği bir köşe bulabilmekti. Bu olaylar gazetelerden çok az yer olan haberlerdi. Fakat ağızdan ağza bu haberler köyleri kasabaları dolaşıp dururdu. Böylece suçluları hükümetin ortaya çıkaramadığını zaman ortaya çıkarırdı…" [219]

Bir başka vahşet olayını Sırplar Üsküp'ü ele geçirince göçen Müslümanlara yapılan korkunç acımasızlığı

---

219 Necati Cumalı, Makedonya 1900, Cumhuriyet Kitapları, 16. İstanbul Baskı, 2009, S. 77-78

Aram Ardonyan anlatmakta, ***"Kadınlar ve çok sayıda yalınayak çocuklar galiplerin boyunduruğuna girmemek için bu hazin kervanlara katılıp Selanik'e doğru inmeye başladılar. Çocuklar Sırp komitacıları ve hatta Arnavutlar tarafından soyuldular. Uğradıkları felaket soyulmakla bitmedi. Birçok göçmen katledildi. Kadın ve kızlar kaçırıldı, tecavüze uğradı. Hatta küçük çocuklar boğazlandı. Göçmenlere korkunç bir vicdansızlık ve merhametsizlikle davrandılar. Bütün Makedonya'da amansız katliamlara giriştiler..."***[220]

Padişah Abdülhamit, Makedonya'nın güvenlik sorununu Arnavut cahil Paşalarına bırakması tam bir vizyonsuzluğun ürünüdür. Eğitimsiz askerleri paşa yapmaları, Balkanları o paşalara teslim etmek oraları emperyal güçlerin önüne atmaktan başka bir şey değildi. Balkanlar tam bir kısır görüşler yüzünden elden çıktı. Osmanlı yatırımlarının çok büyük bölümünü Balkanlara yaptı, bu da emperyal güçlerin bir bakıma iştahını tetikledi. Balkan savaşları çıkınca Arnavut askerleri, Osmanlı'yı savaş meydanlarında bırakarak geri kaçmalarıyla yenilgi kesinleşti. Bu Osmanlı'nın arkadan hançerlenmesinden başka bir şey değildi ve geleceği görmemesinin sonucuydu.

Balkan Orduları Güçlü Hale Nasıl Geldi?

Balkan milletleri Osmanlı'dan ayrılarak kısa süre sonra ayrı birer devlet oldular ve ordularını yenileye-

---

220 Aram Ardonyan, Balkan Savaşı, Aras Yayıncılık, İstanbul 2002, s. 337.

rek, ayrıldığı Osmanlı ordularını nasıl bozguna uğrattı bunu anlamaya çalışalım. Balkan devletlerinin ordularını hantal yapıdan uzak dinamik ve teknolojik gelişmelerle donatılmış ve Osmanlıya göre daha hareketli ve manevra kabiliyeti yüksek ordu haline getirdiler. Batılı devletler, Osmanlı askerlerinin zaaflarını ve eğitiminin yetersizliğini çok iyi bilen birikime sahiplerdi. Balkan devletleri Osmanlı'dan ayrıldıkları için, ekonomisini, askeri yapısını, silah ve mühimmat çeşit ve miktarlarını, komutanlık kademe yapısını iyi biliyorlardı. Hem askeri hem de komuta kademesinin ne kadar hantal, yetersiz olduğunu gördükleri için Balkanları kısa sürede ele geçirdiler. Bunun sonucunu göremeyen ise Osmanlı Genelkurmayı ve hükümet ile padişahtı.

Bulgar Ordusu nasıl eğitildi? Bulgar milliyetçiliğini tetikleyen Rus Çarlar oldu. Fransız ihtilali ile imparatorluklar geleceğini ulus devletinin kulvarına bıraktı. Bu durum, özgürlükleri, milliyetçi duyguları, vatan, millet kavramlarını gündemin ilk sıralarına taşıdı. Osmanlı-Rus savaşı sonunda Ruslar, Kırımı ve Kafkas bölgelerini ele geçirince buralarda bulunan azınlıkları ve Çerkezleri göçe zorladı ve bunlar Osmanlı'nın muhtelif bölgelerine yerleştirildiler. Çerkezler, Anadolu- Ürdün ve Bulgaristan gibi topraklara iskân edildi de sorunlarda artmaya başladı. Çerkezler yeni yerleşkelerinde problemler yaratmaya başladı ve yöre halkı üzerinde tepkilere neden oldu.

Bulgaristan'a iskân edilen Çerkezlerle Bulgarlar arasında uyuşmazlık ve sorunlar başladı. Bulgarların ürettikleri ürünlerin bir kısmı ellerinde alınarak Çerkezlere verildi. Çerkez göçmenlere verilen bu ürünler, Bulgarların tepkisine neden oldu. Bulgar halkı ile Çerkezler ve Osmanlı yönetimi arasında üçlü sorunların yaşanması Bulgar milliyetçiliğinin tetiklenmesine neden olan sebeplerden birisiydi. Taha Akyol, Şükrü Hanoğlu'nda alıntı yaparak Bulgar milliyetçiliğinin tetiklenmesini şöyle yazıyor: **"Çerkez iskânları Bulgar milliyetçiliğini tetikledi. Ahali iskân ettirilen Çerkez göçmenlere destek için çalıştırılıyordu. Bu gönüllü çalışma değil ve ürünlerin belli bir kısmını bu göçmenlere vermek zorunda bırakılıyorlardı ve bu sonunda Bulgar milliyetçiliğini de tetikledi..."**[221] Bulgar milletinin ürettiği ürünlere Çerkezler ortak olunca Bu durum Bulgar milliyetçiliğinin kıvılcımlarını ateşleme sürecini başlattı. Bu durum Rusların beklentilerine tam destek yaratmış oldu ve Bulgarlar, Ruslar tarafın da desteklendi ve Türkler aleyhine kışkırtılmaya devam edildi. Bulgar milliyetçiliği tetiklenerek hızla genişletilme düzlemine sokuldu. Bu sorunlar 93 savaşı sonunda Bulgarlar lehine Osmanlı aleyhine işletilmeye ve Çerkezlerin de saldırganlığını düşününce karmaşık süreç başlatılmış oldu. Bulgar milliyetçiliği gençler arasında yayılarak iç savaşın, isyanların ve sonuçta Bulgarların ayrı devlet oluşuna öncelik tanıma fırsatını yarattı. Bulgar gençleri, silahlandırıldı ve terörü hızlandırdılar.

1908 de Bulgarlar Osmanlı'dan ayrıldı ve bağımsız devlet oldu ve dört yıl sonra Osmanlı ordusunu yenmesi

---

221 Taha Akyol, Rumeli'ye Elveda 100. YILINDA BALKAN GOZGUNU, Doğan Kitap Yayınları, 1. Baskı İstanbul, Şubat 2013, s. 16.

akıl alır gibi değil. Osmanlı tam anlamı ile her şeyine hor bakmış ve sonuçta gümbürdeyerek yıkılmıştı. Osmanlı kendi sonunu kendisi hazırladı. Bulgar ordularını Almanlar eğittiği için, Alman ordusundan sonra ikinci güçlü ordu Bulgar ordusudur diyerek Bulgarların üstün ordu komuta ve gücüne sahip olduğunu görmüşlerdi. Alman uzmanlar Osmanlı'yı uyararak diyorlar ki sakın ha bir şey yapmayın, çok ciddi bela alırsınız başınıza. İşi diplomatik yollarla halletmeye çalışın. Almanlar, Bulgar ordusunu ciddi modernizasyon eğitimi ile bölgesinin en güçlü ordusu haline getirdi. Bulgar ordusunu Almanların eğitmesinin asıl amacı ise Bulgarları Ruslara değil kendi yanlarına çekmekti. Rusların Balkanlara hâkim olması Almanların çıkarlarına ters düşmekteydi. Birinci Dünya savaşında Bulgarlar Rusların değil Almanların yanında savaşa katıldı.

Falih Rıfkı Atay, Balkan olaylarını bakın nasıl yazmakta, *"8 Ekim 1912'de Karadağ Osmanlı'ya savaş ilan etti. Rus hariciye Bakanı Sazan of ' Eğer Türkiye ile Balkan devletleri arasında savaş önlenemez ise, büyük devletler Avrupa Türkiye'sinin statükosundan hiçbir değişikliği kabul etmeyecektir"*[222] Balkan devletlerinin toprak kaybetmeleri halinde bu topraklar yine Balkan devletlerine geri iade edilecektir. Rus yetkili savaşın başlamadan sonucunu ilan etmekti. Toprak kaybetseler dahi yine topraklarını geri alacaklar diyerek Osmanlı'nın ne kadar güçsüz ve alay edercesine demeçleri ile diplomasiye uymayan

222 Falih Rıfkı Atay, Batış Yılları, Pozitif Yayınları, İstanbul, Kasım 2012, s. 77

ilkel yaklaşımdı. Belki de Osmanlı'nın durumunu bildiği için bir bakıma savaşa teşvik etmek için azınlıkların savaş çıkarmasını tetiklemiş olarak sonuçta kaybetseniz de topraklarınız yine sizin elinizde kalacak. Bu bir Rus oyunumu idi sonuçta kaybeden Türk tarafı oldu.

Yunan Ordusu ve Averof Zıhlısı

Yunanlılar 400 sene Osmanlı egemenliğinde kaldı ve 1821'de isyan ettiler ve 1829'da Osmanlı'ya karşı ilk kez bağımsızlığını kazanan bir azınlığın devlet olması; Osmanlı tebaası içindeki azınlıkların isyan etmesinin önünü açması ile yeni bir sürecin ateşini tetiklemiş oldu. Yunanistan'ın bağımsız devlet olmasına destek şu ülkelerden geldi, İngilizlerin, Fransız ve Rusların Navarin'de Osmanlı ve Mısır gemilerini yakması sonucunda Yunanistan'ı Osmanlı'dan koparmayı başardılar. Osmanlı ilk kez dış güçlerin baskısı ve desteği ile parçasından önemli bir parça koparılmıştı ve bu eylemin sonucu ciddi sorunları beraberinde getirdi. Osmanlı, Yunan isyanından sonra ağırlıklı olarak içerideki azınlıklarla sorunlar yaşamaya başladı. İlk Osmanlı'da ayrılan azınlık Yunanlılar oldu ve arkasında onlarca azınlıklar, Osmanlı'ya isyan ederek ayrı devletçikler olmayı kazandılar.

Osmanlı'da ayrılıp ayrı devlet olan ilk azınlık Yunanlılar oldu. Bu Osmanlı sınırları içinde yaşayan azınlıklara bir yol göstericilik hedefini belirledi. Osmanlı'nın bu Yunan isyanı ile ayrı devlet oluşunda bir ders çıkarmadı ya da çıkaramadı ve peş peşe azınlıkların ayrı devlet olma talebi günden güne devletin önüne sorunlar çıkararak geldi. Yunanlılar ayrı devlet olunca ordularını ise Fransızlar eğiterek güçlü bir deniz gücü ve kara ordusu oluşturdular. Yunanlıların en güçlü ordusu donanmalarıydı. Abdülhamit donanmayı Haliç'te çürütürken Balkan savaşları çıkınca gemilerle Balkanlara asker gönderemedik, hatta Çanakkale dışına çıkacak savaş gemimiz yoktu. Türk Ordusunun gemilerinin olmadığını ve haliçte çürütüldüğünü Yunanlılar çok iyi bilmekteydi, hatta tüm Osmanlının düşmanları da bu durumu görüyor ve biliyorlardı. Osmanlı, kendisinin parçalanmasının zeminini kendisi yıldan yıla, günden güne hazırladı. Koltuklarda oturmak cazip olabilir ancak o koltukların hakkını vermek ise adam olmayı gerektirir, ufkun ötesini görmeyi gerektirir.

Türklerin elinde güçlü savaş zırhlılarının olmamasını Yunanlılar biliyordu ve bu durumu görüp fırsata çevirerek Ege Adalarını ele geçirdiler. Yunanlıların **"Averof"** adlı savaş zırhlısı Türklerin savaş gemilerini Çanakkale Boğazının dışına çıkartmadı, Selanik limanına toplarını çevirdi ve Selanik kurşun atılmadan Yunan'a teslim edildi. **Averof zırhlısının önemi ve öyküsünü öğrenelim ve geleceğe dönükte dersler çıkaralım, bu nedenle Averof zırhlısına yer ayırdım.** Enver Paşa, İngilizlerden bu Averof zırhlısını almak için para toplamaya kalktı ancak istenilen para toplanılamadı. Devletin hazinesi negatif ve borca boğulmuştu. Bir Yunan armatörü ve milliyetçisi bu zırhlıyı İngilizlerden satın alarak Yunan Ordusuna bağışladı. Bu Averof, İstanbul işgal edildiği zaman İngiliz savaş gemileri arasında İstanbul'a toplarını doğrultan kan kusan savaş zırhlısıydı.

Çanakkale'de Türk deniz gücünün Ege denizine açılamamasının sebebi Yunan zırhlısı Averof oldu. Çıkan savaş gemilerimizi bu savaş zırhlısı engelledi ve batırdı. Dört tarafı denizlerle çevrili ülkenin deniz gücünün olmaması tam bir akılsızlık ürünüydü. Haliçte hapsedilen savaş gemilerinin çürütülmeye bırakılmasının sorumlusu Padişah Abdülhamit'ti. Osmanlı gemilerini üretebilmeliydi, üretememek 600 yıllık devlete yakışmadı ve devletin yıkılışında etkili rol oynadı.

Osmanlı uyruğundaki Averof ismindeki bir Yunan armatörü parayı Yunan'a vererek bu zırhlıyı Yunan hükümeti satın aldı. Osmanlı'da böyle gemiler yoktu. Tek Averof tüm Osmanlı savaş gemilerini Marmara'ya hapsetti. Bu gemi yüzünde tüm Ege Denizinde ki adalar Yunan'ın eline geçti. Averof bugün Yunan kimliğini temsil etmektedir ve Averof zırhlısı, Pire limanında müze olarak ziyaretçilerini karşılıyor. Geminin komutanı da daha sonra Yunan Cumhurbaşkanı oldu. Osmanlı Türklere ticaret yasağı koydu ve bir zenginimiz yoktu ve tüm ticareti Türk olmayan azınlıklar yapmaktaydı. Gün geldi azınlıklar Osmanlı'ya isyan etti ve emperyalist güçlerin tarafında saflarını tuttular. Yunan zengini en kötü durumda Yunan'a para ile zaferler kazandırdı. Türklerden bir zenginimiz olsa bir Averof gibi gemiler satın alma ihtimalimiz olurdu ve devletin sonu da böyle acı biçimde sonlanması mümkündü.

Akademisyen Zafer Toprak bu Averof Zırhlısı olayını şu şekilde yazmakta: "Osmanlı Averof savaş Zırhlısını alamayınca İngilizlere üç gemi siparişi verdi ve paralarını da peşin ödedi. Bu savaş gemileri Sultan Reşat, Sultan Osman ve Fatih gemileriydi ve Birinci Dünya savaşı çıkınca bu savaş gemilerini İngilizler bize vermedikleri gibi ödenen paraları da vermedi. Bu Averof, Selanik limanına gelerek toplarını Selanik'e çevirdi ve Şehrin teslim edilmesinde önemli rol oynadı. Averof olayı üzerine İstanbul'da milli İktisat politikası başladı. 1913-1914 yıllarında Rum bakkallara karşı ilk kez boykot başladı ve Müslüman kesimde 600 civarında bakkal açıldı. Averof olayı mililiği gündeme taşıdı. Averof Balkanların elden çıkmasında önemli rol oynadı ancak Türkiye'de ulus kimliğinin ortaya çıkmasından da önemli rol oynadı. O dönemde bildiriler basıldı ve Türk işyerlerinde ticaret yapması anlatıldı." [223]

Osmanlı 600 senelik süreçte Türk zengini yetiştiremedi ve Türklük bilinci gelişmeyince ümmetçilik bilinci ülkenin elden çıkışını körükledi. Bir Türk zengini olsa idi belki bir savaş gemisi alır Türk ordusuna bağışlardı. Gününü gün edenler yarınları düşünemedi ya da kendileri için öylesi daha doğru idi. Balkanlar, Türklerin aleyhine gelişmeye başladı. Osmanlı dönmelerle ve devşirmelerle yönetilmenin cezasını milletine yükledi. Osmanlı'da görüş ve mantık şu oldu, dağın tepesinde hep olmayı tercih etti, oysa dağın tepesinde olanlar aşağıda neler olur, dipten nasıl dip dalgaları hareketlenir

---

223 Taha Akyol, Age, s. 67,68 (Averof hakkında geniş bilgi için Zafer Toprak, Osmanlı Donanması, Averof Zırhlısı ve Ulusal Kimlik, Toplumsal Tarih,2003, s.10,19, 113)

tüm bu hareketleri görmedi ya da görmek istemedi. Sonuç tehditler, isyanlar ve yıkılan koca bir imparatorluk oldu. Geçmişle övünmek yerine sen nasıl geçmişten gelenleri koruyacaksın ve yeni şeyleri nasıl katacaksın ve bunları nasıl yaşatacaksın ve koruyacaksın diye kafa yormak gerekmez mi idi? Devlet aklı hep yarınları düşünmeye, gelecekle ilgili projeler üretmeye yönelik olmak zorundadır, aksi halde rakiplerinin oyuncağı durumuna düşersin!

Halaskâran Zabitan Grubunun Doğuşu ve İsyanı

Balkanlar fokurdayarak kaynamaya devam ederken bir de ordu için de bölünmeler ve kargaşalar çıkarmak isteyen gruplar yaratıldı. İttihatçıların zayıf sanıldığı anda orduyu içinde bölmek isteyenlerin planları sonucunda Halaskâran isyancı grubu oluşturuldu ve Arnavut subaylarda bu isyancıların içinde yer aldı. Ordu kendi içinde siyasete karışarak İttihatçı ve İtilafçı olarak bölündü. Halaskâran Zabitan Grubunu yarattılar ve grubun bir başka adı da **"Kurtarıcı Subaylar Grubu"** adını aldı ve isyanlara ve tehditlere başladı. Bunlar, ordunun siyasete bulaştığını ve kendileri orduyu siyasetten arındıracaklarını bahane ederek yine subaylardan oluşan askeri bir gizli örgüt kurdular. Bu yapı ittihatçılara karşı kurulmuş kaynağını emperyalist güçlerden alan İngiliz destekli, Prens Sabahattin ve Dr. Rıza Nur gibi etkili kişilerce yönlendirilmekteydi. Prens Sabahattin'in desteklediği *"Hürriyet ve İtilaf Partisi"* tarafın da desteklenmekte ve küçük rütbeli subaylar örgütüydü. Manastır'da dağa çıkan küçük rütbeli subaylar, İttihatçıları taklit ederek isyanı başlattılar. Bu grup ordu içinde gizli bir örgüt olup hedefleri orduyu bölmek, kargaşalar çıkarmak ve İngiliz yanlısı kişilerce destek bulmakta idi.

Manastır'da dağa çıkan bu subaylar grubu Binbaşı Kemal Şenkıl, Önyüzbaşı Hilmi, Yarbay Recep, Yzb. İbrahim Aşkı, Yzb. Kudret, Teğmen Boşnak Salih gibi 12 kişi dağa çıkanlardı. Bunların düşüncelerini Kayseri Mebusu Ali Galip'te paylaşmakta idi. Bu zat Sivas Kongresinde Atatürk'e suikast düzenlemek için Damat Ferit ve İngilizlerce görevlendirilmiş vatansızlardan birisiydi ve emperyalizmin piyonu konumundaydı. Halaskaranların takdiği şu oldu, orduya siyaset sokuldu, orduya siyaset girmesin diye çalıştıklarını söylerken kendileri bizzat orduya gizliden siyasetin zehirli tohumlarını attılar ve bu tohumlar Balkan Savaşında zehirlerini saçarak Makedon ve Balkan bölgelerinin elden çıkmasına sebep oldular. **Melami Tarikatı Şeyhi** Terlikçi Salih, bu isyancı grubun asıl yöneticisi olarak bilinmektedir. Askeri kuruluşlara tarikat parmağı bulaşırsa orada hayır çıkmaz, ordu tümden bozulur ve Halaskâran Grubu bu tür bir yapıya büründü.

Halaskâran grubunu destekleyen "Hürriyet ve İtilaf Partisini" tanımaya çalışalım. Bir adı da "Özgürlük ve Uyuşma" olan bu partinin 22 Kasım 1911de kurulduğunu Tanin gazetesi duyurdu. Tanin gazetesi bu partinin kurucuları hakkında şöyle yazıyordu: "Hürriyet ve İtilaf Partisinin yönetim kurulu üyeleri, öylelerini yan yana görüyoruz ki, kazanda yirmi yıl birlikte kaynatsalar uyuşmaları olasılığı bulunmadığını herkes kabul eder... Bu kişiler yapmak için değil yıkmak için birleşmişlerdir."[224] Bu kurucu üyelerin bazıları Sadık Bey, Rıza Nur Bey, İsmail Bey, Rıza Tevfik, Damat Ferit gibi isimlerden oluşmaktaydı. Bu partinin kurucuları Halaskâran Grubu askerlerini destekleyerek onları besliyorlardı. Bu askerlerle bu partinin üyeleri birlikte hareket etmek ve İttihatçıları etkisiz hale getirmek temel hedefleriydi ve emperyalist güçlerce destek görmektelerdi.

Özgürlük akımları tüm dünyada hızla yayılırken Osmanlı askeri okulları ve subaylar da bu akımdan çabuk etkilendiler. Subaylar arasındaki bölünmenin Harp Okulu ve Harp Akademisinde okuyan öğrenciler arasında ve epey önceleri başladığı görülmektedir. **Kazım Karabekir Paşa "anılarım"** adlı yapıtında şöyle yazmakta, "Harbiye ve Harp Akademisi'nde ki Türk ve Arap öğrencilerin arasında sık sık tartışmalar çıktığını, Arap öğrencilerin 'Türklere lanet yağdırdığını', Arap bağımsızlığını savunduklarını anlatır. Arnavut öğrencilerinde bozulduğunu yazmaktadır. Ordudaki İttihat ve Halaskar Zabitan gruplaşmasında Arnavut subaylar Halaskar grubunda yer almaktadır."[225] Arnavut subayların hem Halaskâran grubu ile hareket etmekte hem de kendi aralarında oluşturdukları grup içinde bağımsız hareket etmektelerdi. Daha sonra kendi grupları Osmanlı'dan ayrılarak bağımsız Arnavut devletini kuracaklardı.

---

224 Hüseyin Cahit Yalçın, SİYASAL ANILARIM, Türkiye İş Bankası Yayınları, 2. İstanbul Baskı, Haziran 2000, s. 230.

225 Kazım Karabekir, Hayatım, Yapı Kredi Yayınları, İstanbul 2008, s. 155, 217-218.

Halaskan grubu kadroları görüşlerini yayarak, gazetelere bildiriler vererek seslerini şu biçimde yükseltiyorlardı "Ülkenin geçirmekte olduğu bunalım dönemi had bir şekle giriyor. Yıkılma tehlikesi yine baş gösteriyor... Ey sayın subaylar, ey sayın silah arkadaşları... Açık olarak söyleyebiliriz: Vatanın çöküşüne uğramasına karşı özellikle biz subaylar titremeliyiz... Ülkeyi yöneten bugünkü kabine yerine, hemen Avrupa'nın güvenini kazanabilir girişimci, namuslu ve becerikli, zatlardan oluşan bir kabinenin iktidara getirilmesi..."[226] Halaskar grubunun önderlerinden Dr. Rıza Nur, önce İttihatçı idi ve sonra oradan ayrılarak Ahrar Fırkasına ve daha sonrada Hürriyet ve İtilaf Fırkasına katıldı. Aşırı dengesiz birisi ve İttihat ve Terakki grubundan Sinop Milletvekili seçilerek meclise girmişti. Dr. Rıza Nur'u tanıyanlar onun bir ruh hastası olduğunu söylerler. Balkan harbi öncesi Osmanlı mebusuydu ve Osmanlı halkı aleyhine çalışan vatanına ihanet etmekten geri durmayanlardandı. Şevket Süreyya Aydemir'e göre bu zat, ***"Tekkelerde, mekteplerde, sokaklarda, ordu içinde, ordu dışında nifak örgütleri kurardı ve bir İngiliz adamı ile işbirliği yapardı. Arnavut derebeyleriyle besalaşırdı. Devleti parçalamak için yeminlerle ittifaklar kurardı. Şüpheli altınlar alır, bunları hükümetin ve devletin çökertilmesinde harcardı..."***[227] Dr. Rıza Nur, dengesi bozuk, eksantrik güçlerden destek ve altınlar alarak devletin

226 Alpay Kabacalı, BİR İHTİLALCİNİN SERÜVENLERİ, Gürer Yayınları, 3. Baskı İstanbul, Kasım 2007, s. 18.
227 Şevket Süreyya Aydemir, Enver Paşa, Age, Cilt II, s. 260-261.

aleyhine çalışan başıbozuklar ekibini de başı sayılmaktaydı.

Halaskar Zabitan Grubunun bildirisini bir de Şevket Süreyya Aydemir'den okuyalım: "Memleket bir buhranın zirve noktasındadır. Çöküş tehlikesi belirmiştir. Osmanlı vatanı, meşrutiyetle beraber tutulacağı zannedilen terakki yolunda saptırılmıştır. Bugün vatan Abdülhamit devrinden daha büyük bir hızla çöküntüye yönelmiştir. Hâlbuki Meşrutiyet bu ülke için son çare idi. Vatan bugün biz zabitlerden hizmet bekliyor." Bu bölücü grubun bildirisini şöyle sürdürmektedir: "İttihat ve Terakki istibdadının yıkılması ve ordunun siyasete karışmaması. Fakat her şeyi ordu yaptığına ve desteklediğine göre, aynı ordu, bu suretle sebep olduğu kötülükleri de temizleyecektir. Hükümeti ve Meclisi bertaraf ettikten, bu müesseseleri meşru yollarla tekrar kurduktan sonra, siyasete hiçbir surette müdahale etmeyerek, kendisini memleket müdafaasına verecektir"[228] Kazım Karabekir Paşa'nın anılarında anlattığına göre ordu içindeki bölünmelerin bir anlık hareket değil ve geçmişe dayandığı görülmektedir.

Halaskâran Grubu, Balkanların Elden Çıkmasının Zeminini Hazırladı

Halaskâran Grubunun baskıları hem ordu hem de mecliste baskısını eksantrik desteğini alarak tehditlere başladı. Halaskâran baskısı ile Sait Paşa kabinesi istifa etti. 22 Tem-

---

228 Şevket Süreyya Aydemir, ENVER PAŞA Makedonya'dan Orta Asya'ya 1908-1914, II. Cilt, Remzi Kitabevi, 17. İstanbul Baskısı, Nisan 2019, s. 255-256.

muz 1912'de Gazi Ahmet Muhtar Paşa kabinesi kuruldu. Devleti yıkmak isteyen bu başıbozuklar yeni kabineyi kurdu ve bu yeteneksiz kabine Balkan Savaşlarını çıkardı ve Balkanların elden çıkmasına neden olan sonuçları yarattı. Balkan yenilgisinin temel sorumlusu bu Halaskar kadrosunun orduyu bölmesi ve öngörüsüzlüğü yüzünde yaşandı. Bu sürece nasıl gelindi bu geniş bir perspektiften okuyalım.

Osmanlı çok uluslu milletlerin oluşturduğu bir imparatorluk olunca, azınlıkların bağımsızlık talebinin gündeme gelmesi kaçınılmazdı. Dünya konjonktürü ise azınlıkların bağımsızlık hareketini destekler nitelikteydi. Osmanlının hantallaşan yapısı ve ekonomik olarak parçalanmayı tek çatı altında tutması imkânsızdı. Şükrü Hanioğlu'nun yazdığına göre, Abdülhamit döneminde alaylı subaylar çok fazla rütbe almıştı ve yükselmişlerdi. Ordu içinde liyakat sistemine önem verilmedi ve bozulan bu dengeler subayları da böldü. Sorumlusu okumuş subayları öteleyen Abdülhamit'in yönetim anlayışıydı. Halaskar Grubu, gizlice kırmızı imzalı tehdit pusulalarını bazı mebusların ve devletin ileri gelenlerinin evine tehdit yazılarını gizlice bıraktılar. Bir kargaşa, tehdit ve şantaj sürecini böylece başlattılar ve emperyal güçlerin beklediği an geliyordu. Tarık Zafer Tunaya bu Halaskar Zabitan grubunu şöyle anlatmakta, ***"Bu gizli subaylar grubu Meclis başkanı Halil Bey'in evine gizlice bir mektup bıraktı. Meclis 48 saat içinde kendisini dağıtmazsa bazı ölümler olacaktır."***[229] Meclisin dağıtı-

229 Tarık Zafer Tunaya, Türkiye'de Siyasal Tarih III. Cilt, Hürriyet Vakfı Yayınları, İstanbul 1. Baskı, Temmuz 1989, s.108.

larak yeniden despotik yönetime geçilme talepleriydi. İttihatçıların önemli hatibi Ömer Naci, tehditlere boyun eğilmeyeceğini ve Türk subaylarının tehdit olayını da şiddetle eleştirmişti. Talat Paşa, **"Yeminim daha eskimedi."** Diyerek kırmızı imzalı askerlerin tehdidini protesto etti meclis kürsüsünde, gerilim doruklara çıktı.

Tarihçi Bernard Lewis 'ten bu süreci okuyalım: *"15 Temmuz'da Sait Paşa hükümeti güvenoyu aldı. Halaskan grubu bunun üzerine harekete geçti. 17 Temmuz 1912'de Sait Paşa kabinesi istifa etti. Sait Paşa, İttihatçılara güvenmediğini Padişaha aktardı. Kabinede istifa eden üç bakan Halaskaranları toplantısına katıldı taleplerini öğrenmek için. Halaskâran: Nazım Paşa'yı Harbiye Nazır'ı, Kamil Paşa kabine üyesi ve sadrazamı da padişaha bırakıyorlardı."*[230] İttihatçıların Sait Paşa başkanlığında kurduğu kabine istifa etti ve muhalefet grubunun hükümet olması için önünde engel kalmadı. Halaskâran Grubu yavaş yavaş hedefine varma sürecine girdi ancak Balkanların elden çıkmasının da taşlarını döşemeye başladılar.

Sait Paşa kabinesi istifa etti ve 19 Temmuz 1912'de Sadrazamlığa Kamil Paşa getirildi. Hüseyin Cahit Yalçın Kamil Paşa kabinesi için şöyle yazıyor: "Bu cins paşalar, ortalık karıştığı zaman başvurulan yedek demirbaşlardan sayılabilir"[231] diyerek kabinenin düşük düzeyli ve sorunların çözümünde tükenmişliği oynayacaklarını paylaşıyordu. Kamil Paşa'nın Sadrazamlığa getirilmesine tepkiler artınca yeni kabineyi kurma görevi Gazi

---

230 Bernard Lewis, Age, s. 302-303.
231 Hüseyin Cahit Yalçın, Age, s. 236.

Ahmet Muhtar Paşa'ya verildi. Cahit Yalçın bu kabine içinde şunları yazıyor: "Eski ve yeni dönemin ne kadar davul gibi öten boş kişilikleri varsa göğüslerindeki sırma şerefine, görünüş adına kabineye doldurulur ve muhalif basında bunu Büyük Kabine adı takılır"[232]

Süreç içinde gerilim artma moduna girince İttihat ve Terakki örgütü gerilimin parçası olmamak için muhalefete çekilme stratejisini devreye sokma kararı aldı. Ülkenin sorunları büyümekteydi ve İttihatçılar üzerlerine düşen fedakârlığı yapmaya karar verdiler. O sırada Trablusgarp görüşmeleri devam ediyordu ve Trablusgarp'ın İtalyanlara bırakılmasının da sorunları tetiklediği görülüyordu. Halaskaranlar, Nazım Paşa'nın Harbiye Nazırı olmasını istemekteydiler ve Sadrazam olarak ta Gazi Ahmet Muhtar Paşa'nın getirilmesini talep ettiler. ***"Rıza Nur'a bakılırsa, Halaskâran Zabitan hareketi ile Arnavut ihtilalini orduya ve İstanbul'a sokan Sabahattin Bey'dir."***[233] İngiliz ajanı Prens Sabahattin, Dâhiliye Nazırlığını Rıza Nur'a, kendisi de hesapları tutarsa Sadrazamlık makamına oturacaktı ve hesap tutmadı. İttihatçıların sivil kanadını Talat Paşa, asker kanadını da Enver Paşa yönetmekteydi. Kara Kemal'in İstanbul örgütü içinde ağırlığı fazla ve Talat Bey'le hareket ediyordu.

Son zamanlardaki yönetimlerin, Balkanlar konusunda hatalı politikalar uygulamaya başlaması sorunları hızla hareketlendirdi. Arnavutları Türkleştirme politi-

---

232 Hüseyin Cahit Yalçın, Age, s. 237.

233 Sina Akşin, Jön Türkler ve İttihat ve Terakki, İmge Kitabevi, 7. Baskı Ankara, Eylül 2014, s. 318.

kası ve Arnavut okullarında Türkçe okutulması gerilim isyanını artırdı. Rumeli'de kalmak Arnavut desteği ile güçlenirdi ve bu destek fırsatını kaybettiği gibi emperyal güçlere de Türkler aleyhine fırsat tanımış oldu. Bulgaristan ve Bosna'dan gelecek Müslüman göçmenlerin, hatta Yahudilerin Makedonya'nın muhtelif yerlerine yerleştirileceği mesajı gerilimi hepten artırdı ve Arnavut tepkisi büyüdü. Ayrıca Rumeli'de ki meralara çiftlikler kurulacağı ve bunların dağıtılacağı tepkilerden bir başkası idi. Trablusgarp savaşı ve Arnavutların isyanı sorunların üst üste gelmesi yeni sorunları yarattı. İttihatçıların Arnavut politikası zayıftı ve bunu emperyal güçler lehlerine çevirmeyi başardı. Arnavut isyanlarını da etkileyen destekleyen ve Adriyatik kıyılarını ele geçirme politikası hedefleri arasında olan İtalyanların da etkisi fazla oldu. İtalya, Arnavut kıyılarını ele geçirmek ve Adriyatik Deniz'ine sahip olmak için çeşitli planlar yapmaya başladı..

Halaskâran grubuna giren askerler tıpkı İttihatçıları taklit ederek onlar gibi Makedon dağlarına çıktıklarını Osman Okyar şu şekilde yazmakta, " Haziran 1912 yılında Arnavutluk'ta yaygın bir isyanın çıkması, ordu içinde ikiliğin ve karışıklığın yaygın biçimde ortaya çıkışına yol açtı. Bu sırada " Halaskara Zabitan Grubu" birileri tarafın da ortaya çıkarıldı. Bu gizli cemiyet, İttihat ve Terakki istibdadını yıkıp, meşrutiyete işlerlik kazandırmayı ve ordunun siyasete karışmasını önlemekti. 1908 İhtilalini hazırlarken, tıpkı İttihatçılar gibi Manastır'da dağa çıktılar." [234] Meşru-

---

234 Osman Okyar, Milli Mücadele Dönemi Türk- Sovyet İlişkilerinde Mustafa Kemal (1920-1921), Türkiye İş Bankası Yayınları, İstanbul 2. Baskı, Ekim 2017, S. 28

tiyeti yok etmek, ordu içinde ayrılığı tetiklemek ve emperyalizme hizmet etmek için onun yörüngesinde eksantrikli düşünce ile bireysel ego tatminine hizmetten başka bir şey değildi. İttihatçılar kaynağını halkın beklentilerinde alan örgüt bu Halaskan örgütü ise günlük kargaşalardan nemalanmak isteyen ve alt yapısı olmayan örgüttü.

Halaskâran zabitan grubu, sıkıntılı süreci başlattı ve kendileri yeni koltuk heveslerine kapıldı. Yeni kadrolar yaratmak ve İttihatçıları uzaklaştırmak için dönemin önemli devrimci düşünürü ve Şairi Tevfik Fikret'i evinde ziyaret kararı aldılar. Yıl 1912 bir grup Halaskar Zabitancılar Tevfik Fikret'in evine giderek Halaskarancıların başına geçmesini istediler ve bu süreci Tarık Zafer Tunaya yazmakta: "Görüyorsunuz İttihatçılar artık uzaklaştı. Başımıza geçinde bir şeyler yapalım dediler. Tevfik Fikret, divanda oturmaktadır. Yumruğunu sıkar yanındaki kuş tüyü yastığa vurur. Yastık hemen eski haline gelir. Fikret yumruğunu oturanlara gösterir."

" Bir şey oldu mu elime ?"

"Hayır"

" Yastığa bir şey odlumu ?"

" Hayır"

Son cevabı Halaskâran gruba kendisi verdi: Olmaz, Bir yerde ki ne vuran ele ne de vurulan yere bir şey olmaz, ben orada çalışamam."[235]

Olayların sonucunu Tevfik Fikret görmekte ve Halaskâran grubu görmemekten direnmeye devam ka-

---

235 Tarık Zafer Tunaya, Devrim Hareketleri İçinde Atatürk ve Atatürkçülük, İstanbul Bilgi Üniversitesi, 1. Baskı İstanbul, Eylül 2002, s. 20

rarındaydı. II. Meşrutiyetten sonra Ordu içinde ve bürokraside iç çekişmeler ve kavga devam etmekteydi. Hürriyet ve İtilaf partisi, İttihat ve Terakki Cemiyetine karşı amansız bir mücadele etmeye başladı. Halaskar Zabitan isimli grup Osmanlı aleyhine çalışan Arnavut isyancılarla da birlikte hareket etmeye başladı. Halaskâran Zabitan Grubu, Balkanlardaki gidişatın kötü olduğunu İttihat ve Terakkiyi sorumlu tutarak kolay yolda iktidar hedeflerine varmak istiyordu. Bu nedenle hızla taraftar toplayarak ülke yönetiminde söz sahibi olmak ve Prens Sabahattin'in talebi doğrultusunda eylemsel hareketlerini sürdürme kararındaydılar.

İsyancı subaylar grubunu tehditleri ve yarattıkları sorunlar tam bir kargaşa sürecini yarattı ve Balkan topraklarının elden çıkışını bu piyon grup hızlandırdı. 11 Aralık 1911'de bir ara seçim yapıldı ve farklı iki aday arasında yapılan seçimi muhalefet adayı açık ara kazanması, muhalefetin sesinin yükselmesine neden oldu. **"Hürriyet ve İtilaf partisinin başında bulunan Damat Ferit Paşa bu role büyük bir şevkle hazırlanıyordu."**[236] Bu seçimler İstanbul'da yapıldı ve halk seçimle İttihat ve Terakki'ye karşı tepkisini göstermiş oldu diyen muhalefet eylemsel faaliyetlerini sürdürmeye hız verdi. İtilafçıların önde gelen liderlerinden yaşlı Kamil Paşa bu seçimlerde kendisine rol biçerek Mısır'dan Padişaha 20 Aralık 1911'de bir mektup yazarak sadrazamlığa talip olduğunu bildirdi ve İngilizlerle ittifak yapılmasını

236 Bernard Lewis, Modern Türkiye'nin Doğuşu, Arkadaş Yayınevi, 10.Baskı Ankara, 2018, s. 300.

istemekteydi. Mandacılık bazı vatansızların ruhuna işlemişti ve kendi ayakları üzerine durmak yerine ille de boyunduruk altında yaşamayı ruhlarına kazıtmışlardı. Bu yaşlı kurt ise tam bir İngiliz hayranı olarak kendisini tanıtmaktan gurur duymaktan geri durmuyordu.

Tehdit ve tehlikeyi gören İttihatçılar Ocak 1912'de meclisin feshedilerek seçimlere gidilmesini sağladılar. Kamil Paşa'nın muhtırasına karşı Cahit Yalçın, **"Mezarda Bir Ses"** başlığı altında bir bildiri yayınladı. Nisan 1912'de yapılan seçimlerde İttihatçılar 269 vekil, muhalefette 6 vekil parlamentoya gönderdiler. Muhalefetin hezimete uğraması "seçimlere hile karıştırıldı" diyerek feryada başlaması ki, tarihte bu seçimlere **"sopalı seçimler"** denilmektedir. Bu seçim sonu itirazları İttihatçılarla, İtilafçıların arasını ileri boyutlara taşıdı ve kozlar karşılıklı kullanılmaya başlama sürecine girdi. İttihatçıların seçimlere hile karıştırdığını muhalefet her sahada yaydı ve bu İttihatçıların yıpranmasını gündeme taşıdı. Libya'da savaş olumsuz sonuçlara gitmekte, Selanik'te sorunlar artmakta, Makedonya kaynayan kazana döndü. Haziran 1912'ye gelindiğinde Arnavutluk'ta sorunlar alarm noktasına geldi. İttihatçıların Sadrazamı Sait Paşa'ya yönelik eleştiriler hat safhaya ulaşırken harbiye Nazırı Mahmut Şevket Paşa 9 Temmuz'da istifa etti.

Özgürlükten, barıştan dem vuran yeni kabine sıkıyönetimi 23 Temmuz'da kaldırdı ve 6 Ağustos'ta sıkıyönetimi yeniden ilan etti. Subayların tümünün siyasete karışmayacağına dair yemin ettirildi ve şöyle yaptırıldı yemin: **"Gizli ve açık hiçbir siyasi örgüte dâhil olma-**

yacağıma ve devletin iç ve dış işlerine hiçbir şekilde müdahale etmeyeceğime dair namusumun üzerine ve Allah'a yemin ederim."[237] İtalya ile Trablusgarp sorununu yeni kabine 17 Ekimde barış yaparak çözdü. Bir gün sonra ise Balkan savaşını emperyal destekli güçler çıkardı ve Balkanlar kan gölüne dönmeye başladı.

Arnavut Kültürü ve Bağımsızlık Hareketi

Makedonya'da olaylar hızlanarak devam ederken Arnavutların da bu olayların dışında kalması imkânsızdı ve kendilerini olayların içinde buldular. Arnavutların denize kıyısı oldukça uzundu ve bu sahil şeridinin önemi, emperyalist ülkelerin iştahını çekerek taleplerine cevap verecek düzeyde olmasıydı. İtalya bu Adriyatik kıyılarını kendi toprağı gibi görmekte olup Rus Çarı ile Avusturya-Macaristan İmparatoru Akdeniz'e inmek için bu sahillere gözlerini dikmişti. Arnavutluk ise Makedonya'da oynanan oyunların dışında kalamazdı ve yeni planlar üretmeye başladılar. Arnavutların kendine özgü yaşam biçimi vardı ve birazda inatçı bir millet olması Balkanlarda Osmanlı'nın gücünü temsil ediyorlardı. II. Abdülhamit onların sosyal yapılarına ve geleneksel kültürlerine göre bazı ayrıcalıklar tanımıştı ve bu ayrıcalıklarda Arnavutların Osmanlı'ya karşı bağlılıklarını sürdürme nedeni olarak biliniyordu. Karşılıklı çıkar ilişkileriydi bu çıkar ilişkisi bozulunca isyanlarda sahaya indi. Arnavutlarda vergi alınmazdı, askere çağrılmazdı ve her

237 Tarık Zafer Tunaya, Partiler, Age, s. 350. (Bernard Lewis, Age, s. 304.)

Arnavut silahlıydı ve silah onlar için çok önemli hatta kutsalları gibi ona sarılmaktalardı. Bu ayrıcalıklar Osmanlı ile Arnavutlar arasında kuvvetli sadakat yapısını güçlendirdi. Sözü geçen aşiret mensupları Arnavutları, Abdülhamit subay yaparak onları paşalığa kadar yükseltirdi. Saray ile Arnavut feodalleri arasında bir köprü kurulmuştu ve bu köprüden karşılıklı çıkar ilişkileri engele takılmadan geçerlerdi. Gün geldi köprü geçişleri sorunlar yaratmaya başlayınca olaylarda gardıroptan çıktı sokaklara döküldü.

Balkanlardaki özgürlük eylemleri yeni boyut kazanınca Arnavutların Saray'a karşı bağları da zayıflama dönemine girdi. Bu iplerin kopmasında etkili olan İtalyan hükümetinin emperyal politika tuzağı yatmaktaydı. İtalya'nın gözü Arnavut topraklarında vardı ve orayı kendine bağlı sömürge sahasına çevirmek hayalleriyle kıvranıyordu. İtalya, Adriyatik Denizinin her iki yakasına hâkim olmak hesapları uğruna Arnavutlara şirin görünmeye çalışmakta ve tüm hesapları Arnavut'luğu Osmanlı'da koparmaktı. Arnavutlar ise Abdülhamit'ten gördüğü desteği son hükümetlerden göremedi. İttihatçılar Arnavutlara karşı Abdülhamit'in tanıdığı hakları kısmaya başladı ve çıkar ilişkisi de bozulma sürecine giriyordu. İç ve dış güçlerde İttihatçılarla Arnavutların arasını açmaya yönelik yeni senaryoları devreye sokmanın peşine düştüler.

Fransız Devrimi tüm dünyayı ve Balkanları fikirsel olarak etkiledi ve bu durumda Arnavutlar da nasibini aldı. Arnavut milliyetçiliği 1908 sonrası hızlandı ve 1909

Ağustos ayında Elbasan'da yapılan kongrede önemli kararlar alındı. **"Bu kongrede Arnavutçanın tedrisat lisanı olmasına ve Latin harflerinin kabulüne karar verilmişti."**[238] Bu tedrisatı Türkler kabul etmedi ve olaylar tetiklendi ve isyanlara gebelik yaratıldı. Mahmut Şevket Paşa isyan çıkaran Arnavutların üzerine yürüdü ve olaylar genişlemede bastırıldı ancak ok yaydan çıktı. Ağustos 1912'de Arnavutlar, Üsküp'ü işgal ederek hapishanede tutuklu bulunan mahkûmları serbest bıraktı. Bölgedeki askeri birlikleri yağmaladılar. Arnavutlara bazı tavizler verilerek istekleri kabul edilse de olayları tetikleyenlerin sayıları giderek genişleme sürecine girmişti. Arnavutluk üzerine planlar yapanların beklediği an gelmişti ve gerilim artarak isyanlara neden hızla körüklenmekteydi.

Arnavutlar " **Dokakin**" denilen bir milli değer ya da geleneksel kültürün yarattığı bir değer de denilebilir, bu değere dayanarak kendi sorunlarını ve kavgalarını yine kendilerinin kurdukları yöntemle çözerlerdi. Genç İttihatçılar toplumun bu tür değerlerine de yeterince sahip çıkamayınca gerilimleri artıran kışkırtıcı ajanların aradığı ortam yaratılmış doğuyordu. Genç İttihatçıların toplumu kısa sürede dönüştürme hayalleri maalesef tepkilere neden oldu ve olumsuz eğilimleri üzerlerinde toplamaya başladılar. İttihatçılar, Arnavutların yeni değer yargılarıyla kendilerine yön vermesini istedi ancak feodal yapı da buna izin vermiyordu ve eski köye rağbet,

---

238 İlker Babürşah, Ah Şu İttihatçılar, Kamer Yayınları, İstanbul 1. Baskı, 2013, s. 186.

yeni köye isyanlar mantığı öne çıkıyordu. 600 yıllık geleneksel yapıyı kısa sürede dönüştürmek kolay olmuyordu ve bu yapıyı ancak dönüştüren Cumhuriyet sonrası Atatürk oldu.

Arnavut olayları 19 Mart 1910'da İpek Mutasarrıfı İsmail Hakkı Bey'in bilinmeyen birisi tarafından yaralanması ile gizli bir el tarafından başlatıldı. Tüm Balkanlarda isyanlar ve olaylar hızlanırken Arnavutları kendi haline bırakmazlardı ve olayları o yöreye de hızla sokmayı başardı kirli beyinler. Avusturya ve Rusların o bölgeden Adriyatik yoluyla Akdeniz'e inme hesapları da yatmaktaydı ve İtalya'da kendi kıyı bölgesi gibi görüyordu. Arnavut kıyı şeridi İtalya, Rusya ve Avusturya'nın iştahını kabartması ve Almanlarında buralara başkalarının girmemesi hesabı yatıyordu ve Almanya ise bölgenin dengelerinin değişmemesi taraftarıydı. Arnavut sahilleri emperyalistlerin Akdeniz'e inme hayalini süslüyordu.

İttihatçılar, toplumsal düzende eşitlikçi bir adalet mekanizması kurmaya çalıştı ancak bunu sağlamak kolay olmadı ve Arnavutların tepkileri ile karşılaştılar. Arnavut toplumu feodal yapı ile ayakta durmakta ve toprak beyleri Sarayın desteğini alarak bölgeyi yönetmekte idiler. *"1909 Yazında patlak veren Arnavutluk isyanının en önemli sebebini II. Abdülhamit'in idare tarzı ile İttihatçıların yeni idare tarzı arasındaki çelişki teşkil etmişti. Arnavutlar geleneksel olarak Abdülhamit idaresine bağlı idiler. Vergiden muaf olup Osmanlı ordusuna gönüllü olarak yazılırlardı. İttihatçılar bu imtiyazları kaldırınca isyanlar başladı. Arnavutlar Latin alfabesi ile eğitimlerini sürdürmekteydiler. Müslüman çocuklarını da bu harflerle eğitmekteydiler, önce desteklediler sonra bu desteği İttihatçılar çekti. Sorunlar artarak yığıldı* ve patladı." [239]

Dış güçler Arnavutları çıkarları için isyanlara teşvik ettiler ve bu isyanı Sina Akşin yazıyor: "Mart 1911 de Arnavutluk'un kuzeyinde Tuz bölgesinde Katolik olan Malisorların isyanı baş gösterdi. Bu işte Karadağ'ın ve özellikle Trablusgarp'ı istilaya hazırlanan İtalyanların parmağı olduğu anlaşılıyor. İtalyan Kralı Karadağ Kralının damadıydı."[240]

Bazı Abdülhamit hayranları "eğer Abdülhamit padişah kalsaydı Osmanlı Balkanları kaybetmezdi" derler; bu sav tamamen yanlış. Osmanlı toprağının üçte ikisini Abdülhamit zamanında kaybetti. Balkanlar Abdülhamit zamanın da 93 savaşı ile elden çıkmıştı. Abdülhamit günü kurtarma politikasının hayranıydı ve bunu uygulamaktan geri durmadı. Aslında Abdülhamit'ten önceki padişahların hatası daha çok büyüktü. Ekonomik olarak güçlü olmayan devletler süreç için de ekonomik yönde güçlü olan devletlerin yörüngesinin dışına çıkamaz. Balkanlar ateş çemberine ve tehdidine dönerken Arnavutlara dokunmama, onları dışarda bırakma gibi bir emperyalist güçlerin hesabı olamazdı ve Arnavutları da ateş çemberinin içine aldılar. Abdülhamit'te yöne-

239 Süleyman Kocabaş, Jön Türkler Nerede Yanıldı, Vatan Yayınları, İstanbul Baskı, Ağustos 1991, s. 320

240 Sina Akşin, Jön Türkler ve İttihat ve Terakki, Ankara Baskı, Eylül 2014, s. 29

timde olsa yine Arnavut olaylarını hem de daha şiddetli çıkaracaklardı.

Osmanlı'nın yıkılışının temel argümanı, feodal yapı zincirini kıramamış olması ve ekonomik olarak üreten toplum olmaması yatmaktadır. Osmanlı'nın tarım ve hayvancılıkla uğraşan toplum olması, ticari konularda yeterince bilgi birikimine sahip olamaması ve geleceğin nasıl şekilleneceği konusunda yol haritası çizememesi dışarıdaki değişim ve dönüşümü tam algılayamamasının alt yapı eksikliği yatmaktadır. Eğitimi yok sayan, Ticaretle uğraşmayan milletler yarınları doğru okuyamaz. Osmanlı'da yarınları doğru okuyamama hastalığının kurbanı oldu. Tarım ve hayvancılıkla uğraşan toplumlar gelişmelere kapalı toplumlardır. Bu görüş birey, kurum ve devletler için geçerlidir. Osmanlı devlet olarak, birey olarak ve kurum olarak değişime hep direndi, sonuçta kendi sonunu acı bir şekilde getirdi.

BALKANLARIN ELDEN ÇIKIŞ SÜRECİ

Gazi Ahmet Muhtar Paşa'nın Sadrazamlığa Getirilişi

Nisan 1912 seçimlerini muhalefet "sopalı seçimler" olarak tanıttı ve aleyhte olumsuz propagandalarını şiddetle sürdürme sürecine girdi. Sait Paşa kabinesi 15 Temmuzda güvenoyu aldı ancak 17 Temmuzda istifa etti. Uzun görüşmeler sonucunda Gazi Ahmet Muhtar Paşa'nın kabineyi kurmasına karar verildi ve bu kabineye de **"Büyük Kabine"** ismi verildi. İttihatçılara bu kabinede görev verilmedi ve onlar gönüllü olarak Libya'da

İtalyanlara karşı savaşırken bu kabine kuruldu ve onların haberi olmadan savaş kararı alındı ve ilan edildi.

Gazi Ahmet Muhtar Paşa, 21 Temmuz 1912'de Sadrazam olarak göreve başladı. Gazi Ahmet Muhtar Paşa'nın büyük kabine adını verdiği bakanlıklar ünlü kişilerden ve tarafsız olduğunu söyleyerek kuruldu ve programı şöyle idi: ***"Seçimler, memur atamaları, memurların askerlerin partiye girmesi, bu işleyiş kanuna aykırıdır. Bu beyanname doğrudan İttihatçıları hedef aldı. Sonuçta Sadrazamın hükümet programı 9 boş oy, 45 aleyhte ve 113 kabul oyu ile hükümet güvenoyu almış oldu."***[241] Bu İttihatçılar için yeni bir darbe sayılmaktaydı. Harbiye Nazır'ı Nazım Paşa, bu Halaskarancıları hep korudu, bu durum Balkanların elden çıkmasını yaratacaktı. Gazi Ahmet Paşa 73 yaşında yaşlı ve hükümet yetersiz ve askerler kendi içinde bölünmüş ve Balkanlar kaynıyordu. Paşa'nın kabinesi tarafsız gibi göründü, güvenoyunu aldı ancak hükümet etme konusunda emperyal güçlerin eline fırsatlar sunuyordu, onlar zaten böyle bir an beklerken fırsat ayaklarına gelmişti.

Muhalefet ve Halaskâran grubunun desteklediği ve yönetime getirdiği kabine 21 Temmuz 1912'de kuruldu. Sadrazam Gazi Ahmet Muhtar Paşa kabinesi şu üyelerden oluşturuldu. Hüseyin Cahit Yalçın bu kabine listesini şöyle yazmakta:

" Gazi Ahmet Muhtar Paşa kabinesi "Büyük Kabine" üyeleri şöyle:

---

241 Tarık Zafer Tunaya, Age, s. 109-110-111.

Sadrazam: Gazi Ahmet Muhtar Paşa
Şeyhülislam: Cemalettin Efendi
Devlet Şurası Başkanı: Kamil Paşa
Adalet Bakanı: Hüseyin Hilmi Paşa
İçişleri Bakanı: Ferit Paşa
Harbiye Bakanı. Nazım Paşa
Maliye Bakanı: Zıya Paşa
Denizgücü Bakanı: Mahmut Muhtar Paşa
Dışişleri Bakanı: Gabriyel Naradorikiyan
Maarif Bakanı: Sait Bey
Ticaret ve Tarım Bakanı: Reşit Bey
Bayındırlık Bakanı: Damat Şerif Paşa "[242] Bu kabine barışı ve huzuru yaratarak toparlayıcı olacak, siyasetin dışında **"büyük kabine"** büyük işleri başaracak gözü ile bakılıyordu. İttihatçılar iktidarda düştü ve muhalefet iktidara geldi. İktidara gelen muhalefet ve Halaskâran grubu ülkede tam bir kaos ve felaket yaratarak Makedonya'nın elden kayıp gitmesini bu statükocu iktidarı yarattı. İngiliz yanlısı mandacılar, patrimonyal grup ve Prens Sabahattinciler Balkanların kaybedilmesini tarihe kara leke olarak düşüreceklerdi.

Büyük kabinenin kurulmasına en çok Padişah Mehmet Reşat sevinecek ve tarihe şu öngörüsüzlüğünü düşecekti: ***"Baldırı çıplak türedilerin, Selanik dönmelerin gidip yerlerine kerli ferli, şanlı vezirlerin gelmesinden ötürü Tanrıya şükrettiğini"***[243] söylemişti. Padişa-

---

242 Hüseyin Cahit Yalçın, SİYASAL ANILARIM, Türkiye İş Bankası Yayınları, İstanbul Baskı, Haziran 2000, s. 237.
243 Hüseyin Cahit Yalçın, Age, s. 137.

hın anlı şanlı diye tanımladığı kabine Selanik, Üsküp, Manastır, Kosova, Edirne kaybedilecek ve Bulgar ordusu Çatalca'ya kadar gelecekti. Makedonya tümden elden çıkıyor ve bu kabine tarihe kara leke olarak geçecekti. Bazı tarih okumazlar ise Balkanların İttihatçıların yüzünde kaybedildiğini yazmakta; bu tamamen Abdülhamitçilerin uyduruk çarpıtmaları. Balkanları kaybeden kabine ve padişahında onayladığı **"Büyük kabinedir."** Bu sırada Arnavutluk olayları isyanlarla genişleme sürecine girdi. Arnavut mebuslarından Hoca Sait ile Rıza Nur açıkça telgraflaşmakta. Arnavutluk ayaklanması **"yasaldır"** diyenlerle onlar **"canidir"** diyenlerin düelloları uçuşmaktadır. (Balkan savaşlarına ilerleyen sayfalarda geniş yer verilecek.)

Gazi Ahmet Muhtar Paşa kabinesi herkesi memnun edecek bir pozisyonda durarak ideolojik görüşlere mesafesini koymuştu. **Umumi af ilan etti, sürgündekileri de serbest bırakmıştı ve "Büyük Kabine"** denilen bu hükümet herkesi mutlu edeceğini düşünmekte ve eylemlerini bu yönde sürdürüyordu. Orduyu siyasetten uzak tutacağına inanarak Harbiye Nazırlığına Nazım Paşa'yı getirdi. Tüm çalışmalar içeriye dönük ancak dışarı da cadı kazanı kaynamaktaydı. Hükümet içerde olup bitene karşı tüm çalışmalarını bu yönde kurgularken asıl tehdidin dışarda olduğunun farkına varmamaktan direnmekteydi. Tehlikeyi içerden görenler ana tehdidin sınırlarda olduğunun farkına varamamışlardı. Bu kabine iyi niyetiyle ülkeyi yöneteceğine kendisi inanmıştı ancak kurtlar sofrası kurulmuştu farkında değildi.

Sadrazam Ahmet Muhtar Paşa, yeni seçimlerin yapılacağını duyurdu ve arkasında sıkıyönetim ilan etti. Bu arada İttihatçılar da Selanik merkezine taşındılar ve İstanbul'da onlara karşı baskılar artmaya başladı. İttihatçıların yayın organlarında **"tanin"** yayınını baskılar nedeni ile durdurdu. Arnavutluk olayları giderek etkisini artırmaktaydı. 25 Ağustos 1912 günü Arnavut isyancılar Üsküp'e yürüdü. Yeni hükümet Arnavutlara ödünler vermekte ve onlar ise tehditlerini ve taleplerini artırmakta direnmekte idiler. İngiliz gazetesi Daily Chronicle 26 Ağustos tarihli sayısında şöyle yazmaktaydı: "İttihat ve Terakki Cemiyeti'nin yurtseverliğinden söz etmekte, her çeşit ilerlemenin onun ürünü olduğunu ileri sürmektedir" İngiliz basını yeni kabinenin yetersiz olacağını vurguluyordu.

Balkan Bozgunu Gazi Ahmet Muhtar Paşa zamanın da başladı ve Harbiye Nazırı Nazım Paşa'nın kısır görüşü sonucunda Makedon toprakları ve Selanik elden çıktı. İttihatçıların özgürlük yanlısı oluşu İngiliz çıkarlarını hem Ortadoğu'da hem de Hindistan'da sıkıntıya sokacağının hesabı nedeni ile İngiliz çıkarlarına ters geldiği için Padişah yanlıları İngilizler için daha sevimli gelmekte ve istediklerini padişahlara kabul ettiriyorlardı. İngilizlerle Almanlar arasındaki Osmanlı toprakları üzerinde bir hâkimiyet kurma mücadelesi sürerken İngilizler İtilafçıları, Almanlar da İttihatçılarla işbirliği içindeydiler. İngilizler statükodan beslenmeyi çıkarları için tercih etmekteydiler bu nedenle de Padişah çevreleri onların çıkarlarına daha uygundu. İttihatçılar genç kadrolardı ve İngiliz siyasetini reddetmekte ve Alman siyasetinin yanında durmak istemektelerdi. Aslında Almanların Abdülhamit'le sıkı ilişkilerinden dolayı İttihatçılar Almanlarla da pek samimi değildi önceleri ve sonra ilişkiler değişme sürecine girecekti.

Harbiye Nazırı Nazım Paşa, Balkanlardaki profesyonel askeri birliği savaş olmayacak gerekçesiyle terhis etti. Balkan savaşı sırasın da kumandanlıklara da yeteneksiz paşaları getirdi ve bu başarısız alaylı subaylar savaşın yenilgilerle sonuçlanmasına sebep oldu. "Savaş öncesi dönemde Türk ordusu subayları iki partiye ayrılmış durumdaydı. Hükümet ise Rusların Balkanlar'da savaşa müsaade etmeyeceği yönünde ki teminata inanmıştı. Hariciye Nazırı Asım Bey ise 15 Temmuz'da Meclisi Mebusan da Balkanlardan imanım kadar eminim ki savaş ihtimalinin bulunmadığını iddia etmişti. Yeni Hariciye nazırı Ermeni Gabriel Noradıngiyan da Rusya'nın teminatının kesin olduğunu hükümete bildirmişti. Tüm bu bilgiler ışığında Rumeli'de ki en iyi 120 tabur asker 75 bin tecrübeli asker terhis edilmişti."[244] Makedonya'daki 75 bin profesyonel askerin terhis edilmesi onaylanır bir sonuç değil. Hem de o süreçte Ruslara güvenerek böyle bir eyleme girişmek tümden akılsızlıktı ve bu akılsızlık yapıldı.

Hükümet 4 Ağustos 1912 de Meclisi kapatarak, muhalefetin sesini kıstı diktatoryal politika izlemeye başladı. Oysa Balkan savaşı göz göre göre geliyordu, meşverete

244A. Şerif Aksoy, Jön Türkler, Enver- Cemal- Talat, Nokta Kitap, 1. Baskı, Mayıs 2008, İstanbul, s. 29

gereksinim doruğa çıkmıştı. "1Ağustos 1912 de Bulgar çeteler Üsküp- Belgrat arasında bulunan Koçan'da bir Pazar yerinde bomba patlattılar. Bu patlama da 11 kişi öldü. Güvenlik güçleri suçluları yakalamak istedi ve olaylar tam gerildi. Olaylar şiddetlenerek devam ederken Osmanlı askerlerini terhise devam etmekteydi. Bulgar Kralı Osmanlı Hükümetinin Makedonya'da reform yapmazsa savaş açılacağını bildirdi ve Osmanlı en iyi askerlerini terhis etti. Balkan devletleri savaş hazırlıklarını yaptı Osmanlı yattı. "[245] Balkanlarda tehdit doruğa çıkmış durumda yeni kabine savaş her an çıkacak iken güvenliği sağlayan askerlerin terhis edilmesi, düşmanlara savaşı anında başlatma fırsatını verdi. Bu durumu anlamak mümkün değil?

Emperyal Güçlerin Balkan Savaşı Öncesi Görüşleri

Osmanlı içerde Halaskâran grubu ve iç sorunlarla uğraşırken emperyalist güçlerde boş durmayarak hazırlıklar peşinde idiler. Önce İtalya'nın talebinin tatmin edilmesi gerekiyordu ve büyük pastaları kendi aralarında paylaşmak için. "13 Ekimde 1912 de Rusya ve İngiltere ile 4'lü ittifak **(Yunan, Bulgar, Sırp ve Karadağ)** Osmanlıya bir dayatmadan bulunarak Makedonya'dan ıslahat yapılmasını talep ettiler. Balkanlardaki vilayetler özerk olacak başlarından da Belçikalı ya da İsviçreli valiler

---

245 Fikret Bayır, Strateji Ustası Atatürk, Kaynak Yayınları, 1. Baskı İstanbul, Mart 2014, s. 105-106

bulunacak diye dayatma. Hıristiyan halk kendi askerlerini kendi subayları yönetecekti. Daha birçok talepler ve bu 6 ay içinde yürürlüğe girecekti."[246]

Balkanların sürekli ıslahat taleplerini Osmanlı'nın Dışişleri Bakanı Gabriel Noradonkyan Efendi bakın nasıl yazmakta: *"Ne kadar ıslahat yaparsak ya da yapmaya girişirsek, Balkan devletleri o kadar saldırgan ve küstah oluyorlar. Şimdi savaş var. Bizim istemememize rağmen ve Avrupa'nın istememesine rağmen savaş çıktı. ... Savaşı bütün gücümüzle ve vatanseverliğimizle sürdüreceğiz... "*[247] Osmanlı, Balkan savaşının çıkmasını istemedi, Avrupa'nın büyük devletleri de istemedi ve bir el savaşı başlattı. Burada kirli bir senaryo hesaplandı ve devreye sokuldu, belki de beklenilen kirli an gelmişti.

Almanya ile İtalya öteki emperyalist ülkelere göre geç sanayileşme sürecini tamamladılar. Hem Almanya hem de İtalya yeni sömürge alanları elde etmek için arayışlara girdiler. Büyük emperyalist güçler İtalya için Trablusgarp'ın işgal etmesine yeşil ışık yaktılar ve İtalya'da Libya'yı işgal etti. Çanakkale Boğazını topa tuttu. Türk gemileri boğaz dışına çıkamaz oldu. Emperyalist güçler İtalya'nın, Trablusgarp'ı işgal etmesi için her türlü desteği verdiler ve İtalya'nın beklentilerini böylece bloke etmiş oldular. Çünkü öteki emperyalist ülkelerin beklentileri Osmanlı Toprakların da daha fazla idi. Balkanları

---

246 Sina Akşin, Türkiye Tarihi 4, Cem Yayınevi, Özel Baskı İstanbul, Mayıs 2013, s. 40

247 Stephane Lauzanne, Uçurumun Kenarındaki Türkiye, 1. Balkan Savaşı ve Çekilen Acılar, Bileşim Yayınevi, İstanbul 2005, s. 18.

parçalamak için, Yunanistan, Bulgaristan, Sırbistan ve Karadağ'da Osmanlı'ya karşı savaş peşindelerdi.

Rusya, Balkan savaşı çıkmayacak diye Osmanlı'yı güvence verdi. "Rus sefirinin, savaş olmayacağının Türk Hariciye Nazırı Gabriel Noradonkyan efendiye, çok kati bir garanti vermesi üzerine, Türk Genelkurmayı ordunun altmış bin profesyonel askerini Balkanlar da terhis etti. Bulgaristan'daki hazırlıklara karşılık Edirne de ki askerlerin kaldırılacağını söyleyince Harbiye Nazırı, Nazım Paşa ' Balkanlar da bir harp çıkarsa birkaç günde zafer elde ederiz' diyordu.[248]" Ruslar böyle güvence vermesine rağmen, Bulgar Ordularını Almanlar eğittiği için güçlü altyapısı mevcuttu.

Balkanlar, Almanya için de bir Akdeniz kapısı olarak görülmekte ve onlarda kolayca burada Akdeniz'e inme fırsatını yakalayabilirlerdi. Balkanların Slav kökenli halkını Ruslar yanlarına alarak onların hamiliğine hep soyundu. Slavlar Rus ırkın da sayılmaktaydı ve Rusya'da kendi çıkarları için onları Osmanlı'ya karşı koruma yoluna gitti. *"Osmanlı Makedonya'sını paylaşacaklar, fakat erken bir kavga çıkmasın diye kimin nereleri alacağı belirtilmemişti. Rus çarının hakemliğine bırakılmıştı. Rusya'nın kurduğu Sırp- Bulgar ittifakına katılma sırası, Yunanistan'a da geldi ve oda bu ittifaka katıldı. Arkasından da bu gruba Karadağ'da katıldı."*[249]

---

248 İbrahim Temo- Ahmet Rıza, Biz İttihatçılar, Örgün yayınevi, 1. Baskı İstanbul, Haziran 2009, S. 482

249 Taha Akyol, Rumeli'ye Elveda, Doğan Kitap, 1. Baskı İstanbul, Şubat 2013, s. 44-45

Balkan Savaşları çıkmadan biraz önce büyük devletler hem Osmanlı'ya ve hem de Yunan, Bulgar, Sırp ve Karadağ'a bir nota verdiler. Bu verilen notayı Şükrü Hanioğlu bakın nasıl yazmakta: "*Biz savaş istemiyoruz ama savaş olursa statükonun değişmesini tanımayacağız. Yani savaşsanız boşuna savaşmış olacaksınız, sonra biz size aynı statükoyu uygulayacağız. Osmanlı'da şöyle bir beklenti vardı, savaş çok kötü giderse büyük devletler statükoyu koruyacaktır sınırlar yine değişmez. Savaş sonu, Osmanlı diplomatları Alman dışişleri bakanına yaklaştıkları zaman bakan 'Şartlar o kadar değişti ki, statükoyu muhafaza edemeyiz, maalesef statüko tutulamaz.*"[250]

1725'te ölen Çar Deli Petro Akdeniz'in stratejik yapısını o günlerde görmesine rağmen, Osmanlıyı yönetenler Çar'ın öngörüsünden de bu kadar mı gerilerdeydiler? Vizyon sahibi olmak farklı bir aklı, farklı bir ön görüyü farklı bireyde aramak galiba doğru olandır, herkesin ufku görmesini, ufkun ötesinde neler olup bittiğini anlamasını beklemek biraz saflık fazla iyimserlik olsa gerek.

Osmanlı Hükümeti Savaş Kararı Aldı

Başkumandan Vekili Nazım Paşa, Ordunun savaşa hazır olduğunu tüm etkili ve yetkili kadrolara bildirdi. Kendisi bilgisiz, beceriksiz sıradan subaylığı nedeni ile her şeyin bilincinde olduğunu ve savaşı kazanacaklarını kesin bir dille tüm çevresine gururla aktarmaktan geri

---

250 Taha Akyol, Age, s. 51-52. (Bakınız, Şükrü Hanioğlu, Kendi Mektuplarında Enver Paşa, Der Yayınları, İstanbul, 1989.)

durmamaktaydı. Nazım Paşa şöyle buyurdular *: "Harbin ilanından itibaren bir haftaya kalmaz Filibe ve Sofya'da Osmanlı bayraklarını görürsünüz. Trakya'da hazırlıklarımız tamamdır, savaş derhal ilan edilmelidir. Merasim elbiselerinizi yanınıza almayı unutmayınız. Çünkü iki ay sonra Sofya'ya girerken ihtiyacınız olacak."*[251] Nazım Paşa kendisinden o kadar emindi ki en kısa sürede törenle Sofya'ya gireceğini deklere etmekten geri durmamıştı. Oysa tüm Rumeli elden çıktığı gibi Bulgarlar Çatalca'ya kadar geldiler ve İstanbul'a her an girme hesabını Bulgar Kralı Ferdinand yapmakta idi. Hatta Bizans üniforması diktirmiş ve İstanbul'a Bizans üniformasıyla gireceğim diye başkalarını da bu törene davet etmekten gururla söz ediyordu.

Balkan Savaşlarının yenilgisinde İttihat ve Terakki'nin Arnavutlara karşı yanlış tutum ve uygulamaları da etkili oldu. Ordunun iki kampa ayrılması yine yenilgiyi tetikleyen faktörler olarak tarihe geçti. Atatürk ordunun siyasete karışmamasını daha İttihat ve Terakki'nin 1909 Selanik kongresinde dile getirdi ve başta Enver olmak üzere Atatürk'ü dışladılar hatta ölüm kararı aldılar. Daha sonra Libya'ya **"Orduyu teftişe gidin diye"** görev vererek merkezden uzaklaştırdılar. Ordunun siyasete karışmasını daha o yıllarda Atatürk sakıncalı görerek kendi hükümetlerince de orduyu siyasete bulaştırmadı.

Cumhurbaşkanı Celal Bayar, Atatürk'ün ordunun siyasete karışmaması konusundaki görüşlerini şu şekilde

---

251 Taha Akyol, Rumeli'ye Elveda, Doğan Kitap, 1. Baskı İstanbul, Şubat 2013, s. 113

yazmakta: "Ordu mensupları cemiyet içinde kaldıkça millete dayanan bir parti kuramayız. Orduyu da zaafa uğratırız. Bütün mensuplarının çoğu İttihat ve Terakki mensuplarının üyesi olan 3. Ordu, esas itibariyle modern ordu sayılamaz. Ordu ile cemiyeti ayıralım. Cemiyet, siyasi bir parti halinde milletin bünyesinde kök salsın. Ordu da asli vazifesiyle uğraşsın..."[252] Mustafa Kemal'in ön görüsü askerin siyaset dışında kalması ve asli görevi vatan savunması olmalı diye kongrede dile getirmesi ve İttihatçıların tepkisi ile karşılanmasına yol açmıştı.

Nazım Paşa, hem savaş istemekte hem de bu sırada 120 profesyonel askeri Taburları terhis ediyordu bunu anlamak mümkün değildi, ya da düşmanlarını çok hafife almıştı. Osmanlı Genelkurmay Başkanı Nazım Paşa, stratejik düşünceden uzak kendi askerinin durumunu ve yöneticilerinin görüşlerini almadan ve kolayca Balkan fatihi olarak tarihe geçme rüyasında çıkamamıştı. Bir yönetici kendisinin üstün taraflarını ve zayıf taraflarını doğru analiz etmeden; yine düşmanlarının da üstün ve zayıf taraflarını doğru analiz etmeden savaşa karar verirse sonuç hüsran olur. İşte Nazım Paşa'nın savaş istemesi tarihin en büyük yanılgısını Türk milletine yaşatması oldu. Bu yanlış kararın faturasını da gerici basın İttihatçılara fatura edecekti. O dönemde tüm hataları İttihatçılara yıkmak moda olmuştu. Kendi yanlışlarını görmeyenler hep hatayı başkasında arayan zayıf

252 Celal Bayar, Ben de Yazdım Cilt 1 MİLLİ MÜCADELEYE GİDİŞ, Türkiye İş Bankası Yayınları, 1. Baskı İstanbul, Kasım 2018, s. 517.

beyinlerdir ve kompleksli ruhsuz yapılardır. Sadrazam Gazi Ahmet Muhtar Paşa'nın Harbiye Nazırlığına Nazım Paşa'yı getirmesi ise düz mantık ürününden başka bir şey değildi.

"Osmanlı'nın savaşı kazanacağına inananların başında Başkumandan Vekili Nazım Paşa gelmektedir. Yaşlı Sadrazam Ahmet Muhtar Paşa ile hükümeti ve Dışişleri bakanı da savaş istememekteydi."[253] Nazım Paşa ordunun hazır olduğunu, bir haftada Sofya'ya gireceklerini söyleyerek tüm toplantıya katılanları etkiledi ve savaş kararını aldırdı. Genelkurmay Başkanı Vekili Nazım Paşa: "Harbin ilanından itibaren bir haftaya kalmaz Filibe ve Sofya'da Osmanlı bayraklarını görürsünüz"[254] Sofya fatihi olacağından o kadar emindi ki askerlerine tören elbiselerini de almalarını ihmal etmemelerini sürekli tekrar etmekteydi. Sofya'da resmi o elbiselerle tören yapacaklarını tekrarlıyordu. Bu arada bazı mitingler yapılarak "savaş isteriz" naraları yükselmekteydi. Basın harp isteriz diyerek halkı ve talebeleri galeyana getirmekten geri durmuyordu. İttihat ve Terakki'nin görüşleri dikkate alınmayarak onları dışladılar. Balkan savaşları çıkmadan önce 1911'de İttihatçılar Libya'ya gönüllü olarak gittiler ve Libya'da İtalyanlara karşı Libya halkı ile birlikte savaşırken Balkan savaşları çıktı ve kısa sürede Makedonya elden çıktı.

Süleyman Külçe, Harbiye Nazır'ı Nazım Paşa'nın savaş konusundaki görüşlerini şu şekilde yazmakta: "*Ab-*

---

253 Yusuf Hikmet Bayur, Türk İnkılâp Tarihi, Cilt 2, Kısım 1, TTK Basımı ANKARA, 1991, s. 393-396

254 Taha, Akyol, Age, s. 113

dullah Paşa, Padişah'a savaşın çıkmamasını anlatmış. Padişah, Nazım Paşa'yı Saraya çağırmış ve Nazım Paşa savaşı mutlak kazanacağını anlatmış. Abdullah Paşa, Nazım Paşa'nın aile doktoru ve Nazım Paşa'ya da savaşın çıkmamasını söyledi. Nazım, 'Siz doktorsunuz tıptan başka bir şey anlamazsınız' diyerek doktoru tersledi. Ben Zat-ı şahaneye de söyledim ve Osmanlı bayrağı Filibe ve Sofya'da dikilecektir."[255] Nazım Paşa kesin savaş taraftarıydı. Harbiye Nazırı Nazım Paşa ateşli savaş taraftarıydı ve ordunun durumunu bilmeyen kısa sürede kahramanlık sevdası beynini işgal etmişti.

Osmanlı ordusunun durumunu ciddi oranda sorunlu durumdaydı ve ordu savaşlarla, iç isyanlarla çok yıpranmıştı. Arnavutluk, Yemen, Trablusgarp gibi isyanlarla ordu sorunlu süreçten geçmekte ve çok yıpratılmış, silah, malzeme, giyecek ve gıda gibi konularda talepleri oldukça fazla idi, subaylarına maaş ödeyememekten ekonomik olarak sıkıntılı süreci yaşıyordu. Meşrutiyetin getirdiği özgürlüklerle subaylar arasında bölünmeler olmuş ordu İttihatçı ve İtilafçı (Halaskâr Zabitan) grubu olarak iki kola ayrılmıştı. En büyük tehlike ve tehdit ordunun ikiye ayrılması ve bunu tetikleyen gruplarında acımadan körüklemesi hiçte kabul edilecek durum değildi. Gazi Ahmet Muhtar Paşa hükümeti, İttihatçıları da ordunun üst kademesinde görevlendirmemişti. İttihatçılarda Balkan savaşlarının çıktığı sürede Libya'da İtalyanlara karşı savaşmaktaydılar. Mustafa Kemal yur-

255 Süleyman Külçe, BALKAN HARBİ'NDE İHMAL FACİASI, Çizgi Kitabevi, Mart 2018, s. 43. (Haz. Ercan Haytoğlu)

da gemi ile dönerken Selanik'in Yunan'ın eline geçtiğini yolda öğrenmişti. İstanbul'a gelerek Anne ve Kız kardeşi Makbule'yi günlerce aradı ve sonunda onları bitkin halde buldu. O dönem çok acımasız, açlık, yoksulluk ve her şeyin birbirine karıştığı tarihin en acımasız dönemi ya da en uzun yılları diye anılmakta.

Belgrat Üniversitesi öğretim üyelerinden Profesör Cvijic Makedonya konusunda 1906'da Fransız mecmuasına "Annales de Geoğrapie" ye şu demeci veriyor, *"Makedonya'da Türkler, Yunanlılar, Bulgarlar, Ulahlar, Arnavutlar ve Hıristiyanların çoğu da Slav'dır. Makedonya Slavlarının talepleri ne etnoğrafiktir, ne tarihidir, ne de dinidir. Makedonya davası milli bir dava değil içtimai bir gerçektir. Sefalete düşmüş Hıristiyan topluluklarının feryadından başka bir şey değildir. Bu kadar sefalete ve felakete düşmüş olan köylüler nasıl olurda etnoğrafik münakaşalara girişir de Sırp mı Yunan mı yoksa Bulgar mı olduklarını araştırabilirler. Onların bildikleri bir şey vardır. O da Türklerin idaresinden kurtulup keyfi idareye son vermektir."*[256] Halkın daha refah ve huzurlu bir yaşam için ne dini ne etnik köken onların talebi baskıcı yönetim yerine mutlu yaşam özlemiydi. Tarihin uzun yılları Makedon halkının uzun süre acımasızlığa, yoksulluğa bırakılmasının isyanı Balkan savaşını yarattı ve ekonomik göstergeler her devirde sonuçları etkileyen göstergeler olarak karşımıza çıkmaktadır.

---

256 Semih Nafiz Tansu, İttihat ve Terakki, İlgi Kültür Sanat Yayınları, 1. Baskı 2016, s. 50-51

Osmanlının Savaş Kararı, Balkanları Kaybetmemize yol Açtı

Osmanlı Genelkurmay Başkan Vekili Nazım Paşa, 17 Ekim 1912 sabahı savaş ilan ettiğini tüm dünyaya duyurdu. Avrupa'nın ileri gelen devletleri de bu savaştan Osmanlı galip gelecek diye tetiklemelerden bulundular. Ordudaki aşırı disiplinsizlik, yorgunluk, subaylar arası bölünmüşlük, 75 bin profesyonel askerin terhis edilmesi orduda ciddi sorunlar yaratmıştı. Yaşlı kumandanlar Ordunun yönetimin de söz sahibiydiler ve genç kurmay kesimi alt kademede olunca söz söyleme görüş bildirme yetkileri yoktu. Padişah II. Abdülhamit zamanın da askeri rütbeler okumamış kişilere verilerek Paşalığa kadar yükseltildi. Alaylı subaylar rastgele terfilerle çok sayıda terfiler almışlardı. Ordu içinde liyakat sistemi işletilmemeye başlayınca Serasker Padişaha durumu yazarak ordu içinde hiyerarşinin ehliyetsiz kişilerin eline geçtiğini yazı ile bildirmişti. *Serasker* : ***"Yapmayın böyle Saraydan rütbe verilmesin insanlara. Böyle yüzbaşı olacak insanlar General oluyorlar. Bunun sonucunda biz orduda emir komutayı düzenleyemeyiz. Bu işe bir sınır getirilsin."***[257]

Balkan yenilgisini yaratan bu ehliyetsiz ve alaylı subaylar daha sonra ordudan tasfiye edildi ama olan bölgenin kaybedilmesine oldu. Balkan savaşları sonrası Enver Paşa, hükümeti değiştirdi ve ordudaki Balkan bozgununu yaratan kadroların tümünü emekliye sevk

257 Taha Akyol, Age s. 262

etti. Yeni subay kadrosu Çanakkale Savaşlarını kazanan genç subay kadrolarıydı. Balkan savaşlarının yenilgisinin temel sebebi Padişah Abdülhamit'in kendi yetiştirdiği subayına güvenmeyerek, kendine dalkavukluk yapan okul görmemiş askerleri Paşalığa kadar terfi ettirerek ülkenin askeri gücünü bu yeteneksiz kişilere teslim etmenin sonucunda Balkanlar kaybedildi. Önemli bir sorunda şu oldu, Balkanların güvenliğini Arnavutlara bırakmak tümden hataydı.

Emperyalist devletlerin görüşleri, Balkanlarda ki, savaş sonu ne olursa olsun sınırlar değişmeyecek diye önceden duyurması önemli bir açıklamaydı. Savaş sonucu, Balkan devletlerinin lehine dönünce Osmanlı'yı kenara ittiler. Bulgarlarında Osmanlı toprağını ele geçirmesi Almanlarında işine gelmekte idi. Osmanlı'nın zayıf kalması Almanların lehine ve onların hesapları Arap petrollerini ele geçirme hesabı üzerine kurulmuştu ve Osmanlı onlara muhtaç olursa Almanların işi kolaylaşacaktı. Batı devletleri Osmanlı'nın bu savaşta yenileceğini hiç tahmin etmemişlerdi ya da öyle duyurmak bir planlamanın gereği miydi? Yenilgiden sonra Alman desteğini arayan Nazım Paşa, Almanların sonuçları değiştirme şansının olmadığını öğrenmesi, ortada bir oyun oynanıyordu görmeyen ise Nazım Paşa ve yol arkadaşları olmuştu.

Bulgarlarla-Almanlar arasında bir ittifak vardı ve Birinci dünya Savaşında Almanya'nın yanında yer aldılar ve Rusları dışladılar. Alman stratejisi, Bulgarlarla işbirliği ile Rusların Balkan politikasını devre dışı bıraktı.

O sırada Osmanlı hükümeti, İngilizlerle işbirliği içinde olunca Alman desteği Bulgar lehine döndü. O dönemde dengeler aşırı oynaklık göstermekteydi ve kimin nerede yer alacağı anlık politikaya dönüşmüştü. Tüm emperyal güçler sürekli satranç oyununa dalmışlardı kim kimi mat edecek ve kim kazanacak matematiği gündemi belirler olmuştu.

Harbiye Nazırı, Nazım Paşa'nın yetersiz bir asker olduğunu II. Abdülhamit Selanik'te Zıya Şakir'e başarısızlığını üzülerek anlatmakta: "Nazım Paşa Sadrazam Ali Paşa'nın damadı olduğu için rica üzerine Teftişi Askeri Komisyonuna aza yaptım. Hakkında şikâyetler gelmekteydi. Gece gündüz içki içiyor ve önüne gelene ağzına geleni söylüyordu. Bir gün Beyoğlu'nda sarhoş olmuş, arkasında resmi üniforma var iken koca **bir General'e** yakışmayacak hallerde bulunmuş. Bunu duyunca onu Erzurum'a sürdüm. O da kendisine siyasi bir poz verdi. Meşrutiyet'in ilanı ile İstanbul'a geldi. 2. Ordu Kumandanı olarak Edirne'ye gitti. Orada İttihatçılarla geçinemedi ve şikâyetlere başladı. Kamil Paşa'nın ricası üzerine Kabinede Harbiye Nazırlığına getirdim. Rahat durmadı ve Avcı Taburlarını Yanya'ya sürmeye kalktı ve 31 Mart olayı patlak verdi."[258] Padişah Abdülhamit'te Nazım Paşa'nın kural dışı davranışlarının ve askerliğe yakışmayan hareketlerini gördüğü için onu sürgüne göndermişti. 1908 sonrası kendisini mağdur gösterdi ve ittihatçılara yanaştı. Sonra onlarla anlaşamayarak İngiliz yanlı Kamil

258 Zıya Şakir, SULTAN HAMİD'İN SON GÜNLERİ, Akıl Fikir Yayınları, 2. Baskı İstanbul, Ocak 2018, s. 332-333.

Paşa kabinesinde görev aldı. İttihatçı karşıtlığı ile 31 Mart olaylarının da çıkmasına zemin hazırlayan askerdi. Balkan Savaşlarındaki başarısızlığı ile altyapısının olmadığı ve sonucun hezimet oluşuna öncülük etti.

Tarihçi Yazar Yılmaz Öztuna Harbiye Nazır'ı, Nazım Paşa'yı savaş sırasında nasıl hatalar yaptığını şu şekilde yazmakta. "Halaskaranların lideri Harbiye Nazır'ı Nazım Paşa, akılsız, zevkine düşkün olan bir adamdı, kayın pederi Ali Paşa gibi sadrazamlığa yükselmek istiyordu. Bu başkumandan vekilinin Çatalca hattındaki vagonundan boş şampanya şişelerini nasıl dışarıya fırlattığını, bu sırada 19 yaşında asker olan babam bana anlatmıştı. Askerin açlık ve hastalıktan bilhassa kolerada kırıldığı Çatalca hattında böyle şeyler yapan başkumandanın durumu düşünülebilir."[259] Ordunun başkumandanı cephede askeri koleradan ölürken kendisinin şampanya içip şişelerini fırlatması Türk askerine yakışmayan davranış biçimiydi. Halaskâran ve muhalefet desteği ile Harbiye Nazırlığına getirilmesi tam bir ülkesine ihanetten başka bir şey değil. Öztuna devam ederek, Enver, Cemal ve Talat beylerin zeki ve ülkesini seven İttihatçılar olduğunu yazmakta. 81 yaşındaki Sadrazam Kamil Paşa, Nazım Paşa'dan kurtulmak için istifa yollarını aramaktaydı.

Harbiye Nazır'ı, Nazım Paşa'nın hatalı uygulamalarından biriside şu yanlışlıktı. Ordu ikiye bölünmüştü İttihatçılar ve İtilafçılar (Halaskan) grubu diye de bilinmekte, Nazım Paşa Halaskâran grubu ile anlaştı ve

259 T. Yılmaz Öztuna, Türkiye Tarihi 12. Cilt, Hayat Kitapları 37, İstanbul Baskı, 1967, s. 225.

İttihatçıları tasfiye yoluna gitti. O sırada İttihatçıların büyük bölümü Trablusgarp'ta İtalyanlara karşı gönüllü savaşmaktaydı. Garnizonda kalan İttihatçılara da olaylara karışmamaları için yemin ettirdiler. Oysa Halaskâran grubu Nazım Paşa ile siyasetlerini sürdürmektelerdi. Ordu ikiye bölünmüş ve ordu içinde ki, düşmanlık doruklara çıkmıştı. Balkan savaşlarını kaybetmemizin temel nedenlerinden biriside ordunun ikiye bölünmüş olması. On İki adalar dâhil Balkan savaşlarında Makedonya topraklarımızın % 83'nü bu savaşta kaybettik.

Akademisyen Sina Akşin bu konuda bir gerçeği dile getirmekte, "Balkan savaşlarının yenilgisinin sorumlusu Harbiye Nazırı, Nazım Paşa'dır. Asker günlerce aç kaldı. Komutanlar aç kaldı. Telgraf sız, telefonsuz verdiği emirlerle savaşı idare etmekteydi. Verdiği emirler yanlıştı. Mahmut Şevket Paşa'nın Rumeli için hazırladığı savaş planlarını, sığınak, iaşe gibi planları Nazım Paşa ciddiye almadı. Hatta İttihat ve Terakkinin Balkanlarla ilgili planlarına el sürülmemişti. Sorumlular Nazım Paşa ve hükümet."[260]

Bulgarlar Savaş meydanlarında Türk ordusunun zayıf taraflarını bildikleri için şu taktikleri uygularlardı. Bulgar Genelkurmayının Türklerin geleneksel yapısını, töresini ve padişaha bağlılıklarını bildikleri için bu durumu savaş meydanlarında kendi lehlerine çevirmeyi başarıyorlardı. Ağanoğlu bu durumu bakın nasıl yazıyor: "*Bulgaristan ile ilk şiddetli çarpışmalar 22-23 Ekim*

260Sina Akşin, Jön Türkler ve İttihat ve Terakki, İmge Yayınevi, 7. Baskı Ankara, Eylül 2014, s. 334-335

*1912 de Kırklareli'n de meydana geldi. İlk etapta Bulgar ordusu fazla ilerleyemedi. Gece savaş eğitimine alışık olmayan Osmanlı kuvvetleri, gerekli önlemleri almadan uyumaya başladı. Bulgar komutanı General Dimitriyef gece takdiği şöyle oldu "**Padişahım çok yaşa**" diyerek Türk kuvvetlerine saldırdılar. Bu şaşırtma hareketi Türk kuvvetlerini şaşkına çevirdi. Mahmut Muhtar komutasındaki 3. Kolordu bozguna uğradı. Soğuk, yağmur, çamur ve de panik ile pek çok erzak, silah, mühimmat düşmana terk edildi. O yenilgi Çatalca'ya kadar geldi."*[261] Bulgarların savaş meydanlarında uyguladıkları bu taktikler hem düşündürücü hem de savaşı yöneten komutanların yetersiz olduğunu açıkça göstermekte.

Balkan savaşlarıyla bir hikâye şöyle, Türk askerleri gece karanlıkta korkardı ve bunu bilen Bulgar askerleri gece acayip sesler çıkararak saldırılarını gece yapar, Türklerde bu savaşta bu nedenle çok kayıp verdiler. Türk askerleri, cin, peri, şeytan gibi yaratıklardan çok korktuğunu bilen Bulgarlar bu durumu lehlerine çeviriyordu. Makedonya hesapsız, beceriksiz, yaşlı beyinlerin kurbanı olarak kaybedildi. Aslında kaybedilen Balkanlar değil, Osmanlı'nın kendisi kaybedilmişti.(Bu konuda Taha Akyol-Rumeli'ye Elveda kitabına bakabilirler.)

Doğan Avcıoğlu ise Balkanlar konusunda şunları yazmakta: *"Alman Ataşe Militeri Strempel, Türklere cesaret vermeye ve Çatalca hattını terk etmelerine mani olmaya çalışıyorum... Ferdinand Ayasofya'ya girecek. Çatalca*

---

261 H. Yıldırım Ağanoğlu, Osmanlı'dan Cumhuriyet'e Balkanların Makûs Talihi, Kum Saati Yayınları, İstanbul 1. Baskı, 2001, s. 52.

hattını mutlak surette tutmak lazımdır. Alman General Goltz Paşa, eski tarihlerde Almanlar Türkiye'nin sömürgeleştirilmesini düşündükleri, Anadolu topraklarını Rus ve İngiliz emellerine karşı korumuşlardır. Rumeli'nin elden çıkmasına ise seyirci kalmışlardır."[262] Almanların Türk topraklarında gözü olması ve oraları sömürmek istemesi emperyalizmin doğasında bulunan kan emiciliğidir. Balkanlar konusunda hem Türklere şirin görünüp hem desteklememesi, Çatalca hattında desteklemesi çelişkileri yansıtmakta ya da işin için de çıkamama, geleceğe dönük hesap yapmakta olması. Osmanlı bu Balkan savaşlarıyla Makedonya'yı kaybetti.

Sonuç Olarak, Hüseyin Cahit Yalçın 11 Eylül 1912'de Balkan savaşı mağlubiyetini bakın nasıl yazmaktadır: "Ama yerinelim ki, yurdun belkemiği olan bu genç Türk ordusu da güçsüz ve uyuşuk ellerde, yurtsuz politikacıların hain entrikalarıyla birliğini, disiplinini yitirdi ve o akıl ve hayale gelmeyen, Avrupalılarca bile olasılık tanınmayan Balkan acısı gerçekleşti."[263] Ordunun disiplinini bozan, orduyu parçalara ayıran ve bilgisiz, beceriksiz ilkel düşünceli yöneten ve kumandanların elinde ülkenin ana omurgası Balkanlar sıradan devletlerin eline geçmesi aklın alamayacağı tam bir akılsızlık sonucudur. Osmanlı'nın yaşlı düşüncesinin paşaları, gelecekle ilgili bir uzak görüşlülük taşımadıkları ya da son derece yetersiz olduklarının göstergesidir bu acı sonuç. Nazım

262 Doğan Avcıoğlu, 31 Mart'ta Yabancı Parmağı, Kaynak Yayınları, 1. Baskı İstanbul, Kasım 2013, s. 120.

263 Hüseyin Cahit Yalçın, Age, s. 239-240.

Paşa, Padişah ve Sadrazam Gazi Ahmet Muhtar Paşa, Balkanların kaybedilişinin sorumlularıdır ve bu konuda İttihatçıları kimsenin suçlaması doğru olamaz.

Arnavutların Bağımsız Devlet Oluşu

II. Abdülhamit 1909 da tahttan indirildi ve Selanik'te göz hapsinde bulunduğu sürede muhafız Fethi Bey'e Arnavut politikasını şöyle anlatıyordu: " ...Arnavutluk, Hicaz, Yemen gibi yerlerde takip ettiğim siyaseti takip edemediniz. Unutmayınız ki buralar, arkalarında kan ve kin bırakarak kopmak için yabancı tahriklere açık kapılardır. Mesela biz de Arnavutlar var, Kozan dağların da yaşayan Kürtler var. Buralara birden bire mektep açmak beyhudedir... Mektep şehirler işidir. Bu milletin cesaretinden, faydalanacaksınız. Vaktiyle ben Arnavutları öyle kullanırdım..."[264] Arnavutları ve Kürtleri kullanan Abdülhamit, geleceği okumaktan kendine göre yorumlar çıkarmakta ve dünyanın nereye evrileceği konusunda projeler üretememekte ve koltuğunu düşünmenin ötesine geçememekteydi. Eğitimin şehirlilere özgü bir ihtiyaç, köylere ise yasak anlayışı, Osmanlı'nın eğitime bakışını yansıtan görüşleri yansıtıyordu. Şehirlerde yaşayanların memurlar ve azınlıkların esnaf ve ticaret kesimi olup Türklere eğitim verilmiyordu.

Abdülhamit Arnavutları yönetti ve süreç içinde uyanan Arnavutlar çığ gibi isyana kalktı, faturası da ağır oldu ve İttihatçılara kesildi. Emperyalist güçler Balkan-

264Süleyman Kocabaş Age, s. 326

ları bölmek ve savaş çıkarmayı göze almıştı ve yönetimdekiler yetersiz olunca çıkar güçleri kısa sürede hedeflerine vardılar. Balkanları Osmanlı'dan koparmak için kafaya koymuşlardı. Osmanlı Padişahı Sultan Reşat, 5 Haziran 1911 de Rumeli seyahatine çıkar ve Rumeli'yi gezer Arnavutluk'ta Cuma namazı kılar. Ancak bu gezinin Osmanlıya bir faydası olmadığı gibi sorunların artışı giderek daha çok hızlanır. İttihatçılar Arnavutların taleplerini kabul etmesine rağmen sonuç değişmedi ve Balkan savaşları her şeyi değiştirdi. Arnavut toprakların da hem İtalyanların hem de Avusturyalıların gözleri vardı ve fırsatı ganimete çevirme süreci başladı. Sanayileşen ülkeler emperyalist politika izlemeye başladılar ve geri kalan ülkeleri sömürmek için hem birbirleriyle savaştılar hem de geri kalan ülkelerin kanlarını dökmekten geri durmadılar. Yeni bir sömürü çağı başlıyordu ve güçlü olan güçsüzleri sömürme çağıydı bu vahşetin adı!

Arnavut isyanlarını İsmail Kemal Bey yapmakta ve emperyal güçlerden destek görmekte idi. Arnavutlar 25 Haziran 1912 de yeniden isyan ettiler. 4 Eylül 1912 de Arnavutlara özerklik verildi. 1912'nin güz aylarında Balkan savaşları patlak verdi. Osmanlı Ordusunda bulunan komutanlar ve askerler savaşmayarak Osmanlının yenilmesinin kuyusunu kazdılar ve sonuçta Osmanlı Makedonya'yı terk etmek zorunda bırakıldı. Kumanova'da 20 bin Arnavut askeri savaşmayarak bozguna sebep oldular. Bu felaketi hazırlayan Kalkandereli Mehmet Paşa, İsmail Kemal'in kurduğu kabinede Harbiye Nazırı oldu ve Arnavut komutan Osmanlı ordusunun yenilmesinin fitilini yaktı. Yanya'da 12 bin askerin 10 bini Arnavut'tu ve savaştan kaçarak Osmanlı'nın yenilmesine ve savaşı kaybetmesine sebep oldular.

Adriyatik kıyıları da Yunanlıların ilgisini çekmekte ve burayı ele geçirmek için onlarda bu bölgenin geleceğin de söz sahibi olmak istemekteydiler. Yunanistan, Avusturya- Macaristan ve İtalya ve Ruslar arasında çekişmeli olan Adriyatik kıyıları, Türk Hükümeti ve Viyana hükümetinin desteği ile sorun çözülme moduna girdi. Arnavut kıyılarının başka devletlerin eline geçmemesi için Türk hükümeti Arnavutların devlet kurmasını teşvik ve destekledi, aksi halde o topraklar emperyal güçlerin eline geçecekti. **Arnavut Devleti 29 Ekim 1912'de resmen kuruldu.** Arnavut Devletinin kuruluşuna Türkler ve Avusturyalılar kendi aralarında anlaşarak ve yönlendirerek Arnavut Devletinin kuruluşunu gerçekleştirdiler ve Arnavut sorunu böylece çözüldü, aksi halde o yörede savaş daha çok uzayacaktı.

Rumeli'de Osmanlı İmparatorluğu'nun parçalanması veya Rumeli'de Osmanlı hâkimiyetinin sona ermesi durumunda Adriyatik sahilleri boyunca bağımsız bir Arnavutluk'un kurulması hakkında bir anlaşma 1897'de yapılmıştı. Arnavutluk'un bağımsız devlet oluşu sürecini Ahmet Bedevi Kuran'da okuyalım, "Bu gizli protokol, Balkan Harbi'nden bir hayli yıl önce 1897'de imzalanmıştı. Arnavut vekil İsmail Kemal Bey, Balkan harbinin devam ettiği sırada İstanbul'a gelerek Sadrazamla görüştü. Sırp ve Yunan ilerlemesini durdurmaktı. Doğum yeri olan İsmail Kemal Bey Avlonya'ya geldi ve Mithat Fraşeri, Murat Bey, Toptanı gibi aydın Müslüman Arnavut'un, İşkodralı Katolik Arnavut'un ve adamlarıyla Kosova'da gelen İsa Boletin'in yardımlarıyla 29 Ekim 1912'de Arnavutluk bağımsızlığını ilan etti."[265] Ahmet Bedevi Kuran'a göre Arnavut topraklarının bir gün Osmanlı'nın elinden kayıp gideceğini önceden gördükleri için ön bir anlaşma yapıldığını yazıyor.

Balkanlar kapanın elinde kaldı sürecine girince, Arnavutlarda bağımsızlık yolunu seçerek topraklarını Yunan, Sırp, İtalya, Bulgaristan, Rusya ve Avusturya'ya terk etmeden Türk Hükümeti desteği ile bağımsız devlet olma yolunu seçmesi doğru olandı ve gereğide yapıldı. Avusturya'nın Arnavut devletinin kuruluşunu desteklemesi bir bakıma mecburiyettendi ve tanımasa ile öteki güçlerin önünü kesmiş oldu.

Selanik Kurşun Atılmadan Yunan'a Teslim Edildi

Bir ulusun kaderini değiştiren lider Mustafa Kemal Selanik'te doğduğu için bu kent geniş olarak anlatılmaya muhtaç kent özelliğini taşımaktadır. Selanik İttihatçılarında merkezi olması nedeni ile de önemi büyük olan aydınların yetiştiği ve barındığı merkezdi. Selanik Makedonya'nın ticaret, ithalat-ihracat kenti olup kültürel olarak Avrupa'nın ileri seviyede ki, kentleriyle yarışacak zenginliğe ve kültürel yapıya sahipti. Selanik şehri kurşun atılmadan Yunan'a çiçeklerle sunuldu. Bilgisiz,

265 Ahmet Bedevi Kuran, İnkılâp Tarihimiz ve Jön Türkler, Kaynak Yayınları, İstanbul baskı, 2000, S. 386-387

beceriksiz- yeteneksiz, hantal düşünceli kişileri paşalığa getirirseniz sonuç tam bir küçük hesaplar peşinde koşan kişilerin beklentilerini tatmin eden sonuçları yaratır ve sizde daha sonra dizlerinize vurursunuz ama sonuç korkunçtur. Bu sonuçlar birilerinin kişisel egosunu tatmin ederken bir ulusun geleceğini karanlığa gönderecek kadar vatansızların düşüncelerini yansıtan çıkar hesaplarıydı. Paşa, herkes olur ama muharebe meydanlarının komutanı herkes olamaz. Komutan dediğin tepenin arkasını görecek ora da olup biteni tahmin edecek ve ona göre hedefine yürüyecek ve bu denklem üzerine stratejilerini kurarak, taktiklerini de bu çerçevede geliştirip uygulayacaktır. Altyapısı olmayanların teori ve pratiği de çağın dışında kalır. Osmanlının bazı paşaları bu süreci Türk milletine hak etmediği halde yaşattılar.

Selanik'e Bulgarlar girmek istiyordu ve Yunan stratejisi üstün geldi ve Bulgarların hesapları çöktü. Selanik'te Sekizinci Kolordumuz vardı ve ordunun da komuta yetkisi Hasan Tahsin Paşa'ya verilmişti. Padişah İkinci Abdülhamit bu alaylı askere paşalık unvanını verdi ve Arnavut asıllı yeteneksiz ve yaşlı bu paşası Selanik'i korumadan Yunan'a tepsi üstünde sundu. Abdülhamit eğitimsiz ne kadar asker varsa tümünü paşa yaparak orduyu onlara teslim ederdi. Onlarda Batı eğitimi ve disiplini karşısında kendilerini yenileyemedikleri için koskoca Balkanların elden çıkmasına çözüm üretemeyerek yetersiz kalıp mağlup oldular. Bu ehliyetsiz paşalar genç Harbiye çıkışlı subayları dinlemez ve sevmezlerdi. Onlar aşağılık duygularının esiri olup kendilerini yenileme konusunda hep kısır kalmayı tercih ettiler ve bunun maliyeti devlete korkunç pahalıya mal oldu. Bu eğitimsiz kompleksli paşaların koca bir imparatorluğa yaptığı kötülük sözcüklerle ifade edilemez boyutta yerini alıyordu.

Ali Fuat Cebesoy, sınıf arkadaşım Atatürk adlı anılarında arkadaşının gözlerinde dökülen yaşları Selanik konusunda bakın nasıl yazmakta: "Trablusgarp Savaşı başlamıştı. Adriyatik sahilinde toplanacak ordunun kurmay heyetine atanmıştım. Orduya giderken Selanik'e uğradım. Üç yıldır görmediğim arkadaşım Mustafa Kemal'e misafir oldum. Mustafa Kemal Trablusgarp'a gidiş hazırlığı yapıyordu. İki gün sonra İstanbul'a hareket edecekti. Mustafa Kemal çok üzüntülüydü. 'Sende bir şey var dedim ne oldu'? Bir şey yok dedi ancak üzüntülüydü. "Doğup büyüdüğüm Selanik acaba Türklerin elinde kalacak mı?" Ne demek istiyorsun dedim? Gözleri nemlendi. "Korkuyorum Fuat korkuyorum" Mustafa Kemal içini çekerek: "Ah Selanik seni bir daha Türk olarak görecek miyim dedi"? [266] Mustafa Kemal çok üzgün ve Ali Fuat Cebesoy'un yanında kendisini tutamayarak ağlamasını sürdürmekte ve Balkanların tehdit ve tehlike altında olduğunu söylemekteydi. Mustafa Kemal, geleceği önceden gören lider oluşu; onun Balkanlar konusunda ki ön görüsü ne yazık ki kısa süre sonra Balkanların elden çıkışını Trablusgarp'tan dönerken yolda öğrenecektir. Ali Fuat Cebesoy şöyle devam ederek: "Baktım Mus-

266 Naim Babüroğlu, TARİHİN KISKANDIĞI LİDER, İnkılap Kitabevi, İstanbul Baskı 2021, s. 99-100.

tafa Kemal ağlıyordu. O altın sarısı saçlarını okşadım. Teselli etmeye çalıştım. Ben, Mustafa Kemal'in bütün ortak hayatımız boyunca bu derece üzüntülü olduğunu görmedim."

Şair şöyle söylüyordu, "İnsan yaşadığı yere benzer..." Mustafa Kemal'de Selanikli idi, Makedonyalı idi ve o bölgenin coğrafyasına benziyordu. Selanik'in havasına, suyuna ve Makedonya'nın yetiştirdiği komutanlara benziyordu. Mustafa Kemal'e, Büyük İskender'in de doğum yerinin Selanik yöresi olduğu hatırlatılınca o tarihi yanıtını şu şekilde verecektir: "Karşılaştırma burada sona erer. İskender dünyayı fethetmişti; ben böyle bir şey yapmadım. O dünyayı istila edeyim derken kendi vatanını unutmuştu. Ben vatanımı hiçbir zaman unutmayacağım!"[267]

Bu süreci Fevzi Çakmak yazmakta: "Hasan Tahsin Paşa, Yunan ordusunun burada toplanacağını bildiği halde, mevzileri denetlemeden bir hafta süreyle Kozana'da oturup oyalanmıştı. 21 Ekimde Yunan ordusu yaklaşmakta olduğunu gördüğü halde Yenice'ye ordusunun başına gelmemişti."[268] Bu Arnavut asıllı Paşa, Selanik'in Yunan'a resmen teslim edilmesi için tüm fırsatları yaratmış olmasıydı. Osmanlı'nın yönetenlerinin dönmeler ve devşirmeler olduğunu bilirsek, bu olayda o düşüncenin yansımasının başka bir versiyonu olduğuna şaşırmamak gerekir diye düşünmekteyim.

Grup Kumandanı Ali Rıza Paşa'nın, başarısız Hasan

---

267 Naim Babüroğlu, Age, s. 100.

268 Fevzi Çakmak, Batı Rumeli'yi Nasıl Kaybettik. Türkiye İş Bankası Yayınları, İstanbul Baskısı, 2010, s. 289.

Tahsin Paşa'yı Selanik ordusu kumandanlığına atanmasını Fevzi Çakmak onaylamamıştı ve eleştirmişti. Bu Paşa kurmaylıktan gelmeyen kabiliyetsiz birisi olduğunu herkes biliyordu. Askerin tepe yöneticileri tam bir hantal yapıda olunca yenilgi kaçınılmazdı. Fevzi Çakmak'ın önerisi dikkate alınmadı. Osmanlı'da alaylı paşalar, Harbiyeli Subayların görüşlerini dinlemezlerdi. Küçük rütbeli Harbiyeli subayların görüşleri dinlense idi, Balkan yenilgisi bu şekilde yazılmazdı. Bu fotoğrafı gören Enver Paşa, Balkan savaşı sonrası tüm alaylı subayları ordudan atarak geniş bir temizlik operasyonu yaptı. Mustafa Kemal ve arkadaşları bu ordu temizliğini onayladılar.

Hasan Tahsin Paşa, Selanik'i Yunan'a teslim etmeyi önceden kafasına koymuş zavallı küçük hesaplar peşinde koşmanın faturasını koca bir millete çıkarmanın ezikliği ile tarihte silindi ama Yunan'a heykelini diktirdi. Tahsin Paşa Türkler için vatan haini olurken, Yunanlılar için kahramanlık heykeli ile ödüllendirilmişti. Alaylı Abdülhamit'in Paşaları Balkanları emeksizce teslim ettiler. Hasan Tahsin Paşa, Yunan lisesinde okudu çok iyi Yunanca bilmekteydi ve jandarma kontenjanında çavuşluğa ve daha sonrada Paşalığa yükseltilen ve kurmay olmayan askerdir.

Bir Kasım günü Yunan ordusu topçu atışıyla harekete geçti. Osmanlı ordusunun Yenicede toplanmasını emreden Hasan Tahsin Paşa, çok geç kalmış kararı neden böyle geciktirdi ve bilerek mi yaptı bu durum bilinmemekte. Yunan topçu ateşi ile gelmekte yolda olan dağınık ordu resmen Yunan'ın önüne atıldı ve sonuç tam bir yenilgi ile sonuçlandı. Bu akıl almaz olayı Fevzi Çakmak şöyle yazmakta: " **Akıl almaz bir saat hatası yapıldı. Hasan Tahsin Paşa, öğleden sonra saat 02.00 de yola çıkmalarını bildirmişti, sabaha karşı saat 02 de yola çıkmalarının yazılması gerekmekteydi. Böylece 12 saat daha birlikler geç geldi."**[269] Selanik'in elden çıkmasında, Mahmut Şevket Paşa'nın da hataları oldu. Selanik ordusu kumandanlığını kabul etmemişti. Selanik'i Yunanlılara kurşun atılmadan teslim eden Arnavut Hasan Tahsin Paşa ve oğlu da orada subay olup baba-oğul armağanı ile Selanik teslim edildi.

Hasan Tahsin Paşa, anıların da Selanik konusunda şöyle *der* ***" Selanik kaybedildi ama Selanik kurtuldu"***[270] diye yazar. Hasan Tahsin Paşa, Selanik'in Yunanın eline geçmesi ile onun kurtulduğunu sanki Türklerde kaldığı sürece esarette imiş gibi bir mesajın altına imza atması Osmanlı paşalarının kimlerle çalıştığını gösteren mesaj olsa gerek. Bu da Balkanların nasıl bozguna uğradığını gösteren bir paradigmayı nasıl yansıttığını açıkça ortaya koymaktadır. Gidemediği ve koruyamadığı yerlere egemenliğine altına alan Osmanlı süreç içinde ne yazık ki, oraları koruyamadı ve kontrol edemedi.

Söz konusu Selanik ise Atatürk'ün doğduğu kent olunca bu kenti detaylı okuyuculara anlatmak tarihi görev niteliği taşır. Selanik meşrutiyetin bayrağını açan,

---

269 Fevzi Çakmak, Batı Rumeli'yi Nasıl Kaybettik, Türkiye İş Bankası yayınları, 2. Baskı, İstanbul, Ocak 2012, s. 348

270 Taha Akyol, Age, s. 71

karanlıklara meydan okuyan ve İttihatçıların orada buluşarak ülke sorunlarını konuştukları tartıştıkları mekândı. Selanik'te İttihatçıların gittiği gazino ise "Yonyo" adını taşıyan yerdi. Bura da çaylar, kahveler içilir ve nargileler höpürdetilirdi. Bu gazinoda her türlü içkide bulunmakta ve isteyenler içerdi. Burada siyaset konuşulur, şakalar yapılır, sohbetler edilir ve buluşma dinlenme ve fikir alış veriş yeri olarak bilinir ve severek, güvenilerek gidilen yerdi. Padişahın hafiyeleri, jurnalcileri de görev başında ve nasıl bir şey yakalayabiliriz de Padişahımıza gönderir bir kese altın alırız hesabını yapmaktaydılar. Oysa oraya gelenler birbirlerini tanır ve yabancılar anında deşifre edilirdi. Selanik padişahın hafiye ve jurnal merkezi olması ile tanınan yerdi, Kim ne yapmakta, kim kimle konuşmakta, buluşmakta bu notlar anlık olarak padişaha iletilirdi. Bunlar çalışmayan, hafiyelik yapan, yüksek maaş alan padişah dalkavuklarıydı. İttihatçılar, ülkenin nasıl kurtulacağını ve yaşayacağının hesaplarını yaparken, padişahta işleri bırakmış tüm devletin gücünü bu İttihatçıların peşine seferber etmişti. Bu mantık Makedonya'nın elden çıkışının altını oyan ve çıkmasını tetikleyen mantıktı.

Bu gazinoya Kurmay Yüzbaşı Mustafa Kemal Bey'de gelirdi. Şık giyimli, saçları altın sarısı, gözleri şimşek gibi etkileyici, çok iyi ve etkileyici konuşmalar yapan, kendine güveni tam bir kahraman Türk subayı idi. Yine buraya şık giyimli orta boylu, sivri bıyıklı çok yakışıklı Binbaşı Enver Bey'de gelirdi. Sivri uçlu ayakkabı giymeyi Enver tercih ederdi. Babacan tavırlarıyla bilinen ve büyük abi adıyla anılan Talat Bey'de buranın müdavimleri arasındaydı. Bu gazinoya İttihatçıların önemli subayları da gelir ve bunlar da Dr. Nazım, Mustafa Necip, İktisat hocası Cavit Bey, İsmail Canbulat, Yeni Bahçeli Şükrü Bey ve daha birçoğu buraya gelir konuşup sorunlara çözümler üretirlerdi. Bu isimler daha sonra İttihat ve Terakki'nin tepe yönetimini oluşturacak kişiliklerdi. Selanik 1908 Devriminin temelini oluşturan yurtseverlerin okulu haline gelmişti.

Selanik kentini George W. Gawrych şöyle anlatmakta: " *1890 başına ait rakamlar, kent nüfusu 150 bin civarında idi. Beş medrese, bir kütüphane, 23 tekke, 16 kilise, 21 sinagog olup kentte 46 cami bulunmaktaydı. Şehir eğitim ve kültürde iddialıydı. Üç hastane, bir tiyatro, 2 rüştiye mektebi, Bir askeri hazırlık okulu, bir askeri idadi (lise), bir ziraat mektebi bulunmaktaydı. Yabancılara ait bir dizi okulda bulunmaktaydı. Tüm Avrupa ülkelerinin konsoloslukları kentte bulunmaktaydı. İyi bir liman tesisi ve demir yolları ile bağlantılı kentti. On beş misafirhane, yirmi üç fabrika bulunmaktaydı.* ***Nüfusun yarısı Yahudi, Müslümanlar ise yüzde yirmisini oluşturmaktaydı. Geri kalan nüfus ise, Rum, Bulgar ve Avrupalılardan*** *ibaretti..."* [271] Selanik'te fikirler üretilmekte, yorumlar yapılmakta ancak padişahın hafiyeleri düşünenlerin ensesindeydi. Selanik'te düşünceler serbestçe dolaştığı için İttihatçılarda kendilerine rahat olmasa da gizli gizli çalışma ortamı buldular. Her etnik kökende insanlar

271 George W. Gawrych, Genç Atatürk, Doğan Kitap (Çeviri, Gül Çagalı Güven), 1. Baskı, İstanbul, Kasım 2014, S. 20

burada olduğu için bu insanların kendilerine göre dernekleri, fikir kulüpleri, toplantı salonları ve buralarda her şeyi rahatça konuşur kendi aralarında paylaşırlardı. Herkese her şey serbest, kendi ülkende sana yasak, işte bu yasaklar insanları çıldırtarak örgütlendiler ve o yasağı koyanı makamından indirmeyi bildiler. İttihatçılar Selanik'te sağlam örgüt yapısı ile meşrutiyeti ilan ettiler.

Selanik Balkanların en güzel şirin sahil kenti olup özgür ortamın kendine rahat fırsatlar sunduğu yerleşim birimiydi. Olympos Meydanı kente ayrı güzellik vermekte olup burada gazinolar herkesin gelip yiyip içmesine güzel imkânlar sunmaktaydı. Bu gazinoların önemlileri Olympos ile Kristal'dir, Yonyo gazinosu ise İttihatçıların geldiği gazinodur. Tarihçi Yazar Sinan Meydan Selanik kentini anlatmakta: *"Selanik kulübü ise, Musevi olan tacirler, bankerler, şehrin ileri gelenleri toplanır içerler, eğlenirler, kumar oynarlar ve bu gazinolara kadınlar ve ailelerde gelir biralarını içen içer isteyen yemeğini yerdi. Tam bir medeni ortam hâkimdi. Rıhtım kenarlarında kafeteryalar bulunurdu ve insanlar buralarda rahat zaman geçirirlerdi. Zabitlerin buralara gelmeleri yasak değildi. Gelen zabitle buralarda eğlenirlerdi. O zamanlarda memleketin hiçbir yanında burada olan hürriyet yoktu."*[272]

Mareşal Fevzi Çakmak Selanik şehrinin Yunan'a teslimini şöyle tarihi bir ifade ile yazar: "Tarihin ne garip cilvesidir ki, hürriyetin beşiği olmayı paylaşamayan Selanik ve Manastır, düşmana teslim olma konusunda

---

272 Sinan Meydan, Sarı Paşa, İnkılâp Kitabevi, 5. Baskı İstanbul, 2014, s. 33

yarışıyorlardı."[273] Balkan savaşlarında Bulgarlarla, Yunanlılar yarışarak şehri kapmaları için çok çetin mücadele verdiler ve şehrin komutanı Hasan Tahsin Paşa şehri tek kurşun atmadan Yunanlılara yüklü altın karşılığında sattığı söylenmekte. Selanik şehrinin komutanları Hasan Tahsin Paşa ile oğlu Kenan Mesafe idi. Bunlar Arnavut olup şehri hiç mücadele etmeden, kentin anahtarını Yunan'a teslim ettiler Mustafa Kemal, 1911 yılında Selanik'te ki kötü gidişin durumunu görerek gereken önlemlerin alınması için detaylı bir rapor yazarak Hasan Tahsin Paşa'ya sunar. Paşa, bir alt rütbelerden gelen bu raporu okumadan dikkate almaz birde dalga geçer yanındaki alaylı subaylarıyla.

Sonuç: Mareşal Fevzi Çakmak, Selanik şehrinin Yunan'a Hasan Tahsin Paşa tarafında teslim edildiğini şöyle yazıyor: *"8 Kasım günü Tümen Komutanlarının görüşlerini sordu. Hepsi de açıkça savaşmayacaklarını bildirdiler. Yalnız 14. Tümen Komutanı Galip Paşa 4000 askerinin bulunduğunu redifler direndiği takdirde ' düşmanla son derece kahramanca ve namusluca çarpışmaya hazır."*[274] Olduklarını bildirdi. Arnavut asıllı ve Alaylı bu Hasan Tahsin Paşa, Yunan ordusu başkomutanı veliaht ile Hasan Tahsin Paşa bir protokol yaparak Selanik şehrini Yunan'a şöyle teslim etti.

Teslim şartları aşağıda maddeler halinde tespit edildi:

---

273 Taha Akyol, Age, s. 71

274 Fevzi Çakmak, Batı Rumeli'yi Nasıl Kaybettik, Türkiye İş Bankası Yayınları, 2. Baskı İstanbul, Ocak 2012, s. 354.

1. Osmanlı askerlerinin silahları kendileri tarafında alınıp bir depoya konulup Yunan sorumluluğunda korunacaktır. Bu konuda bir tutanak düzenlenecektir.
2. Osmanlı askerleri kısmen Karaburun'da kısmen topçu kışlasında barındırılacak, Selanik yerel yönetimince iaşe edilecektir.
3. Selanik şehri barış imzalanıncaya kadar Yunan ordusuna teslim edilecektir.
4. Bütün Osmanlı üstsubayları ve subayları kılıçlarını taşıma ve Selanik'te serbestçe dolaşma hakkına sahiptirler...
5. Vilayetin üst düzey mülki görevlileri ve diğer memurları serbest olacaklardır.
6. Jandarma ve polis görevlileri silahlarını taşıyacaklardır.
7. Karaburun silahları alınmış Osmanlı askerlerinin ikamet yeri olacaktır..."[275] Toplamda anlaşma 10 maddeden ibarettir. 8 Kasım 1912. Yunanlılar Selanik'e girince bu protokole uymadı ve her türlü insani olmayan davranış ve eylemlerde bulundular.

Makedon Yenilgisini Mustafa Kemal Anlatıyor

Mustafa Kemal ve İttihatçılar, Trablusgarp'ta İtalyanlara karşı savaşırken Balkan savaşı çıktı ve kısa sürede Balkanları kaybettik. Balkanlar çok hızlı ve aniden kaybedilmesinde ki temel yanlış şu; Balkanların güvenliği

275 Fevzi Çakmak, Age, s. 354-355.

Arnavutlara teslim edilmişti. Arnavutlar desteğini çekince Balkanlar bir bakıma ordusuz kaldı ve kısa sürede elden uçup gitti. Selanik savunması da Arnavut Paşa'ya verilmişti ve o da anında elden çıktı. Selanik kaybedilince ve Balkanlar elden çıkınca, oradaki Türkler İstanbul'a gelerek büyük sorunlar yaşanmaya başlandı. Mustafa Kemal ve birçok subayın doğum yeri olan Selanik 460 sene Osmanlı'nın elinde kalan zengin ticaret şehri kaybedildi. Osmanlı zengin ve gelir getiren bu küçük İzmir'in kaybedilmesini kolay kolay unutamadı. Tren ve gemilerle İstanbul'a gelen halk çok acılar çekti. İstanbul'a gelen Mustafa Kemal Annesini ve kız kardeşini gelen göçmenler arasında günlerce arayarak bitkin halde buldu. İstanbul ve Anadolu coğrafyası, Balkanlarda gelen bu göçmenleri ikamet etmekten büyük sıkıntı çekti ve bu göçün maliyeti devlete çok yüksek oldu.

Balkanlardaki Türkler, Anadolu'dan giden öz Türkmenlerdir yani öz be öz Türk'tür. Osmanlı 1354 te Gelibolu'ya geçerek Balkan topraklarına girdi ve oraları yurt edindi. Balkanları ele geçirdikçe Anadolu'daki Türkleri bu topraklara yerleştirerek oralarda Türk nüfusunu artırmak istedi. Yani Balkanlar'da ya da diğer adı Rumeli'de ki gelen göçmenler Anadolu'da giden öz be Türklerdir. Kimliklerini muhafaza ederek Türk dilini koruyarak eğitim seviyelerini yükselterek Cumhuriyetinde kuruluşunda bu aydın kadronun hizmetleri büyük olmuştu ve yazarların büyük bölümü Makedon göçmenleriydi. Balkan aydınları bu ülkenin eğitimine büyük katkı sundular ve Türk halkının büyük bölümü bunları fazla bilmemektedir. Kurtuluş Savaşından da bu göçmenler hep Atatürk'ün yanında vatan için savaştılar. Balkanlardaki Bektaşi nüfusu ve Bektaşi tekkeleri oradaki Türkleri hem korudu hem de kültürlerinin korunmasına, yaşatılmasına hep destek oldu ve eğitimlerini yükseltti. Cumhuriyeti kuran tüm subay ve aydın kadronun büyük bölümü Balkan doğumlu vatanseverlerdir. Atatürk'ün de soy ağacı Aydın yöresinde ve Karaman bölgesinde giden Türkmenlerden oluşmaktadır. Türkmen (Yörük), Orta Asya'dan gelen Oğuz Türkleridir.

Ordunun nasıl korkunç bozguna uğradığını ve çekildiğini tarih acı gerçek olarak yazmakta. 13 Ekim 1913'te Bulgarlarla barış imzalandı. Mustafa Kemal Bulgaristan'a Sofya Askeri Ataşesi olarak gönderildi. O sırada Kurmay Binbaşı idi, Sofya'da iken Kurmay Yarbaylığa terfi etti. 1912 Kırklareli ve Lüleburgaz bozgunlarını Bulgaristan'da iken araştırdı ve bir rapor halinde İstanbul'a gönderdi. Mustafa Kemal, Balkan yenilgisindeki ordunun bıraktığı askeri silah, diğer malzemeleri nasıl bırakıp gittiğini şöyle yazmakta: " Kırklareli bozgunun da 14'lük obüslere ait 12.000 adet top mermisi mühimmatıyla birlikte 12.000 mavzer, 60'şı seri atışlı 139 top ve bunlara ait 150 Bin adet çeşitli top mermisi Bulgarların eline geçmişti. Lüleburgaz, Pınarhisar ve Babaeski muharebelerinde 156 vagon dolusu mühimmat, erzak, çok sayıda top ve piyade cephanesi de harp meydanlarında terk edilmiş ve bunları Bulgarlar almıştı. Kaçarken terk edilen sıhhi malzeme o kadar çoktur ki, Bulgar ordusu bunları aylarca kullanmıştır."[276]

276 Taha Akyol, Rumeli'ye Elveda, Doğan Kitap, Birinci Baskı İstanbul, Şubat 2013, s. 128

Eğer bu ordu disiplinli bir ordu olsa ve komutanları alaylı olmasa idi o askeri malzemeleri bırakmaz ve onlara orada gereken dersini verirdi. Balkan bozgununda Sadrazam Gazi Ahmet Muhtar Paşa olup, Harbiye Nazırı Nazım Paşa'dır. Askerin siyasete karışması Balkanların kaybıydı. Mustafa Kemal bu durumu 3 sene önce söylemişti. Abdülhamit Balkanların güvenliğini korumayı Arnavutlara bırakması ise tümden felaketin geliyor olmasıydı. Mustafa Kemal Sofya'da 16 Şubat 1914 te yarbaylığa terfi etti. Çanakkale savaşına Yarbay rütbesi ile katıldı ve Albaylığa Çanakkale savaşında terfi etti. Generalliğe de burada terfi etmesine rağmen Enver Paşa onun terfisini geciktirerek üç ay sonra Doğu'da görev yaparken terfisini bildirdi.

Fevzi Çakmak Balkan Bozgununu Şöyle Yazıyor

Balkan Harbini Mareşal Fevzi Çakmak üzüntü ile yazmakta: **"Bu savaş bir askeri mesele değil bir namus lekelerinin sürüldüğü olay zinciridir."** Diyerek yenilginin boyutunu ve kabul edilemeyeceğini derin üzüntü ile açıklamaktadır. Nisan 1912'de Arnavutluk'ta isyan çıktı, İstanbul'da cepheye gelerek katılan Birinci Tümen isyancılarla birleşti. İtilafçılık Mecliste, orduda Halaskaranlık ve Arnavutluk'ta Başkımcılık el ele yürüyorlardı. İstanbul'da gelen disiplinli Tümen tamamen bozuldu ve Asker ve Subayı birbirlerini dinlemez oldu, tam bir disiplinsizlik yenilgiye her gün davetiye çıkarmakla adeta birbirleriyle yarışıyorlardı. Disiplinin ve denetimin olmadığı yerde tüm teşebbüslerin sonu acı ile üzüntü ile biter ve Balkan başarısızlığının altında yatan temel sorun disiplinsizlik ve ast-üst hiyerarşisinin bozulmuş olması yatıyordu.

1912 yılı Haziran ayı ortalarında iktidara gelen Gazi Ahmet Muhtar Paşa hükümeti ve Genelkurmay başkan Vekili Nazım Paşa, redif ve ihtiyatların tamamen terhisiyle yetinmeyerek, barış zamanın da Ordunun önemli kısmını oluşturan 1908 girişli yeni nizamiye askerlerini bile terhis etti. Savaş öncesi askerimiz, düşmanın iki katıydı, savaş başlayınca üstünlüğümüzü kaybettik ve 70 bin askeri terhis etmiştik. Bulgaristan ise manevra bahanesiyle sürekli asker takviyesi yapmakta olup, disiplinli bir düzlemde savaşa hazırlık çalışmalarını sürdürmekteydi. Osmanlı yöneticileri ve Komutanları Balkan savaşının tümden müsebbibi olarak tarihe geçtiler. Tarih hata yapanı asla affetmez ve süreç içinde yargılar, gerçekleri gün yüzüne çıkartır ki, bu tarihin doğal kanunu olup kimse bu kanundan kaçamaz.

İpek savaşı Kolordu Komutanı Mahmut Hayret Paşa'nın bu savaşta neler yaşadığını Fevzi Çakmak şu şekilde yazmakta: "*23 Ekim 1912 bugün taarruz edilemedi Prizren Tümeninin 4 Tabur asker ve Alay komutanlarıyla mevzilerini bırakıp gittiler. Özellikle komuta edenlerin niteliksizliği, bozguna açık davetiye çıkarmıştı. Üsküp'ü bile savunmadılar. Balkan harbinde ki bozgun,* üst subay ve subayların görevdeki ilgisizliklerinden ileri gelmiştir. Birtakım ehil olmayanları dairelerde çürümüş, birçok kıdemli fakat askerlikten habersiz, kimseleri emir komuta makamına getirmiş ve orduda büyük düzensizliğe sebep olmuştur. Teknik birlikler iş göremez oldu, telsizler kırıldı, adi telgraf ve telefonlar bile çalışmadı. Talihin ne garip cilvesidir ki ***hürriyet beşiği olmayı paylaşamayan Selanik ile Manastır düşmana teslim olmakla yarışıyorlardı."***[277] Liyakatsiz kişiler makamları işgal ederse sonuç tam bir fiyaskoyla sonuçlanır ki, Makedonya'yı kaybetmemizin özü stratejik akıldan uzak askeri bilgiden noksan oluşumuz ve rakiplerimizi yeterince tanıyamadığımızın sonucu yatar.

Mareşal Fevzi Çakmak, orada bulunan küçük rütbeli Kurmay subay olarak, Balkanları yaşlı ve köhnemiş, askerlikle ilgisi olmayan ve alaylı masa başı komutanlar yüzünden kaybettiğimizi yazmakta. Padişahın kendisine en yakın kişileri Paşalığa terfi ettirerek askerliğin tepe noktasına atayınca bunlar cehalet ordusunun son kelaynakları alt subaylardan gelen önerileri dahi dikkate almaz hatta yazılarını okumayacak kadar egolarının esiri olanlardı. Kibir en büyük düşman olup cepheden başka düşman aramaya gerek yok ve Balkanları bu ezik düşüncenin ürünü kaybettirdi. Eğitim ve kültür seviyesi düşük yöneticiler kendi halkına en büyük zararı verenler olup başka yerde düşman aramaya gerek yoktur. Tarih bu tip zavallıların yaptıkları olumsuz kötü örneklerle doludur.

Enver Paşa, Balkan savaşı sonunda 1914 Ocak ayında ne kadar yaşlı, beceriksiz, Balkan savaşlarında görev yapamayan, siyasete katılmış Paşa ve subay varsa tü-

---

277 F. Çakmak, Age, s. 10, 11, 13, 15

münü emekliye sevk etti. Orduda alaylı subayların tümü atıldı. Ordu gençleştirildi. Bu genç subayların tümü Harp Okulu mezunu vatansever subaylardı. Bu kadrolar Çanakkale, Kutül Amara, Kurtuluş savaşlarını kazanan genç subaylardı. Bu Harbiyeli subaylar askerin önünde cepheden fiilen savaşarak bu başarıları getirdiler ve bu savaşlarda çok genç subaylarımızı şehit verdik. Bu Cumhuriyet kolay kurulmadı ve her karış toprağı Mehmetçik kanı ile Türk subayının kanı ile sulanarak kurtuldu. Genç ve kendisine, bilgisine güvenen vatanına son derece bağlı onurlu subay ve Mehmetçik sayesinde bugünkü Türkiye Cumhuriyeti Devleti kuruldu ve bu günleri onlara borçluyuz.

Balkan Bozgununu İsmet Paşa'dan Okuyalım

Türk ordusunun Kuzey Afrika'ya, Yemen'e ve Arap topraklarına dağıtılması ile Balkanlar boş bırakıldı ve bunu fırsat bilen güçler derhal saldırıya geçerek ani bir darbe ile 500 yıllık Osmanlı egemenliğine Makedonya'da son verdiler. Fırsatçı güçler ani ve çok kısa şok bir vuruşla Balkanları Türklerin elinde aldılar. Edirne ancak Balkan devletlerinin birbirine düşmesi ile kurtarılarak anavatana katıldı. Emperyal güçler zamanlamayı çok iyi değerlendirdi ve Türk ordusunun Arap topraklarına dağıtılması ve Makedonya'da ki, güçlerinin zayıflamasını fırsata çevirerek kısa sürede hedeflerine vardılar. Balkan Savaşı'nın kaybının asıl sebebi komutanlar ve orduya politikanın bulaşması ve daha çok kumandanlar arasındaki çekişmeler söylenenleri haklı çıkaracak nitelikteydi. Yemen isyanının ve oraya büyük kuvvet gönderilmesinin, Balkan yenilgisinde tesiri büyük olmuştur. Her gün Balkan savaşı çıkacak diye ateş üzerinde durduğumuz bir zaman da Yemen'e, otuz beş-otuz altı taburdan oluşan bir ordu gönderildi ki, bu tümden yanlışlar kümesinin bir parçasıydı. Yemen'e ordunun gönderilmesinin devlete maliyeti çok ağır oldu ve koleradan ölen askerlerinde acısı yüreklerden çıkmayan sonuçtu. İngiliz destekli Yemen eşkıyaları Türk askerine tarifi mümkün olmayan çok büyük eziyetler, işkenceler ve acımasızlıklarda bulundular.

Rumeli de beş yüz yıl gibi uzun bir süre de kök salmış Osmanlı Devleti'nin buralarda asla çıkmayacağına herkes inanmış ve Rumeli'de yaşayan halkıda inandırmıştı. Ancak hiç beklenmedik bir anda koca bir İmparatorluğun buraların elden çıkmasını hiç tahmin edememişti, hatta yeterince önlemde almamıştı. Gerçek şu ki,500 yıldan beri egemenliğimiz altında bulunan bir büyük coğrafyanın tek bir seferde kaybedilmesi gibi millet hayatında az görülen acıklı bir örnek tarihimize kara bir leke olarak kaydedildi. Balkanlar, Rumeli, Makedonya isimlerinin de üçü de aynı yöre için kullanılan sözlerdir. Makedon kelimesi sonradan Batılı büyük devletlerce kullanılmaya başlandı.

Yazar Alev Coşkun İsmet İnönü'nün değerlendirmelerinden şu sonuçları çıkarmakta ve şöyle yazmakta:

1- Her gün Balkan savaşı çıkacak diye ateş üstünde durduğumuz bir zamanda Yemen'e 35,36 Taburdan oluşan bir Ordunun gönderilmesi büyük hataydı.

2- Yemen'e gönderilen Ordu o doğa koşulların da ve çarpışmalardan tamamen erimişti.
3- Balkan Savaşında kumandanlar arasındaki gereksiz çekişmeler ordunun etkinliğine, moraline olumsuz etki yapmıştı.
4- Yemen ve diğer bölgelere gereksiz ordu gönderilmeseydi, Balkan savaşı kaybedilmezdi. Yemen'e büyük bir ordu gönderilmesi büyük hataydı."[278] İsmet Paşa'nın anlattığına göre ordunun Balkanların dışına çıkartılarak oraların boşaltılması, adeta bölgenin düşmanlara teslimine yönelik çıkartılmış bir davetiyeden başka bir şey değildi. Üstelik bu süreçte İttihatçılar Libya'dan İtalyan güçlerine karşı uzak diyarlardan savaşıyorlardı. Devleti yöneten yaşlı kadrolar analitik güçten uzak düz mantıkla düz ovadan şaşan ekibin beceriksizliği sonucunda Makedonya'yı kaybettik.

İttihatçıların planları uygulansa oralar kaybedilmeyecekti. Yemenli eşkıya Kör İmam, İngilizlerle birlikte Türk askerlerinin içtiği suları zehirleyerek binlerce askerin ölümüne neden oldu. . Arap toplumunun hem İngilizlerin yanında hem de Fransızların yanın da yer alarak Türklere saldırmalarının hiçbir mantığı yok ve onların Arap Şeyhlerinin önüne serdiği çil çil altınlardan başka bir şey değildi. Dünün çil çil altınları, bugünün de Amerikan doları Orta Doğunun kaderini belirleyen güç-

278 Alev Coşkun, Asker İnönü, Kırmızı Kedi Yayınları, Birinci baskı, İstanbul, Kasım2018, s. 106,107

lü etkendir. Tarih, çalışmadan üretmeden yaşayan milletleri, günü gelince defterini dürer ve tarih sahnesinde silmeyi büyük puntolarla yazar. Günü kurtarmak yaşamak önemli olsa da asıl olması gereken yarınların doğru ve güzel yaşamasına dönük doğru planların uygulanır ellerde olması doğru olandır ancak Osmanlı bu doğru elleri bulmaktan kısır kaldı.

BEŞİNCİ BÖLÜM
BABIALİ BASKINI VE İTTİHATÇILARIN EDİRNE'Yİ KURTARIŞI

Babıali Baskını ve Yarbay Enver'in Yükselişi

Babıali, bugünkü Cağaloğlu semti ve hükümet orada yönetilmekte olup Padişahlar ise Yıldız Sarayı'nda oturuyorlardı. Sadrazam Gazi Ahmet Muhtar Paşa, Balkanların kaybedilmesinden sorumlu tutularak istifa ettirildi ve İngiliz yanlısı yaşlı kurt Kamil Paşa hükümeti kuruldu. Makedonya'nın elden uçup gitmesini başta İttihatçılar olmak üzere tüm yurtseverler isyan halindeydi. İttihatçıların Manastır kolunda bir grup asker İngiliz yanlısı Kamil Paşayı destekliyordu. Kamil Paşa, Balkanların yenilgisinin faturasını İttihatçılara kesmek için elinden gelen tüm senaryoları devreye sokarak, onları halkın gözünde düşürme planlarını yapmaya başladı. Edirne'nin geri alınması konusunda ise sessiz kalmakta ve dış ülkelerin tepkisini çekmemek için Edirne'den vazgeçilmişti. İttihatçılar Edirne'nin Bulgarlara bırakılmamasını içlerine sindiremiyorlar ve çözüm üstüne çözümler üretme peşine düştüler. Bu çalışmaları çok gizli ve planlı bir şekilde yürütmekteydiler ve ana hedef Edirne'nin ana toprakla buluşması olmalıydı. İttihatçıların kurduğu matematik denkleminin devreye girmesi için hiçbir engelin tanınmayacağı yönünde ve Edirne mutlak geri alınacaktı.

Binbaşı Enver Bey, İzmit'te ki bir Kolordunun teftişi için oraya gitmişti. Talat Bey'de Edirne'nin elden çıkışı ile ilgili bir gizli toplantı düzenlemeyi düşünüyordu. İttihatçı Mümtaz Bey, Enver'in İstanbul'a dönmesi için İzmit'e gitmesi için görevlendirildi ve Enver haberi alınca anında döndü. Edirne'nin geri alınması için her türlü planlar ve önlemlerin alınması için eylem zamanının geldiğini devreye sokma kararlılığı kesinlik kazandı. Balkanların kaybedilmesi ile yönetenlerin birbirlerini suçlama ve suçlu arama, gündemi belirleyen haberler olup başka şey düşünülmüyordu. Yaşlı beyinler şöyle düşünmekteydi **"Haçın girdiği yere hilal giremez"** paradigmasını İttihatçılar yıkma kararını aldılar.

Talat Bey, Edirne ve Balkan konularını görüşmek için İstanbul Vefa semtinde Beşe Zade Emin Bey'in evinde iki kez gizli görüşme yapıldı ve bu toplantıya şu isimler katıldı. Zıya Gökalp, İsmail Hakkı, Talat Bey, Enver Bey, Fethi Bey, Kara Kemal, Mithat şükrü, Yarbay Cemal Bey gibi İttihatçıların önde gelen isimleri katıldı. Mithat Paşa'nın oğlu Ali Haydar Mithat, Mahmut Şevket Paşa ile görüşmek için görevlendirildi ve gerekli fikir teatisi yapıldı. Görüşmeler ve gelişmeler sonucunda baskın yapılarak hükümetin değişmesine karar verildi ve eylem hazırlıkları başlatıldı. Üçüncü Cumhurbaşkanı Celal Bayar bu olayı şu şekilde yazmakta: "*Saltanat Şurasının 'da kabul ettiği kararı Babıali'de hükümet cevabı nota olarak hazırlanırken, 23 Ocak 1913 Perşembe günü saat 15'te baskın yapılarak Sadrazam Paşa istifaya zorlanacaktı.*"[279] Bu karar alındıktan sonra gerekli güvenlik önlemleri Babıali çevresinde alındı ve ilgili noktalara İttihatçıların militanları yerleştirildi.

Ahmet Bedevi Kuran, Babıali olayını yazarken, İttihatçıların baskınla hükümeti devireceğinin bilgisi Harbiye Nazır'ının yardımcısına ulaştırılmıştı. Kuran, "Eski Bahriye subaylarından Şevki Bey'in Nazım Paşa'nın yaveri Nafiz Bey'i uyararak, İttihatçıların Babıali'yi basacaklarını söyledi. Ertesi gün baskın yapıldı Genelkurmay Nazırı, Nazım Paşa ve yaverleri Tevfik ve Nafiz Bey çıkan çatışmada öldürüldü. Prens Sabahattin'in özel kâtibi Satvet Lütfü Bey, Mabeyinci Reşit Bey'in yanına giderek Enver Bey'in tutuklanmasını ve toplanan kalabalığın dağıtılmasını istedi. Enver o sırada Padişah'ın huzurun da idi."[280]

İttihatçılar Babıali baskını ile yönetime hâkim olduklarını hem içerde ve hem de diplomatik çevrelere yönetimi ele geçirdiklerini bildirdiler. Prens Sabahattin'de boş durmadı ve iki kez darbe girişimde bulunacak ve Sadrazamlık makamına oturmayı hesaplamıştı ancak

279 Celal Bayar, BENDE YAZDIM Cilt II. Milli Mücadeleye Gidiş Milli Mücadeleye Giriş, Türkiye İş Bankası Yayınları, 1. Baskı İstanbul, Kasım 2018, s. 57.

280 Ahmet Bedevi Kuran, İnkılap Tarihimiz ve jön Türkler, Kaynak Yayınları, 2. Baskı İstanbul, Nisan 2000, s. 390-391.

tüm planlarını İttihatçılar boşa çıkardı. Mahmut Şevket Paşa'nın öldürülmesine parmağı bulaştı ve İngiltere'ye kaçarak ülkeyi terk etti.

Gazeteci araştırmacı yazar Zıya Şakir bu baskını yazmakta, "Enver önde arkadan otuz-kırk kişi ve Cemiyetin hatibi Ömer Naci Bey ' Yaşasın millet, Yaşasın İttihadi Osmani diyerek Ey millet! Kabine, vatana ihanet ediyorlar. Edirne düşmana veriliyor, milletin şeref ve namusu çiğneniyor..."[281] Enver atından inerek Nazım Paşa'nın doğrudan odasına yöneldi. Bu arada bağrışmalar oldu o sırada Yakup Cemil, silahı ile Genelkurmay Başkanvekili Nazım Paşa'yı vurarak öldürdü ve çıkan kargaşadan ikide yardımcısı öldü. Enver ve Talat, bu ölüm olayı üzerine Yakup Cemil'e çıkışmalarına rağmen istenmeyen üzüntülü olay yaşandı.

Araştırmacı yazar gazeteci Taylan Sorgun'dan okuyalım bu baskını, "Harbiye Nazırı Nazım Paşa, Enver'i görünce 'bu ne haldir' diye bağırdı. Enver 'Vatanın elden gitmesine müsaade edilemez' diyerek sert cevap verdi. Silahlar konuştu Enver, Yakup'a 'Ne yaptın' dedi... Cemil 'Olan da oldu, onlar vuruşmayı başlattı' diyerek kendini savundu."[282] Baskın bu şekilde sonuçlandı ve İttihatçılar yeniden görev başına geldi.

Sina Akşin'de Babıali baskınını yazıyor, "23 Ocak 1913 günü Enver'i gören Nazım Paşa küfrederek tepki göster-

281 Zıya Şakir, İttihat ve Terakki II- Nasıl Yaşadı? Akıl Fikir Yayınları, İstanbul baskı, Ekim 2014, s. 790.

282 Taylan Sorgun, Devlet Kavgası İTTİHAT VE TERAKKİ, Kumsaati Yayınları, 5. Baskı, İstanbul 2007, s. 261-262.

di. Yakup Cemil Nazım'ı vurarak öldürdü. Enver, Sadrazam Kamil Paşa'nın yanına giderek istifasını yazdırdı. İstifa yazısını padişaha götürerek Mahmut Şevket Paşa'nın Sadrazamlığa atanmasını sağladı ve Harbiye Nazırlığını da Mahmut Şevket Paşa üstlendi. Cemal Bey, İstanbul muhafızı merkez komutanı oldu. Tutuklanan muhalifler kısa sürede salındı. 11. Şubatta genel af ilan edildi."[283] İttihatçılar, Edirne'nin Bulgar'ın eline geçmemesi için bu Babıali baskınını yaparak yönetimi ele geçirdi ve Edirne'yi de Bulgarların elinde almayı başaracaktı. Balkan savaşında yataklık edenler de genel aftan yararlanamadı. İttihatçılar 13 Ocak 1913 tarihinden 1918'e kadar ülkeyi beş yıl boyunca yönetti. Balkan yenilgisini içine sindiremeyenler savaş isteyen ve Rumeli'nin elden çıkmasının sorumlusu Harbiye Nazırı, Nazım Paşa sorumlu tutulmaktaydı. Hükümetin darbe sonucunda ele geçirilmesi ile yurtta herhangi bir olumsuz olay yaşanmadı.

Devir teslim olayında Sadrazamlar arasında geçen bir konuşmayı birlikte okuyalım. Yeni Sadrazam Mahmut Şevket Paşa, Kamil Paşa'ya şöyle bir ifade kullandı " **Biz buraya kendi isteğimizle gelmedik, bizi getirdiler"** demesi üzerine Kamil Paşa'da şu cevabı verdi: **"Evet bizi de öyle getirmişlerdi. Gelişiniz bize benzedi, dikkat ediniz ki gidişiniz de bize benzemesin."**[284]

283 Sina Akşin, Kısa Türkiye Tarihi, Türkiye İş bankası Yayınları, 21. İstanbul baskı, Kasım 2016, s. 77-78.

284 Mehmet Selahattin Bey, İttihat ve Terakki'nin Kuruluşu ve Osmanlı Devleti'nin Yıkılışı Hakkında Bildiklerim. İnkılap Yayınları 32, İstanbul Baskı, Eylül 1989, s. 67.

Beş ay sonra Mahmut Şevket Paşa'da suikast sonucu öldürüldü. İttihatçıların tam yetki ile iktidarda söz sahibi olma dönemi başladı. Halaskâran destekli Büyük Kabine, Makedonya'nın elden çıkmasını ve Arnavutların Osmanlı'yı arkadan hançerlemesi sonucunu yaratarak tarihin sayfalarına kara leke olarak geçtiler. İttihat ve Terakki iktidarı ele geçirerek, Edirne'yi geri alacak ve Türk ordusu yeni kimliğe kavuşacaktı ve gereken yapıldı.

Sadrazam Mahmut Şevket Paşa'nın Öldürülmesi

İtalyanların, Karadağ'ı kışkırtmasıyla Balkan savaşları başladı ve başka hesaplarında devreye girmesi öncelik kazandı. İtalyan Kralı, Karadağ kralının kızı ile evliydi ve iki ülke arasında bir akrabalık ilişkisi kurulmuştu. Bu savaşa Yunanistan, Bulgaristan, Karadağ ve Sırbistan katıldı ve elde ettikleri toprakları kendi aralarında paylaşma konusunda anlaşamayarak yeniden toprak paylaşımı için aralarında birbiri ile savaşa tutuştular. İttihatçılar için yeni bir fırsat doğdu ve beklenilen an geldi diyerek Edirne'nin ele geçirilmesi için harekete geçildi. Babıali baskını Edirne'nin kurtarılması için yapılmıştı. Sadrazam Mahmut Şevket Paşa, ordunun bir hareket yapacak durumda olmadığını paylaşmaktaydı. 10. Kolordu Şarköy'de harekete geçti ve bu kolordu komutanları Yarbay Enver, Binbaşı Ali Fethi ve Binbaşı Mustafa Kemal'di. Kolordunun Kurmay başkanı Yarbay Enver'di ve o sırada Londra görüşmeleri başlamıştı ve Hükümet Edirne'nin Bulgarlara bırakılmasını kabul etmişti. "Otuz Mayıs'ta Londra'da barış anlaşması yapıldı ve Edirne'nin kaybı kesinleşti. Babıali baskınını yapan Enver'in yıldızı söndü."[285]

Binbaşı Ali Fethi Bey, İttihatçıların umumi kâtipliğine getirildi ve yeni bir süreç başladı ve Edirne'nin alınması yeniden gündeme geldi. Hürriyet ve İtilaf yanlısı grubun amacı Enver, Cemal, Talat gibi İttihatçıların tepe yöneticilerini ortadan kaldırarak, "yaşlı kurt" İngiliz hayranı Kamil Paşa başkanlığında yeni bir hükümet kurmaktı. Mahmut Şevket Paşa suikastında bir hafta önce Mısır'dan gemi ile Kamil Paşa İstanbul'a geldi. "Kendisinin vapurda inmemesini ve tekrar Mısır'a dönmesi istendi ancak gece vapurdan gizlice inerek yalısına gitti. Cemal Paşa, Kamil Paşa'nın konağını kontrol altına aldı ve giriş çıkışları yasakladı."[286]

Edirne'nin kaybedilmesini kendine siper yaparak onun gölgesine sığınarak sinsi planlar yapan Prens Sabahattin, İttihatçıları devirmek ve Sadrazamlık koltuğuna oturmak için darbe planladı, yalısında yapılan aramalarda plan belgelerine rastlanılamadı. "İkinci darbe11 Haziran 1913 günü Sadrazam Mahmut Şevket Paşa, Beyazıt'tan Babıali'ye otomobiliyle giderken yolu kesilerek Yüzbaşı Çerkez Kazım ve arkadaşları tarafından öldürüldü."[287] Olayın gelişimi, önüne çıkan cenaze arabasını saygıdan dolayı geçmemek için otomobil durdu ve silahlı saldırı sonucu Sadrazam Mahmut Şevket

285 Sina Akşin, Age, s. 79.
286 İTTİHAT VE TERAKKİ DÜŞERKEN Kod Adı: AMİL, İlgi Kültür Sanat Yayıncılık, İstanbul Baskı, 2017, s. 249-250. (Haz: Mehmet Mert Çam)
287 Sina Akşin, Age, s. 79

Paşa olay yerinde öldürüldü. Sadrazama suikastı düzenleyenler Prens Sabahattin ve adamları tespit edildi ve İngiliz ajanı Sabahattin kaçtı. Çerkez Kazım ve arkadaşları Beyoğlu'nda bir İngiliz kadının evinde yakalanarak 11 kişi ve Kazım, Beyazıt Meydanı'nda idam edildi. Hürriyet ve İtilaf grubu sürekli fırsat kollamak ve İttihatçıların zayıf tarafında yararlanarak yönetimi ele geçirme stratejisini alışkanlık haline getirdiler. Bu olay üzerine İttihatçılar sert önlemler almaya mecbur edildi.

Mahmut şevket Paşa olayına katılan bazı muhaliflerde Muğla'nın Bodrum kalesine sürgün edildi. "Kör Emin, Kara Ahmet, Çerkez Ragıp Beyler ve daha başkaları da İstanbul'da bir gemi ile Bodrum kalesine sürgün edildiler ve bir kısmı da Sinop cezaevine gönderildi. Bodrum hapishanesinde Türkiye'nin muhtelif yerlerinde gelen azılı suçlular bulunmaktaydı. Abdülhamit'in de mahkûmları da burada kalmaktaydı."[288] Abdülhamit zamanında siyasi suçlular Yemen'e, Trablusgarp'a, Fizan gibi sürgün yerlerine gönderilirdi. İttihatçılar da Sinop ve Bodrum kalesine sürgünleri gönderirlerdi. İfham gazetesi yazarı ve İttihatçı muhalifi Mustafa Suphi, Sinop cezaevinde bir grup mahkûmla kaçarak Rusya'nın Sivastopol limanında Ruslara iltica etti.

Celal Bayar, Bende Yazdım eserinde Mahmut Şevket Paşa'nın öldürülmesini Milli Mücadele'ye Gidiş eserinde şu şekilde yazıyor. "Vaktiyle hazırlanmış plan gereğince içlerinden fedailer ayrılmış, silahlandırılmıştı.

288Ahmet Bedevi Kuran, İnkılap Tarihimiz ve Jön Türkler, Kaynak Yayınları, 2. Baskı İstanbul, Nisan 2000, s. 404-405

Bunlar aynı zamanda ayrı ayrı yerlerde Talat, Cemal ve diğer tanınmış kimseleri vuracaklardı, ondan sonra rastlayabildikleri İttihatçıları öldüreceklerdi. Böylece terör yaratarak ellerine aldıkları bayraklarla 'şeriat isteriz' feryatlarıyla halkı ayaklandırıp hükümeti ele geçireceklerdi..."[289] Celal Bayar'ın yazdıklarına göre çok önceden planlar yapılmış ve iç savaş çıkarma hesapları üzerine ve yönetimi ele geçirme stratejisi kurulmuştu. Bulgarların Çatalca önlerine gelmesi ile emperyal güçlerin gemileri İstanbul'a gelmiş ve Bulgarlar şehre girerse can ve mal güvenliği ve kargaşa olur diye bekletilmek istense de, emperyal güçlerin hesapları başkaydı.

Enver Bey ve Mustafa Kemal gibi İttihatçıların bir kısmı Edirne'nin geri alınmasında kararlı olduklarını sürekli vurgulamaktalardı. Sadrazam ve Genelkurmay Başkanı Mahmut Şevket Paşa bu görüşe karşı çıkarak şöyle diyordu: *"Eğer barış yapmaz isek İstanbul'u da kaybedebiliriz diyordu ve İzzet Paşa'da aynı düşünceyi paylaşmaktaydı. Edirne Bulgar'a bırakılıyor ve Mahmut Şevket Paşa devam ederek 'Bu günden sonra sadece barışın yapılması için çalışacağız, savaş bizim için kaybedilmiştir' diyordu."*[290] Sadrazam, Edirne'nin Bulgarlara verilmesini peşinen onaylaması ve İttihatçıların şiddetli tepkilerine neden olmuştu. Yarbay Enver, Mustafa Ke-

---

289 Celal Bayar Bende Yazdım Cilt-II Milli Mücadeleye Gidiş Milli Mücadeleye Giriş, Türkiye İş bankası Yayınları, 1.Baskı İstanbul, Kasım 2018, s. 188.

290 Besarya Efendi, Sıradışı Bir İttihatçı ve II. Meşrutiyet Dönemi Hatıraları, Timaş Yayınları, İstanbul Baskı, Mart 2019, s. 171,173.

mal ve İttihatçıların ileri gelenleri bu duruma karşı çıkarak Edirne Bulgarlara bırakılamaz kararlılığı kesinlik kazanıyordu.

Bu arada büyük devletler ve Rusya Bulgarların İstanbul'a girmesine izin vermemekte direnmekteydiler. Bulgarlar Ruslardan sürekli izin istemekte ve İstanbul'a girmek için can atıyorlardı ve Ruslar buna izin vermiyordu ve bir daha İstanbul'da çıkmazlar diye. Emperyal güçler İstanbul'un Bulgarların eline geçmesine taraftar değillerdi. İngilizler ise İstanbul'un Rusların ne de Bulgar'ın eline geçmesini istemiyordu. Emperyalistlerin oyunlarını Mustafa Kemal, Enver Bey ve Fethi Bey bozarak bir saldırı ile Edirne'yi Türk topraklarına kattılar ve Emperyalistlerin kendi aralarında yaptığı pazarlıkları çökmüş oldu.

Mahmut Şevket Paşa'nın öldürülmesi üzerine, Sadrazamlık makamına Said Halim Paşa getirildi. Said Halim Paşa, Mısır Valisi Kavalalı Mehmet Ali Paşa'nın torunlarından olup kendisi tam bir İttihatçı idi. Dâhiliye (İçişleri) Nazırlığına da Talat Paşa getirildi. Zaman zaman Sadrazamın Enver Paşa ile anlaşamadıkları konular olmuştu. 3 Şubat 1917'de Said Halim Paşa Sadrazamlıktan istifa ederek onun yerine Talat Paşa Sadrazam olarak kabineyi kurdu ve bu dönemlerin Maliye Bakanı Cavit Bey'di.

Edirne'yi Kurtaran İttihatçıların Yıldızı Parladı

Edirne'nin kurtarılışı şöyle gerçekleşti. Edirne'nin geri alınması için İttihatçılar kararlıydı ve tüm engellemelere rağmen gözü karar İttihatçılar Edirne'yi geri almak için ant içmişlerdi. Edirne'nin kurtarılması için çeşitli görüşler ve Ruslar saldırır mı, Batı ne der gibisinden farklı görüşler öne çıkmıştı. Bu görüşleri duyan İngiliz Dışişleri Bakanı Sır Edward Grey, Londra Büyükelçisi Hakkı Paşa'ya aynen şunu söylemekteydi: ***"Böyle bir çılgınlık yaparsanız İstanbul'u da kaybedersiniz."***[291] İngiliz baskısı sürekli Osmanlı'nın tepesinde Demokles'in kılıcı gibi sallandırılmak istenmekteydi. Ekonomik olarak çöken bir devin üzerine aç kartalların saldırısı başka ne olabilirdi ki? Tüm emperyalist güçlerin baskısına karşı yurtseverler kararlıydı.

Enver Bey, Edirne'nin mutlak geri alınmasından yanaydı, birçok nazır Enver'in bu olaya teşebbüs etmesini istemiyordu ve elimizde kalanları da kaybederiz diyorlardı. Zafer Toprak bu konuda şöyle yazıyor, " ***Yapmayın Midye- Enez hattını geçmeyin, giden gitti zaten büsbütün yeni bir krizle karşılaşmayalım."***[292] Nazırlar toplantısında bu görüşler yankılanmaktaydı. Enver ve İttihatçılar ağırlığını koydular ve alınmasına karar aldılar. Edirne'yi Bulgarlara karşı kahramanca savunan Şükrü Paşa çok büyük sıkıntılar çektiler. Şükrü Paşa, Bulgarları Edirne'ye sokmadı ve aç kalan askerler ağaç kabuklarını yemişti. İttihatçıların bu karar alışı sürerken tam o sırada güzel bir telgraf İttihatçıların cesaretine sinerji yükledi.

291 Halil Menteş'in Anıları, Hürriyet Vakfı Yayınları, İstanbul 1986, s. 163.

292 Taha Akyol, Rumeli'ye Elveda, Doğan Kitap, 1. İstanbul Baskı, Şubat 2013, s. 275.

Berlin Büyükelçisi Mahmut Muhtar Paşa, Sadrazam Sait Halim Paşa'ya gönderdiği telgrafla çok önemli bilgiyi telgrafta bildirdi: "Bulgarlar mağlup oluyor. Yunanlılar Dedeağaç'ı aldılar. Edirne'ye yürüyebilirler. Bizim daha önce davranıp Edirne'ye yürümemiz iyi olur."[293] 21 Temmuz 1913 tarihinde Edirne'ye giren Türk kolordusunun Kurmay başkanı Yarbay Enver Bey, Binbaşı Mustafa Kemal ve Binbaşı Ali Fethi Bey Edirne'ye birlikte girerek Edirne ele geçirildi. Edirne Bulgarlardan geri alınarak Türk bayrağı semalarda dalgalanmaya başladı. Bugünkü Bulgar, Yunan sınırları çizilmiş oldu. İttihatçıların atılganlığı, gözü karalığı sayesinde Edirne kurtarıldı. İttihatçılara karşı olan Rıza Nur Aksun, Edirne'nin alınışını, **"O günkü şartlara göre büyük devletlerin tehditleri karşısında İttihatçıların yine de cesur bir hareket yaptıklarını."**[294] Rıza Nur, İttihatçıları "Çete" diye şiddetle eleştirmekteydi ve Edirne'nin alınışını gönülden alkışlamaktadır. Bazı İtilafçı gruplar Edirne'nin alınışını onaylamamışlardı.

İngiliz Dışişleri Bakanı Sır Edvard Gray, Edirne'nin geri alınışını şöyle duyuracaktı, ***"Yüzyıllardan beri ilk defadır ki, Osmanlı devleti elden çıkardığı bir ülkesini askeri zaferi ve Avrupa'nın karar ve baskısına rağmen geri almıştır."*** [295] İttihatçıların Edirne'yi geri alışı

293 Taha Akyol, Rumeli'ye Elveda 100. Yılında Balkan Bozgunu, Doğan Kitap, 1. Baskı İstanbul, Şubat 2013, s. 179.

294 Zıya Nur Aksun, Osmanlı Tarihi, Cilt 6, s. 142.

295 Yusuf Gedikli, ENVER PAŞA Nutukları, makaleleri Bazı Beyannameleri ve Mektupları, Milenyum Yayınları, 1. İstanbul Baskı, Temmuz 2018, s. 34.

Çanakkale zaferinin ön müjdesi sayılmaktaydı. Balkan yenilgilerinin karabasanı bir nebzede olsa Edirne'nin kurtarılması ile moral kaynağı yarattı ve Enver Bey'in yıldızı yeniden parlamaya başladı.

Binbaşı Enver ve arkadaşları baskın yaparak Edirne'yi geri almasalardı bugün Edirne Bulgarların kontrolünde olacaktı. Bazı paşalar Edirne'nin geri alınması için şöyle diyorlardı: "Diplomatlarla eski kuşak paşalar, 'Avrupa izin vermez, Rusya savaş açar' gibi ciddi uyarılarda bulunurken, İttihatçılar savaş açıp Edirne'yi kurtarmışlardı! Bu ruh ve nesil değişimi, Balkanlarda dökülen orduyu Çanakkale ve Milli Mücadelede mucizelerini başaran orduyu dönüştürecektir." İsmet Paşa ise ordu konusunda şöyle söylemekte: "Enver Paşa, harbiye Nazırı olunca evvela yeni bir ordu kurdu. Hakiki bir tasfiye ve temizlik yaptı. Balkan öncesi orduya giren siyaseti ordudan attı. Orduyu tam ve köklü manada kudretli hale getirdi..."[296]

Edirne'nin alınışı ile ilgili bir olumsuz durumu Murat Bardakçı Enver kitabında şu şekilde yazmakta, **"Hürriyet kahramanı ve İslam mücahidi unvanlarının yanına bu defa Edirne fatihi unvanı ilave edildi. Ama partizanlık sadece halkı değil, orduyu öyle bölmüştü ki, İttihatçıların muhalifleri 'Enver Edirne'yi kurtaracağına şehir, Bulgar'da kalsa daha iyi idi."**[297] Aynı güruh Bulgarların Edirne'yi bıraktığını Enver boş şehre girdi diyerek İttihatçıların başarılarını gölgelemek

296 Yusuf Gedikli, Age, s. 204.

297 Murat Bardakçı, ENVER, Türkiye İş Bankası Yayınları, 1. İstanbul Baskısı, Kasım 2015, 120.

istemeleri hangi düşünce ile bağdaşır düşünmek bile üzücü. Yeniden ana toprağa katılan yerlerin kronolojik süreci ve Enver Bey'in Paşalığa terfisi şöyle:

1- Edirne 23 Temmuz 1913 günü anavatana katıldı. Kırklareli 21 Temmuzda Bulgarların elinde geri alındı. 29 Eylül 1913'te Bulgarlarla-Osmanlı arasında yapılan antlaşma ile bugünkü Türk- Bulgar sınırı tespit edilmiş oldu.
2- Edirne'nin Bulgarlardan alınması sonrası 18 Aralık 1913 te Yarbay Enver Bey, Albaylığa yükseltildi. Enver Bey, **" Edirne Kahramanı"** olarak anılmaya başlandı.
3- Bir Ocak 1914 te Mirliva yani Tuğgeneral yapılarak Paşa unvanını aldı. Tam bu sırada Padişahın yeğeni Naciye Sultanla evlenerek Sarayın damadı oldu.
4- 6 Ocakta Enver Paşa Harbiye Nazırlığına getirilerek, Padişahtan sonra Osmanlı'nın ikinci tepe adamıydı ve Osmanlı ondan sorulur hale geldi. Talat Paşa, Sadrazam Said Halim Paşa'ya giderek Enver Paşa'nın Harbiye Nazırlığına getirilmesini şöyle talep eder: "Enver Bey'in harbiye Nazırı olmasında zaruret vardır. Parti arkadaşları ve ordu bunu böyle istiyor! Ben de kani oldum. Orduyu, ondan başkası idare edemez. Hele Edirne'nin anavatana katılması ile Enver Bey, bu makamı hak etmiştir, Prens Hazretleri. Prens 'hayırlı olsun' beyim"[298]

298Samih Nafiz Tansuh, İTTİHAT VE TERAKKİ Ya devlet başa Ya Kuzgun Leşe, İlgi Kültür Sanat Yayıncılık, 1. İstanbul Baskı, 2016, s. 276.

diyerek Harbiye Nazırlığına Enver Paşa getirildi. Harbiye Nazırı Ahmet İzzet Paşa istifa etti ve sorun çözüldü. Bazı paşalar Enver'in Harbiye Nazırlığı için çok genç olduğuna vurgu yaparak erken ifadelerini kullanıyorlardı.

Albay Enver Bey "Paşa" olunca kendisini Harbiye Nazırlığına uygun görür ve bunu Sadrazam Sait Halim Paşa'ya söyleyince Sadrazam şaşkınlığını gizleyemez ve bu olayı Şevket Süreyya şu şekilde yazmakta, " Çok gençsiniz" diyerek kibarca hayır demekte. **Enver Paşa' Maksadımı arz edemedim galiba. Bir İttihat ve Terakki Hükümeti olan kabinenizde Harbiye Nazırlığını üzerime almam uygun görülmüştür."**[299] Yaklaşımı kendisini Harbiye Nazırlığına taşıdı. Mahmut Şevket Paşa'nın öldürülmesi ile İttihatçılar işi şansa bırakmayarak çok sıkı önlemleri almak mecburiyetinde kaldılar. Hem içerde İtilafçılar sürekli saldırı halinde hem de dış tehditler tepelerinde hiç eksik olmuyordu ve kendilerini bu tehditlere karşı koruma ve birazda diktatoryal sürece koşullar sevk ediyordu.

Balkan savaşları sonrası İttihatçılar Batı ile yeni bir süreç ve yeni taraflar kazanma peşine düştüler. Emperyal güçlerin talepleri Osmanlı'yı kendi aralarında paylaşmak talepleri hep masanın üstünde durmaktaydı. "İttihat ve Terakki, İngiltere ve Fransa'ya başvurarak Osmanlı toprak bütünlüğünün korunmasını istediler.

299 Şevket Süreyya Aydemir, Makedonya'dan Orta Asya'ya Enver Paşa 2. Cilt, İstanbul Baskı, 1986, s. 422-423

Fransa ve İngiltere, Almanya'ya karşı Rusya'nın insan kaynaklarına büyük ihtiyaç duyuyorlardı. Eğer bu isteği kabul etselerdi, Osmanlı topraklarında gözü olan Rusya'yı karşılarına alırlardı."[300] Osmanlı, Batı'nın elinde birbirlerine sunulacak bir armağan gibi görülmek isteniyordu bu duruşu ve tutumu İttihatçılar bozacaktı ve Anadolu coğrafyasında onlara unutamayacakları tarihi dersini verecekti ve verdi.

Alman General Wangenheim, Edirne'nin geri alınışı üzerine İttihatçılardan birtakım eylemlerin görüleceğini sezmişti. Her ihtimali göz önünde bulundurarak kötü ihtimal üzerine senaryolar üretmeye başladı. Osmanlı'nın yıkılacağı konusunda tereddütlerini dile getirerek şu satırları ajandasına not etmişti: "Osmanlı İmparatorluğu'nu mümkün olduğunca ayakları üstünde tutmaya çalışmalıyız. Reform hamlelerine samimi bir şekilde destek verirken, aynı zamanda imparatorluk üzerinde nüfuzumuzu güçlendirmenin yollarını bulmalıyız. Ama en kötü ihtimale de hazır olmalıyız ki; imparatorluğun paylaşılması ihtimaline."[301] Kafasındaki model ise, İngilizlerin Mısır üzerindeki nüfuz modeli düşünülmüş ve kurgulanıyordu. Almanların beklentileri ise Osmanlı İmparatorluğu'nu başka emperyal güçlere bırakmadan etkisi altına alarak bağımlı kılmaktı ve tüm senaryola-

---

300 Yusuf Hikmet Bayur, Türk İnkılap Tarihi, c. III, Kısım 1, Ankara Baskı 1953, s. 318, 320.

301 Feroz Ahmet, JÖN TÜRKLER Osmanlı İmparatorluğu'nu Kurtarma Mücadelesi 1914-1918, Türkiye İş Bankası Yayınları, II. İstanbul Baskı, Haziran 2021, s. 46.

rını bunun üzerine kurup uyguladılar. Almanların düşündüğü strateji süreç içinde öteki emperyal güçlerin karşısında çökecek ve Birinci Dünya Savaşı'nın mağlubu olarak tarihe geçecekti.

Son Dönemde Türkleri Yıkan Dört Büyük Felaket

Birinci felaket Plevne Savaşı oldu. 1877-1878 Osmanlı- Rus savaşı ile Osmanlı telafisi mümkün olmayan Ruslar karşısında yaralar aldı ve feci şekilde yenildi. Tuna bölgesini kaybettik. Burası Osmanlı'nın ekonomisini ayakta tutan ve tarımsal üretimi çok zengin bölge oluşu ve burada yaşayan Müslüman halkın göçe mecbur edilmesi büyük sorunlara neden oldu. Anadolu'nun muhtelif yerlerine ikamet ettirilen bu Müslüman halk Anadolu'nun da kısıtlı olan kaynakları fakirliği tetikleyerek sosyal sorunlara neden oluyordu. Anadolu'nun nüfusu gelen göçmenlerle hızla arttı ve beraberinde uyum sorunlarını da getirmiş oldu. Bu savaş yapılırken Padişah Abdülhamit'ti, Osmanlı bu savaşta çok büyük toprak kaybı ile karşı karşıya kaldı. Ayrıca Ruslara da kısıtlı kaynaklara rağmen tazminat ödemeye mahkûm olduk.

Rus ordusu bugünkü İstanbul Atatürk havaalanının olduğu yere ordugâhını kurdu. İstanbul Ayastefenos antlaşması ile korkunç felaket yaşadı ancak İngilizlerin devreye girmesi ile Berlin antlaşması ile biraz nefes aldı. Başka bir Rus Ordusu ise aynı anda Kafkaslardan girerek Batum, Kars, Sarıkamış, Ardahan ve Artvin ve çevresini ele geçirdi. Osmanlı hem Batı da hem de doğuda Ruslara yenilerek çok büyük toprak kayıplarını yaşadı. Bu olaydan sonra Osmanlı gelecek pusulasını kaybederek acı reçeteyi içmek zorunda kalıyordu. Bu Osmanlı-Rus savaşı süreç içinde doğacak tüm felaketlerin habercisi olarak tarihe geçiyordu ve bu savaştan sonra Osmanlı bir daha ayağa kalkamadı. Türkleri ayağa kaldıracak güç ise İttihat ve Terakki gücü olacaktı ve bu güç Çanakkale'de kendini kanıtladı ve dünyaya da onaylatmış oluyordu.

İkinci Felaket ise Balkan savaşları oldu. 1912 de çıkan bu savaşlarda Rumeli'yi Osmanlı kaybetti. Yunanlılar, Karadağlılar, Sırplar ve Bulgarlar Balkanları ele geçirdiler. Bulgarlar 1908 de Osmanlı'dan ayrılıp bağımsız devlet oldu ve 4 yıl sonra Osmanlı'yı yenerek güçlü devlet olma yoluna girdi. 400 sene Osmanlı egemenliğin de kalan devletler bir anda Osmanlı'yı yenmeleri düşündürücü. Bu savaşta Balkanlar ve Selanik olmak üzere elden çıktı. Balkanların elden çıkması ile korkunç acımasız olaylar yaşandı ve bu bölgedeki Türkler İstanbul'a ve Anadolu'ya gelmek mecburiyetinde kaldılar. İstanbul'un ve Anadolu'nun nüfusu göçmenlerle katlandı. Ekonomik durum tam bir çöküntü için de açlık kol gezmekte ve salgın hastalıklar insanların geleceğini karartıyordu.

Üçüncü Büyük ***Felaket ise, Birinci D***ünya S***avaşı*** ile Osmanlı 30 Ekim 1918 de yenilmiş sayıldı ve topraklarını emperyalist ülkeler kendi aralarında Mondros'a dayanarak paylaşmaya başladı. Sevr masalı ile Anadolu kendi aralarında pay edildi. Mustafa Kemal ve ekibi tüm anlaşmaları çöpe atarak süngü zoruyla emperyalistlerin anladığı dilde yanıtını veriyordu. Türkler bu savaşta korkunç derecede acılar çektiler, nice gençleri kaybettik, açlık, yokluk ve hastalıklar ülkeyi tam bir yokluğa ve felakete sevk etti.

Dördüncü fel**aket ise Kurtuluş Savaşı s**üreci oldu. 1912 de başlayan kurtuluş mücadelesi 1922 sonuna kadar devam eden 10 yıllık varoluş mücadelesi ve ölüm kalım savaşları. Aslın da savaşlar 1877 den başladı ve 1922 ye kadar geçen sürede devam etti. Korkunç sürecin yaşandığı dönemdi. Balkan felaketi sonrası Enver Paşa, orduyu yeniden yapılanma sürecine soktu. Alaylı Paşaların bilgisizliği, kimseyi dinlememesi ve ordu içinde yaratılan siyasi görüş ayrılıkları sonucunda savaşamayan, savaştan kaçan askerler savaşın kaybedilmesini de yarattılar. Balkanların kaybedilmesinin temel sebebi ise alaylı subayların ve Paşaların bilgisizliği, ilgisizliği yüzünden kaybedildi. Ordu yeniden yapılandırıldı ve Çanakkale'den, Kutül Amara'da ve Kurtuluş savaşında rakiplerine kök söktüren ordu haline geldi. Kurtuluş Savaşı'nın komutanları ve Mehmetçik tüm emperyalist güçlere anladıkları dilde cevap vererek Kurtuluş Savaşı kahramanı Atatürk cumhuriyeti kurdu.

Kurtuluş Savaşında yurdumuzun dört bir yanı işgal edildi ve İngiliz destekli Yunan ordusu Ankara yakınlarına kadar geldi. Atatürk ve Mehmetçik hem diş düşmanlarla savaştı hem de Vahdettin'in İngiliz parası ile kurduğu Hilafet ordusu ile savaştı. Hem hilafet ordusunu yendi hem de İngiliz, Fransız ve Yunan ordularını yenerek yurdu bu kirli sıfatlardan kurtararak bugünkü

Cumhuriyeti bizlere armağan etti. Kurtuluş savaşımız yokluklarla ve askerin ayağında çarığa benzer bezden yapılmış ve yürüdükçe ayakları kan gölüne çevrilen Mehmetçiklerin eseri olarak yurt kurtarıldı ve bizlere yurt olarak armağan edildi.

TEŞKİLATI MAHSUSA'NIN KURULUŞU

Hafiye Teşkilatı Kaldırıldı ve Teşkilatı Mahsusa'nın Kuruluş Süreci

Enver Paşa, Abdülhamit'in despotik yönetiminin ayakta kalmasına dayanak olan hafiye teşkilatını dağıtarak onun yerine "**Teşkilatı Mahsusa**" adını verdiği istihbarat örgütünü kurdu. Tarihin derinliklerine baktığımız zaman rakipler hakkından gizli bilgiler edinmek, iletmek, yanıltıcı bilgiler aktarmak gibi gizli bilgi akışları tarihsel süreç için de günümüze kadar kılık değiştirerek gelmesini istihbarat sağladı. Rakipler birbirlerine karşı gizli ajanlar hep kurdular ve kullandılar. Devletler tarihte sürekli gizli ajan kullanarak birbirleri hakkında devamlı bilgiler edinmişler ve günümüzde de ajanlık kurumu önemli bir kurumsal kimliğe dönüşmüştür. Osmanlı İmparatorluğu da casuslar kullanmıştı. Günümüzde istihbarat örgütleri, istihbarat haberleri ve bu kuruluşların işleyişleri her alanda ileri seviyelere çıkmış durumda. Günümüz emperyal güçlerin ajanları çok farklı çalışma stratejisini uygulayarak istihbarat ajanlarının konumlarını farklı bir yerlere taşımışlardır. Günümüz ajanlığı hayatın tüm alanlarında kullanılmaktadır. Özel yaşam alanın da tutun da ekonomik saha dâhil aklınıza gelen tüm sahalarda istihbarat örgütleri cirit atmaktalar. Selçuklu imparatorluğu zamanın da Nizamülmülk Siyasetnamesin de şöyle yazar, ***"Her tarafa tacir, seyyah, sufi, ilaç satanlar kıyafetinde daima casuslar gitmeli ve ne işitirlerse haber getirmelidirler."***[302]

Selçuklular döneminde bir taraftan Moğol belası, bir taraftan Bizans saldırganlığı, bir taraftan Tapınak şövalyeleri, Araplar, Bâtıniler, Türkmen Beylikleri arasındaki çekişmeler ve Tapınak şövalyelerinin casusları karşısında Selçuklular döneminde istihbarat çalışmaları ileri boyutlara taşınmıştı. Tarih günümüze kadar günümüz dâhil yarınlarda dâhil olmak üzere istihbarat örgütlerinin çalışma alanı oldu ve olmaya da devam edecektir. Bu sektör daha da karmaşık bir yapıya bürünerek çözülmesi güçleşecek yeni gizemler kazanarak yenidünyanın önemli kuruluşu halini alacaktır. İstihbarat örgütleri yeni teknolojileri kullanarak gizemli sürecin gündemini belirlemeye hep canlı tutmaya aday gibi gözükmekte. Özelliklede istihbarat bilgi akışı sanayi, askeri, teknolojik ve yeni buluşlar düzleminde canlılığını koruyarak o bilgilere ulaşma yolları aranmaya çalışılacaktır. İleri teknoloji hırsızlığına karşı koruyucu önlemler yine istihbaratlarla sağlanacaktır.

Abdülhamit kendine özgü istihbarat sistemi ve şifreleme sistemi kurdu ve despotik yönetim varlığını sürdürdü ve sonuçta gümbürdeyerek yıkıldı. II. Abdülhamit'in kendi özel odasında şifre sistemi bulunmaktaydı. Sultan

---

302 Emin Demirel, Teşkilatı Mahsusadan Günümüze Gizli Servisler, IQ Kültür Sanat Yayınları, 3. Baskı, İstanbul, Nisan 2002, s. 107

Abdülhamit'in Başmabeyincisi Tahsin Paşa özel şifreleme yöntemi konusunu şöyle yazmakta, "Padişah'a ait dairesinin yanı başında bir hususi Şifre Dairesi vardı... Resmi kayıtlara bağlı olmayan ve sırf gizlilik içerisinde işleyen bir şifre dairesini kurmaya sevk etmişti. Valiler, kumandanlar, elçiler ve özel görevle gönderilenler bu odadan görüşürdü padişahla. Hususi şifre daha çok jurnal özelliği taşıyan ihbarlara aracılık ederdi..."[303]

Abdülhamit zamanında yazılan gizli jurnal kitapçığının öyküsü Fransız ulusal Kütüphanesinde ve önemli kitaplar bölümünde saklanmakta. " *1891 yılında II. Abdülhamit zamanın da hazırlanan yazarı hakkın da net bilgi olmayan 51 sayfalık bir kitapçık bulunmaktadır. Bu kitapçık Fransız Ulusal Kütüphanesinde önemli kitaplar bölümün de saklanmaktadır. Osmanlı polisinin gizli çalışmalarını anlatmaktadır. Abdülhamit'in özel doktoru Mavroyani Paşa Osmanlı sarayın da çift taraflı ajanlık yaptığı bilinmektedir. Osmanlı gizli servisi İngiliz ajanlarının elindeydi. Saraydaki özel hayat dahi İngiliz istihbaratının bilgisi dâhilindeydi."* [304] İstihbaratların tam güvenirliği diye bir şey yoktur. İstihbaratların tarihte çift taraflı çalıştıkları da bilinmektedir. İkinci Abdülhamit iyi bir istihbarat uzmanıdır ve istihbaratlarla ilgili çok kitap okumuştur ve kendi güvendiği ajanı dahi kendisini karşı tarafa jurnallediğini dahi görememiştir. İstihbaratçılar tarihte çok yönlü çalışma içinde oldular ve

303Tahsin Paşa, Yıldız Hatıraları, İz Yayıncılık, 2. Baskı İstanbul, 2017, s. 50-51.

304Emin Demirel, Age, s. 113

günümüze tarihin gizli sayfalarını taşıdıkları için birer kaynak aktarımı görevini de üstlenmiş durumdalar.

Teşkilatı Mahsusa Kuruldu

İttihat ve Terakki yöneticileri meşrutiyeti ilan ettikten sonra şunu gördüler ki, ülke yabancı ajanların cirit attığı çöle dönmüştü. Her taraf casus kaynamakta ve tüm gizli bilgiler ortalıkta uçuşmakta ve devletin mahremiyeti yok olmuştu. Teşkilatı Mahsusa'nın 1909'lar başından itibaren şekillenmeye başladığını görmekteyiz. Binbaşı Enver Bey, düşmanlardan gizli bir bilgi akışının temin edilmesi için gizli bir askeri haber alma teşkilatını kurdu. Kendisi Makedonya'da çetelerle savaşırken bu bilgi akışının nasıl ve hangi yollardan temin edileceği bilgisine yeterince sahip olmuştu. Makedonya'da tam beş yıl gerilla ve çete savaşlarında istihbarata nasıl ulaşılır bu konuda yeterli birikim elde etmeye çalıştı aynı zamanda bu konuda uzmanlaştı.

Teşkilatı Mahsusa, İttihat ve Terakki'nin gözü kara, üretken fedailerinden oluşturulan gizli askeri subaylardan kurulmuş istihbarat örgütüydü. Bu örgüt hem savaş hem de barış sürecinde düşman hakkında bilgiler edinmeye çalışan örgüt kimliğini kazandı. Bu örgüt elemanları seçilmiş askeri profesyonel kişilerden oluşturulmuştu. Enver, bu ekibi Makedon dağların da çetelere karşı çarpıştığı arkadaşları arasın da seçerek kurdu. Trablusgarp savaşları sırasın da bu gizli örgüt kuruldu ve bu savaşta üzerine düşen görevi en güzel şekilde yerine getirdi. 1911'lerde kurulan örgüt, Araplar ve İtalyanlar arası istihbarat bilgi akışını sağladı. Bu istihbaratçılar hem cephede savaşmakta hem de bilgi toplamakla görevlendirilmişlerdi.

Tarık Zafer Tunaya Teşkilatı Mahsusa'nın Trablusgarp savaşında kurulduğunu yazmakta, "İlk çekirdek kadronun 1911 Trablusgarp savaşında ortaya çıktığı ve önemli başarılara imza attığı görülmektedir. İtalyanlara karşı gerilla savaşı uygulanarak önemli kazanımlar sağlamıştı. Bu teşkilatı kuran Enver Paşa ve başına da en yakın arkadaşı Süleyman Askeri Bey'i getirerek örgütü kurumsal yapıya kavuşturdu. Başkan yardımcılığına da Şemsi Paşa'yı vuran Atıf Kamçıl getirildi. Aziz Bey, Dr. Nazım Bey ve Dr. Bahattin Şakir Bey getirilerek örgüt kimliğe kavuştu. Daha sonra Yakup Cemil, Eşref ve Hacı Sami kardeşler eklenerek örgüt büyüme sürecine girdi."[305] **Teşkilatı Mahsusa'nın 1913 yılında resmi olarak kurulduğunu, Harbiye nezaretine bağlı örgüt olduğunu Talat Paşa'da açıkladı.**

Teşkilatı Mahsusa 1911'de Bingazi'de İtalyanlara karşı başarılı çalışmaları ile Türk tarafına önemli bilgiler aktardı. Enver Paşa komutasındaki bağımsız birliklere önemli destek ve bilgi akışında büyük yararlar sağladığı görüldü hem de ilk çekirdek kadro olmaları idi. Bu örgüt ikinci başarısını Çatalca'ya kadar gelen Bulgarlara karşı başarılı çalışmaları ile gösterdi. Teşkilatı Mahsusa devletin için de ve savaşın göbeğinde görevini eksiksiz şekilde yürütmekteydi. Hem savaşmaktalar hem de ajanlık yaparak savaşın seyrini değiştirmesine yardımcı olan örgüttü. Teşkilatı Mahsusa'nın görevlileri gerilla savaşının da uzmanı sayılmaktaydılar.

---

305 Tarık Zafer Tunaya, Türkiye'de Siyasal Partiler, III. Cilt, İttihat ve Terakki, Hürriyet Vakfı Yayınları, 1. Baskı, Temmuz 1989, s. 275-276-277

Söz Trablusgarp'a gelmiş iken acı bir olayı okuyucularımla paylaşmadan geçemeyeceğim. İtalya, Trablusgarp'ı işgal edince İttihatçı subaylardan tepkiler yükseldi ve Hükümet sessiz kalmayı tercih etmekteydi. Dönemin Milli Savunma Bakanı Ahmet İzzet Paşa'ya, Yarbay Enver şunları söyler. Dr. Yusuf Gedikli, Enver Paşa kitabında bu acı olayı şöyle yazmakta: "Aziz Paşam! Ülkemizin bir bölgesi işgal ediliyor; ne yazık ki, devletimizden ses çıkmıyor. Yenilmek, yenmek birazda imkâna bağlıdır. Yenilmek herhalde hiç ses çıkarmamaktan daha iyidir. Müsaade ederseniz, bizler gidip orada savaşmak istiyoruz." Yarbay Enver ve arkadaşlarını dinleyen paşa yarın sizinle görüşelim diye yanıt verdi. Bakan yetkililerle görüştükten sonra ertesi gün Enver ve arkadaşlarına şu cevabı verdi: "Donanmamızda hiçbir gemi Çanakkale Boğazının dışına çıkacak durumda değildir. Maliyemizde tam takır. Size bir kuruş tahsisat ayıramayız. Hatta devletçe bu savaşa bulaşmak istemediğimizden, size pasaport dahi veremeyiz. Ancak sizi ordudan izinli sayarız. Orada bir şey yaparsanız, devletçe onlara sahip çıkarız. Bir şey yapamayıp yenilirseniz, "Bize sormadan gittiler" der, sizi ordudan ihraç ederiz."[306] Bu düşünceler asırlarca devleti yöneten ve sonundan da yıkan düşüncelerdi. Devlet böyle yönetilmenin sonucunda resmen iflas etti, iflas eden bir devletinde uluslararası platformlarda kredisi sıfırlanmış sayılır. Osmanlı'yı böyle güç duruma düşüren yapı bu tür zihniyet ürünüdür.

---

306 Yusuf Gedikli, ENVER PAŞA, Nutukları, Makaleleri Bazı Beyannameleri ve Mektupları, Milenyum Yayınları, İstanbul Baskı, 2018, s. 211.

Teşkilatı Mahsusa'nın Örgütsel Yapısı

Padişah Abdülhamit'in Kurduğu gizli servisler *"hafiyecilik sistemi"* ve "jurnalcilik kurumu" ve özel yöntemlerle yarattığı haber kaynaklarının yerine, Enver Paşa kendi ekibinden oluşan yurtsever subaylardan *"Teşkilatı Mahsusa"* gizli örgütünü kurdu. Enver'in kurduğu gizli örgüt tam manası ile yurtsever kadrodan oluşmaktaydı. Bu kadro Çanakkale'den, Anadolu'nun örgütlenmesinde, Kurtuluş savaşına bilgi ve kaynak aktarmasın da ve Cumhuriyetin kuruluşuna kadar hizmeti en üst seviyede yerine getirdi.

Teşkilatı Mahsusa kadroları İstanbul işgal edilince Ankara'da Mustafa Kemal'e destek amacıyla silah, aydın kadronun Anadolu'ya geçişinde çok büyük yardımları oldu. Özellikle Topkapılı Mehmet Cambaz ve kadrosu Ankara'ya adam taşıma, silah gönderme konularında fedakârca mücadele sonun da vatana olan sadakat ve hizmetlerini esirgemeden başarıyla görevlerini yerine getirdiler. Bu örgütler, İstanbul'u işgal eden düşmanların silah depolarını gece soyarak Anadolu'ya silah ve cephane gönderdiler. Bunlar gözü kara, korku bilmeyen yetenekleri dorukta fedailerdi.

Teşkilatı Mahsusa'nın Örgütlenme modeli dört bölge göz önünde bulundurularak bölgesel masalar oluşturuldu. Bu masalar uzak bölgelerde ki, bilgileri merkeze en kısa sürede ulaştırmakla görevlendirildiler.

1- Rumeli Masası
2- Kafkas Masası
3- Afrika Trablusgarp ve Arap masası
4- Vilayeti Şarkıya Masası ve merkez Erzurum'du. Ge-

nel çerçevede örgüt dört ana gruba ayrıldı ve ayrıca şubeleri de bulunuyordu.

Teşkilat, gönüllü müfrezeler kurmak, küçük askeri birlikler oluşturmak, çeteler oluşturarak gerilla taktikleriyle düşmana ağır darbeler indirmek, her türlü düşmanla ilgili bilgiler toplamak bu kuruluşun görevleri arasındaydı. Teşkilatı Mahsusa'nın yan kuruluşu olan " **Karakol Cemiyeti"** Kurtuluş Savaşın da, İstanbul'dan silah ve cephaneleri gizli yollarla Anadolu'ya götürerek savaşın kazanılmasın da çok büyük destekleri oldu. Daha birçok kuruluşlar örgütlenerek yurtseverlere bilgi ve silah aktarımın da Atatürk kadrolarına desteklerde bulundular. İnegöl'den Ankara'ya silah ve insan kaçırmaktan çok büyük görevleri yerine getirdiler.

Cemal Paşa ile Teşkilatı Mahsusa'nın ortak yürüttüğü Süveyş Kanalı ve Mısır harekâtı başarısızlıkla sonuçlanır ve çöllerin kızgın kumlarına gömdüğü ölüleri arkasında bırakıp çekilmesiyle son bulur. Bu çekilişin ardından ölenlerine Anadolu insanları bugün dahi dillerden düşmeyen Yemen Türküsü gibi nice ağıtlar besteler. "Arap çölleri, gidenlerin dönmediği yerler olur. Bütün bu kavgalar Teşkilatı Mahsusa'nın büyük bir yapı haline gelmesini sağlar. Yenilgiyle sonuçlanan mücadeleden geriye 40 bini aşkın personeli, Batılı gizli servisleriyle boy ölçüşebilecek eğitimde ve tecrübede uzman casusları, uluslararası ilişkileriyle bir gizli servis kalır..."[307]

Enver Paşa, tüm subayları nerede ise Teşkilatı

---

307 Emin Değer, Age, s. 160

Mahsusa'nın içine sokmaya çalışmaktaydı ve sorunların gerilla yöntemleriyle çözüleceği görüşüne sahip olması fikri yatıyordu. Gelecekte gerilla savaşlarının öncelik kazanacağına ve kendisinin de bu konuda uzmanlaşmış komutan olarak gizli örgütlenmenin önceliğine inanmıştı. İhsan Aksoley Paşa, Enver döneminde Afrika Grupları Kumandanlığın da görev almış ve Enver Paşa'nın Hem Afrika ve hem de Almanların düşünceleri konusunda şu görüşü ileri sürmektedir. *"O gün anlayamadığım Enver Paşa'nın bu cevabından bugün şu neticeyi çıkarıyorum: Enver Paşa, Birinci Dünya Harbi'nde galip çıkacağımızı düşünüyordu. Süveyş'ten Atlas Deniz'ine, Akdeniz'den Fizan'a kadar olan bölgenin de elimize geçeceğini tahayyül ediyordu. Osmanlı Devleti'nin o tarihlerde hâkim olduğu bölgeye yayılan Almanları, harbin sonun da memleketimizden çıkarmanın zor olacağını görüyor ve hiç olmazsa Kuzey Afrika'ya Almanların yerleşmesini istemiyordu."* [308] Enver Paşa, Almanların da savaş sonrası sorun yaratacağını gördüğü için, Kuzey Afrika'nın Türklerin elinde kalmasını hesaplamıştı. Orası ise daha sonra İtalyanların eline geçti ve İstanbul'a da çok uzaktı. Teşkilatı Mahsusa üyeleri, Anadolu işgalinde Anadolu halkını düşmana karşı örgütleyen, çete savaşlarını başlatan kadroların ilk çekirdeğini kurarak çoban ateşinin yakılmasına öncülük ettiler. Düşmana karşı, gerilla savaşları başlatıldı sonra ise düzenli orduya Mustafa Kemalle geçildi.

308İhsan Aksoley, Teşkilatı Mahsusa, Timaş Yayınları, 2. Baskı İstanbul, Mayıs 2016, s. 73

Teşkilatı Mahsusa Batı Trakya'da İlk Türk Cumhuriyetini Kurdu

Birinci Balkan savaşı sonuçlarına göre Yunanistan ve Sırbistan dışında kimse memnun değildi. Romanya'nın Bulgar topraklarına saldırması ile İkinci Balkan savaşı başladı ve bu savaşa Osmanlı, Arnavutluk, Karadağ, Sırbistan'ın da katılması ile Balkanlarda savaş yeniden şiddetlendi. Bulgarlar Batı Trakya'da hâkimiyet kurmak için Türk halkına çok büyük eziyetler ve işkencelerde bulundu ve direnen halkı kurşuna dizdiler. Türklere korkunç işkenceler ve akıl almaz eziyette bulundular. Bunun üzerine İttihatçılar devreye girerek üzerlerine düşen görevleri yerine getirmeye ve zulme son vermeye karar verdiler.

Teşkilatı Mahsusa'nın Başkanı Süleyman Askeri Bey ve İttihatçıların ileri gelenleri Rumeli'nin elden çıkmasına razı olmadılar ve hükümet Batı Trakya'yı gözden çıkarmıştı. Enver Bey'in kurduğu "Teşkilatı Mahsusa" örgütü Batı Trakya'nın ele geçirilmesi için yeni bir örgütlenmeye giderek eski kaybedilen toprakların ele geçirilmesi yönünde yeniden mücadeleye başladılar. ***"Garbi Trakya Teşkilatı Milli Komutanlığını Kuran teşkilat, örgütlü mücadelesine hızla başlayarak Bulgar çetelerine gereken darbeyi vurdu. İzmirli Eşref ve Süleyman Askeri Bey gibi teşkilatın ileri gelen kadrosu Batı Trakya'dan bağımsız bir Türk devlet kurdular.*** "[309]

309Fikret Bayır, Strateji Ustası Atatürk, Kaynak Yayınları, 1. Baskı İstanbul, 2014, s. 103

Teşkilatı Mahsusa'nın önemli isimlerinden bazıları şunlar: "Emniyet Umum Müdür Muavini Aziz Bey, Dr. Nazım Bey, Yakup Cemil, Dr. Rusuhi Bey, Eşref ve Hacı Sami Kuşçubaşı kardeşler, Hatip Ömer Naci, Mümtaz, Yüzbaşı Rıza, Nuri Paşa, Eyüp Sabri, Bingazı Mebusu Yusuf Şetvan, İzmitli Mümtaz Beyler" [310]gibi.

Emin Değer Batı Trakya'da kurulan cumhuriyeti şöyle yazmakta, *"Teşkilatı Mahsusa, Meriç nehrinin ötesindeki bu eylemin de sadece toprak kurtarmakla kalmamıştır. İşinde usta olan her gizli servisin yapacağını yapmış ve aldığı topraklar üzerinde bir de geçici hükümet kurdurmuştu. İşgal edilen topraklar* üzerinde 31 Ağustos 1913 tarihinde Anadolu'nun ilk Türk Cumhuriyeti kurulmuştur."[311]

Batı Trakya'da Kurulan Türk Cumhuriyeti'nin Kimliği

"Başkent: Gümülcine.

Yönetim Şekli: Cumhuriyet

Resmi Dili: Osmanlı Türkçesi

Resmi Dini: İslamiyet

Milli Marşı: Ey Batı Trakyalı

Cumhurbaşkanı: Hacı Salih Efendi

Genelkurmay Başkanı: Piyade Kurmay Binbaşı Süleyman Askeri Bey

---

310 Hikmet Çiçek, Dr. Bahaettin Şakir, İttihat ve Terakki'den Teşkilatı Mahsusa'ya Bir Türk Jakobeni, Kaynak Yayınları, 2. Baskı, İstanbul, Nisan 2007, s. 119

311 Emin Demirel, Age, s. 123

Sınırları: Tüm Batı Trakya (Doğuda Meriç Nehri, Batı'da Makedonya, Kuzeyde Rodop Dağları ve Güneyde Ege Denizi.) Toplam Yüzölçümü: 8. 578 km. kare.

Nüfusu: 234. 700 (1913 kayıtlarına göre)

Ordusu: 29. 170 kişi. Çoğunluk piyade

Kuruluş tarihi: 31 Ağustos 1913

Yıkılış tarihi: 25 Ekim 1913. İki aylık devlet."[312]

Teşkilatı Mahsusa'nın başkanı Süleyman Askeri Bey, Kurmay Yarbay olarak Irak cephesinde İngilizlere karşı Osmancık Tabur komutanı olarak Bağdat'ta savaşmaktaydı. 20 Ocak 1915 te İngilizlerle girdiği çatışmada çok başarılı oldu ancak bacağında yaralandı. İngilizler tekrar saldırdı ve sedye ile taşınan ve ayağa kalkamayan Süleyman Askeri tabancası ile ayağa kalkıp düşmanla vuruşamadığı için tek kurşunla intihar ederek hayata bu kahraman asker gözlerini yumdu 13 Nisan 1915. Bu olay tüm subay ve Enver Bey'i çok üzmüştü.

Enver Bey desteği ile Batı Trakya'nın bir kısmı ele geçirilmişti ve burada bağımsız bir Türk Cumhuriyet kurulmuştu. Edirne'nin geri alınışı ile yeniden masaya oturuldu ve iki ay sonra Batı Trakya Cumhuriyeti kaldırıldı. Avrupa'da şöyle bir görüş yaygındı "**Çanın girdiği yere hilal bir daha giremez**" görüşünü Enver ve Mustafa Kemal Edirne'yi yeniden anavatana katarak bu görüşü çürüttüler, yıktılar.

Süleyman Askeri Bey, aynı zamanda korkusuz komutanlığının yanında ileri seviyede de şairdi ve Batı Trakya

---

312 Süleyman Sefer Cihan, Balkan Savaşı ve 1913 Batı Trakya Türk Cumhuriyeti, Yeni Batı Trakya Dergisi Yayını, 2. Baskı 2013, s. 4.

milli marşını kendisi yazdı. Bu marşı pek çok kişi belki ilk kez burada okuyacak. Süleyman Askeri Bey'in Yazdığı Batı Trakya Cumhuriyetçilerinin Milli Marşı Şöyle,

"Ey Batı Trakyalı asil Türk çocuğu ne mutlu sana;
Sen hayat verdin kanınla Milli Kurtuluş Savaşı'na;
Yüce kahramanlığın nakşedildi cihanın her yanına;
Selam duruyor milletler senin şu milli bayrağına.
Bastığın şu yerler senin şu şanlı şehitlerinle dolu;
Düşmanlar taciz edemez yüce kahramanların ruhunu.
Şanlı şehitlerin sarılmış kurtuluş bayrağına;
Bu ne ulvi şereftir gömülmek ecdat toprağına;
Yurtta hürriyet, istiklalin rüzgârı esiyor;
Kahraman mücahitler şu pis esareti deviriyor.
Bu şanlı Milli İstiklal Savaşı'ndan asla dönülmez!
Karşımıza çelik ordular da çıksa bizi ürkütemez!
Biz, Milli İstiklal için Meriç'i, Karasu'yu aştık;
Bütün müstevlileri ezerek, yenerek hedefe ulaştık;
Balkanlar'da şanlı bir Cumhuriyet çığırını açtık;
İlk hedefe hürriyet fikrinin meşalesini biz yazdık.
Bu bayrak dalgalanacak, Cumhuriyet yaşayacak;
Karşımızdaki düşmanlar bizden ürküp kaçacak!
Binlerce yıl hür yaşayan bir milletin torunlarıyız;
Şu steplerin kurdu arslanı, göklerin kartalıyız;
Mücahitlerin hamlesi her zaman fırtınaları andırır;
Savaşta heybetimizin dehşetinden düşmanlar bayılır.

Batı Trakya Cumhuriyeti yaşayacak, yaşayacak!
Terakkimiz karşısında milletler şaşıracak!

Ey, şirin Batı Trakya! İşte nihayet esaretten kurtuldun
Ey, düşmanlar! Sanmayın ki savaşlardan bu millet yorgun;
Cumhuriyet'in yüce bayrağı her an bu yurtta dalgalanacak;
Şu bütün Batı Trakyalılar, kıyamete kadar hür yaşayacak.

Süleyman Askeri Bey
Batı Trakya Genelkurmay Başkanı
ve Dedeağaç 3 Eylül 1913

Teşkilatı Mahsusa ve Mehmet Akif

Teşkilatı Mahsusa'nın için de bulunan ve önemli görevlere imzasını atan Milli şairimiz Mehmet Akif Ersoy'da gizli servisin üyesi ve içindeydi. Kurtuluş Savaşımızın da ünlü hatiplerinden olup, İstiklal Marşımızı yazarak Türk milletine büyük moral kaynağı olmuş ve yazdığı marşla yol göstermişti. Teşkilatı Mahsusa'nın önemli liderlerinden olan Eşref Sencer'le Mehmet Akif, Arap yarımadasın da fedakârca önemli çalışmalara katılarak örgüte büyük desteklerde bulunmuş ve İzmir'in işgalin de etkili konuşmalarıyla halkı işgale karşı direnmeye çağırması için Mustafa Kemal Paşa yönlendirmişti. Kurtuluş Savaşı boyunca Mustafa Kemal ve ekibinin yanında duran Akif, işgal güçlerine karşı gösterdiği fedakârca mücadele tarihe geçen kimlik ve kişilikti.

"Eşref Bey ile Mehmet Akif Ersoy Teşkilatı Mahsusa'nın Arap masasını yönetiyordu. Akif, güçlü bir hatip ve İslamiyet'i çok iyi bilmekteydi. Akif, propagandist olarak Batı cephe-

sinden de çalışmalarını sürdürdü. Daha sonra Almanya'ya gönderildi. Almanya'dan dönünce Arap yarımadasını dolaşmaya başladı ve Mekke Şerifi Hüseyin bu sıra da isyan etmek için hazırlık yapmaktaydı ve Enver Paşa ikna için Akif'i görevlendirmişti. Mehmet Akif, Çanakkale zaferini de bu gidişi sırasın da çölde öğrenmişti ve Çanakkale şiirini de Çanakkale'ye gitmeden görmeden Arap çöllerin de yazdı."[313]

Çanakkale zaferine inanamamış ve ağlamış ve Mustafa Kemal'e hayranlığını tüm dostlarıyla paylaşmıştı. Araplar İngiliz yanın da yer alıp Osmanlı'ya karşı isyan edecekleri istihbaratı sonucunda bölge ziyaretleri başladı. Arapları ziyaretinde Şerif Hüseyin ve Arap şeyhlerine kıymetli hediyeler ve altınlarda götürüp dağıtmışlardı. İbni Reşit bu ziyaretlerde Akif'e ve heyettekilere altın kabzalı kılıçlar hediye etmişti. Akif bu kılıcı daha münasip birine verin diye Eşrefe verdi ve oda bu kılıçları çiftliğine gömerek emniyet altına aldı. Akif zor günlerde ülkeyi yönetenlerin yanın da yer alarak ülkenin yabancı işgaline uğramaması için fedakârca ve bir karşılık beklemeden canla başla çalışan tam bir yurtseverdir. Arnavut kökenlidir ve tam anlamı ile adam gibi adamdır. Hele İstiklal Marşı ile de bunu tam kanıtlamış ve Türk Milletinin gönlünde taht olmuştu.

Akif, Berlin'den döndükten sonra Arap yarımadasını gezerek İngiliz propagandasını devre dışı bırakmakla görev üslendi. "Mayıs 1915'te başladı ve Eylül 1915 te bitirerek İstanbul'a döndü. Akif'in bu seyahati de Teşkilatı

313 Emin Demirel, Age, s. 149

Mahsusa adına yapılmış seyahattir. Akif, milli duyguların gölgesinde vatanı için koşturan vatanseverdi ve Teşkilatı Mahsusa'nın fedakâr neferiydi. Yol arkadaşı Eşref Kuşçubaşının, " Size şimdi bir hakikati açıklayayım... Çanakkale Destanı'nı Mehmet Akif Hicaz yolculuğu devam ederken daha yolda yazdı ve ancak ondan sonradır ki, tabii hüviyetine girebildi. "[314]

Mehmet Akif'in II. Abdülhamit'e söylediklerini Murat Bardakçı şöyle yazar : "Ortalık şöyle fena, böyle müzebzeb işler / Ah o yıldızdaki baykuş ölüvermezse eğer / Akıbet çok kötü..."[315] Abdülhamit'i baykuşa benzeten mısraları yazdıracak kadar Akif'i sinirlendirmişti. II. Abdülhamit'in kötü yönetimine isyan eden Akif İttihat ve Terakki'nin yanın da yer almayı tercih etmişti ve Teşkilatı Mahsusa'nın da propaganda görevini yapmaktaydı. İttihatçıların yanın da yer alıp vatanını düşman çizmelerine karşı korumasını bilmiş ve bu uğurda üzerine düşen çalışmaları eksiksiz yerine getirmeyi temel görev saymıştı.

Akif, İzmir işgali sırasında Ege Bölgesinde düşmana karşı aktif propagandasını üslendi işgale karşı isyanların başlatılmasına öncülük etti. Yunan işgaline karşı Akif, Ege bölgesinde ateşli konuşmalar yaparak halkın milli duygularını harekete geçirip düşmana karşı çelik gibi bir duruş yaratmaya çalıştı. 26 Mayıs 1919'da Balıkesir'e giderek camilerde ve halkın içinde milli duyguları ateşleyen

---

314 Ali Güler, Bayraklaşan AKİF, Halk Kitabevi, 2017, İstanbul Baskı, s. 146-147,149-150

315 Murat Bardakçı, ENVER, Türkiye İş Bankası Yayınları, 1. Baskı İstanbul, Kasım 2015, s. 70

konuşmalarıyla gençliği harekete geçirdi. Balıkesir'de Kuvayı Milliye Kongresini toplamış ve çıkışta halkın heyecanını görünce " *Zafer yolu budur*" diyerek zaferin yakın olduğu mesajını halk ile paylaşıyordu.

Teşkilatı Mahsusa ile ilgili bir başka yaklaşım da kuruluşla ilgili, Abdülhamit'in hafiye sistemine benzemeyen, Batı'nın burjuva demokratik devrimci geleneğin de esinlenmişti. Bütün jakoben örgütlenmeler de geçerli olan kurallar, Teşkilatı mahsusa için de geçerlidir ve kurucusu da Enver Paşa ve arkadaşlarıdır. Tüm devrimsel ve reformist hareketlerin tepesin de Jakoben yaklaşım ve süreç yatmakta. Süreç için de ileri demokrasiler geliştikçe tek adam düşünceleri de yeşerme ortamı bulamayacaktır ve halk sorunlarına kendisi çözümleri üretecek ve beklentimiz de bu yönde olmalıdır. " Teşkilatı Mahsusa'nın bir idari hiyerarşisi, bir genel merkezi, gizli bir bütçesi, yöneticileri, yardımcı yöneticileri, bölge sorumluları vardı. Kısaca açık ve gizli, idari aygıtı, gizli hücreleri ve bir yetiştirme, eğitim ve finansman sistemi bulunuyordu."[316] Teşkilatı Mahsusa'nın Kurtuluş Savaşında hizmeti takdirlerin üstündedir.

İTTİHAT VE TERAKKİ'NİN KONGRELER SÜRECİ

Ümmetten Millete Geçiş Süreci ve Kongreler

Osmanlı çok etnik kökenden oluşan milletler topluluğunun bir araya gelerek oluşturduğu, geniş kıtalara dağılmış büyük bir imparatorluktu. Osmanlı, "ümmet"

---

316 Hikmet Çiçek, Age, s. 112

bilinci ile insanları bir arada tutmakta ve insanlarda padişahın kulları konumundaydı. Padişahlar ise Tanrının yeryüzündeki gölgeleri sayılmaktaydı. 1908 Devrimi ile ümmetin yerini millet bilinci ile ulus bilincinin almaya başladığı bir döneme girildi. İttihat ve Terakki, ulus bilincinin başlatılmasın da üzerine düşen görevi, despotizme son vererek öncülük etmeye çalıştı. Fransız devrimi ile tüm dünyada ulus bilinci gündemin ilk sıralarına girdi ve imparatorlukların da sonunun geldiği sinyallerini vermekteydi.

Özellikle Batı'nın teknolojik üstün gücüne karşı yeni güç İslamist politika tüm Müslümanları tek çatı altında tutmaya çalışan II. Abdülhamit'in paradigması emperyalist ülkelerin oyunları karşısında çöktü. Birinci dünya Savaşı ile "ümmetçilik" resmen iflas etti. Padişahlıkta "kul" olmanın yerini süreç içinde "yurttaş" olma bilinci alma sürecine giriyordu. Süreç içinde "birey" kavramı demokrasi geliştikçe yurttaşların beyninde iz bırakarak zaman içinde yeni bir yola girecekti. İttihat ve Terakki Cemiyeti parti kimliğine dönüşerek **"İttihat ve Terakki Partisi"** adını aldı. 1908 sonrası yeni partilerde kurularak çok partili süreç başlamış oldu ve bu süreçten sonra çok şey konuşulur ve tartışılır oldu.

Meşrutiyet ilanı sonrası seçimler yapıldı ve ağırlıklı olarak İttihatçılar seçimleri kazandı. İkinci Meşrutiyetin ilk kabinesini Sadrazam Kamil Paşa kurdu ve İttihatçılar kabinede tek bakanlık olarak Adliye Nazırlığını alabildi ve Adliye Nazırı Manyasızade Refik Bey'di. Kamil Paşa İngiliz yanlısı ve İngilizlerde İttihatçıları sevmezdi.

Meşrutiyet ilan edildi ve sorunlu süreç başlatıldı. "*1876 Meşrutiyeti parlamenter sistem değildi. Son sözü padişaha bırakan bir anayasal mekanizma kurmuştu. 1909'da yapılan Kanuni Esasi değişiklikle anayasal sistem köklü olarak değiştirilmiş ve ikinci parlamenter sistem kabul edilmişti. Parlamentarizmin koşulları hem padişah, meclis ve ayan meclisi bir denge içindeydi ve ağırlık parlamentoda idi.*"[317]

Jön Türklerin ve Mithat Paşa ile Namık Kemal öncülüğünde ilan ettirilen 1876 Anayasası ve Meşrutiyetin ilanı tam bir parlamenter sistem olmayıp patrimonyal sistemin devam ediyor olmasıydı. Son sözü padişah söyleyince iki yıl sonra sistem kilitlenerek 1876 anayasası ve getirdiği demokratik yaklaşımların tümü rafa kaldırılarak her şeyi padişah kontrolüne aldı ve yasakladı. 1908 Devrimi ile 1909'da anayasanın bazı maddeleri değiştirilerek, padişahın yetkileri kısıldı ve daha demokratik anlamda parlamenter sisteme geçilmeye çalışıldı. Ancak demokratik süreç ve parlamenter süreç altyapı ister, eğitimlilik ister ve kurumların oturmuşluğunu ister. Kolayca parlamenter sisteme geçiş olmuyor ve bir bedelle bu işler olmakta. 1908 Devrimi ile ümmetten millette geçiş süreci başladı ve despot yaklaşım büyük oranda yerini demokratik sürece bıraktı. Demokratik süreç eğitim kültür yapısı yüksek olan milletlerde, daha rahat yaşama ortamını bulur. Ana merkez her devirde her türlü yönetimlerde eğitim olmakta ve halkın bilinci belirleyicidir.

---

317 Tarık Zafer Tunaya, Age, s. 24-25.

Kamil Paşa kabinesi İttihatçılara savaş açınca İttihatçılarca düşürüldü ve onun yerine Hüseyin Hilmi Paşa kabinesi kuruldu. 31 Mart sonu o da düşürülerek yerine İbrahim Hakkı Paşa kabinesi kuruldu. Bir süre sonra yeni kabineyi Sait Paşa kurdu. Hükümetler sürekli değişmekte. Parlamenter sistem oturmayınca aksak topal sistem yürümeye çalıştırılmaktaydı. Sait Paşa kabinesi de istifa edince İttihatçılar meclis dışına düşürüldü, seçimler ertelendi. İttihat ve Terakki kongreleri şu süreçlerden geçerek yapıldı. Tarık zafer Tuna'ya bu süreci kısaca yazıyor, **"1908 kongresi, bu kongre gizli toplandı ve resmi açıklama ile Fırkalaştığını 13 maddelik kararla duyurdular."**[318] İttihat ve Terakki Cemiyeti 1908 sonrası siyasal parti kimliğine kavuştu. Bu İttihatçıların ilk kongreleriydi. Ülke her yönüyle bu sürece acemiydi, partiler bu sürece ilk katıldıkları için birikimler konusunda zayıftı. Mutlakıyetten meşrutiyete geçiş süreci kolay değil sancılı olmuştu. Selanik'te yapılan bu kongre hayli tartışmalı geçti.

1909 Selanik Kongresinde Mustafa Kemal'e Tehdit Kararı Çıktı

Alman Mareşal Von Der Goltz Paşa, Selanik'e gelir ve Makedonya'da bir tatbikat yapmak istemesi ve Türk ordusunun yeniden yapılandırılarak çağdaş normlarda gücünün üst seviyeye erişmesine yönelikti. Şevket Sü-

---

318 Tarık Zafer Tunaya, Türkiye'de Siyasal Partiler, 1. Cilt, İkinci Meşrutiyet Dönemi, Hürriyet Vakfı Yayınları, İstanbul, 2. Baskı, Ocak 1988, s. 28

reyya Aydemir bu konuda şunları yazıyor: **"Kumandanlar mareşali beklemekte yetinirler. Mustafa Kemal, üstlerinin benimsememesine, yadırgamalarına rağmen mareşale bir manevra planı sunar. Netice planı mareşal kabul eder ve plan tatbik edilir ve başarılıdır, Mareşal, Mustafa Kemal'i yanında ayırmaz."**[319] Mustafa Kemal, ordunun kumanda kadrolarının hantal düşünceli ve orduyu yönetemeyecek kadar yetersiz ve yeteneksiz olduklarını söyler ve değişimin zorunlu olduğunu vurgular. Binbaşıdan yukarı olanların tasfiye edilmesini ister. Orduda yeni bir yapılanmanın gereğine Mustafa Kemal vurgu yapmaktadır.

Şevket Süreyya şöyle devam etmekte: "Mustafa Kemal genç, hareketli, aktif ve disiplinli bir ordu hasretini çekmektedir. Nitekim sonraları 1912- 1913 Balkan Harbi göstermiştir ki, bize genç enerjik bir ordu lazım. Eğer bu ordu olsaydı Selanik Yunanlılara kurşun atılmadan teslim olmazdı."[320] Selanik'i savunan komutan alaylı ve Arnavut, Tahsin Paşa'dır. Mustafa Kemal 1909'da ordunun komutanlarının hem siyasetle uğraşmakta hem de orduyu yönetecek kapasitede olmadıklarını söylemekte ve karşılığı ölüm kararı olacaktı. Bu süreci okuyalım ve Mustafa Kemal'in stratejik düşüncesinin kanıtı Makedonya'nın kaybedilmesi ile Enver ve ekibi anlamıştı ancak ok yaydan çıktı. Kongre sürecini okuyalım ve Mustafa Kemal'in öngörüsünün doğruluğu üç yıl sonra anlaşılacaktı.

---

319 Şevket Süreyya Aydemir, TEK ADAM 1. CİLT Mustafa Kemal 1881-1919, Remzi Kitabevi, 32. Baskı İstanbul, Mart 2011, s. 137.

320 Şevket Süreyya Aydemir, Age, s. 138.

İttihatçıların İkinci Kongresi Selanik'te ve Eylül 1909'da yapıldı ve hareketli geçen kongredir. Teoman Alpaslan 31 Mart Ayaklanması kitabında Mustafa Kemal'in Eylül 1909 kongresinde yaptığı konuşmayı şöyle yazmakta, "*Meşrutiyet ilan olunur olunmaz Mustafa Kemal yurdun bu yüzden uğrayacağı tehlikeleri sezer ve bunun önüne geçmek ister. Yapılan hareketin henüz bir inkılap değil bir ihtilal olduğunu ve şimdilik sadece sarayın nüfusu kırılmakla kalındığını, asıl inkılabın yapılması lazım geldiğini" söyler ve tutulması gereken yolu kısaca açıklar; 1. Cemiyet'in her meşruti ülkede olduğu gibi bir siyasal parti haline gelmesini. 2. Ordunun tamamen siyasetten ayrılmasını. 3. Cemiyet ile masonluk arasında bir ilgi kalmamasını. 4. Cemiyet içinde eşitlilik olmasını. 5. Hükümet işleriyle din işlerinin ayrılmasını*"[321] Konuşmasında talep ediyordu ve bu konuşmalar ileriyi göremeyenlerce tehdit unsuru gibi algılandı, sanki Mustafa Kemal İttihat ve Terakki'ye karşı imiş gibi düşünüldü.

Bu kongre de biraz sert konuşmalar yapan Mustafa Kemal'i Murat Bardakçı Enver kitabında bir başka açıdan yazıyor ve okuyalım, " Mustafa Kemal bu kongreye Trablus delegesi olarak katıldı. Mustafa Kemal bu kongrede askerin siyaset dışında kalması gerektiğini söyleyecektir. İttihat ve Terakki gücünü askerin desteğin de alan idarecileri tarafından kabul edilmesi bir yana telaffuzu dahi hoş karşılanmadı... İttihat ve Terakki üstelik

321 Teoman Alpaslan, 31 Mart Ayaklanması, Kum Saati Yayınları, 1. İstanbul Baskı, 2009, s. 142-143. (Yine Bakınız, Yusuf Hikmet Bayur, Türk İnkılabı Tarihi, TTK, Ankara, 1964,1, s. 63.)

Mustafa Kemal'i ölüme mahkûm edecekti. Kararın infazını Enver'in amcası Halil Bey görevlendirildi ve Halil Bey partinin bu emrini yerine getirmeyecektir..." [322] Mustafa Kemal'e ölüm kararına karşı çıkıldı, teşebbüs edenler oldu ve sonuçta bu tarihten sonra sürekli taşrada görevlendirildi. Bu kongre sonundan da Trablusgarp'ta birlikleri teftiş görevi ile Libya'ya gönderildi. Askerin siyasete karışmasının sakıncalarını önceden gören Mustafa Kemal 3 yıl sonra askerin İttihat ve İtilafçı diye ikiye bölünerek Balkan bozgunu yaratması Mustafa Kemal'in ileriyi gören stratejik lider olduğunu Enver'de geçte olsa anladı ve orduda siyaseti yasakladı, alaylı paşa ve subayları tasfiye etti.

Akademisyen Utkan Kocatürk'ten İttihat ve Terakki'nin 9. Kongresini okuyalım: *"Selanik'te İttihat ve Terakki'nin ikinci kongresi yapılıyordu. Mustafa Kemal Trablusgarp delegesi olarak katıldı ve askerin siyasetten çekilmesini savundu... Mustafa Kemal 'Ordumuzun içinde bulunan Cemiyet arkadaşlarımızın, politikada devam etmek istiyorlarsa, ordudan çıkmalı ve Cemiyetimizin halk içindeki teşkilatı arasına girmelidir. Ordumuz politikadan uzaklaşmalıdır. Orduda kalacak dostlarımızda, artık politika ile uğraşmamalıdır... Onun görüşlerini Cemiyetin ileri gelenleri paylaşmadı. İttihat ve Terakki ile aralarının açılması böyle başladı."*[323]

Binbaşı Enver, "Enver Paşa" olunca güç zehirlenmesine girecek ve bu durumu şair ve yazar Süleyman Nazif

322 Murat Bardakçı, Age, s. 16.
323 Utkan Kocatürk, Age, s. 12-13.

şöyle yazacak, "Enver Paşa, maalesef Enver Bey'i katletmiştir. Tıpkı Viyana'ya giren Birinci Napolyon için bestelediği senfoniyi cenaze marşıyla bitiren Beethoven gibi. Hürriyet mücahidi Enver'i Osmanlı İmparatorluğu'nun Başkumandan Vekili ve Harbiye Nazırı Enver Paşa öldürmüştür."[324] Enver Paşa, olunca tek adam rolünü oynamaya başladı ve hem ülkenin geleceğini hem de kendi geleceğini sorunlu sürece soktu. Tepelere çıkmak kolay, önemli olan oralarda durabilmektir. Enver Paşa tepelere çıktı ancak çabuk indi inerken de korkunç deprem yaratarak indi. Demokrasi kültürü çabuk kazanılmıyor, zaman geçmesi feodal düşünceden kurtulmakta zaman almakta. Tek adam anlayışı kendini ilahlaştırır, güç zehirlenmesi yaratır ve doğru olan ortak akılla yola devamdır. Türk kültüründe ortak "Meşveret" hâkimdi ve bu danışma kurulu son zamanlarda kaldırıldı.

Mustafa Kemal, İttihat ve Terakki'nin 9. Kongresinde öne sürdüğü görüşler bir kısım tepe yöneticilerce kabul görmedi. Yazar Ersal Yavi bu süreci şu şekilde anlatmaktadır: "Mustafa Kemal'in cemiyet içindeki tepkici ve kuralcı davranışları nedeniyle onu öldürmek ya da gözünü korkutmak üzere yoluna fedailer çıkarttılar. İkinci ihtimal akla daha yakın görünüyor. Öldürmeye kararlı olsalardı herhalde bunu gerçekleştirebilirlerdi. Mustafa kemal bu olaydan sonra kendisini askerlik mesleğine verdi. Fakat buna öyle bir enerji ve tutku ile sarılır, beğenmediği karar ve kişileri öylesine eleştirir ki, karşıtları

324 Semih Nafiz Tansu, Ya devlet Başa Ya Kuzgun Leşe İTTİHAT VE TERAKKİ, İlgi Kültür Yayıncılık, 1. İstanbul Baskı, 2016, s. 258.

tarafından tahammül edilemez bir kişi olarak tanınır."[325] Bu kongre yeni bir Mustafa Kemal yarattı ve yanlışların, hataların, istismarların ve benzeri bozuk yapının üzerine giderek analitik görüşlerini esirgemeden eleştiri mekanizmasını tereddütsüz ortaya koydu. Ordu içinde yeni bir sürecin başlama fitilini de ateşlemişti. Hem yasa ve yönetmelikleri hem de hata yapan kişileri eleştirmekten geri durmadı. Amaç herkesin üzerine düşen görevini en iyi bir şekilde yapmasıydı.

İttihatçıların 9. Selanik kongresinin sonuçlarını Mustafa Kemal'in ön görüsünden hareketle şöyle bağlayalım. 1909'da düşünüp söylediği paradigma 1912'de gerçekleşiyor. Ön görüşlülüğü Mustafa Kemal'in o günlerde öne çıktı ve buna karşı gelenler üç yıl sonra gördüler ve Mustafa Kemal anlaşılıyordu ve onu kabul etmek zorunda kalıyorlardı. Mustafa Kemal, olayları beklememiş ve sezmişti, sorumluluklara atılmaktan çekinmemişti. O devamlı kolayı değil çetin yolu seçmesi onu ***"Atatürk"*** yapan da bu sezgisel ve stratejik düşüncesi olacaktı.

İttihat ve Terakki'nin 10. Kongresi yine Selanik'te 1910'da yapıldı. Kongrede ise muhalefete karşı uygulanacak stratejiler ve taktikler konusunda fikir teatileri yapıldı. Zıya Gökalp, Diyarbakır'dan gelerek Kasım'da yapılan Selanik 10. Kongresine katıldı. Kazım Nami Duru, Ziya Gökalp'i şöyle anlatmakta, " 1910 yılındaydı. İttihat ve Terakki Partisinin 10 büyük kurultayın da Zıya Gökalp'i tanıdım. O vakit, az söyler dinlemeyi sever, çok utangaç bir

---

325 Ersal Yavi, İHTİLALCİ SUBAYLAR, Yazıcı Yayınevi, 2. Baskı İzmir, Eylül 2003, s. 100.

adamdı. Bu haliyle nasıl oldu da partinin Merkez Umumiyesine seçildi? Zıya, bütün kurultay üyeleri arasın da az sözle çok anlatarak en bilgili olduğunu gösterdi. Üyelerin hürmetini kazandı. Böylelikle Merkezi Umumiye 'ye seçildi."[326] E. B. Şapolyo, Zıya Gökalp konusunda şunları yazmakta, "İttihat ve Terakki liderlerinin ona dört elle sarıldıklarını, bütün güçleriyle desteklediklerini, yaptıklarını denetleme gereği bile duymadıklarını yazar."[327] Zıya Gökalp'in dayısı Arif Efendi ve ayrıca Diyarbakır'da Tümen komutanlığı yapan Vehip Paşa'nın da Dicle kıyısında gençlerle uzun sohbetler etmesinin Ziya Gökalp üzerinde etkisinin yüksek olduğu söylenmekte.

Zıya Gökalp 10. Kongrede Şu Görüşleri Öne Sürüyordu

1908 Devrimi Diyarbakır'da büyük sevinçle ve coşkuyla karşılandı, gösterilerle devam ediyordu ve önde Zıya Gökalp bulunuyordu. Enver Behnan Şapolyo Diyarbakır'da ki, o süreci şöyle yazıyor: *"İttihat ve Terakki Cemiyeti Diyarbakır'da bir şube açınca Zıya Gökalp, gençleri toplayıp konferanslar vermeye başladı. Özgürlük, adalet, eşitlik ve kardeşlik kavramlarını açıklıyor; baskılı yönetimin kötülüklerini anlatıyor ve meşrutiyetin getireceği faydaları anlatıyordu. 1909'da* ***"Peyman"*** *adlı gazete Diyarbakır'da çıkıyordu ve Zıya Gökalp bu gazetede yazılar yazmaya başladı. Peyman kapandı* ***"Dicle"*** *gazete-*

326 Ali Güler, Cumhuriyete Ruh veren Adam, ZIYA GÖKALP, Halk Kitabevi, İstanbul baskı, 2018, s. 202.
327 Ali Güler, Age, s. 203.

sini Veli Necdet adındaki arkadaşı ile çıkardı ve yazılar yazmaktaydı."[328] Zıya Gökalp, Selanik'e gidecek ve orada İttihatçılarla buluşacaktı.1911 ve 1912 sürecinde İttihat ve Terakki okulunun felsefe öğretmeni oldu ve **"Sosyoloji Dersini"** Türk okuluna sokan düşünürdü. Selanik'te gençleri topluyor ve **"Türkçülük"** derslerini veriyordu. Selanik'te yazılar yazmaktaydı ve ilk kez "Genç Kalemler" dergisini yayınladı ve Arapça, Farsça kelimeler yerine öz Türkçe ile yazılarını yazarak dilde devrimin ilk filizlerini aşılamaya çalışmaktaydı arkadaşlarıyla. Yunan filozofu Sokrat gibi, gençleri Selanik'te sokakta topluyor ve onlara ayaküstü bilgiler paylaşımında bulunuyordu. Gençlerde Gökalp'e alışmıştı ve gördükleri yerde bilgi, sohbet paylaşımını zevk içinde yaparlardı.

Şapolyo devam ederek: "Zıya Bey'in ülkülerinden bir bölümü, Selanik'te çıkan **"Genç Kalemler" dergisinde gerçekleşmişti. Bu dergi, özellikle dilin sadeleştirilmesi ve ulusallaşması amacıyla yayımlanmıştır. "Türk Yurdu", İslam Mecmuası", Yeni Mecmua", "Çocuk Dünyası" Zıya Bey'den esinlenerek çıkarıldı."**[329] Zıya Gökalp'in Türk diline ve yazım hayatına, Türkçenin yabancı diller etkisinde kurtularak Anadolu arı Türkçesinin konuşulmasına hizmeti takdirlerin üstündedir. Bu konuda yazıları, çıkardıkları gazete ve dergiler önemsenecek kadar etkili oldu.

Akademisyen Niyazi Berkes, Zıya Gökalp ile Atatürk'ü karşılaştırarak şu yorumda bulunmaktadır: "*Zıya Gö-*

---

328 Enver Behnan Şapolyo, Zıya Gökalp İttihadı Terakki ve Meşrutiyet Tarihi, İnkılap ve Aka Kitabevi, 2. Baskı İstanbul, 1974, s. 98-99.

329 Enver Behnan Şapolyo, Age, s. 105-106.

kalp, var olmayan bir ulus olma özleminde." Atatürk ise: "Var olan bir ulusu yok ettirmeme azminde."[330] Akademisyen Orhan Türkdoğan, Türk Tarihinin Sosyolojisi eserinin de ise yine Zıya Gökalp ile Atatürk'ü karşılaştırarak şu görüşü öne sürmekte: **"Zıya Gökalp, Anadolu'dan Orta Asya'ya doğru bir düşüncede; Atatürk ise, Orta Asya'dan Anadolu'ya yönelen düşüncedeydi."** Kuvayı Milliye devrinde **Zıya Gökalp** Türkçü fikir ve sanat adamlarıyla Türkçülük konusunda önemli görüşmelerde bulundu. Asla siyasi Türkçü ve Turancı değildi ve tam bir Türk milliyetçisi olup ülkenin geleceğine doğru fikirler üretmekte, dili arılaştırmak ana görevini üstlenmişti. Atatürk, Kurtuluş Savaşı sırasında Zıya Gökalp'e Ankara'da bir eski tren vagonu içinde Milli Eğitim reform çalışmalarının yapılma görevini verdi.

Ziya Gökalp Partinin Merkezi Umumiyesi ne seçilmesi ile gençlere dönük bir rapor hazırladı ve gençlerin gelecek için önemini tüm üyelerle paylaştı. Zıya Gökalp Diyarbakır'dan kalkıp Selanik'e kadar gelmesi gelecek nesiller için projeler hazırlaması ve geleceğin, genç nesillerin omuzlarında yükseleceğini görmesi takdirin üstünde yaklaşımdı. Osmanlı gençlerle değil yaşlılarla yürümeyi tercih etmesi, Zıya Gökalp'in buradan sıyrılarak gençliği İttihatçıların Kongresinde öne çıkarması yeni bir süreci başlatmış oldu. Zıya Gökalp'in gençlerin geleceğine yönelik projesini Akademisyen Ali Güler şu şekilde yazıyor:

---

330 Niyazi Berkes, Batıcılık Ulusçuluk ve Toplumsal Devrimler, s. 124.

1- "Gençlere ferdi ve milli ahlaki telkin etmek.
2- Özellikle fikri kıymet taşıyan gençlere yeteneklerine göre iş bulmak.
3- Gençleri devlet adamı, öğretmen,(yazar ve eser sahibi), İttihat ve Terakki'nin ilkelerini yayan misyoner olarak yetiştirmek gerek.
4- Fikir mabedi olan kulüplere, Özellikle İttihat ve Terakki Kulübüne devama teşvik etmek gerekir.
5- Gençleri, Avrupa'dan gelen türlü zararlı fikirlerden korumak gerek.
6- Zeki gençleri, İttihat ve Terakki'nin parasıyla Avrupa'ya gönderip eğitimleri yaptırıp İttihat ve Terakki'nin başına getirmek için çalışmalıyız.
7- Âlim olacak yetenekte olanlar için memleket konularını araştırma vasıtalarını sağlamak ve bunları Maarif nezaretine tanıtıp öğretmen ve profesör v s. olarak görevlendirmek." [331]

İttihat ve Terakki'nin 11 Kongresi de Selanik'te 1911'de yapıldı. İmparatorluğun en hareketli dönemi ve Trablusgarp savaşının yapıldığı yıllara denk geldi. Hükümette İbrahim Hakkı Paşa kabinesinin başarısızlığı da şiddetle eleştirilmektedir. *"Bu kongrede Merkez Umumi üye sayısı yediden on ikiye çıkarıldı. Kongre sonunda muhaliflere karşı şiddetli eleştiriler yapıldı, Partiden istifalar arttı.* " [332]

İttihatçıların en kritik ve zor kongresi olduğu söylenmekte ve yazılmaktadır. İttihatçıların 11. Kongre süreci

331 Ali Güler, Age, s. 204.
332 Tarık Zafer Tunaya, Age, s.29.

en sıkıntılı sürecini yaşadı. Bu dönemde İmparatorluk aşırı dış tehdit altında idi. En büyük tehdidi İtalya, Tarblusgabi işgal ederek yarattı. İtalya güçlü donanma ile Çanakkale Boğazını kapattı ve 12 adayı işgal etti. Osmanlı'da deniz gücü yoktu ve Abdülhamit tersanede donanmayı çürüttü. İtalya Beyrut limanını topa tuttu. Yemende isyan çıktı tam o sırada, askeri birlikler gereksiz yere Yemene gönderildi. Yemene asker göndermek çok büyük felaketi devletin başına sardı. Gidenler koleradan öldü. İsmet Paşa'da Yemen'e gönderildi ve sıtmadan canını zor kurtardı. İngiliz oyunları ve Yemenli kör İmamın kurduğu tuzaklar Türk askerlerinin savaşmadan ölümüne sebep oldu.

Trablusgarp'ta savaş çıkınca pek çok İttihatçı Libya'ya giderek İtalya'ya karşı Libyalılarla birlikte İtalyan donanmasını sadece kıyıda tutarak iç kısımlara sokmadı. Bedevileri, İttihatçılar örgütleyerek ülkelerini savundular. Bura da çete savaşları önem kazandı ve İttihatçılarda bu konuda uzmanlaşmıştı. Libya'ya gönüllü giden İttihatçıların bir kısmı şunlardı, Binbaşı Enver, Mustafa Kemal, Fethi Bey, Yakup Cemil gibi pek çok İttihatçı subaylar Trablusgarp'ta İtalyanlara karşı gönüllü olarak savaşırken tam bu sıra da Balkan savaşları çıktı. Balkan savaşı çıkınca İttihatçıların büyük kısmı Libya'dan İtalya'ya karşı savaşmaktalardı.

İkinci Balkan savaşı çıkınca İttihatçılar yurtta idiler. Binbaşı Enver, Mustafa Kemal ve Fethi (Okyar), İkinci Balkan Harbinden Edirne'yi Bulgarlardan alan komutanlar için İtilafçı partiden şu sözler yükselmişti. "

Edirne'ye Enver girmesine orası Bulgarlardan kalmalı" diyecek kadar vatan hainlerini bu millet affetmedi. İttihat karşıtlarının gözleri bu kadar kararmıştı ki vatanın parçalanması umurlarında değildi ve gözlerini makam hırsı bürümüştü. Tarihi bir Türk atasözü sık kullanılır ve şöyle mesaj verir, "Öfke gelir göz kararır, öfke geçer yüz kızarır." Diyerek öfkenin kontrol edilememesi durumun da ne felaketlerin doğacağını göstermektedir. Edirne Bulgarlarda kalsın diyenlerin herhalde yüzleri morarmıştır. Öfke bilinmeli ve ona esir olunmamalıdır.

İttihat ve Terakki'nin 12. Kongresi ve İstanbul'da 1912'de yapılan kongredir. İttihatçıların muhalefete düştüğü sürece gelir bu kongre. İttihat ve Terakki'nin 8, 9, 10 ve 11 Kongreleri Selanik'te yapıldı. 12. Kongreden itibaren tüm kongreleri İstanbul'da yapıldı. Çok hareketli ve eleştiri mekanizmasının fazla çalıştırıldı kongre oldu. Balkan Bozgunun yaşandığı süreçte bu kongre yapıldı ve muhalefetin güçlü olduğu kongreydi.

İttihat ve Terakki'nin 13. Kongresi yine İstanbul'da 1913'te yapıldı. Partinin güçlü olduğu döneme gelir ve iktidarda oldukları süreçtir ve muhalefette susturulmuştur. Bu kongrede parti bir genel başkana ve birde genel başkan yardımcısının oluşturulduğu kongredir. Bu kongre de moraller yüksekti ve Edirne anavatana katılmıştı.

İttihat ve Terakki'nin 16. Kongresi 1916'da İstanbul'da yapıldı. 1914 ve 1915 kongreleri Birinci Dünya savaş nedeni ile yapılamadı. Sarıkamış savaşı ve Çanakkale savaşı, Sina savaşları gündemi belirleyen süreçti. **"Bu**

kongrede dini ve şeri mahkemeler birbirinden ayrıldı. Hukuk ve adalet örgütü alanın da laiklik ilkesi kabul edilmiştir. Sosyal yardım, sağlık işleri ve milli iktisat geliştirilerek önlemler alınmasına ilişkin kurumlar oluşturuldu." [333] İttihat ve Terakki'nin son kongresi 1917'de yapıldı. 1918'de parti kendisini fes ederek **"Teceddüt"** adı altında yeni bir partiye dönüştü ancak yaşama şansı olmadı. İttihat ve terakki 1913'te cemiyet değil parti olarak kongre kararıyla uygun bulundu. Cemiyet ile parti yönetim organları açısından farklılık göstermekteydi. Parti olunca daha demokratik süreç devreye girer.

İttihat ve Terakki'nin Örgütsel Yapısı ve Basın

İttihat ve Terakki Örgütü şöyle yapılandı ve işleyişini sürdürdü.

1- "Genel Başkan yönetiminde Genel Meclis.
2- Yasama işleri dışında örgüt ile meşgul yani Genel Sekreter.
3- Yasama meclisi işleriyle uğraşan bir vekil yani kalem kesimi
4- Merkez ve bağlı kısımlara ait sancak teşkilatı ve çevresel ilişkiler.
5- Kongreler.
6- Kulüpler
7- İstanbul Teşkilatı"[334]

333 Tarık Zafer Tunaya, Age, s. 31.
334 T. Z. Tunaya, Age, s. 32-33

İttihatçılar, İstanbul örgütüne önem ve öncelik vermekteydiler. Örgüt kararları İstanbul'da alınır ve tüm birimlere gönderilirdi. İttihatçılar özgür ortamı yaratınca basın da rahat bir nefes aldı. Abdülhamit despotizmi onlarında yaşam alanlarını kilitledi ve özgürce fikir üretemez hale geldiler. İlk yıllarda cemiyet Selanik'te olunca o kararlar orada duyurulmakta idi. Parti Genel Merkezi, İstanbul'a taşınınca kararlar buradan alınmaya ve iletişim burada sağlanmakta başlandı.

İkinci Meşrutiyet ilan edildikten sonra tüm basın özgür ortamı bulunca meşrutiyeti getirenlere methiyeler düzerek hürriyet ortamı onların yaşam alanlarını genişletmiş ve rahat ortam sağlanıyordu. Basın hayatında çalışanlar yeni özgür ortamda çok mutlu oldular ancak şikâyet ortamının fitilini de ateşlemeye başladılar. Meşrutiyet öncesi yayınlardan **"İkdam, Sabah"** İslamcı görüşü savunan **" Sırat-el Müstakim"** Bu gazeteler saray yanlısı gazetelerdi. Siyaset alanı genişledikçe yayın hayatı da kutuplaşmalara girdi ve ideolojik yapı yayın hayatını tetikleme sürecini başlatarak karşılıklı kutuplaşmaları yarattı. Özgür ortam çok yönlü iletişimi kutuplaştırarak yeni sorunları da beraberinde getirdi. Demokrasi kültürü kolay kazanılmıyor ve bireylerin egoları kolay kontrol altına alınamadığı gibi çatlaklıklar hoş olmayan davranışları anında sergiliyor.

Cemiyetin gazetesi de Selanik'te çıkmakta olan "İttihat ve Terakki, Hürriyet ve Rumeli" İstanbul'da çıkanlar da "Tanin ve Şura'yı Ümmet" gazeteleriydi. Paris'te "meşveret" ve Şurayı Ümmet" gazeteleri çıkıyordu. Cemiyetin gazeteleri hem Selanik'te çıkmakta hem de İstanbul'da çıkıyordu. Selanik'te, Zıya Gökalp'in çıkardığı "Genç Kalemler" dergisi de dilin arındırılmasına yönelikti. Ta ki Selanik elden çıkınca gazeteler de oradan göç etmek zorunda kaldı. "Tasvir-i Efkâr ve Tercüman-i Hakikat" Bu gazeteler de uzaktan da olsa İttihatçıları desteklemekteydiler. " İstiklal, Hak, Hadisat, Vakit" Bu gazeteler yeni yönetime desteklerini veriyorlardı. Türkçülerin yayın organları da şu yayın hayatında görülmekte idiler. "Türk Yurdu, Yeni Mecmua, İslam Mecmuası" gibi yayın organları Türkçülük üzerine yayınlar yapıyorlardı, Türklük şuurunu halkımızla ve gençlikle paylaşıyorlardı.

İkinci Meşrutiyet Döneminin Kabine Listesi

Patrimonyal yönetim anlayışında özgür ortama geçince tamda bu özgür ortam anlaşılmadan kimin nerede nasıl duracağını bilmeden eylemler sırası artarak devam ediyordu. İkinci meşrutiyet özgürlükleri getirdi ancak onu tam kullanacak altyapı yoktu. Altı yüz yıllık despot yönetimler özgür olmayı ve doğru davranış sergilemeyi yasakladılar. Vatandaşın nasıl giyinip, nasıl davranış göstereceğini onlar belirleyince, yeni sürece uyum kolay olmuyordu. Bu süreçte sık sık hükümetlerin değişmesi yeni sürece uyum kolay olmuyordu. Önemli sorunlardan biriside her düzlemde çökmüş, iflas etmiş bir devlet yapısı çözümsüzlüklerden karmaşık süreci yaşatıyordu ve çözümde kolay olmuyordu.

İkinci Meşrutiyetten Mondros'a kadar kurulan hükümetler ve başında bulunan Sadrazamların isimleri şöyle verildi. Bu süreçte sık sık kabineler değiştirildi, bu da sorunların ağırlaştığını göstermekte olup özgür ortamın süreç içinde inişli ve çıkışlı dönemi sayılmakta.

" 1-Mehmet Sait Paşa kabinesi 22. 7 – 4.8.1908.
2-Mehmet Kamil Paşa kabinesi 5. 8 – 13.2.1909
3-Hüseyin Hilmi Paşa kabinesi 14. 2 – 14. 4. 1909
4-Ahmet Tevfik Paşa kabinesi 14. 4 -1. 5. 1909
5- Ahmet Tevfik Paşa kabinesi 1. 5 – 5. 5. 1909
6-Hüseyin Hilmi Paşa kabinesi 5. 5 – 12. 1. 1910
7-İbrahim Hakkı Paşa kabinesi 24. 1 – 28. 9. 1911
8-Mehmet Sait Paşa kabinesi 30. 9. 1911 – 4. 1. 1912
9-Mehmet Sait Paşa kabinesi 4. 1. -16. 7. 1912
10- Gazi Ahmet Muhtar Paşa kabinesi 22. 7. -30. 10. 1912
11-Mehmet Kamil Paşa kabinesi 30. 10. 1912 – 23. 1. 1913
12- Mahmut Şevket Paşa kabinesi 24. 1 – 12. 6. 1913
13- Sait Halim Paşa kabinesi 13. 6. 1913 – 3. 2. 1917
14- Mehmet Talat Paşa kabinesi 4. 2. 1917- 4. 7. 1918
15- Mehmet Talat Paşa kabinesi 6. 7. 1918 – 8. 10. 1918.

"[335] 1908 Devrimi sonrası çok hızlı değişimin yaşandığı gibi, hükümetlerinde sıkça değiştiği görülmekte. Dönem oldukça hareketli ve savaşlar süreci. Kasada para yok sorunlar dağ gibi ve çözümleri de oldukça zordu. 1914 te başlayan Birinci Dünya savaşı 1918'e kadar devam etti ve Türk Milleti bu süreçten sonsuz acılar yokluklar ve sıkıntılar çekti. Osmanlı ekonomik göstergelerin bozukluğunu bir türlü düzeltemedi ve sonuçta gümbürdeyerek yıkıldı.

---

335 Tarık Zafer Tunaya Türkiye'de Siyasal Partiler III. Cilt, İTTİHAT VE TERAKKİ, Hürriyet Vakfı Yayınları, 1. İstanbul Baskı, Temmuz 1989, s. 38

ALTINCI BÖLÜM
İTTİHAT VE TERAKKİ'NİN MİLLİ İKTİSAT POLİTİKASI

Anadolu Sermayesine İlk Harcı Koyan Türk Kadınları Oldu

Anadolu'da Selçukluların sonu ve Osmanlıların kuruluş sürecinde Ahı Evran kültürü esnaflar arasında önemli statüye sahipti. İlk Anadolu sermayesinin oluşmasında Ahı Evran'ın rolünün büyük olduğunu görmekteyiz. Kadın üreticilerden oluşan **"Bacıyan"** teşkilatı, Anadolu'daki ilk Türk sermaye birikimine harcı ürettikleri ve içinde barındıkları çadırları üreterek fiilen üretim gücüne katıldılar. Üretim gücü tümden emeğe dayalı ve Türk kadınlarının el emeği ve göz nuru olarak doğuyordu. Üretime devamla halı, kilim, çadır, heybe, çorap, eldiven, kabalak, kebe vs. el işlemeleri gibi ürünlerle sermaye birikimine ilk harcı koydular. Türk kadınının ürettiği bu ürünler satılarak yeni yurt edindikleri Anadolu'nun yerleşkesinin temelinin harcını oluşturuyordu. Anadolu sermayesinde üreten kadınların emeği ilkleri oynamaktadır. Anadolu kadını üretkenliğini

Osmanlı'nın ilk kuruluşundan itibaren günümüze kadar hem kırsal kesimde hem de kentsel hayatta bugünlere kadar sürdürerek geldi. Ne yazık ki bu üreten kadınların emeği bazı kötü niyetli kişiler ve gruplarca yeterince takdire değer görülmediği gibi hatta **"kaşık düşmanı"** diye yakışıksız ifadelerle nitelendirildiler.

1299'da kurulan Osmanlı çadırlarda yaşamakta ve bu çadırlarda üretilen el işi ürünler satılarak ilk sermaye böyle oluşarak temel ihtiyaçlar bu sermaye ile giderilmekteydi. Bu önemli konu yeterince gündeme getirilmedi. Devletin kuruluşunda kadınların desteği ve çalışarak ürettikleri ürünlerin ekonomilerine can suyu olması yadsınamaz büyüklükteydi. Ertuğrul Gazi ve Osman Bey zamanda Türk kadınlarının evde ve elde ürettikleri el işi ürünler özellikle Bizans pazarlarında çok iyi alıcı bulmakta olup iyi bir gelir kapısına dönüşmüştü. Türk devletinin kuruluşunda ilk sermayeyi oluşturan Türk kadınlarının emekleri son derece önemli ve önemliliği kadarda kutsiyeti hak etmektedir. El emeği ürünler her ülkede satılarak ekonomiye önemli destek oluyordu.

Fransızlara tanınan 1535 kapitülasyon hakları ile Anadolu üretkenliği ve sermayesi darbeler alarak ve 1838 Balta Limanı anlaşması ile İngilizlere tanınan ticaret hakları ile darağacına sürüklendi. 1535'te kapitülasyonların verilmesi mecburiyetten değil bir bakıma keyfi bir şekilde verildi denilebilir. Osmanlı'nın en güçlü olduğu dönemdi ve ihtiyacının da bir bakıma yok gibi sürecinde ve gereksiz yere bu haklar yabancılara tanındı. Osmanlı'nın yıkılışını ekonomik olarak hazırlayan ve tetikleyen süreç 1535'lerden başlatılmış oluyordu. 1838 Balta Limanı anlaşması bir mecburiyetten kaynaklanarak yapıldı. Osmanlı'nın en zayıf olduğu dönemdi. Osmanlı kapitülasyonlarla ve 1838 Balta Limanı anlaşması ile ekonomik olarak ağır darbeler yedi. Balta Liman'ı anlaşması Mısır olayları üzerine ve o günkü diş faktörlerin devletin aleyhine işlemesi sonucu yapıldı. O dönemde Yunanistan bağımsızlığını ilan ederek Osmanlı'dan koptu. Mısır ordusu İstanbul'u ele geçirmekle tehdit etmekteydi ve o sıra Ruslar İstanbul'u korumak için çağrıldı ve sorunlar üst üste birikmişti. Osmanlı güvenliği gereği İngilizlerle Bata Limanı anlaşmasını yapmak zorunda kaldı. Osmanlı, güvenliği için ve ayakta kalması için ekonomik özgürlüğünü İngilizlere bırakmak zorunda kalıyordu.

Türk kadınının Anadolu sermaye hareketi desteklense ve Batı'daki gelişmişlik normlarına göre yönlendirilse idi, güçlü bir sermaye oluşacak ve devletin girdileri bu sermayeden karşılanabilirdi. Gelişen sermaye o günün koşullarında hem devleti hem de kendisini koruyacak alt yapısını da oluşturacaktı. Fransızlara da 1535 kapitülasyon hakları verilmeyebilirdi. Osmanlı 1453 İstanbul'un fethi ile imparatorluk sürecine girince, her şeyin tek düze devam edeceği düşüncesinin dışına çıkamadı ve olayları analitik çerçevede analize tabi tutamadı. Bizans kültürü ile Osmanlı etkilendi ve ilk kuruluş sürecinin dışında Batı karşısında zayıf bir sürece giriyordu. Anadolu kadının üretim gücü süreç içinde zayıflama moduna girince devletin iflası gümbürdeyerek geliyordu ve 1875'te

Osmanlı resmen iflas ettiğini tüm dünyaya üzüntü içinde duyuruyordu. 1535'te Fransızlara tanınan bu kapitülasyon hakları, zamanla pek çok zengin ülkelere tanındı ve Osmanlı'yı ekonominin dışına iten temel olay kapitülasyonlar oluyordu.

Selçuklularda ve Osmanlı'da Lonca sistemi ekonomiyi dengeleyen güç konumundaydı. Osmanlı döneminde büyük şehirlerde tacirler, zanaatkârlar, esnaf ve işçi gibi çalışanlar meslekleri çerçevesinde teşkilatlanmışlardı.17. yüzyılda İstanbul'da 1109 lonca örgütü ve bu örgüte bağlı 126 bin üyesi bulunmaktaydı. Araştırmacı Yazar ve Siyasetçi İsmail Cem loncalar konusunda şu bilgileri vermekte. ***"Lonca sisteminin hem dinsel hem de ekonomik bir niteliği vardı. Selçuklu döneminde 14, 15, 16 yüzyıllarda Ahi teşkilatı diye adlandırılan loncalarda sıkı bir disiplin vardı. İşe çıraklıktan başlayarak ağır ağır ustalığa çıkılmaktaydı. Her örgütün kendi içinde Ahi babası, İhtiyarlar heyeti, kethüda, yiğit başları bulunmak idi."***[336] Üretim güçlerinin böyle örgütlü olması, disiplinli olması hem üretimin düzenini sağlamakta ve devletin bu örgütler aracılığıyla ekonomiyi denetlemesi ve taleplere göre üretim yapması, israfın önlenmesini de kontrol etmiş oluyordu. Loncalar kendi kendileri denetleyen kurumdu ve bu kurumu da devlet denetlerdi. Bir bakıma otokontrol sistemi yürütülüyordu. Özellikle Selçukluda gelen bu sistem Osmanlı'da ikinci plana atıldı. Selçuklu kalemle kılıcı bir tutarken Osmanlı

---

336 İsmail Cem, TÜRKİYE'DE GERİ KALMIŞLIĞIN TARİHİ, Cem Yayınevi, 5. İstanbul Baskı, Mayıs 1975, s. 83-84.

kılıcı tercih etmesi ve kalemi ikinci plana atması hatalar zincirine yeni bir ağır halka ekliyordu.

İsmail Cem'in yazdıklarına göre, *"Devlet, lonca aracılığıyla fiyatları ve kaliteyi kolaylıkla denetlemekteydi. Loncalar vasıtasıyla ürün düzenlenmekte, başıbozukluktan kurtulmakta ve sürekli denetlenmekteydi. Lonca içinde rekabet yasaktı. Kaynaklar ekonomik biçimde kullanılmaktaydı. Hammadde paylaşılmakta idi. 17. Yüzyılda İstanbul'da 10 binden fazla devlet işletmesinde işçi ve usta çalışmakta, özel kesimde ise 25 bin işyeri sahibi bulunmakta olup 80 bin işçi ve usta çalışıyor."*[337] Tüm bu üretim biçimi ilkelde olsa 1838'e kadar devam etti ve bu tarihten sonrada ekonomi İngiliz kontrolüne girince yerli tezgâhlar hızla kapanma sürecine girdi. İngiliz devlet adamı Chatham, Balta Liman'ı anlaşmasını şu şekilde yorumlamakta, **"Osmanlı Devleti'nin yaşamakta devam etmesinin İngiltere için hayati önemde bir zaruret olduğunu söylemeyen kimse ile ben konuşmam..."** 1838 ekonomide ciddi sorunlara yol açan süreci başlattı.

Balta Liman'ı anlaşmasının sakıncalarını akademisyen Şevket Pamuk yazmakta, *"Dış ticaretteki tekeller düzeni kaldırılmakta ve devlet olağanüstü vergiler ya da sınırlamalar hakkında vazgeçmekteydi. 1838 Öncesi devlet hem ithalat hem de ihracat üzerinde % 3 oranında vergi alıyordu. Yerli ve yabancı tüccarlar imparatorluk içinde mallarını bir yerden bir yere taşırken % 8 iç*

---

337 İsmail Cem, Age, s. 84-85.

gümrük vergisi öderlerdi. Bu anlaşma ile ihracata uygulanan vergi % 12'ye, ithalata ise % 5'e uygulanmaktaydı. Ayrıca yerli tüccar iç gümrük öderken yabancı tüccarlar vergi ödemezlerdi."[338] Balta Liman'ı anlaşması, Osmanlı ekonomisini çökerten ve ithalatı teşvik, ihracata yüksek vergi getiren anlaşmaydı. Osmanlı ekonomisi zaten küçük el tezgâhları üretimi yapan ülke bu anlaşma ile bu üretimlerde dış ithalata yenildi.

Osmanlı ticaretini ve ekonomisini Türk olmayanlara tanıdı ve buralardan darbeler yedikçe zayıflama sürecine giren ekonomi son dönemlerde dışardan aldığı borçlarla iflas etti ve İttihatçılarca yerli ve milli ekonomi modeli başlatılmaya çalışılacaktı. Osmanlı toplumu tarım ve hayvancılık üzerine kurulmuş savaş ekonomisiyle gelirler elde ederek yaşayan bir imparatorluktu. Osmanlı tarım toplumu olmasına rağmen bir türlü **"üreten çiftçi"** olamadı. Tarım binlerce senenin verdiği alışkanlık kültürü ile ilkel yöntemlerle yapıldı ve bir türlü modern tarıma geçilemedi. Modern tarım da eğitimli çiftçi ister, alt yapı ister ancak Osmanlı modern tarıma da geçişi uygulayamadı ve ilkelliğe devam kararını inatla sürdürdü. Abdülhamit zamanında Fransa'da ziraat eğitimi alan Ahmet Rıza ülkeye geldi ve destek bulamadı ve ona Bursa'da muallimlik verildi ve oda bunu reddederek tekrar Fransa'ya döndü. Avrupa, tarımda ve sanayide kendisini yenilerken Osmanlı yan gel yat Osman miskinliğinin dışına çıkamadı.

---

338 Şevket Pamuk, Osmanlı Ekonomisinde Bağımsızlık ve Büyüme (1820-1913), Türkiye İş Bankası Yayınları, 1. Baskı İstanbul, Ocak 2018, s. 17.

Osmanlı'da klasik devlet geleneğine başkaldıranlar İttihatçılar oldu; dünyadaki dönüşümün hızlı hareket kazandığını ve bu yapının bu devleti daha fazla taşıyamayacağını onlar gördüler. 1908 Devrim sonrası İttihatçılar iki seçenek arasında kalmışlardı. Birisi Prens Sabahattin'in "Âdemi Merkeziyetçi" Ekonomik modeli, ikincisi de Cavit Bey'in klasik iktisat teorisiydi. Prens Sabahattin İngiliz ajanı idi babası Mahmut Paşa gibi ve İngiliz ekonomik modeline savunmaktaydı. İngiliz modele güçlü sermaye ile işlemekte oysa Türklerde sermaye ve yetişmiş insan gücü bu alanda yoktu. İngiliz ekonomik modeli geri kalmış ülkeleri sömürmeye yönelik emperyalist modeldi ve kabul edilemezdi, gereği yapıldı.

Akademisyen Niyazi Berkes, Prens Sabahattin konusunda şunları yazmakta: *"Sabahattin'in tarih ve ekonomi bilgilerinden yoksunluğu ve Türk toplumundan kopmuş bir düşünür oluşu yüzünden önerdiği uygulama programında bunların anlamlarını bulup çıkaramamıştır. Bireyci Anglosakson yöntemine kısılı kalmıştır."*[339] Berkes Hoca, Sabahattin'in ne Türk milletini, ne Türk tarihini ve de Ekonomiyi bilmediğini ve bunlara yabancı olduğunu ve Anglosakson yörüngesinde saray yavrusu olduğunu yazmakta. Halkın içinde oturmayanlar onun çorbasına kaşık sallamayanlar halkı saraylarda oturarak anlayamazlar. Yapılan reformist hareketlerin halk desteği ile desteklenmesi ön koşuldur ve Atatürk devrimleri bunun en güzel örneği olarak tarihe geçti.

---

339 Niyazi Berkes, TÜRKİYE'DE ÇAĞDAŞLAŞMA, Yapı Kredi Yayınları, 24. İstanbul Baskısı, Mart 2017, s. 466.

Doğru seçim Alman ulusal iktisat modeli idi ve doğru seçim yapılmıştı. Alman milli iktisat politikasına yakın bir politikayı İttihatçılar uygulama yolunu seçtiler. Cumhuriyetin milli ekonomik politikasının da alt yapısının ön hazırlığının temeli atılmış oldu. İttihatçı Cavit Bey, "Dış yardımdan başka kalkınma dayanağı olmadığı görüşünü savunmuştur. Küçük ekonomik girişimler için yeterli sermaye birikimi vardır. Bu girişimlerin yabancı mülkiyete geçmesi elbette istenmez. Ancak burada bile rasyonel iş metotlarını öğrenmek için Avrupalılara muhtacız. Önemli büyük girişimler için kesinlikle Avrupalılara muhtacız. II. Abdülhamit yıkılınca Batı sermayesinin geleceğine inanılmaktaydı. Zıya Gökalp, Prens Sabahattin'in ekonomik görüşünün tam tersini söylemekteydi."[340] İttihatçılar, 1908 devrimi sonrası yabancı sermayenin geleceğine ve ülkenin refah düzeyinin artacağına inanmışlardı oysa tam tersi ile karşılaştılar. Emperyalizmin işleyen felsefesine yabancı kalmaları ekonominin yeterince bilinmediğinin bir göstergesi idi. Osmanlı ticaret yapmadığı için ekonomik oyunları yeterince bilmemekteydi. O dönem ise savaşlar süreci olup sermaye akışı tehlikeli bölgeye akmazdı ve akmadı.

Milli Ekonomiye İlk Adımın Atılışı

İttihat ve Terakki'nin önemli isimlerinden Zıya Gökalp, İttihatçıların yayın organlarında ekonomik konularda ve milli şirketlerin kurulması konusunda şu

340Niyazi Berkes, Age, s. 465-466.

görüşleri öne sürüyordu. Akademisyen Yusuf Hikmet Bayur'dan okuyalım: "Memleketimizde nakit halinde serveti olanlar paralarını ya ecnebi şirketlere, ya ecnebi bankalara yatırıyorlar yahut ecnebi bir devletin istikrazlarını (Para getiren faizli senet) alıyorlardı. Ecnebi bir sandığa parasını yerleştiren bir adam, müstakbel bir düşmanı kendi vatanı aleyhine teslih (Silahlanmak, derisini yüzmek) eden bir gafil hükmündedir. Bizdeki paranın gayri milli olduğunu, kendisi vatanperver olmadığı gibi sahibini de vatanperverlikten zorla çektiğini gösteriyordu. Bir milli şirket, milli bir banka, üçüncü, ikinci derecede milli olan tezgâhlardır. Bir millette gerçekten milli olan devlettir. Çünkü devletin kar ve zararında doğrudan doğruya bütün fertlerin hissesi vardır..."[341]

İttihat ve Terakki yöneticileri devletin tüm sorunlarını masaya yatırdı ve çözüm üretme yolları için harekete geçti. İttihatçılar başkaları gibi eleştirmek yerine çözümlere odaklandı. Görevde kaldığı süre çok sorunlu süreç olduğu için acımasızca eleştirilerin de hedefi oldular. İttihatçılara gelinceye kadar İmparatorluğun yapısı klasik anlamda sürdürülmekte ve devlet yönetilmekteydi. İttihatçılar her şeyi Batı standartlarında çözmek istemeleri, her yeni teşebbüste karşılarına parasal sorunlar çıktı. Sanayileşmenin uzun soluklu iş olması ile tarımda üretimin kısa sürede devreye gireceğinden hareketle tarıma öncelik verdiler. Tarıma el atması ve halkında büyük bölümünün köylerde yaşıyor olması doğru yatırım

341 Yusuf Hikmet Bayur, TÜRK İNKILAP TARİHİ Cilt III 1914-1918 Genel Savaşı Kısım IV, Türk Tarih Kurumu Basımevi, 1991 ANKARA, S. 520-521.

sürecinin başlatılması oldu. Ekonomik konularda Rus ekonomisti Parvus Efendinin İttihatçılara desteği önemli nitelikte yol gösterdi. İttihatçılar Türklerden oluşan örgüttü ve bu kesimden de ticaret yapanlar yok denecek kadar azdı. Türk milletinin ticaret kültürü yoktu ve tüm ticareti gayrimüslimler yapıyordu ve Türk milleti ticaret yapmayı İttihatçılardan öğrenmeye başladılar. Milli ekonomi kendi milletinin ürettiği ekonomiydi ve bunu İttihatçılar tüm eleştirilere engellere rağmen başlattı.

İkinci Meşrutiyetin ilanından sonra tarıma öncelik tanıyarak üreten çiftçi yolları araştırıldı ve Çiftçiler Derneklerini kurarak üretken tarıma başladılar. İlk dernek 1914'te Antalya mebuslarınca kuruldu. İmparatorluk savaş yıllarında köylünün ürünlerine el koyar ve düşük fiyatlarda çiftçilerin ürünlerini çok ucuza kapatırlardı. Yeni yönetim bunun ne kadar yanlış olduğunu ve üretim düşüklüğüne yol açtığını görerek ilk iş bu uygulamadan vaz geçerek şöyle ürün alım stratejisi uygulayarak hem üretim arttı hem de köylüler para kazandılar. Köylünün emeğinin karşılığı ödenince üretim çitçileri çalışmaya ve para kazanmaya sevk etti. Bu sonuca göre hem çiftçi memnun hem de yönetenler mutlu olmuşlardı. Öz halkı hem üretiyor ve hem de para kazanıyordu ve ülke zenginleşme dönemine giriyor ve ticaret kesimi Türklerden doğuyordu.

İttihatçıların yeni ürün alım politikasını Akademisyen Zafer Toprak yazıyor: "Üreticinin malına el koymaktan vazgeçildi. Köylünün ürününe yüksek fiyatlar ödenerek üretim özendirildi. Anadolu köylüsü fiyata duyarlılığını göstermekte gecikmedi. Eskiye oranla malına birkaç kat ödendiğini görerek olanakları ölçüsünde pazara mal sevk etti. Bu arada birçok geçimlik yöre pazara açıldı. İktisadiyat Mecmuasının deyişiyle köylü mahsulünü sekiz on misli fiyatla satabildiğini görünce, bu fırsattan istifade için çoluk çocuğuyla beraber var kuvvetini tarımda üretime verdi ve elinde para birikmeye başladı."[342] Savaş süresince bu alım politikası uygulandı ve üreticinin eline para geçince üretime ara vermedi ve o yıllarda bu sorun çözülme yoluna girdi. Anadolu çiftçisi emeğinin karşılığını görünce üretim seferberliğine ailecek koştu ve bu durum savaş yıllarında başarılmıştı.

İttihat ve Terakki örgütünün tarıma el atmasında önce Anadolu köylüsü sömürüldüğü için üretim düşüklüğü yaşanmaktaydı. Köylünün ürünü ucuza kapatıldığı için köylü toprakla buluşmaya gitmez oldu, toprağı işlemez duruma düşürüldü. Zafer Toprak devam ederek, *"İttihat ve Terakki'den önce Anadolu köylüsünün buğdayının birim fiyatı 20-25 paraya düşmüştü. Tüccarlar bu mahsulleri büyük kentlerde 60-70 paraya satarak büyük kazançlar sağlamıştı. İttihatçılar, İstanbul'un iaşesini üslenince çiftçiye önce 44, sonrada 55 para ödeyerek üretici o güne değin görmediği bir biçimde ödüllendirilmişti..."*[343]

İttihatçılar, ümmetten millete geçiş sürecini tetikleyerek milli ekonominin de öncü gücü olmayı başardı ve

342 Zafer Toprak, İTTİHAT-TERAKKİ ve CİHAN HARBİ Savaş Ekonomisi ve Türkiye'de Devletçilik 1914-1918.Kaynak Yayınları, 2.Baskı İstanbul, Kasım 2016, s. 128.

343 Zafer Toprak, Age, s. 129.

Anadolu çiftçisinin de üretimle buluşmasını sağladılar. Türklük bilincinin gelişmesi ile milli ekonomiye ağırlık verilerek üretimin artışı ve düşünce bazından da yeni süreci yarattı. İttihatçılar ekonominin yabancıların elinde bir koz bir silah oluşunu içlerine sindiremediler ve önce Türklük bilincini ve arkasından da ulusal değerleri öne çıkarmaları ile milli ekonomi süreci başlatılmış oldu. Akademisyen Emre Kongar Türklük bilinci konusun da şöyle yazıyor: "Bir anlamda, Türk milliyetçiliği, Batı'dan gelen ve Hıristiyanların imparatorluktan ayrılmasına yol açan Milliyetçilik akımları Osmanlı'yı parçaladıktan sonra gelişmiştir diyebiliriz. Osmanlı bütün öteki milliyetçiliklerle birlikte, Türk milliyetçiliğini de bastırmasının nedeni, farklı milliyetleri Osmanlı kimliği altında birleştirmek istemiş olmasından kaynaklanır. Osmanlı'daki Türk milliyetçiliği, Osmanlı dağılmaya başlayınca 1900'lerin başından itibaren, Birinci Dünya savaşı öncesi filizlenmeye başladı. Cumhuriyetin kuruluşu ile resmen tanınır." [344]

İttihatçıların olmazsa olması ekonominin düzeltilmesi ve ülkenin ekonomik olarak rahatlaması tüm başarının yolu ekonomiden geçmekteydi, bunu çok iyi öğrenmişlerdi. Ancak bu konuda altyapı yetersiz, sermaye yok denecek kadar zayıf ve yetişmiş kalifiye kadroların yokluğu ve savaşlar süreci ve dış borçlar tam bir sefilleri oynatmakta. Her türlü yokluğa ve sorunlara rağmen ekonominin önündeki temel engel kapitülasyonlar ola-

344Emre Kongar, Age, s. 84

rak görülüyordu ve bunun kaldırılmasına karar verildi. İttihatçılar 1914'te kapitülasyonları tek taraflı kaldırarak Türk şirketlerinin kurulması ve yabancı şirketlerin de denetlenmesini kontrol altına aldılar ve bu konu ayrıca ilerde anlatılacak. Milli sermayenin önü açıldı ve ticari işletmeler kurulmaya başlanıyordu. Bu süreç Cumhuriyet kurulunca milli ekonominin ilk öncüllerini oluşturdu ve Cavit Bey'in görüşlerine göre de, devletin kasası yerine tüm ulusun iktisadi çıkarı düşünülüyordu.

Balkan savaşları ile tüm görüşler revize edildi ve İttihatçılar bu savaş sonrası devletin geleceğini yeniden okumaya ve yeni kararlar almaya başladı. Avusturya'nın Bosna –Hersek'i ilhak etmesi, Trablusgarp ve Yemen savaşları ile 1912-13 Balkan savaşları, İttihatçıları içe dönük ulusalcı bir ekonomik modele geçmeye mecbur bıraktı. Balkan savaşları ile Türk milliyetçiliği akımı hızlanınca milli sermayenin de yaratılması öncelik kabul edildi. Milli sermayeyi yaratma devletin desteği ve politikası olmaya başlandı. İttihatçılar yabancılara boykot kararları ile halkı bilinçlendirme ve halkla boykot eylemlerine başladı. Avusturya, Bosna-Hersek'i ilhak edince, Avusturya mallarına karşı ilk kez Türklerde boykot kararı çıktı. İttihatçılar ekonomiyi silah olarak kullanma bilincini halkla birlikte **ilk kez başlattı.** Ekonominin önemini halka anlatılmaya çalışıldı ve 600 yıllık devlet ekonomiyi ihmal edince bu sorunu da çözmek İttihatçılara kalıyordu.

İttihatçılar tarihte ilk kez ekonomiyi silah olarak kullandı ve boykot sistemini tereddütsüz uygulamaya soktular. İttihatçılar ekonominin önemini silah olarak kullanması Bu Türklük bilincinin gelişmesine önemli katkılar sundu ve Avrupa İttihatçıları tanımaya başladı. Bu boykot nasıl yapıldı okuyalım, "*1908 Eylül'ünden başlayarak Avusturya'ya beş ay boyunca İttihat ve Terakki ekonomik boykot uyguladı. Yabancı sermayeye karşı direnişin öncülüğü boykotla başlamış oldu. Boykot eylemleri 1910, 1914 Rum boykotlarıyla ve 1911 İtalyan boykotu ile Yunan mallarına da bu boykot yansıtıldı. En son 9 Eylül 1914'te kapitülasyonlar kaldırılarak boykot genişletildi.* "[345]

İttihatçıların ekonomi yazarları yeni görüşlerini farklı yayın organlarında yazarak bu konuda bir ekonomi seferberliği başlattılar diyebiliyoruz. Tekin alp, Parvus Efendi, Zıya Gökalp, Yusuf Akçura gibi düşünürler, İktisadiyat Mecmuası, Türk Yurdu, Yeni Mecmua gibi önemli dergilerde Alman iktisadının örnek alınması yönünde yazılar yazarak bu seferberliği genişletmeye çalıştılar. Alman ekonomisi İttihatçılarında öncelikle benimsediği ekonomik model oldu.

Alman Ekonomik Modeli Örnek Alındı

Osmanlı İmparatorluğun sorunlarını ve düştüğü acıklı durumu gören İttihatçılar bu sorunların tümüne yakınının altında yatan ağırlıklı nedenlerin ekonomik göstergelerden kaynaklandığını gördüler ve çözümlerin merkezi ekonomi olacaktı. İkinci meşrutiyetin ilanından sonra

345 İttihat ve Terakki ve Jön Türkler, Kaynak Yayınları, Yayın No, 549, 1. İstanbul Baskı, Ekim 2009, s. 51-52-53-54-

İttihatçıların yazarları Türk Yurdu, İslam mecmuası, Yeni Mecmua, İktisadiyat Mecmuası gibi yayın organlarıyla Alman ekonomisini şöyle tanıtmaktalardı: "Alman iktisatçı, Friedrich Liste övgüler düzen Tekin Alp, Almanların kalbinde Bismarck ile birlikte en büyük saygınlığı 'milli kahraman' milli iktisatçı' Friedrich List 'in gördüğünü söylüyordu. Milli iktisat ilkelerini bulmuş ve saptamıştı ve Almanya'nın iktisadi yüceliğinin yolunu göstermişti..." [346]

Alman, iktisadının ülkenin koşullarına daha uygun olacağını ve birliğin, beraberliğin ve huzurun sağlanacağı görüşünde birleştiler. İttihatçıların önemli yazarı ve sosyoloğu Zıya Gökalp Alman iktisadi konusunda şunları da yazmakta, " Alman iktisadından esinlenmesini önererek, Türklerin ancak Almanların izledikleri yoldan giderek siyasal birliğe varabileceklerini söylüyordu. Almanların kültür birliği, iktisadi birliği, siyasi birliği, milli iktisat uygulamalarından yaratıldı." [347] Zıya Gökalp, Alman ekonomisinin Türkler için doğru seçim olduğunu ve gelecek için bunalımda bu ekonomik model örnek alınarak çıkılacağını vurgulamaktaydı. Ayrıca birlik ve beraberliğinde çözümünü Alman ekonomik modelinde görüyordu. Alman ekonomik modeli ulusalcılık fikirlerine de destekte bulunması yeni yönetim için yararlı olacağı savı öne çıkıyordu.

İttihatçılar, Alman ekonomisini ve teknolojik gücünün büyüklüğünü yerinde görerek ve yayın organların-

---

346Zafer Toprak, Türkiye'de Milli İktisat 1908-1918, Türkiye İş Bankası Yayınları, 1. İstanbul Baskı, Ağustos 2019, s. 75.

347Zafer Toprak, Age, s. 76.

da yayınlayarak yeni bir ekonomik yol haritasını belirlediler ve bu yol Alman milli ekonomisi yolu İttihatçılara rehberlik edecekti. İngiliz ve Fransız sistemlerinin Osmanlı ekonomisini kapitülasyonlarla nasıl yok ettiklerini görmüşlerdi. Bu nedenle yeni ortak ise Almanlardı. İttihatçılar, Almanlara da güvenmiyorlar ve kendi ayakları üzerine duran milli bir ekonomi, milli güç ve milli duruştan yanaydılar ancak Alman parasına da muhtaç oldular. Parasızlık Osmanlı'yı ve İttihatçıları çok yormuştu bunu çözmek hiçte kolay değildi. Oysa burjuva temelli ülkeler tarımı da modern hale getirdi. Tarımı modernleştirenler ve tarımda refahı sağlayanlar sanayi ülkesine daha çabuk geçerek kolayca entegrasyonu sağladılar. Sanayileşen bu ülkeler tarımlarını daha çok modern hale getirdiler. Tarım ve ticaret sanayileşmeyi tetikledi, sanayileşme de modern tarımın daha üst seviyede makineleşmesine yardımcı oldu. Tarımın gelişimi ticareti, ticaretin de gelişmişlik seviyesi sanayileşmeyi, sanayileşme ise ileri teknolojiyi yaratarak bugünkü elektronik çağını, uzay çağını ve yapay zekâ çağını yaratıyordu.

İttihatçılar, ülkeyi ve sınırlarını korumayı kontrol etmenin planlarını yaparak, ülkenin geleceğini yabancı boyunduruğunda kurtarma hedefine yoğunlaştılar. Osmanlı İmparatorluğu feodal düşüncenin esaretin de önünü görememekten zorlandı, düşüncesini yenilese ve düşünceye dayalı görüşler üretebilseydi kazandığı toprakları elinde tutmayı başarırdı. Sahip oldu ya da sahiplenmeyi başardı ancak kontrol etmeyi başaramadı. Osmanlı ticaret yaparak, sanayileşme sürecine girse idi sahip olmaktan ziyade kontrol etmeyi de öğrenir ve uygulardı. Rumeli'nin kaybı Osmanlı'nın yıkılışını dinamitledi. Belki de Rokfeller Osmanlı'nın bu sahiplenememesinden etkilenerek şirketlerini kontrol etmeyi prensip haline getirdiler.

1860'lara gelince milli iktisat eksikliği öncelik kazanmaya başladı. " Namık Kemal, Ahmet Mithat Efendi, Jön Türkler Müslüman ticaret burjuvazisinin olmadığından şikâyet ederler. İttihatçıların milli iktisat konusunda, yerli bir tüccar zümresi yaratmak, yerli bankalar tesis etmek, yerli sanayiyi sağlam zemine oturtmak. Ahmet Rıza, Mizancı Murat, Yusuf Akçura ve İttihatçıların Selanik kolu olmak üzere Alman iktisadı örnek alınmıştı." [348]

Akademisyen Niyazi Berkes, Osmanlı ekonomisinin iflasını ve bu duruma nasıl geldiğini ve Duyunu umumiye konusundaki görüşlerini farklı bir yorumla açıklamakta, "*Türkiye şimdiye kadar devletlerin orduları ve donanmaları tarafından işgal edilmemişti. Şimdi bunu yapmaya kalksalardı birbirlerine gireceklerdi. Bunun yerine daha akıllıca ve daha karlı bir yol buldular. Bir mali şirket kurarak tüm Türk borçlarını birleştirdiler ve bu şirketin sermayesi haline getirdiler. Bu ödenmeyen Türk borçlarına karşılık ülkenin tabi kaynaklarının gelirlerine konmuş bir haciz olduktan başka bu kaynakları işletecek uluslararası bir kumpanyaydı.*"[349] Bu borçlar ödeninceye

348Suavi Aydın, Age, s. 83

349Niyazi Berkes, 200 yıldır Neden Bocalıyoruz, Yön Yayınları, İstanbul Baskı, 1965, s. 35-36 kadar Türk yeraltı ve yerüstü kaynaklarını bu şirket yönetecek ve verdiği borçları böylece tahsil etmiş olacaktı. Türk maliye nazırları istedikleri kadar vakitlerini ayırıp kaside ve divan şiirleri yazmaya ayırabilirlerdi ve zaten görevlerinin adı var kendileri var, görevleri yoktu.

Başka bir çarpıcı senaryo ise şöyle gelişti, İtalyan hükümeti, Duyunu Umumiye 'den aldığı paralarla Trablusgarp savaşını finanse etti. Türk kaynaklarından ve halkının emeğinden edinilen karlar, Türkiye'ye karşı bir savaş finansmanı olarak kullanıldı. Duyunu umumiye idare başkanı Sir Adam Bloc, Hindistan'daki İngiliz Kral vekilleri gibi yetkilerle donatılmış ve tavırlarıyla aşağılayıcı davranışlarda bulunarak aydınları çileden çıkartıyordu. Türk maliye ve ekonomisine ait harcamalar onun izni olmaksızın yapılamazdı. Türk demiryolları, limanlar, madenler, telefon, bankacılık gibi gelir getiren tüm yeraltı ve yerüstü kaynaklar ve kurumlar yabancıların kontrolüne girmişti.

Tüm bu ekonomik göstergeler devletin aleyhine işletilmeye başlatılınca ve ülkeyi savaşla işgal yerine ekonomik işgalle yönetmek yeni sömürge geleneğinin günün koşullarına uyarlanmış yeni biçimiydi. Emperyalizm sürekli kendisini yenilerken, geri kalmış ülkeler klasik yönetim çemberini kıramıyordu. Bu çemberin kırılmasını tetikleyenler ise Jön Türklerden, İttihatçılara uzanan aydınların yorulmadan çalışması, üretmesi ile bir ur gibi saran köhne duruşun yıkılması ile bu kısır çember kırılıyordu.

Kapitülasyonların Tek Taraflı İttihatçılarca Kaldırılması

Ekonomide karar almak önünü görmek için devleti prangaya vurmuş kapitülasyonların kaldırılması gerekmekteydi çünkü gelişmenin önünde kale duvarıydı. Kapitülasyonlar Osmanlının ekonomisini ipotek altına aldı ve ticaretin gelişmesini engelledi. Türkler sadece el işleri gibi küçük zanaatlarla uğraşmaktalardı. Bu tehdit silahının kaldırılması gerekiyordu ve İttihatçılar bu duruma el koydu. Osmanlı'nın neden geri kaldığını ve kendisini niçin yenileyemediğini ve nasıl yıkıldığını Akademisyen Emre Kongar tek cümle ile özetlemekte, "İstanbul'un fethi, Amerika'nın keşfine, Amerika'nın keşfi dünyanın değişmesine, Dünya'nın değişmesi Osmanlı'nın yıkılışına yol açtı."[350] Kongar hoca çok doğru tespitle, herkes her alanda değişim yaşarken Osmanlı'nın bu değişime direnmesi akıl alır gibi değil. Osmanlı tüm Batı'daki gelişmeleri ve ilerlemeleri görecek ve başarabilecek her türlü güce sahipti ve bu gücü kullanmadı ya da süreç içinde kullandırılmadı mı?

Kapitülasyonlar 1535 yılında Kanuni Sultan Süleyman'ın Fransızlara tanıdığı ekonomik ayrıcalıklar olup süreç için de tüm zengin ülkeler bu hakları Osmanlı'dan alarak Osmanlı ülkesini sömürülen Pazar haline getirdiler. Osmanlı'nın ekonomisi, ticareti yabancı ticaretçilere tanınan hukuki ayrıcalıklarla, devlet

350 Emre Kongar, Tarihimizle Yüzleşmek, Remzi Kitabevi, 8. Baskı İstanbul, Nisan 2006, s. 78

içinde adeta paralel bir yapıya dönüştü. Osmanlı ekonomisi bu paralel gücün eline geçerek Türklerin ticaret yapmasını engellediler; zaten sarayda Türklerin ticaret yapmasını engellemişti. Türkler kendi ülkelerinde ticaret yapma yasağı ile karşı karşıya kaldı. Osmanlı dışarıya karşı borçlandıkça bu paralel gücün Osmanlı'nın bağımsızlığı konusunda tam bir baskıya dönüştü, bu baskı "demoklasin kılıcı gibi" devletin tepesinde hep sallandırıldı. Osmanlı, ekonomik öngörüsüzlüğün esaretinde geleceğini göremedi, görmeye çalışanlarda hep susturuldu, bu sessizlik susturuş yıkılışa davetti.

Osmanlı kapitülasyonları yabancı sermayeye tanıyınca bunlara adli, mali, ticari, idari gibi ayrıcalıklar da tanımış oluyordu. Bu tanınan ayrıcalıklar süreç içinde Osmanlıyı tehdit eden güç haline geldi. **Kırım savaşı sonrası Sadrazam Ali Paşa, Paris Kongresinde bu kapitülasyonları kaldırmak istemiş ancak Batı'nın engelleriyle karşılaşmıştı.** Tanzimat'tan sonra zaman zaman kapitülasyonların sakıncaları gündeme gelmişse de olumlu bir netice alınamadı. Kapitülasyonlar doğrudan Osmanlı'nın içişlerine doğrudan müdahaleydi. Osmanlı Batı için iyi bir Pazar olduğu için Batı bu ayrıcalıklardan mahrum kalmayı istemedi ve Osmanlı bunun sıkıntısını çekmeye mahkûm edildi. Osmanlı, emperyalizmin merhametinde destek aradı ve arıyordu; oysa emperyalizmin merhameti işlemez ve onun sömürü çarkı olmazsa olmazıydı.

Birinci Dünya Savaşının uzun süreceğini birçok aydın düşünmekte idi, kimileri de savaş birkaç hafta içinde sonlanır diye önerilerde bulunma gereğini duymaktalardı. İttihatçıların ekonomisti ve danışmanı Parvus Efendi Tasvir-i Efkâr gazetesinde görüşlerini şu şekilde yazmakta, "*Savaşın uzun süreceğini, bu savaş sonunda bir toplumsal devrim çıkabileceğini, bu nedenlerden dolayı Türkiye'nin acilen uzun dönemli önlem alması gerektiğini vurgular. Ona göre ilk elden yapılması gereken kapitülasyonların bir an önce ve de tek taraflı olarak ortadan kaldırılmasıdır. Hükümet kısa süre sonra gerçekleştirdi.*"[351] Parvus Efendi, sözlerine devam ederek ülkede altın ihracatının durdurulmasını, demiryollarının kamulaştırılmasını, yabancılardan vergilerin alınmasını, gümrük vergilerinin yeniden belirlenmesi gibi konularda görüşlerini açıklamakta ve yetkilileri bilgilendirmekteydi.

Birinci Dünya savaşı başlayınca Avrupa'dan da kargaşalar başladı ve İttihat ve Terakki hükümeti bu fırsattan faydalanarak Eylül 1914 te hükümetin yetkili kadroları bir araya gelerek görüşmeler yapıldı ve hukuki sorunlar görüşüldü ve kapitülasyonların kaldırılması için hükümete tavsiye edildi. Akademisyen Zafer Toprak bu kapitülasyonların kaldırılışını şu şekilde yazmakta, "Prens Sait Halim Paşa Kabinesi Adliye Nezareti'nin görüşünü benimsemişti. 1 Ekim 1914 tarihinden itibaren geçerli olmak üzere 9 Eylül 1914 günlü iradesiyle Osmanlı topraklarında yaşayan yabancıların kapitülasyon diye adlandırılan tüm mali, iktisadi, adli ve idari ayrıcalıklarının bundan böyle kaldırıldığı ve yabancılarla ilişkilerin

351 Parvus Efendi, Cihan Harbine Doğru Türkiye, Ayrıntı Yayınları, 1. Baskı İstanbul, 2013, s. 24.

devletler hukuku ilkeleri ışığında düzenleneceği ilan edilmiştir." [352]

İttihatçılar 1914'te kapitülasyonları tek taraflı olarak kaldırdı ve tüm taraflara ve dünyaya ilan etti. Kapitülasyonların kaldırılması bir nota ile ilgili tüm devletlere bildirildi. İlgili hükümetler anlaşmaların karşılıklı ikili ilişki üzerine olduğunu bildirmelerine rağmen İttihatçılar koşulları bahane ederek kimseyi dinlemeden tek taraflı kaldırdı. 15 Ekim 1914 günü Mahmut Esat(Bozkurt) Bey bir hukuki metin hazırlayarak Osmanlı kayıtlarında yazılı olan kapitülasyonların geçersiz olduğunu tüm ilgili hükümetlere bildirdi. İttihatçılar ülkeyi sömüren bu kapitülasyonlardan tek taraflı olarak kurtularak milli şirketlerin kurulmasının önünü açtılar. Kapitülasyonlar, milli şirketlerin kurulmasında bir tehdit unsuru ve önlerinde büyük engel taşıyordu ve gereği yapılarak resmen kaldırıldı.

İttihatçılar kapitülasyonları tek taraflı kaldırdı ve İngiltere ile Fransa fazla ses çıkarmadı ancak Almanya buna şiddetle karşı çıktı. İttihatçıların Maliye Bakanı Cavit Bey bu olaya Almanya'nın İstanbul Konsolosunun kudurmuş halde tepki gösterdiğini bakın nasıl yazmakta: "Sizin böyle bir karar almaya, bize sormadan böyle bir harekette bulunmaya hakkınız yoktur. Bu karar müttefiklerin siyasi çıkarlarına aykırıdır. İngiliz, Fransız donanmaları yarın Boğazlardan geçecek size harp ilan edecekler. Biz size böyle durumda katiyen yardım da

---

352 Zafer Toprak, Türkiye'de Milli İktisat, (1908-1918), Yurt Yayınları, Ankara Baskı, 1982, S. 71

bulunmayacağız... Siz Türkiye'nin mahvını hazırlıyorsunuz. Sizin kararınız Berlin'de çok kötü etkiler yaratacak. Bende yarın burada askeri alarak gideceğim..."[353] Konsolos kudurmuş ve deli gibi masayı yumruklamaya devam ediyordu ve Osmanlının hem müttefiki hem de karşısında olan bir dost görünümlü müttefik. Emperyalizmin dostu olmaz çıkarları hep öndedir. Dost görülen Almanya, devleti sömürmek için nasıl baskılar yapmakta, nasıl planlar hazırlamaktaydı.

Kapitülasyonlar kaldırılınca bakın neler özgür ortama kavuştu. Osmanlı Bankası'nın para çıkarma yetkisi elinde alındı ve devletin eline geçti. Gümrük vergileri eşitlendi. Tarım alet ve makinaları gümrüksüz ithal edilecekti. ***"Türkiye Türklerindir"*** diye bayramlar yapıldı. Türk işadamları yabancı şirketlerde staj yapma mecburiyeti getirildi. Yabancı şirketler defterlerini Türkçe tutacaklardı ve bu mecburiyet getirildi. Almanya'ya işçi, işadamı ve ustalar gönderilerek bu alanda uzman kişilerin yetişmesi sağlandı. Gazetelerde tarım bilgilerine geniş yer ve sütunlar ayrıldı. Askerler, Kızılay, dernekler çiftçilik yaparak köylüye örnek oldular. Anadolu'nun birçok yerinde ilk kez patates ekimi yapıldı. İstanbul'da tüketim kooperatifleri kuruldu. Savaş ekonomik getiride yarattı bu getiride en çok Yahudiler yararlandı.

24 Temmuz 1923 te Lozan'da kapitülasyonlar genç Cumhuriyetin önünde önemli bir engel teşkil etmeye başladı. Fransızlar bu kapitülasyonlar üzerinde çok dur-

---

353 Doğan Avcıoğlu, TÜRKİYE'NİN DÜZENİ DÜN, BUGÜN, YARIN 1. Cilt, Cem Yayınevi, İstanbul 1974, s. 261.

du ve sonuçta alacakları bir takvime bağlanarak 1954 yılına kadar genç cumhuriyet yabancıların kapitülasyondan kaynaklanan alacaklarını ödedi. 1535 te verilen bu kapitülasyonlar 24 Temmuz 1923'te Lozan Antlaşması ile genç Cumhuriyet kurtuldu. Bazı özel şirketlerin borçları 2 binli yıllara kadar ödenmesi devam etti.

Hangi devir olursa olsun aldığınız kararlar bir gün ülkenizin, sizin başınızı ağrıtacaksa çok iyi hesaplar yaparak doğru kararlar almak mecburiyeti önemlidir. Doğru kararlarda vizyon, strateji ve ileriyi gören ufkunuz ve hayalinizin kararlara katılması gerekmektedir. Atatürk kararlar konusunda şöyle der : ***"Önemli olan ufkun ötesini görmek ve orada olup bitenleri tespit etmektir"*** diyerek stratejik düşüncenin bir kez daha önemini vurgulamıştı. Ticari sektör stratejik kararlardan önemli rol oynar. Feodal düşünce sistemi yarınları görmeden yarınları doğru okumadan hep kısır kalmıştı ve kısır kalmaya da devam edecektir. Üretken düşünce, çağı doğru okur doğru kararları alır ve yarınlarla ilgili geleceği ve kurumları doğru analiz eder doğru zeminde yürümesini sağlar. Kapitülasyonlar Osmanlı'yı çok yordu çokta sıkıntıya sokarak önünü görmesini engelledi.

Yabancı şirketler kapitülasyonlar kaldırılıncaya kadar hükümetten izin almaksızın istediklerini yapma hakkına sahiplerdi. Osmanlı topraklarında serbestçe her türlü ayrıcalıklardan faydalanıyorlardı. Avrupa'da kurulmuş şirketler Osmanlı topraklarında istediği gibi cirit atma özgürlüğüne sahiplerdi ve bu özgürlüklerini İttihatçılar ellerinden almayı başardı. Yabancı şirketler yerli şirketlerin kurulması için de sürekli engel teşkil ettiler. Kapitülasyonların kalkması ile Anadolu esnafı kendisini ticari hayatın içinde buldu. Anadolu halkının ürettiği ürünler yine öz halkı tarafından alınıp satılan duruma geldi. Bu altyapı cumhuriyetin kuruluşunda önemliydi. Hem sermaye hem de yetişmiş insan gücü açısından önemsenecek kadar önemli kaynaktı. Her şeyin temelinde insan kalitesi her devirde ilkleri oynayan temel kaynağı teşkil etti. KAPİTÜLASYONLAR KALDIRILDI, YERLİ VE MİLLİ ŞİRKETLERİN KURULMASININ ÖNÜNDE ENGEL KALMADI.

Türk Milleti Yeni Ekonomik Model İle Tanışıyor

Tarihe baktığımızda ticareti içselleştiremeyen toplumlarda devletin geleceğinin ekonomi ile bire bir orantılı olduğunu görmekteyiz. İngilizlerin ticarete sarılmaları ve İngiliz siyasetinin ve güçlü devletinin bu yolla etkili olduğu bilinmektedir. Osmanlı da istese güçlü bir ekonomi yaratma gücüne sahipti ancak ekonomi yeterince masaya yatırılmıyordu. Ticaret aynı zamanda demokrasinin ve diyalektiğin gelişimine de öncülük eden etkili güçtü. İttihatçılar, ülkelerin yaşama şansını ticarette gördükleri için yeni bir ekonomik modelin çatısını kurmak isterken, Osmanlı ticaretini Gayrimüslimlerle yürütmeyi tercih ederek Türklere bu fırsatı tanımamıştı. İttihatçılar ise bu fırsatı Türklere ve Müslümanlara tanımaya karar verdi. Osmanlı'nın ticareti Gayrimüslimlere vermesi, ticari faaliyetlerin onların eliyle yürütülmesi Osmanlı'ya daha cazip gelmişti. Türklere ticaret yapma yasağı getirerek onların görevini tarım, hayvancılık, vergi verip askere gitmesi ile sınırladı. Bir bakıma kendisini yaratan öz halkına ticaret yasağı getirdi ve bu işi gayri Müslimlerle sürdürmeyi tercih etti. Osmanlı'nın kuruluşunda bu tercih doğru olabilirdi çünkü Türkler tüm enerjilerini savaşlara harcayarak ayakta durmaya çalıştı ve birikmiş sermayeleri de yoktu. Savaşçı bir milletti ve tüm erkekler savaş eğitimi almak zorundaydı. Ticareti de gayri Müslimlere teslim ederek onlar eliyle ticari faaliyetlerini sürdürmek istediler ve bu kabul edilebilir bir durumdu. İmparatorluk sürecine girince kendi ticaretine el atmak, yön vermek gerekliydi ancak bu öngörüsüzlük devletin çöküşüne yol açacağının hesapları yapılamamıştı.

Osmanlı'nın en büyük öngörüsüzlüğü öz halkına güvenmek yerine dönmelerle ve devşirmelerle devletin çarkını sürdürmeye çalışmasıydı. Kısa vadede kendisi için avantajdı ancak uzun vadede tehdide dönüştü ve bu tehdidin altında süreç içinde can çekişecekti. 1908 devrimi ile devlette yeniden yapılanma gündeme gelerek yeni ve milli iktisat politikası devreye sokulmaya çalışıldı. İmkânlar sınırlı olmasına rağmen böyle bir düşünce devletin kayıtlarına ve aklına girmesi kayda değer düşünceydi. Bu önemli bir gelişmeydi ve ilk teşebbüsle süreç içinde meyveleri verilmeye başlandı. Milli ekonomiye bir yerde başlamaktı ve İttihatçılar bu süreci başlattı ve sonuçları Atatürk'le 1925'ler de uçak üreten ekonomiye ve bilgi birikimine ulaşan bir Türkiye yaratılmasına rağmen, 1950'den itibaren dışa bağımlı ekonomi, askeri anlamda bağımlılık sorunları yeniden yaratıldı. İki binlerden itibaren ise mevcut fabrikalar satılarak, ithalata dayalı bir model getirildi ve bu modelle sorunlar yeniden sıkıntılı sürece sokuldu.

Bu konuda Server Tanilli, şöyle yazar. "İttihat ve Terakki iktidarı, İngiliz ve Fransız emperyalizmine karşı "milli iktisat" denemesine girişti. 1914'te kapitülasyonları kaldırır. İmparatorluğun para çıkarma yetkisi, Osmanlı Bankasının elinde alınır. Tarımı ve sanayiyi özendirecek yeni bir gümrük sistemi kurar. Daha da ilginç olan devlet eliyle "milli tüccar" yaratma politikası gütmeye başlar. Ancak başarı sağlanamadı..."[354] Savaşlar ve iç-dış sorunlar tüm planları bozdu ve tespit edilen hedefler istenilen düzeyde yürümekten zorlandı. "1908 de II. Meşrutiyet ilan edilince İttihatçı çevreler 'milli' devlet anlayışı yerine 'iktisadi devlet 'görüşü belirginleşti."[355] Milli devlet anlayışı, milli iktisadi devlet anlayışını yarattı ve hem mili devlet hem de milli ekonomi öncelik kazanarak birlikte yürüme sürecine girdi.

İttihatçılar, ekonomiyi güçlendirerek bireyin yatırımcı ruhunu tetikleyip yatırım yapabilecek üretken insan modeline öncelik vermeye çalıştılar. Temel taleplerini ithalat etmek yerine yerli üretimle karşılamak hedefleriydi. Osmanlı tüm bu taleplerini ithalatla temin ettiği için devletin iflas nedenlerinden birisiydi. Bunu gören

---

354 Server Tanilli, Uygarlık Tarihi, Cumhuriyet Kitapları, 23. İstanbul Baskı, 2009, S. 316

355 Zafer Toprak, Türkiye' de Milli İktisat (1908-1918), Yurt Yayınları. Ankara Baskı, 1982, s.28

İttihatçılar gerekli koşulları yaratarak milli sermaye ve yerli yatırımcı arayışı ile işe koyuldu. Önce **"bakkaliye"** desteği yaratarak işe başladılar ve yönlendirme küçükten büyüğe doğru yürütüldü. Öncelik tarımsal üretim alanında şirketleşmeler kurularak yürütüldü. 600 civarında devlet desteği ile Türklere bakkal açma imkânı yaratıldı ve Türkler ticaretle tanışmış oluyordu. İlk yerli üretim ürünü, Selanik'te Yahudiler **"fes"** üreterek yerli ve milli üretime geçildi.

Yazar Feroz Ahmet, yazar Ostrorog'dan alıntı yaparak Rumların ve Ermenilerin Osmanlı'da ticari faaliyetlerini şu şekilde yazmakta, "Rum, neredeyse her zaman bir denizci, banker, tüccar, avukat, doktor olduğu kadar bir şehirlidir. Ermenilerle rekabet eder ve ona üstün gelir. Konstantinopolis'te biricik büyük yerli banker Rum'dur. Alkollü içkilerin ve ithal ürünlerinin satışlarını Rum bakkallar yapardı ve hemen hemen her bakkal Rum'du."[356] Rumlar, deniz kıyılarına hakım ve kıyı ticaretini ve Batı Anadolu ticaretini ellerinde bulunduruyorlardı, yerli ve yabancı piyasalar için Pazar ürünleri üretimine hâkimlerdi. Bu ürünlerin kontrolünü yine Rumlar yapıyorlardı ve **Rumlar Batı'da, Ermenilerde Doğu'da Anadolu'nun ticaretini elinde bulunduruyorlardı.**

İttihatçılar başlangıçta Türk milliyetçisi değildi ve Osmanlı yurtseverleriydi, amaçları bir Osmanlı birliğini kurmak ve sağlamlaştırmaktı hedefleri. Rumlar, Osmanlı'nın zayıfladığını görünce yeni bir manevra ile Bizans İmpara-

---

356 Feroz Ahmet, İTTİHATÇILIKTAN KEMALİZME, Kaynak Yayınları, 3. Baskı İstanbul, Mart 1996, s. 91.

torluğunu kurma hesabına giriştiler. Rumlar sosyal, kültürel, ekonomik yönde güçlü idiler ve dıştan destek buldukları için Osmanlı yönetimi üzerinde baskı kurma yolunu seçtiler. Eğitim yoluyla yüz yıllar boyu milli duygularını ayakta tutmayı başardılar. Osmanlı'da milli duyguların yerini ümmet aldı ve tebaa mantığı ile Türklere milli duygular ancak İttihatçılarca verildi. Rumlar, son zamanlarda her fırsatta Bizans'ı yeniden hortlatmak ve Eğe Bölgesinin işgali de bu düşüncenin ürünüydü. İttihatçıların milli duyguları tetiklemesi, Ege Bölgesinin işgalinde bu milli duygular vatan savunmasını bu bölgede başlattı.

Azınlıkların haklarını koruma 1774 Küçük Kaynarca antlaşması ile Ruslara verildi ve bu anlaşma Osmanlı'yı sıkıntılı sürece soktu. 1877-78 Osmanlı- Rus savaşı ile Osmanlı ağır yükümlülük altına sokuldu. Osmanlı tebaasında yaşayan Rum tüccarların bir kısmı kendileri Rus tebaası kabul ederek, Rus konsolosluğu görevini de sürdürüyorlardı. Bursa, Tekirdağ, Rodos konsolos yardımcıları Rum'du. Ruslar adeta azınlıkların koruyucu melekliğine sığınan kurtarıcı rolündeydi. Asıl sorun Çarların bitmeyen tükenmeyen arzuları Akdeniz'e inme hayalleri hep masada bulunan önemli dosyalardan birisi olmuştu ve Putin Suriye olayları ile Akdeniz'e inmeyi başardı. Bugün 2022'de Rusya'nın Suriye'de kara, deniz ve hava üsleri bulunmakta ve Akdeniz'in yeni ortaklarından biride Rusya oldu.

Milli Ekonomi ve Milli Uyanış Hızla Başlatılıyor

İttihatçılar, Anadolu'da ticaret ağını genişleterek ve Türk milletine ticaret yapma fırsatını yaratarak hazırlıklara başladılar. Batıda ekonomik yapı serbest ticari faaliyette yapıldığı için İttihatçılarda ticaretin serbest ölçülerde yapılarak bireysel yetenek ve becerilerin Türklerden öne çıkmasına öncelik tanıdılar. Türkler bürokraside, ticarette temsil edilmedikleri için Osmanlı'yı kuran bu temiz insanlar da karmaşık duygu yaratmıştı. Türkler kendilerini ben Türküm demeye utanır hale getirilmişti. Türklerde bu kompleksli düşünceyi Jön Türkler ve İttihatçılar silmeye çalıştı ancak kesin başarı Atatürk tarafından son nokta olarak konuldu. Atatürk'ün sloganı ve direktifi şu oldu **"TÜRK, ÖĞÜN, ÇALIŞ, GÜVEN."** Bu direktifi Atatürk boşuna söylemedi ve uzun sürecin horlanan bir milletin aşağılık kompleksini yıkmak için söyledi. Bu slogan aşağılanmanın yıkılışının haykırışıydı ve asla şöven slogan değildi. Türklerin kendine güvenini ve yeni bir milletle Türk Devletinin yaradılış sloganıydı.

Osmanlı, sanayi devrimini kaçırınca sanayileşmede olmayınca doğal olarak işçi sınıfı da yoktu; sanayileşme işçi sınıfını yaratan süreci de beraberinde getirir. İşçi sınıfının olmadığı toplumlarda sosyalist düşünce akımı gelişemez ve Osmanlı'da böyle bir akım yoktu. Altyapı olmayınca İttihatçılar ekonomik politikalarını liberal sistem içinde yürütmeyi devreye sokarak Anadolu'da şirketleri kurarak destekleyerek ticari faaliyetlere öncülük verdiler. Osmanlı'da ticaret ve sanayi olmayınca sermaye birikimi de yok denecek seviyedeydi. Ahmet Mithat Efendi 1880'de **"ekonomi politik"** adlı eserini yazdı ve bu eserinde şu görüşleri dile getiriyordu: "*Himayeciliği yazdı ve himayeciliği savunmaktaydı.*

Mülkiyede öğretmenlik yapan Sakızlı Ohannes ve Mikail Portakal'da serbest ticareti savunmaktaydı. Kazanlı Musa Akyiğit, 1910'da Harp Akademisinde öğretmendi ve Alman iktisatçı List'e dayanarak himayeciliği savunuyordu. List, yerli sanayinin gelişip tutunabilmesi için bir süre korunması gerekir. İktisat hocası Cavit Bey'de böyle düşünmekteydi."[357] Yerli sermaye yoksa bu sermayenin yaratılması için, devletin teşviklerle yatırımcıya fırsat tanıması yerli sermayenin mayasını oluşturan birikimi yaratmasına öncelik tanıması kaçınılmazdır ve İttihatçılarda kıt kaynaklarla bunu yapıyordu.

İktisatçı Marksist Parvus Efendi, ilk kez Türkleri emperyalizmin sömürü mekanizması ile tanıştırdı. Türklerin Batı emperyalistlerince sömürüldüğünü yazdı ve anlattı. Duyunu Umumiye ve Reji kurumlarının ülkeyi nasıl sömürdüğünü ve bunlardan kurtulmanın yollarını açıkladı. Türklerin köyde yaşadığını görerek köylülerin kalkındırılmasını yazarak, devletçiliğin önemini vurguladı. Yeni düşün sisteminin yaratılmasına gayrette bulunarak **kooperatifçiliğin** öne çıkarılmasına destek oldu. Bu akım savaş yıllarında serpilen devletçiliğin önünü açmış oldu. Parvus Efendi, Türk milletinin emperyalistlerce nasıl sömürüldüğünü yazması, anlatması ile milli duyguların da tetiklenmesine destek oluyordu. Ekonomik sömürü çarkı ile Türk milletinin nasıl sömürüldüğünü, bunun engellenmesi için nasıl tedbirlerin alınacağını, konuşan ve paylaşan yeni bir sürecin baş-

357 Sina Akşin, Kısa Türkiye Tarihi, Türkiye İş Bankası Yayınları, 21. Baskı İstanbul, Kasım 2016, s. 100.

latılması konusunda ciddi bir çalışma ve bilgilendirme çalışmaları başlatılıyordu.

Parvus Efendi 1912 yılında Türk Yurdu dergisinde yayınlanan makalesi milli ekonomiye geçişte yol göstermişti. Parvus Efendi Marksist gelenekten gelen düşünür ve ekonomistti. Habip Hamza Bu konuda şöyle yazmakta, *"Türkiye'nin Avrupa'nın mali boyunduruğu altında olduğunu anlatan bir makalesi yayınlanıyor ve İttihat ve Terakki'nin ekonomik korumacılık ve milli ekonomi politikalarının 1913 yılı başından itibaren uygulanmaya konulduğu gözlemleniyor."* [358] İttihatçıların önceliği köylülerin tarımsal üretime katılarak emeklerinin karşılığını almaları ve sömürülmemeleriydi.

Zafer Toprak ise Parvus Efendinin ekonomiye bakışını şu cümlelerle açıklamakta, "Bu yıllarda yabancı sermayenin sakıncalarında söz eden ve başta Türk Yurdu olmak üzere dönemin birçok yayın organlarındaki, yazılarıyla İttihatçıların iktisadi fikirlerini etkileyen Rus asıllı toplumcu düşünür Parvus 'tu..." [359] 1911-1915 yılları arasında İstanbul'da bulunan Parvus Efendi, ekonomik konularda çeşitli dergi ve gazetelerde görüşlerini açıklayarak ekonomik konularda toplumu aydınlatmaya çalışmıştı. Parvus Efendi, bu borçlarla devletin yaşama şansının imkânsızlaştığını ve bundan kurtulmanın gereğini yazmaktaydı. Şüphesiz ki kapitülasyonların kal-

---

358 Habip Hamza Erdem, Fransız Basının da GENÇ TÜRK DEVRİMİ, Kaynak Yayınları, 1. İstanbul baskı, Ocak 2016, s. 49

359 Zafer Toprak, Türkiye'de Milli İktisat 1908-1918, Türkiye İş Bankası Yayınları, İstanbul 1. Baskı, Ağustos 2019, s. 162

dırılmasında etkili olmuştu. Yabancı sermayeye karşı olan yazarlardan birisi de Galip Haldun'du. Milli sermayeye geçilmeli **"ekmeğin büyüğü hamurun çokluğunda yapılır"** diyerek milli ekonominin önemini verdiği hamur örneği ile vurguluyordu. İttihatçılar milli uyanışı ve milli ekonomiyi başlatıyorlardı.

Uzun süre İttihat ve Terakki Partisinin Maliye Bakanlığını yapan Cavit Bey, Osmanlı toplumunun Batının zengin ülkelerinde olduğu gibi sermaye akışı ve birikimi ile zenginleşerek yeni sermayeler yaratılarak düzlüğe çıkacağı görüşünde ısrarlıydı. Parasızlık son dönemde devletin canına tak demişti ve çözümlemelerde bu yönde devreye sokuldu. Ekonominin patronu Cavit Bey'di ve serbest ekonomik politikalarla zenginleşmeye inanmıştı. Ancak yetişmiş insan gücü yoktu, sermaye yoktu, buna rağmen ekonomide önemli başarılara imzalar attı ama savaş sürekli her şeyi engelledi. İttihatçıların ömrü hep savaş meydanlarında geçti. Alınan tüm karar ve önlemler savaş ekonomisine dayalı yürüdü. Savaş her şeyin yokluğunu yaratan acımasız derin ve dipsiz kuyu olduğu için gelecekle ilgili tüm planlarını yok ediyordu.

Milli Ekonomiyi Destekleyen Görüş ve Öneriler

İttihatçıların Maliye Bakanı Cavit Bey, vergi toplama konusunda düşüncesini bakın nasıl anlatmakta: "İnsanlar arasında eşitlik olmadığı gibi, servetler arasından da eşitlikten söz edilemez. Sermaye birikimi olmadan Osmanlı toplumu çağdaş uygarlık düzeyine ulaşamaz. Servet sahipleri her ülkede azınlığı oluştururlar. Babıâli artan oranlı gelir vergisinden kaçınmalı, servet sahiplerinden yüksek oranlı vergi almak yerine büyük çoğunlukta azar azar vergi toplayarak giderlerini böyle karşılamalı" [360] Cavit Bey, verginin tüm topluma yayılmasına buradan toplanan verginin devletin harcamalarında kullanılmasına öncelik tanıma görüşünü savunuyor ve milli duruşta ekonomik gücün önemini vurguluyordu.

İttihatçıların " iktisadiyat Mecmuası" adli yayın organının ilk sayısında Türklerin Alman usulünü örnek almalarını tavsiye etmekteydi ve Almanların elli senede nasıl güçlü ekonomi haline geldiği yazılıyordu. Alman ekonomik modeli böylece benimsendi. Osmanlı İngiliz, Fransız ve de kısmen de Rus modellerini taklit etmesine rağmen bir yere varamadılar şimdi de İttihatçılar Alman modelini milli iktisada uygulayarak yeni bir modeli uygulama sahasına sokuyorlardı. Stratejiniz yoksa hep son vagona binmeye çalışırsanız gün gelir her şeyi kaçırmış olursunuz. Osmanlı hareket eden trenin son vagonuna dahi ekonomik konularda binmeyi düşünemedi ve düşünse idi Duyunu Umumiye'nin esiri olmazdı! Avrupa 1700'lerden itibaren ekonomik sorunlarını çözmeye çalışırken, sanayi devrimini gerçekleştirirken Osmanlı kapılarını her şeye kapatmanın acısını millete yaşattı.

İktisatçılar, Alman ekonomisi yörüngesinde kendini bulmanın yolunu tercih etti, zaten başkada seçenekleri yoktu. İttihatçıların ekonomi kurmaylarının başında Parvus Efendi geliyordu. Parvus Efendi "Türkiye'nin

---

360Zafer Toprak, Age, s. 24

Can Damarı" adlı eserinde düşüncelerini dile getirmişti. Akademisyen Niyazi Berkes'in bu konudaki görüşleri şöyle: "Türkiye'nin geriliğinin asıl nedeni Avrupa sermayesinin sömürü alanı haline gelmesidir. Türkiye tarım, ticaret, tabii kaynaklar, demiryolları, bayındırlık tesisleri gümrük ve maliye gelirleri Avrupa'nın ekonomik güçlerinin hükmü altındaydı. Bu böyle oldukça Türkiye'nin kalkınması için bir dayanak yoktur. Böyle bir kalkınma dış yardım ve sermaye akımıyla da olamaz. Dışardan yardımın sağlamak ancak eskiden daha ağır koşullarla olabilir."[361] Parvus'a göre Türk aydınları halktan koptukları için halkın perişanlığını bilmemekte ve dışardan alınan yardımlarda sömürenle-sömürülen arasındaki ilişkiden başka bir şey olamıyordu.

Parvus Efendi, Rusya'dan doğmuş Almanya'dan doktora yapmış iyi bir ekonomistti ve sosyal politikalara önem vermekteydi. Duyun-u umumiye konusundaki görüşlerini bakın nasıl yazmakta: "*Türkiye'nin mali tutsaklığı Kırım Savaşı'ndan başlamıştır" diyerek Kırım Savaşı'nın devlete açtığı ekonomik tutsaklığın ciddiyetini yazmakta. Yine Parvus Efendi devam ederek "Muharrem Kararnamesi ile ülkede hükümetten ayrı, fakat devletin gelir kaynaklarının büyük bir bölümünü ele geçiren yeni bir kurum çıkmıştı ortaya; borçlularca yönetilen Duyun-u Umumiye. Siyasal bir kurum değildir, devletin vekili ya da temsilcisi de değildir, düpedüz özel bir şirkettir. Dolayısıy-*

361 Niyazi Berkes, Türkiye'de Çağdaşlaşma, Yapı Kredi Yayınları, 24. İstanbul Baskı, Mart 2017, s. 467.

la ülkede iki maliye yönetimi ortaya çıkmıştır."[362] Duyunu Umumiye, Osmanlı'da iki maliye sistemi yarattı ve ülkenin kaynakları emperyalistlerin sermayelerine can suyunu oluşturuyordu ve işte bu acıklı duruma düşünen beyinler isyan ediyordu!

Yusuf Akçura'da yine İttihatçıların önemli ekonomi kurmayları arasında yer almakta ve ekonomik konularda görüşlerini şu biçimde yazmakta: "Çağdaş devletin dayanağının burjuvazi olduğu fikrini ileri sürdü. Batı, Burjuvazinin, sermaye adamlarının, bankerlerin omuzları üzerinde yükselmiştir. Ulusçuluğumuz köylüye baş yeri vermeyi bize emrediyorsa da aynı ölçüde Türk burjuvazisinin de gelişmesini emrediyor."[363] Osmanlı İmparatorluğu'nda lonca sistemi esnafı, ticareti destekler ve yönlendirir ve kontrol mekanizmasını çalıştırırdı ancak sistem çökünce bu faaliyetler başsız kaldı. İngiliz ambargosu ise parası ödendiği halde üç geminin verilmemesi milli iktisadın pratiğe yansımasında önemli rol oynadı. Bu konunun gelişim sürecini kısaca görelim.

Milli iktisadi tetikleyen ana faktörlerden birisi de şöyle beyinlerde iz bıraktı ve bu olayın gelişimini kısaca görelim, "Osmanlı İngiltere'ye üç gemi siparişi verdi. Sultan Reşat, Sultan Osman ve Fatih gemileriydi. Birinci Dünya savaşı çıkınca bu gemileri İngiltere parası ödendiği halde el koydu ve uluslararası yasaları çiğneyerek vermedi. Averof adlı Yunan savaş gemisi Ege Denizinde

362 Parvus Efendi, Türkiye'nin Mali Tutsaklığı, Haz. Muammer Sencer, May Yayınları, İstanbul Baskı, 1977, s. 38.
363 Niyazi Berkes, Age, s. 468.

ki tüm adaları ele geçirince Osmanlı'da Rum bakkallara karşı bir boykot kararı aldı. 1913-1914 arası Osmanlı'da milli iktisat politikasının başlangıcı sayılır. Birden bire İstanbul'da 600'e yakın Türk bakkal açıldı. Rum bakkallarında alış veriş etmemek üzere. Averof savaş gemisi Türk Milletine ulus kimliğinin oluşmasında önemli katkıları oldu." [364] Ulus bilinci ve milli iktisat görüşleri giderek zemin bulma sürecine girmeye başladı. İngiliz ambargosu, Averof olayı ulusal bilinci hızla tetikledi.

Tarihçi Yazar Mustafa Solak, İttihatçıların ekonomik politikasını şöyle yazıyor: "Birinci Dünya savaşı koşullarında İttihat ve Terakki milli iktisat siyasetiyle biraz olsun devleti toparlamaya çalışmıştır. Cumhuriyet kurulduktan sonra ekonomide özel sektörün öncülüğünde bir süre yol almıştır. Kemalistler 1923'te İzmir İktisat Kongresi'nden sonra özel mülkiyet, bireysel girişim yolunu denediler. Yedi yıl süren bu deneyim sonunda bu yolla hızlı gelişme sağlanamayacağı anlaşılınca 1930'ların başın da devlet öncülüğün de ekonomik atılımlar yapılmaya başlanmıştır. İktisat vekili Celal Bayar bu durumu şöyle özetler. Milletin muhtaç olduğu refahı, bazı özel girişimlere ve bu girişimin dayandığı sermayeye bırakmak gerekirse en az iki yüzyıl daha bekleme dönemi geçirmemiz gerekir."[365] 1929 ekonomik buhranının gereği olarak devletçi politi-

---

364Taha Akyol, Rumeli'ye Elveda, Doğan Kitap, 1. Baskı İstanbul, Şubat 2013, s. 68.(Bakınız, Zafer Toprak, "Osmanlı Donanması. Averof Zırhlısı ve Ulusal Kimlik" Toplumsal Tarih, Sayı 113, Mayıs 2003, s. 10-19."

365Mustafa Solak, Laikliği Doğru Anlamak, Kaynak Yayınları, 1. Baskı Ankara, Nisan 2017, s. 164-165 kaların uygulanmasının öncelik kazanması tüm dünyada bir zorunluluk olarak görülmeye başladı. Daha sonra İngiliz iktisatçı Keynes, krizler konusunda yeni bir ekonomik modeli iktisatçıların ve dünyanın önüne sunmayı başardı. Keynesyen görüşler klasik anlamda her ülke, her ideoloji ve her devirde geçerli proje haline geldi.

Alman milletinin, milli iktisadı ve milliyetçilik dinamizmi ile güç topladığını ve sistemini bu iki akım üzerine kurarak çalışma sistemini yaratması, İttihatçılara da bir ışık bir rehberlik yaratmış oluyordu. İktisatta, millilik duyguları Alman ekonomisine bir ayrıcalık yaratmıştı. Bu etkilerden hareketle İttihatçılarda milli ekonomisini böyle yaratmak için bu modeli benimsedi ve pratiğe yansıtmanın sevincini yaşamaya ve paylaşmaya başlıyordu. Osmanlı ümmet sistemi üzerine varlığını kurduğu için çalışmayan üretmeyen miskin bir millet olmanın sonucu hep dış ülkelere bağımlı oldu. Milliyetçilikle milli ekonomi, Alman ülkesinde birleşince güçlü Alman ekonomisi böyle doğdu. Almanya 1870 savaş sonrası tüm güçlerini milli ekonomiye ayırdı. Alman milliyetçiliği ile Alman milli iktisadi tam bir tek vücuda dönüştü ve bizim İttihatçılar da bu fotoğrafı kendilerine model seçtiler. Kısa sürede ulus devlet oluşturma görüşüne inanmışlardı ve savaş süreci tüm planların üzerinde silindir gibi geçerek her şeyi silip yok ediyordu.

TÜRK MİLLİ ŞİRKETLERİNİN KURULUŞU

İttihatçıların Kurduğu Milli Şirketler

İngilizlerin ilk ulaşım için kurduğu şirket 1849'da **"Şirketi Hayriye"** olup Boğazdan karşıdan karşıya yolcu taşıyarak hizmet veriyordu. **Bank-ı Osmani 1856'da kuruldu.** Bu bildiğimiz Osmanlı Bankası olup İngilizler tarafında kuruldu ve sermayesi yabancılara aitti ve sömürü çarkının sürmesine hizmet etmekti görevi. Daha sonra **"İzmir-Aydın Demiryolu yapımı"** bu tarihlerde yapılarak hizmete girdi. Anadolu'ya yapılan ilk demiryolu olup Ege bölgesinin tarımsal ürünlerini kontrol etmek, aynı zamanda Akdeniz ve Mısır'ı denetim altında tutmaktı hedefleri. Bu şirketleri İngilizler kurarak Osmanlı ekonomisine hem sahip olmak hem kontrol etmek hem de para kazanmaktı. İttihatçılardan önce kurulan şirketlerin sermayelerinin tümü yabancı kuruluşlara aitti. İttihatçılar bu durumun tehlikesini görerek yerli sermaye ile şirketler kurmaya ve sömürü çarkını aza indirmeye çalıştılar. Bu milli şirketlerin kuruluşunda İttihatçı Kara Kemal'in fedakârca çalışması yadsınamayacak kadar büyüktü. O dönemde ticari faaliyetler konusunda güçlü ticari birikime sahip kadrolar ve bireyler yok denecek kadar azdı.

1915'te Çanakkale Savaşı tüm şiddeti ile sürerken temel gıda maddeleri öncelikli taleplerin başında geliyordu. O dönemde İsmet (İnönü) İstanbul Valisi, İstanbul Emniyet müdürü ise Cemiyetin etkili isimlerinden Bedri Bey bulunuyordu. İstanbul'un tüm gıda sorunlarını çözmek üzere Kara Kemal Bey görevlendirildi. İttihat ve Terakki'nin hedefi, Türkler arasında ticaret ve sermaye birikimi yaratacak alt yapının oluşturulmasına yönelik çalışmaları hızlandırmaktı. Kara Kemal, İsmet Bey ve Bedri Bey üçlüsünün ana görevi İstanbul halkının gıda sorunu yaşamaması için gerekli önlemlerin alınmasına öncelik verdiler. 1914'te daha Çanakkale savaşı başlamamıştı, Türklerin Romanya'da ithal ettiği unlara Ruslar, gemi Odesa limanında hareket etmeden el koydular ve İstanbul'da gıda sorunu pik yapma sürecine giriyordu.

Feroz Ahmet İstanbul'da ki gıda konusunda şu bilgileri vermekte: "1915 yılı Ağustos ayına gelindiğinde ekmek, şeker, yemeklik yağ ve kahve gibi temel ihtiyaç maddelerinin bulunmasında yaşanan sıkıntı çok artmıştı. Yetkililer bu temel maddelerinin alımını vesika sistemine bağlamışlardı. Lokantalara, müşterilerine çok şeker kullanılarak yapılan baklava gibi sevilen tatlılar yerine mevsim meyveleri sunmaları talimatını verdiler. Savaş nedeni ile meyve ve sebze ihracatı durmuştu ve ülkede bol miktarda bulunmaktalardı. İsmet Bey'in Valiliği ve Kara Kemal ve desteklediği 'harp zenginleri' açısından bir yenilgi olarak görülmemelidir."[366] Bu süreçte Talat Bey'in tahıl ithalatında gümrük vergilerinin kaldırılmasına yönelik kanun teklifi onaydan geçmişti.

Kara Kemal İstanbul'un gıda ihtiyaçlarını karşılamak için iaşe işlerini yürütmekle görevlendirildi. Zenginlik herkese açık olup kaynağı da tasarruftur. Tasarruf olmadan ekonomik birikim yapılamaz. Tasarruf yarınların belirsizlik dönemleri için alınan önlemler olup başkalarına da muhtaç olmadan yaşamaktır. Bu tasarruf kavramı hayatın tüm safhaları için geçerli argümandır. Tasarruf

---

366 Feroz Ahmet, JÖN TÜRKLER Osmanlı İmparatorluğu'nu Kurtarma Mücadelesi 1914-1918, Türkiye İş Bankası Yayınları, II. Baskı İstanbul, Haziran 2021, s. 143-144.

yarınları düşünerek alınan önlem birikimleridir. Batı toplumlar tasarrufla geleceğini güvence altına alırken, Osmanlı gününü gün edip vur patlasın çal oynasın çengisi ile günleri tüketmekle meşgul olmuştu. Tasarrufun yolu bilinçli üretimle dimdik ayakta durmayı yaratır ve feodal düşünce ve mistik yapılar özgür yaşam yerine boynu bükük yaşamayı belirleyen süreci halkına yaşatır.

Milli şirketlerin kurulmasına bu konuda bir bilgi birikiminin oluşmasına Kara Kemal'in çalışması takdire değerdir. "1914-1918 döneminde toplam milli sermaye ile kurulan şirket sayısı 236 adetti. 1919 yılına gelince sadece 9 şirket ayakta kalarak faaliyetini sürdürdü. 1914-1918 arası kurulan şirketlerin büyük bölümü, Müslüman ve Türk eşraf ortaklığı ile kuruldu."[367] Şirketler milli olarak kuruldu ancak savaşın acımasızlığına onlarda dayanamadı ve belirsiz süreç onlarında iflas etmesine neden oldu. Savaşlar hem insanların canını almakta hem de şirketlerin de canını almaktan geri durmamıştı ve savaşın kötülüğü canlı ve cansız tüm maddelerin hücrelerine kadar zehrini saçıyordu. Savaşlar kötülük abidesidir ve bundan merhamet ummak insanlığın yüz karasıdır.

Çanakkale Savaşı sürecinde milli şirketleri kurarak, Türk milletini bu milli şirketlerle tanıştırmak, Türklerinde şirket kurabilir ve üretebilir görüşünü pratiğe yansıtmak önemli bir moral kaynağı ve büyük bir kazanımdı. Kemal Bey'in kurduğu şirketler şunlar. **1.** Kemal Bey, desteği ve gayretleri ile ilk milli şirket **"Anadolu Milli Mahsulat Os-**

367 Zafer Toprak Age, s. 58

manlı Anonim şirketi" kuruldu ve Osmanlı sınırları içinde alım-satım yapacak şirketti. Bu ilk milli şirket tahıl, tiftik, koyun, yapağı, yün, deri, afyon vb. ürünleri ülke içinde alıp yine ülke içinde satacaktı ve bu görevini en iyi şekilde yürüttü. Bu şirket 200.000 Osmanlı altını olan sermaye ile kuruldu. Yarısını Kemal Bey'in ticari faaliyeti karşıladı ve yarısını da Konya, Ankara ve Bağdat sermayesi karşıladı ve tamamen yerli ve milli şirketti. Milli şirketler ülkenin kaynaklarını yine ülkenin halkının hizmetine sunan yerli işletmelerdir. Halk üretmeyi, ticaret yapmayı, para kazanmayı ve de başka ülkelere muhtaç olmadan ayakta durmayı öğrenme sürecine girdi. Demek ki istenirse yerli üretim yapmayı bu millet yapabiliyormuş? Osmanlı'da istese yerli üretim yapacak işletmeleri kendisi kurabilirdi ve bu konuda önemli birikim yaratabilirdi.

2. Milli şirketi yine Kemal Bey kurdu. Kemal Bey'in kurduğu ikinci şirket " **Milli İthalat Kantariye Anonim Şirketi"** adı ile faaliyetine devam kararı aldı. Bu şirket gerek yurt içinde gerekse yurt dışında ithalat yaparak ülkenin gereksinimini karşılamaya yönelik ürünlerin temin edilmesi için kurulan şirketti. Gerek yurt içinde gerekse yurt dışında şeker, yağ, pirinç, kahve gibi ürünlerin alım ve satımı ile iştigal edecek şirketti. Bu şirkette 200.000 Osmanlı lirası ile kuruldu yarısını Kemal Bey'in kurduğu şirket yarısını da İstanbul bakkalları karşıladı. Böylece iki milli şirket kurularak hem ticaretin teorisi ve pratiği öğrenilmekte hem de millilik görüşü giderek ağırlık kazanıyordu. Milli şirketler milli duyguların kabarmasına ve pekiştirilmesine öncülük ediyordu.

3. Milli şirket ise yine Kara Kemal Bey'in desteği ile kuruldu. **"Milli Ekmekçi Anonim Şirketi"** adı ile kurulan şirketti. Bu üçüncü milli şirket buğday alıp öğüterek un ve undan yapılmış mamullerin üretim ve tüketim işleri ile faaliyetini sürdürecekti: "Bu milli şirketin sermayesi 100.000 Osmanlı lirası olup yarısını Milli şirket karları yarısını da fırıncılar karşıladı." [368] Bu kurulan milli şirketler İttihat ve Terakkinin tam desteği ile kuruldu ve yönlendirildi. Milli şirketlerin kurulup sevk ve idare edilmesini de İttihatçı Kara Kemal Bey üslenmişti. 1916 yılında bu milli şirketlerin karları önemli birer rakamlara vardı ve bu paralar savaş döneminde hükümetin elini rahatlattı. Birinci Dünya savaşında içe kapalı ekonomi uygulayan hükümet, Anadolu'da fabrikalar kurarak Anadolu'da milli şirket ve milli sermayenin gelişmesine öncülük etti. İttihat ve Terakki örgütünün Anadolu'daki taşra örgütü desteği ile milli şirketler Anadolu'da kuruldu ve üretime geçti.

Anadolu'da Kurulan Şirketler ve Bankalar

Despotizmin yerini özgürlük ortamı alınca milli şirketlerin Anadolu'da da kurularak yöre halkına hizmet vermeye başladığını görmek büyük bir başarı ve sevinç kaynağı olarak halkın gönlünde altın taht oluşturuyordu. "1908 Devrimi sonrasın da Anadolu'da kurulan milli şirket sayıları hızla arttı. 1920 yılına gelindiğinde Anadolu'da şu milli şirketler faaliyette bulunuyordu. Konya'da 19, İzmir'de 11, Kütahya'da 3, Ankara'da 2,

---

368Zafer Toprak Age, s. 61-62

Bursa'da 3, Kayseri'de 2, Erzurum'da 1, Trabzon'da 1, İzmit'te 1,Eskişehir'de vb. Anadolu 'da milli şirketler, milli sermaye ve ticaret adamları görülmekte ve yabancılara muhtaç olmaktan kurtulmuştuk bazı ürün alımında."[369] İttihatçılar altı yüz seneden sonra Türklere üretim yapmayı, satarak para kazanmayı, yabancı güçlere el açmadan yaşamanın önünü açtı ve halkın o atalet yükünü atarak güven unsurunu halkın beynine yerleştirmeye çalıştı, kısmen başardı ve bu süreci başlattı. Milli duygular milli üretimle bütünleşince ulus düşüncesi de kişilerde yerleşmeye ve Cumhuriyetin ilanı ile de birey olma sürecine girince yeni model insan düşüncesi oturmaya başladı. Modern düşünce üreten, özgürlüğü savunan, ümmet yerine millet paradigmasında bütünleşen bir millet yaratıyordu ve bunun öncü gücü İttihatçılardı.

Akademisyen Sina Akşin, kurulan bu dönemde milli şirketleri ve milli bankaları şu şekilde yazmakta, "1913'te iki İttihatçı Kazım Nuri ve Topçuoğlu Nazmi, Kooperatif Aydın İncir Üreticileri Şirketini kurdular. 1908'de şirket sermayesinin % 3'çü yerli iken 1918'de bu oran % 38'e çıkmıştı. 1913'te Adapazarı İslam Ticaret Bankası (Bugünkü Türk Ticaret Bankası) kuruldu. 1914'te Milli Aydın Bankası kuruldu. 1917'de Manisa Bağcılar Bankası kuruldu. 1 Ocak 1917'de İtibari Milli bankası kuruldu."[370] 1913'te teşviki sanayi kanunu çıkarılarak yerli sanayinin teşvik edilmesinin önü açıldı. 1916'dan itibaren yabancı şirketlerin defter ka-

---

369Mehmet Vehbi, İstanbul Ticaret ve Sanayi Odası, 1925 yılı, Sayı 1, s. 656

370Sina Akşin, Age, s. 98-99

yıtlarını Türkçe tutulması mecbur edildi. Şirketlerin denetimi kolaylaşarak bu şirketlerde Türklerde çalışacaktı. Ege demiryollarında çalışan Türk yoktu ve bu düzenlemelerle o demiryolların da Türklerde çalışma fırsatını bulmuş oldu. Üçüncü Cumhurbaşkanı Celal Bey (Bayar) İttihat ve Terakki desteği ile İzmir'de Haziran 1915'te bir şimendifer okulu açtı ancak savaş sebebi ile kapanmak zorunda kaldı. *(Celal Bayar, İzmir ve Ege Bölgesinin işgali ile "Galip Hoca" adı ile halkı işgale karşı direnmeye çalışıyordu.)*

Doğu Anadolu'da ve Güney Anadolu'da Ermeni ve Rumların göç ettirilmesi nedeni ile bu bölgenin ticareti ve zanaatı ağırlıklı olarak Ermenilerin elindeydi. Göç sebebi ile bu alanda boşluklar oluştu ve İttihatçılar gerekli önlemler için projeler üretmeye başladı. Savaş süreci olunca her şey hedeflere ulaşmakta yetersiz kaldı. Ege bölgesinde tek bakkal sahibi olan Türk yoktu ve ticaret Türk olmayanların elinde yürümekteydi. İttihatçılar ülkenin tüm sorunlarını tespit etmesine ve çözümler üretmesine rağmen savaş yılları tüm hesapları etkisizleştirdi. Kaynakların tümü orduya aktarılmak zorunda bırakıldı. Göç sebebi ile ülkeyi terk eden gayrimüslimlerin bıraktığı ticaret ve sanatlar Türkler tarafından yapılmaya çalışıldı. Vehbi Koç'un anılarında ise şu bilgiler görülmekte, son dönemde Ruslar Karadeniz'e egemen olunca deniz ticaretini yerini kara ticareti almaya başladı. Karadeniz ticareti kara yoluyla ve trenlerle ürünleri Ankara'ya geliyor ve buradan da muhtelif yerlere dağıtılmaktaydı. Ankara ticareti olarak hareketli kent haline geldi. Kurtuluş Savaşı sırasında Ankara hareketli ve ticari sahada da önemli bir merkez konumuna geliyordu ve Cumhuriyetin ilanı ile ticari faaliyetler gelişme sürecine hızlanarak giriyordu.

Sanayi devrimi ile dünyada emtia akışlarını emperyal güçler tetiklemeye başladı ve süreç için de sömürge ve sömürü çarkları yeni bir sürece evrilerek rekabet gücünü de hızlandırdı. Sahil kentleri öncelik alma konumuna gelerek, özellikle Osmanlı hinterlandındaki Beyrut, Selanik, İzmir, İstanbul gibi kentler ithalat ve ihracat merkezleri konumunda işlevlerini sürdürüyorlardı. Gemicilik sektörü geliştikçe sahil liman kentleri ticari faaliyetlerde günden güne güçleniyorlardı. Bu şehirlerin nüfusu da hızla artmaya başladı. Selanik limanını Makedonya'nın verimli toprakları besliyordu. İzmir şehrini ise Ege bölgesinin zengin tarım ovaları ve burada yetişen ürünler şaha kaldırıyordu. Beyrut'ta aynı şekilde ihracat ve ithalat merkezi haline geldi. İstanbul ise tarihin derinliklerinden beri zengin alış veriş merkezi ve ithalatla-ihracatın başkenti konumunu üstlenmişti.

İttihatçılar Aydın İlini Pilot Bölge Seçtiler

Osmanlı tarım toplumu olunca nüfusun büyük bölümü köylerde yaşıyorlardı ve geçimlerini tarımsal üretim ve hayvancılıkla sürdürmektelerdi. İttihatçılar öncelik olarak tarımsal üretim yapan Türk köylüsünün emeğini koruyarak onun eline para geçmesine öncelik tanıdı. Bu yönde çiftçi desteklenirse üretim artışını hedefine koyacak ve daha çok üretip daha çok para kazanacaktı ve refah seviyesi yükselecekti. Bu köylüyü korumak ve teşvik etmekti üretim yapmaya. Çitçilerle ilgili strateji bu yönde geliştirildi ve Aydın ili pilot bölge olarak tespit edildi. İttihatçılar milli duygu ve düşünceleri geliştirmek ve milli ekonomiyi yaratmak dışarıya karşı bağımlılığı azaltmak için üretim seferberliğini halkı ile başlattı ve bundan da başarılar elde ettiler. Savaşla doğan İttihatçılar savaş süresince yaşadıkları için tüm hedeflerini gerçekleştirmeden sıkıntılara boğuldular. Özellikle Birinci Dünya savaşı boyunca milli iktisat politikasını uygulamak istedi ancak savaş süreci boyunca pek çok ekonomik sorunu sınırlı da olsa çözmeye el etti ancak tüm dengeleri ve olumsuz konjonktürü karşılarında buldular. Tüm olumsuzluklara rağmen İzmir ve Aydın bölgesini pilot bölge seçerek halkın emeğinin korunmasına öncelikle çalışmalara başladılar. Bu sürecin işleyişini okuyalım,

"İttihatçılar Müslüman Türk unsurun, özellikle dış unsurlara karşı iktisadi çıkar birliğini merkeze alıyor; yabancı gayrimüslim burjuvazi karşısına örgütlenmiş bir milli burjuvazi çıkarmak istiyorlardı. Avrupa kapitalizmine entegre olmuş İzmir, Aydın ve çevresi olup buranın nüfusu ise kozmopolitti. Üzüm, pamuk, tütün, incir, meyan kökü ve meşe palamudu gibi ürünler yabancıların tekeline geçmiş, Ermeni ve Rum tüccarların elindeydi. İkinci Meşrutiyet yıllarında Türkleştirme politikası bu bölgede yapıldı. İzmir, Aydın ve çevresi İttihatçıların milli burjuvazi yaratma politikalarının uygulamaya konduğu pilot bölgesi buralar oldu."[371]

---

371 İttihatçılar ve İttihatçılık Sempozyumu, Bildiriler III. Cilt, Türk Tarih Kurumu, 25 Kasım 2014, Ankara, s. 148-149

Ege Bölgenin tarımsal üretimini İngiliz, Fransız ve başkaları fabrikalar kurarak sömürü mekanizmalarını sürdürmektelerdi. Gelecek yılın mahsulünü daha sonbaharda borçlanan çitçilerin ürünlerini ipotek altına alarak çok ucuza kapatırlardı ve emekler yok pahasına sömürülüyordu. İttihatçılar bu sömürüyü kırmak için o bölgede milli burjuvazi yaratarak köylünün ürünlerini değerinde almak, onların arkasında Türk devletinin olduğunu bildirmek ve çiftçiyi üretime teşvik ederek para kazanmasını desteklemekti. Halkın huzurlu olması, eline para geçmesi ve milli sermaye böylece tıpkı bir duvar örülmesi gibi tabanda başlatılıyordu. Tabanda başlayan bu çalışmalar mayalanarak güçlendi, yerli sermayeye dönüşerek gelecek Türkiye'sinin ekonomik çoban ateşlerini tetikledi. Ekonomide çoban ateşleri böyle başlatıldı.

Ülkenin tüm kaynaklarını sömüren yabancıya karşı, Türk çiftçisini uyarmak ve milli duygularını tetiklemek ve milli sermaye yaratmak için İttihatçılar çok emek harcadılar ve bu emekler bugünün ulusalcı gücünün temellerini o günlerde atmış olmalarıydı. **"1840'lara kadar meyan kökünün ne olduğunu bilen yoktu. Meyan kökünde şeker olduğunu keşfeden Fransızlar oldu. Meyan kökünü taşla ezip kazanda kaynatarak meyan kökü balını elde ettiler. İngilizler 1854'te Aydın'da meyan kökünde bal elde etme fabrikasını kurdular. Almanlarda bu sektöre girdi."**[372]

372 İttihatçılar Sempozyumu Cilt III, Age, s. 152

Eğe bölgesinin ürünleri emperyalistlerin paylaşımına harman olmuştu bu harmanlarda cirit atmaktalar ve Anadolu halkının emeğini sömürmeye devam etmektelerdi. Palamut, Aydın ve Birazda İzmir'de yetişmekte olan bu ürün deri sanayinde kullanılan ve ikamesi olmayan tek üründü. Tüm Avrupalıların talep ettiği üründü ve çok ucuza alınmaktaydı. İttihatçılar o günün stratejik ürünü olan palamut ürününe de el koyarak sömürü çarkını şöyle kırmaya çalıştılar: **"Türkiye Palamutçular Anonim Şirketi"** ismi ile Türk şirketi kurularak bu ürünü İttihatçıların desteği ile Türk şirketi pazarlamaya başladı."[373]

Tariş'in temelleri İttihatçılarca o yıllarda atılmış oldu. Tariş, İttihatçıların Türk tarımsal ürünlerini korumak için 1915'te kurulan şirketle yabancı boyunduruğunda kurtarıldı. Egenin ürünlerine millilik getirilerek Türk üreticiler ürünlerini değerinde alıcı bulmaya teşvik edildi. İttihatçılar kırsal alanda tarıma dayalı sanayi dönüşümünü dönüştüremedilerse, Ege'nin kentlerinde bunu sınırlıda olsa o günün savaş sürecinde başardılar. **"Cumhuriyet yıllarında tarıma dayalı sanayileşme hamlesi, kooperatifleşme sayesinde üreticiler arası birliği tesis etme tarımın ticarileşmesi, iç piyasaya dönük üretimin gerçekleşmesi, Kemalist politikalar için çok önemli hukuki, idari ve iktisadi birikimi sağladı.** [374] İttihat ve Terakki örgütü, milli ekonominin, milli değerleri, milli üretimin ve millet olmanın bilincini bu topluma armağan eden ümmet yerine millet olma

---

373 İttihatçılar Sempozyumu Cilt III, Age, s. 155
374 İttihatçıların Sempozyumu, III. Cilt, Age, s. 158.

gururunu veren ulusalcı örgüt olup Cumhuriyetle bu kavramlar yerlerine oturdu.

İttihatçıların Ege Bölgesinde yarattığı milli tarım politikası ve millilik bilinci, İzmir'in işgali ile düşmana karşı, sömürüye karşı eylemlerle halkın vuruşmayı göze alması İttihatçıların emeklerinin birikimi sonucu doğan tepkilerin bütünüdür. İttihatçıların yarattığı ümmetten millete geçiş süreci Anadolu işgalinden de meyvelerini vererek emperyalizme karşı tek beden tarihin akışını değiştiren topyekûn tepkiydi. 600 yıllık emek ve ürün sömürüsü bir anda tersine dönüverdi, emeğe değer verirseniz karşılığı emperyalizme vurulan balyoz olarak dönecekti ve Ege bölgesinde bu gerçekleşti. Ege bölgesinin tarımsal üretiminin getirdiği milli duygular ve milliyetçi akımlar, İzmir ve Ege bölgesinin mili üretimi işgal güçlerine karşı bir silah bir dinamit olarak düşmanın suratında patladı. Ege bölgesinde ki, emperyalizme karşı ilk ayaklanma ve efelerin dağlara çıkarak gerilla direnişlerini başlatmasının arkasında yatan o güç, İttihatçıların sömürüye karşı yarattığı milli duyguların bir bütünü olarak düşünülmelidir. Ege bölgesinde emeğe verilen değer, önce potansiyel güce dönüştü ve sonrada kinetik yapıya bürünerek emperyalizme karşı tarihte görülmemiş yenilgiyi kafalarına indirmeyi başardı.

İttihatçıların Başarıları ve Yanıldıkları Yerler

İttihatçıların yarattığı fırsatlarla ve yine yaptığı sınırlı hatalarla tarihe mal olmuş kısa sürede birçok dengeleri değiştirmiş pek çok tepki almış yurtsever bir sürecin yılmaz ekibiydi. İttihatçılar Avrupa'nın bilimde, teknolojide, askeri alanda, özgür yaşamda ve elde ettiği zenginliklerden etkilenerek bu güzelliklerin de kendi ülkelerine kısa sürede gelmesi için çalışan genç aydın ve kararlı kadrolardı. Geceyi gündüze katarak çalışan ve gözünü budaktan esirgemeyen okumuş aydın devrimci hareketin öncüleriydi. Koskoca imparatorluğun köhne kaderini değiştirmek için birlikte yola çıkan bir grup aydının, kendi ülkelerinin de Avrupa zenginliklerinde yararlanmasını temin için çıkılan dikenli yolda yürümeleri olarak tarihe geçen hareketti. Bu devrimci hareketin daha öncesi olmadığı için, bunlar bu konuda ilk ve tecrübeleri yetersizdi ve önlerinde rehberleri yoktu. Özellikle gerici ve padişah yanlıları bu devrimci hareketi çok eleştirerek insani olmayan ithamlarla suçladılar. Osmanlı'nın feodal yanı ağır bastığı için her olumlu harekete **"istemeyüz"** ön yargısı hâkimdi. Ön yargıları yıkmak çağdaş düşüncenin evriminde insanları yoğurmak ve değiştirmek kolay olmuyordu. Büyük bilim insanı Aynştayn 'ın da dediği gibi **"ön yargıları yıkmak, atomu parçalamaktan da daha zordur."** Atom kolay parçalanıyor da, fanatik kafa kolay ıslah edilmiyor, kara beyin kararak yollarına da kara lekeler saçarak devam ediyor!

1908 Devrim'i sonrası İttihatçılar için Batı basını şu bilgiler paylaşılmaktaydı. "Devlet idaresi konusunda deneyimsiz gençler olduklarını ve yaşa gösterilen saygının burada, başka ülkelerden daha fazla önem taşıdığı görülmekteydi. Bu deneyimsizliğin yersiz bir korkudan başka bir şey olmadığını, sonraları yüksek mevkilere geldiklerinde davranışlarında gösterdikleri olgunluk ortaya çıktı..."[375] İttihatçıları deneyimsiz, genç ve tecrübesiz gören yaşlı kesim, onlar yönetime gelince görev bilinci ve geleceğe dönük doğru projeler üretmeleri onları da şaşırtmışa benziyordu. Osmanlı 600 sene yaşlılar grubu ile yönetildi ve çağın dışında bırakıldı. Genç İttihatçılarla bugünün Türkiye'si yaratıldı. Şunu unutmamak gerekir ki, yaşlanan beyinlerin büyük bölümü statükonun yörüngesinin dışına kolay kolay çıkamaz ve bunun en güzel örneği geri kalmış ülkelerin analizi yapılınca görülmektedir. İttihatçılar bu konuda değişime öncülük ettiler ve şüphesiz ki eksiklerinin olması da normal sayılmalı. 600 yıllık tarım ve din toplumunu değiştirmek ve dönüştürmek kolay olamazdı ve İttihatçılar bunu bedel ödeyerek başardı.

Şevket Süreyya Aydemir, Suyu Arayan Adam eserinde, İttihatçılar konusunda şöyle yazıyor: "*Çürümüş hantal, çağdışı ve her türlü haysiyetten yoksun bir istibdat idaresini cesur bir hamle ile devirdiler. İmparatorluğun uyuşukluğunu harekete geçirdiler ve milleti aşağılık duygusundan uyandırdılar. Ortaya şan ve şöhretleri yüksek kahramanlar çıkardılar...*"[376] Özgür ortamı getirdiler ancak onlarda tam özgürlüğü yaşatamaz oldular. Sorunlar hem içerde hem de dışarda çığ gibi devletin omuzlarına yığılmış ve onu yerde sürünürken kaldırmak bu aktif

---

375 Feroz Ahmet, İTTİHAT VE TERAKKİ 1908- 1914, Kaynak Yayınları, 11. İstanbul Baskı, Şubat 2017, s. 44.

376 Şevket Süreyya Aydemir, SUYU ARAYAN ADAM, Remzi Kitabevi, 18. Baskı İstanbul, Şubat 2006, s. 238-239.

gençlere kaldı ve onlarda bu hantal yapıyı değiştirmenin öncülüğünü yaptılar. İttihatçıların en büyük eseri aşağılanan kendine güveni olmayan Türklere güven aşıladılar ve üzerlerindeki uyuşukluğu, miskinleşmiş kompleksli uyuşukluğu yıkmak için gecesini gündüzüne katarak başarmanın mutluluğunu paylaşmayı hak ediyorlardı.

Özellikle Balkan savaşlarının kaybını İttihatçılara yıkmaya çalışan zihniyet tamamen iftiralarda bulunmakta idi. Balkanlarda savaş çıkınca onlar Libya'dan İtalyanlara karşı orayı savunuyorlardı. Padişah İkinci Abdülhamit'in beceriksiz ve üretken olmayan askerlere Paşalık unvanını vermesi ile tüm askeri dengeler ve sosyal yapı bozuldu ve bu dengesiz kadrolar Balkanların elden çıkmasının sorumluları olarak tarihe geçen zevattı. Gazi Ahmet Muhtar Paşa'nın toplama hükümetinin başarısızlığı ve Harbiye Nazır'ı, Nazım Paşa'nın kendi ordusunu tanımamasının sonucunda ve aldığı hatalı kararlar sonucunda Makedonya elden çıktı. Makedonya'nın güvenliğini Türk askerine değil Arnavutlara teslim eden Abdülhamitçi zihniyettin öngörüsüzlüğü o bölgeyi koruyamadı. Balkan yenilgisinin sorumluları Gazi Ahmet Muhtar Paşa kabinesi ve Harbiye Nazırı, Nazım Paşa'nın öngörüsüzlüğü ve Sofya kahramanı olma hayalleridir. Almanlar, Türk yetkililerini uyararak "Bulgar ordularını biz yetiştirdik ve sakın savaşa girmeyin" diye uyarmalarına rağmen tam bir hata ile savaşı başlattılar ve sonuç acı oldu. Balkan Savaşı sırasında İttihatçılar yönetimde değildi, Libya'da İtalyan emperyalizmine karşı savaş veriyorlardı. Selanik'in elden çıkışını Mustafa Kemal, İstanbul'a gelirken yolda gemi içinde öğrendi ve acısı deryaları inletiyordu.

Tarihçi yazar Şevket Süreyya Aydemir, İttihatçıları olumlu ve olumsuz yönleriyle şu şekilde yorumlamakta: "İttihat ve Terakki liderlerine bizim neslimiz hem borçlu hem de kırgındır. Borcumuz, en bayağı şekilde çürümüş, hantal, çağdışı ve her türlü haysiyetten yoksun bir istibdat idaresini cesur bir hamleyle çökertmelerinden ve genç nesle bir benzerlik gururu, bir gelecek ümidi aşılamalarından gelir. Kaygılarımız ise, uyandırdıkları bu ümit için, bizim neslimize verdikleri hayal kırıklığıdır. Halktan geldiler, fakat kısa zamanda halktan koptular. Birer halk adamı hatta birer efsane kahramanı gibi çıktılar. Fakat hemen birer sorumsuz klik adamı oldular. İstibdada karşı ayaklandılar fakat getirdikleri de bir nevi istibdattı. Fakat hiç şüphe yok ki, İttihat ve Terakki bir vatanseverlik gayretinden doğmuştu. Memlekette despot yönetimi değiştirmek ve parlamenter bir idareyi kurmak, bir meşrutiyet devrine ulaşmak istiyordu."[377]

İttihatçıların lideri Enver Paşa, tecrübesiz vatansever gözünü budaktan esirgemeyen çok iyi bir yurtseverdi. Çok aceleci ve kendi görüşlerine önem vermeyi tercih ederdi. Atatürk'le Enver Paşa arasındaki temel farkı Çankaya sofraları ile karşılaştırırsak aradaki farkı daha iyi görürüz. Atatürk Çankaya Sofrasında uzman kişileri toplar ve orada bu uzmanları dinler, görüşlerini alır daha

377 Şevket Süreyya Aydemir, *Age*, S. 281-282-283

sonra bu görüşleri yine uzman kadro ile ele alır ve doğru analiz sonucunda uygulamaya sokardı. Çankaya sofraları düşük beyinlerin sandığı gibi içki sofraları değil ülkenin sorunlarının görüşüldüğü, kararların alındığı sorunlara çözüm üretenlerin sofralarıydı. Enver Paşa, kendi doğrularının esiri olan başkalarının görüşlerini dinler ve kendi görüşlerini pratiğe yansıtan liderdi ki, bu en büyük zafiyeti sayılıyordu. Mustafa Kemal, çoklu aklı daima öne çıkarır ve kararları buradan aldıktan sonra doğru analiz sonucunda eyleme geçirirdi. Enver Paşa'nın, tek adam rolünü oynaması hatalara sürekli davetiye çıkarmasına neden oluyordu ve durum onun yıldızını kısa sürede söndürmeye zemin hazırladı. Doğru olan egoların esiri değil, çoklu aklın uygulanıyor olmasıdır.

"Sıradışı bir İttihatçı" kitabını yazan Besarya Efendi, İttihatçıları eleştirme konusunda şunları yazmakta: *"Abdülhamit döneminde teşkilat olarak hazırladıkları programa uymamalarıydı. Anayasa özgürlüğünde sadece Türklerin faydalanacağını anladılar. Türklere öncelik tanımalarına rağmen, diğer toplumların haklarına saygı duymadılar. Türkçe propagandası yaparak, azınlıkların da Türkçe konuşmasını istemeleri yanlıştı. Türkler* İmparatorlukta en geri kalmış toplumlardı. Onlarda burjuva sınıfı, orta seviyede tüccarlar, sanayici veya esnaflar bulunmuyordu. Türkler ya memur ya asker ya da köylüydü..."[378]

---

378 Besarya Efendi, SIRADIŞI BİR İTTİHATÇI İkinci Meşrutiyet Dönemi Anıları, Timaş Yayınları, 1. Baskı İstanbul, Mart 2019, s. 204-205. (Y.Haz. Nevzat Artuç)

İttihatçılar 1908 Devrimini yaparak, meşrutiyetin ilanını halkla buluşturdular ve otuz üç yıl ülkeyi despotizmle yöneten II. Abdülhamit yönetimine son verdiler. 31 Mart gerici ayaklanmasını bastırarak meşrutiyetin ortadan kaldırılmasına uzanan elleri kırarak 1909'da II. Abdülhamit'i tahttan indirerek Selanik'e sürgüne gönderdiler. Balkan savaşları ile Bulgarların eline geçen Edirne'yi Bulgarların elinde almayı başardılar. İttihatçılar 1908 Devrimi ile padişah yönetimine, meşrutiyeti ilan ettirdiler ancak iktidara gelişleri 1913 ile 1918 arası 5 yıl iktidarda kaldılar. Bu süreçte milli duyguların tetiklenmesine, Türklük ve milliyetçilik fikirlerinin öncelik kazanmasına, milli ekonominin temellerinin atılmasına tüm güçleriyle gayret ettiler. Ordunun yenilenerek Çanakkale Savaşlarının kazanılmasına ve Mustafa Kemal'in lider olarak öne çıkmasına öncülük ettiler. Bugünkü Türkiye Cumhuriyetinin tohumlarının toprağa atılmasını yaratan bir neslin yılmaz bekçileriydi.

Enver Paşa'nın en önemli başarısı, ordunun hantal yapısını değiştirerek eğitimsiz kadroların padişahlarca paşalığa getirilmesini önledi, yaşlıları ordudan emekli etti ve genç subayların orduya hâkim olmasının önündeki engelleri kaldırdı. Çanakkale ve Kurtuluş Savaşının birer kahramanlarını yarattı. İttihatçıların temel sloganı **" Ya hürriyet, ya ölüm !"** Osmanlı'nın gidiş yolunun yanlışlığını gören aydın kadrolar Mehmet Akif Ersoy dâhil İttihatçıların yanında yer aldılar. İttihatçıların büyük bölümü Balkan doğumlu Türk gençliğidir.

İttihatçılar, iktidara geldiği zaman dünyada dengeler çok bozuldu, değişti ve Osmanlı çok yüksek düzeyde borçlanmış ve memuruna askerine maaş olarak verecek parası yoktu. Cemal Paşa, hatıralarında Birinci Dünya Savaşına giriş nedenlerinden birisde paralarının olmadığını ve askeri cephede tutacak güçlerinin yokluğu olduğunu yazar. İttihatçılarda bu olumsuzluklar karşısında sorunları tam olarak çözemeyince biriken yokluklar, parasızlık ve savaş süreci tüm acıların yaşatılmasına neden oldu. Ekonomik koşullar dengeleri tümden bozmuştu ve iflas etmiş koca bir imparatorluğun sorunları kısa sürede çözmek hele savaş yıllarında olanaksızdı. Bu sorunların temel sebebi ileriyi görmeden ülkenin kaynaklarını tüketen ve ülkeyi gırtlağına kadar borçlandıran padişahların ve çevresinin günlük yaşamın esaretine mahkûm olmalarının sonucuydu. Osmanlı hantal örgütlenme modeli ile etkin yapılanma yerine pasif sürecin sınırlarını kıramadı; emperyal güçler esnek sürece çabuk uyum sağladıkları için kendilerini yenileme fırsatını çabuk yakaladılar ve Osmanlı patrimonyal yönetim anlayışının içine sıkıştı kaldı ve sonuç felaketlerle noktalandı.

Birinci Dünya Savaşı'nda İngiltere, Fransa, Almanya ve Rusya daha sonra bu kervana İtalya da eklendi. Amerika fazla öne çıkmamıştı o dönemde ve Amerika'nın asıl ağırlığı İkinci Dünya Savaşı ile ortaya çıkışı ve ondan sonra etkisini korkunç şekilde göstermesi oldu. Ezilen milletlerin İngiliz boyunduruğun da çıkması ve Amerikan etkisi altına girmesi yeni bir sömürü çarkıydı ve bu çarkı döndüren Amerika oluyordu. Osmanlı hem fakir, hem dış devletlere çok borçlu olması ve ayakta duracak parasının olmaması dış devletlerden birisinin yörüngesine girmesine neden olacaktı ve o da Almanya oldu. Almanya yörüngesine giriş zorunlu sonuçtu. Zamanın sadrazamı Mahmut Şevket Paşa, Birinci Dünya Savaşı'nın çıkacağını görür ve İngiltere'nin yanında yer almak için resmi yazı yazar ve İngilizler reddeder. Fransızlar ve Ruslar da aynı gerekçe ile Osmanlı'nın yanlarında savaşa katılmasını reddettiler. İngiliz, Fransız ve Ruslar Osmanlı ordusunu hantal bulur ve yanlarında görmek istemezler. Gençleşen Türk ordusu Mustafa Kemal emrinde Çanakkale'de ve Anadolu'da düşmana kök söktürecekti. Tek seçenek Almanya kalır ve onlar da yüksek faizle para vererek Osmanlı ile birlikte savaşa girdiler.

Birinci Dünya Savaşı'nın çıkış nedenlerinden birisi de Osmanlı'yı parçalamak, bu parçacıklardan sömürge devletçikleri yaratmak, onların yeraltı ve yerüstü zenginliklerini ele geçirerek zengin hammadde kaynaklarına sahip olmaktı. Yine buralarda ucuz iş gücü yaratıp ürettikleri ürünleri satarak pazar paylarını maksimize etmek hesaplarını yatıyordu. Osmanlı sınırları için de en zengin bölge petrol yataklarının bulunduğu Arap bölgeleriydi ve emperyal güçlerin aradığı önemli stratejik ürün petroldü. Arapları da ayaklandırarak ve onları Osmanlı'ya karşı isyana teşvik ettirerek o bölgeleri kolayca ele geçirmenin sevincini paylaşıyorlardı.

Bir el onları itti ve onlar selin önünde sürüklenir gibi sürüklendiler. Olayların ve gelişmelerin önüne geçemediler ve arkadan kaldılar, bu süreci Şevket Süreyya şu şekilde yazıyor, *"Kaba bir Alman Militarizminin arzusu, milletin kaderine onların eliyle damgasını vurdu. Bunun neticesinde tarihimizin en idealist bir nesli olarak gelişen bu altın çağ gençliği, bir kumarda kurban edildi."* Alman emperyalizmi bir çağın altın değerindeki gençliğini savaşlarda yok etmesi, Enver Paşa'nın egosunun sonucuydu. Enver Paşa'nın son zamanlarda güç zehirlenmesi yaşaması yetişen Türk subaylarına da ciddi zararlar verdi.

İttihatçıların Alman emperyalizminin yanında savaşa katılmasının, Alman yanlısı oluşlarının temelini hazırlayan Padişah Abdülhamit'tir. Abdülhamit, İngiliz, Fransız emperyalistlerinden ciddi yaralar alınca Almanların yörüngesine girdi. Tüm okullar Alman subay ve öğretmenlerinin denetimindeydi ve yetişen gençlikte Alman disiplinine göre yetişti. Bu subayların bir kısmı Alman yanlısı olsa da bir kısmı da özgürlükten ve bağımsızlıktan yana fikirlerle kendilerini donatmışlardı. Özgürlük yanlısı subay ve gençlik Mustafa Kemal gibi tam bağımsızlıktan yana tavır sergiliyorlardı. Doğan Avcıoğlu bu konuda şunları yazmakta: *"Abdülhamit ve İttihat ve Terakki iktidarları döneminde İngiliz emperyalizminden bunalınca, koruyucu ve kurtarıcı olarak, Alman emperyalizmine sığınmışlardı. Kurtuluş Savaşı yıllarında, Sivas tutanaklarına göre millicilerin yarısı İngiliz ve Amerikan mandacılığını savunmuşlardı."*[379] Tanzimat'tan başlayan bir düşünce akımı ve Batılı devletlerin desteği ve onlardan destek alınmada düzlüğe çıkamama görüşlerini yı-

379 Doğan Avcıoğlu, TÜRKİYE'NİN DÜZENİ CİLT. 2 Dün, Bugün Yarın, CEM YAYINEVİ, İstanbul Baskı 1974, s. 920.

kan Mustafa Kemal oldu ve bunu da uygulamalarıyla kanıtladı. Erzurum ve Sivas kongrelerinde millicilerin bir kısmı da mandacılığı savunmaktaydı. Padişah ve Damat Ferit hükümeti de İngiliz mandacılığı için **"gelin bizi yönetin"** diye resmen mandacılığı kabul etti. Tüm bunlara meydan okuyan ve özgülük yanlısı Mustafa Kemal **"Tam bağımsız Türkiye"** paradigması ile mandacılığı reddederken hedef tam bağımsızlık diyordu.

İttihatçılar birtakım anlaşmazlıklar yüzünden son zamanlarda Enver'ci ve Talatçı diye ikiye ayrılmıştı. Enver Alman yanlısı, Talat İngilizlere meyilli ve Cemal Paşa da Fransız sempatizanı olarak biliniyordu ve bu bir politika olsa gerekti. Bu eğilimler kimine göre politik nedenlerden dolayı, kimine göre de konjonktürün getirdiği zorunluluktan kaynaklanan mecburiyetti. Her dönemin ve hükümetlerin eleştiri mekanizmalarına tahammülleri olmadığı bilinmektedir. Şüphesiz II. Abdülhamit'le, İttihatçıların dönemini bire bir karşılaştırmak doğru olmaz. İttihatçıların sevapları da günahları da bulunur ancak o dönemin düşünce akımı bir cumhuriyetin doğmasının öncül fikirleri olduğu da bilinmektedir. Atatürk'te bir İttihatçı üyesiydi ancak bazı nedenlerden dolayı tepe yönetimi ile anlaşamıyordu ve örgütten ayrıldı arkadaş çevresi aynı gruptu. Örgütün stratejik ve taktiksel yapılanmasını onaylamamaktaydı ve örgüt üyeleri daha sonra Mustafa Kemal etrafında birleşerek genç Cumhuriyetin kurulmasını ve kurtuluşunu sağladı. İttihatçılar gözü kara militanlardı ve Çanakkale'de, Kurtuluş Savaşında, İstanbul'dan Anadolu'ya silah cephane ve insan kaçırma konusunda fedakârca çalışmaları bilinmektedir. Anadolu'nun örgütlenmesinde, çoban ateşlerinin yakılmasında Atatürk'ün yanındaki, tüm subaylar birer İttihatçılardı. Atatürk, İsmet Paşa ve Celal Bayar'da Cumhuriyetin ilk üç Cumhurbaşkanları birer İttihatçı üyesiydiler.

Fransız işgal komutanı Francher d'Esperey, ***"Her şeye rağmen bütün dinamizmin miskin ve çürük ihtiyar Türklerde değil, bu genç Türklerde olduğunu"***[380] haklı olarak belirtmiştir. **Celal Bayar**, Demokrat Parti'nin baş kurucusudur ama **"Benim partim,** Demokrat Parti değil **İttihat ve Terakki'dir**" diyerek İttihatçı olduğunu söylemiştir. İttihatçıların yaptıklarını takdirle anmış; kendisinin de bir İttihatçı olduğunu vurguluyordu. Ülkeyi işgal edenler dahi yaşlı ve beceriksiz padişah ekibinden rahatsız olmuşlardı ve genç İttihatçıları takdir etmektelerdi.

Atatürk'ün İttihatçılar Konusunda ki Görüşleri

Cumhuriyet kurulduktan sonra Batılı gazeteciler Ankara'da Atatürk'e İttihatçılar konusunda neler düşündüğünü sorarlar. Gazi Paşa şöyle cevap vermektedir: **"Evet, İttihat ve Terakki'nin temsilcisi değilim. Fakat müsaadenizle söyleyelim ki İttihat ve Terakki vatansever bir cemiyetti. Başlangıcından çok zaman sonrasına kadar ben de bu cemiyet içinde bulundum. Cemiyet hiçbir vakit sizin bu aşağılamalarınıza hak verdirecek bir**

380İlber Ortaylı, *Türkiye'nin Yakın Tarihi*, 31. Baskı, Timaş Yayınları, Ağustos 2010. s.19

mahiyet almamıştır. Çok kusurları ve yanlışları olabilir. Ama vatanseverliği münakaşaların üstündedir."[381]

Gazi Paşa, İttihat ve Terakki örgütüne sahip çıkmakta ve kuruluşun vatansever örgüt olduğunu Batılı gazetecilere verdiği mesajla desteklemektedir. Kendisinin de o örgütün içinde bir süre bulunduğunu anlatmaktadır. Örgüt doğru zamanda ve doğru düşüncelerle kuruldu, ancak süreç için biriken sorunların altından kalkamayarak hızla yıpranma moduna girdi. Osmanlı'nın ağır sorunları, yönetime gelen İttihatçıları da yorgun bıraktı ve tam olarak programlarını uygulama fırsatını bulamadılar. Sonuç olarak, sorunlar sorumluları da süreç içinde sorunlu hale getirdi. 600 yıllık Osmanlı'nın biriktirdiği sorunları kolayca ve kısa sürede çözmek kolay olmuyor. Sorunlar anında çözülür ise gelecek kararmaz, öyle ise sorunları yerinde ve zamanında çözmek doğru olandır. Sorunlar zamanında çözülmez, masanın altına süpürülürse o sorunlar süpürenleri de yok eder ki, Osmanlı böyle bir sorunlar yumağı bıraktı.

Birinci Dünya Savaşına girmeyip tarafsız kalsaydık devletimiz için bugün çok farklı olurduk ve bu savaşa girişimizi Enver Paşa'nın hatası sonucunda girdik diyenlere, Cumhuriyet kurulduktan sonra Atatürk'e sorulan bu soruya bakın nasıl yanıt vermekte: "Silahlı tarafsızlığın devam etmesi için paramız, silahımız, sanayimiz, hülasa lazım olan vasıtalarımız mevcut değildi." (Nutuk, vesika Nö. 142, Yusuf Gedikli s. 205. Kontrol Nutuğu) Ekonomi bozuksa süreç içinde tüm dengeler bozulmaya mahkûmdur.

---

381 Atatürk'ün Kaleminden-7, *Emperyalizm ve Tam Bağımsızlık*, Kaynak Yayınları, 1. Baskı, (Sina Akşin Sunumuyla), 2018, s. 47

KAYNAKÇA

AKSOY, Şerif A. Jön Türkler Enver, Cemal ve Talat Paşaların Trajik Sonu, Nokta kitap, İstanbul 2008

AKSOLEY, İhsan, Teşkilatı Mahsusa Enver Paşa'nın Sırdaşı Anlatıyor, Timaş Yayınları, 1 Baskı İstanbul, 2009.

AKŞİN, Sina ve Kurul, Türkiye Tarihi Cilt 4, (Çağdaş Türkiye 1908- 1980), Cem Yayınevi, İstanbul, 2013

AKŞİN, Sina ve Kurul, Türkiye Tarihi 3. Cilt) Osmanlı Devleti 1600-1908), Cem Yayınevi, İstanbul Baskı, 2013

AYDEMİR, Süreyya Şevket, İkinci Adam, 1. Cilt, Remzi Kitabevi, İstanbul 2011

AKAL, Emel, Mustafa Kemal İttihat Terakki ve Bolşevizm, Tüstav (Türkiye Sosyal Tarih Araştırma Vakfı) İstanbul 2002

AKŞİN, Sina, Kısa 20. Yüzyıl Tarihi, Türkiye İş Bankası Yayınları, İstanbul, 2020.

AHMET, Feroz, İTTİHATÇILIKTAN KEMALİZME, Kaynak Yayınları, İstanbul, 2016.

AHMET, Feroz, İttihat ve Terakki 1908-1914. Kaynak Yayınları, 4. Baskı, İstanbul, 1995

AHMET Feroz, JÖN TÜRKLER Osmanlı İmparatorluğu'nu Kurtarma Mücadelesi 1914-1918, Türkiye İş bankası Yayınları, İstanbul, 2021.

AHMET, Feroz, İTTİHAT ve TERAKKİ 1908- 1914, Kaynak Yayınları, İstanbul 2017.

AKŞİN, Sina, Jön Türkler ve İttihat ve Terakki, İmge Kitabevi, Ankara, 2014

AKSOY, Şerif, A, İTTİHAT VE TERAKKİ, Nokta Kitap, İstanbul, 2008.

ATATÜRK'ÜN Bütün Eserleri, Kaynak Yayınları, 1. Cilt, İstanbul 2012

ATAY, Rıfkı Falih, KURTULUŞ, Pozitif Yayınları, İstanbul, 2012

AHMET, Feroz, İttihatçılıktan Kemalizm'e, Kaynak Yayınları, İstanbul 2016

AKŞİN, SİNA, Kısa Türkiye Tarihi, Türkiye İş bankası yayınları, İstanbul 2016

AVCIOĞLU, DOĞAN, Soyuttan Somuta Atatürkçülük Nedir?, İstanbul, 2003

AVCIOĞLU, Doğan, 31 Mart'ta Yabancı Parmağı, Kaynak Yayınları, İstanbul, 2013

AVCIOĞLU, Doğan, TÜRKİYE'NİN DÜZENİ CİLT-2 Dün, Bugün, Yarın, Cem Yayınevi, İstanbul, 1974.

AYDEMİR, Süreyya, Şevket, ENVER PAŞA Makedonya'dan Orta Asya'ya 1908-1914, Cilt II, Remzi Kitabevi, İstanbul, 2019.

AYDIN, Şefik İsmail, II. ABDÜLHAMİT Ezberler ve Gerçekler, Altınordu Yayınları, 1. Baskı, Ankara 2018.

AYDOĞAN, Metin, Yenidünya Düzeni Kemalizm ve Türkiye (20. Yüzyılın Sorgulanması) Cilt 1,Otopsi Yayınevi, İzmir 1999.

AYDEMİR, S. Şevket, İnkılap ve Kadro, Remzi Kitabevi, İstanbul, 1990

AYDOĞAN, SUAVİ, Modernleşme ve Milliyetçilik, Gündoğan Yayınları, Ankara, 1993

AYDEMİR, Süreyya Şevket, Enver Paşa, Cilt 1. 1860-1908, Remzi Kitabevi, İstanbul, 1972

AYDEMİR, Şevket, Süreyya, SUYU ARAYAN ADAM, Remzi Kitabevi, İstanbul, 2020.

AYDOĞAN, METİN, Türkiye Üzerine notlar, Galeati yayıncılık, Ankara, 2018

AYDEMİR, Süreyya, Şevket, İKİNCİ ADAM, Birinci Cilt, Remzi Kitabevi, İstanbul 2011.

AYDEMİR, Süreyya, Şevket, TEK ADAM 1. CİLT Mustafa Kemal 1881-1910, Remzi Kitabevi, İstanbul, 2011.

AKŞİN, SİNA, Yakın Tarihimizi Sorgulamak, Arkadaş Yayınevi, Ankara, 2006

AKÇURA, Yusuf, Türk Devriminin Programı, Kaynak Yayınları, İstanbul, 2017.

ALPASLAN, Teoman, 31 Mart Ayaklanması, Kum Saati Yayınları, İstanbul 2009

AKYOL, TAHA, Rumeli'ye Elveda, Doğan Kitap, İstanbul 2013

AYDOĞAN, METİN, Türkiye Üzerine Notlar 1923- 2005, Umay yayınları, İzmir 2005

BABÜROĞLU, Naim, KEMALYERİ Mustafa Kemal'in Çanakkale'de 9 ay 13 Günü, Asi Kitap, İstanbul 2017

BARDAKÇI, MURAT, Enver, Türkiye İş Bankası Yayınları, İstanbul 2015

BABÜROĞLI, Naim, TARİHİN KISKANDIĞI LİDER, İnkılap Kitabevi, İstanbul. 2021.

BARDAKÇI, Murat, Son Osmanlılar, Hürriyet Gazetecilik Matbaası, İstanbul, 2006.

BAYAR, Celal, Ben de Yazdım Milli Mücadele'ye Gidiş. Reha Matbaası, İstanbul, 1965

BAYUR, Hikmet, Yusuf, TÜRK İNKILABI TARİHİ Cilt III Kısım 1, Türk Tarihi Kurumu Basımevi ANKARA, 1991.

BAYIR, Fikret, Strateji Ustası ATATÜRK, Kaynak yayınları, İstanbul, 2014

BAYUR, Hikmet, Yusuf, TÜRK İNKILABI TARİHİ Cilt I. Kısım I, Türk Tarihi Kurumu Basımevi, ANKARA, 1991.

BAYAR, Celal, BENDE YAZDIM Milli Mücadeleye Giriş, 1. Cilt, Türkiye İş bankası Yayınları, İstanbul, 2018

BAYUR, Hikmet, Yusuf, TÜRK İNKILABI TARİHİ Cilt II- Kısım IV, Türk Tarih Kurumu Basımevi, ANKARA 1991.

BAYAR, Celal, Bende Yazdım Cilt-II Milli Mücadeleye Gidiş Milli Mücadeleye Giriş, Türkiye İş Bankası Yayınları, İstanbul 2018.

BAYUR, Yusuf, Hikmet, Türk İnkılap Tarihi Cilt III Kısım 4 1914-1918, Türk Tarih Kurumu Basımevi, ANKARA, 1991.

BATUR, Tekin, Osmanlı'da Saltanat Kavgaları, Kaynak yayınları, İstanbul, 2013

BAYRAK, MEHMET, Tevfik Fikret, Yorum Yayınları 8, Ankara, 1986.

BERKES, NİYAZİ, Türkiye'de Çağdaşlaşma, Yapı Kredi Yayınları, İstanbul, 2017

BORAK, Sadi, Atatürk'ün İstanbul'daki Çalışmaları 1899-16 Mayıs 1919, İstanbul, 1998.

CEM, İSMAİL, Türkiye'de Geri Kalmışlığın Tarihi, Cem Yayınları, İstanbul 1975

CEBESOY, Fuat, Ali, Sınıf Arkadaşım ATATÜRK, İnkılap Kitabevi, İstanbul 1966

COŞKUN, ALEV, Asker İnönü, Kırmızı Kedi Yayınları, İstanbul 2018

COŞKUN, ALEV, Kemalizm, Cumhuriyet Kitapları, İstanbul 2019

COŞKUN ALEV, Hasan Ali Yücel, Cumhuriyet Kitapları, İstanbul, 2019

ÇANAKKALE, On Sekiz Mart Üniversitesi Atatürk ve Çanakkale Savaşları Araştırma Merkezi, sayı 2, Mart 2004.

ÇAVDAR, TEVFİK, İttihat ve Terakki, İletişim Yayınları, İstanbul, 1991.

ÇAMUROĞLU, Reha, Yeniçerilerin Bektaşiliği ve Vakayı Şerriye. Ant Yayınları, 2. Baskı, İstanbul, 1994

ÇAVDAR, Tevfik, Talat Paşa, Kültür Bakanlığı Yayınları, Ankara, 1995

ÇEVİK, Âdem, II. Abdülhamid'de Yanılanlar. Ufuk Kitap, İstanbul,. Baskı, Ekim 2006

ÇAKMAK, FEVZİ, Batı Rumeli'yi Nasıl Kaybettik, Türkiye İş Bankası Yayınları, İstanbul 2012

ÇINAR, Bekir, Devlet Güvenliği, İstihbarat ve Terör, Sam Yayınları, ANKARA,1997.

ÇİÇEK, HİKMET, Dr. Bahattin Şakir, Kaynak yayınları, İstanbul, 2007
DAĞTEKİN, Hüseyin, TÜRK DEVRİM TARİHİ Cilt-1 Osmanlı İmparatorluğunda Islahat Hareketleri ve Büyük Devletler, İskender Matbaası, İstanbul,1969.
DİRİL, Yasemin, Yabancı Eller, IQ Kültür Sanat Yayıncılık, İstanbul,2006.
ENGİN, Vahdettin, SON SULTAN II. ABDÜLHAMİT, Yeditepe Yayınevi, 4. Baskı İstanbul,2017.
EFENDİ, Parvus, Cihan Harbine Doğru Türkiye, Ayrıntı Yayınları, İstanbul, 2013
ENGİN, Vahdettin, PAZARLIK, Yeditepe yayınları, İstanbul, 2010
EFENDİ, Besarya, SIRADIŞI BİR İTTİHATÇI II. Meşrutiyet Dönemi Hatıraları, Timaş Yayınları, İstanbul, 2019.
ERDEM HAMZA, HABİP, Fransız Basınında, Genç Türk Devrimi, Kaynak Yayınları, İstanbul 2016
FINDLEY, V. Carter, Osmanlı İmparatorluğunda Bürokratik Reform, Alfa basım Yayım, İstanbul, 2019
FIRAT, GÖKÇE, Kuvayı Milliye, İleri Yayınları, İstanbul 2002
GAWRYCH W. George, Genç Atatürk, Doğan Kitap (Çeviri Gül Çağalı Güven), İstanbul 2014
GEDİKLİ, Yusuf, ENVER PAŞA Nutukları Makaleleri ve Mektupları İstanbul, 2018.
GÖR, Emre, II. Abdülhamid'in Hafiye Teşkilatı, Ötüken Neşriyat, İSTANBUL, 2015.
GÜLER, ALİ, Bayraklaşan Akif, Halk Kitabevi, İstanbul, 2017
GÜLTEKİN, Mücahit, Osmanlı'nın Çöküşü, e yayınları, İstanbul, 2017
HALAÇOĞLU, Yusuf, XIV-XVII. Yüzyılda Osmanlılarda Devlet Teşkilatı ve Sosyal Yapı, Türk Tarih Kurumu, Ankara 2007.
HASIRCI, Metin, Sultan Abdülhamit'in Derin Devleti, Bilge Karınca, İstanbul,2019.
İNAİCIK, Halil, Rönesans Avrupası,(Türkiye'nin Batı Medeniye-

tiyle Özdeşleşme Süreci), Türkiye İş Bankası yayınları, İstanbul 2013

İRTEM, Kani Süleyman, Birinci Meşrutiyet ve Sultan Abdülhamit, TEMEL YAYINLARI, İstanbul 2004.

İNALCIK, Halil, İmparatorluktan Cumhuriyete, Kronik Kitap, İstanbul, 2020.

JORGA, Nicolae, Osmanlı İmparatorluğu 5 Cilt (1774-1912) Yeditepe Yayınları, İstanbul 2009

KARA, İlyas, Enver Paşa, Yediveren Yayınları. 2011 Baskı, İstanbul.

KARAL Zıya, Enver, Osmanlı Tarihi, Cilt, 8, Ankara, 1988.

KARPAT, H. Kemal, Türk Siyasi Tarihi, Timaş Yayınları, 7. Baskı İstanbul 2017

KAZGAN, Gülten, Küreselleşme ve Yeni Ekonomik Düzen. Altın Kitaplar Yayınevi, İstanbul 1997

KAYRA, Cahit, TARİH-İ ENDERUN-LETAİF-İ ENDERUN 1812-1830, Güneş Yayınları, İstanbul, 1987

KARPAT, H. Kemal, Osmanlı'dan Günümüze KİMLİK VE İDEOLOJİ, Timaş Yayınları, İstanbul 2014.

MANGO, Andrew, TÜRKİYE VE TÜRKLER 1938'den Günümüze, Remzi Kitabevi, İstanbul, 2005

KEMAL, NAMIK, Türk ve Dünya Klasikleri, (Hikmet Dizdaroğlu) Hazırlayan, Varlık Yayınları A.Ş. 1995

KARABEKİR, Kazım, İttihat ve Terakki Cemiyeti, 1896-1909, Emre Yayınları, İstanbul, 1995

KEMAL, AKL-I, Sinan Meydan, Atatürk'ün Akıllı Projeleri, 1. Cilt, İnkılap Kitabevi, İstanbul 2012

KOLOĞLU, Orhan, Abdülhamit Gerçeği, Pozitif Yayınları, İstanbul,1987

KAYNAK, Yayınları 549, İttihat Terakki ve Jön Türkler, (Bir Grup hazırlığı), İstanbul, 2009

KÜLÇE, Süleyman, Firzovik Toplantısı ve meşrutiyet, Kitabevi Yayınları 525, 1. İstanbul Baskı, 2013.

KEMAL, Namık, Osmanlı Tarihi 1, Bilge Kültür Sanat yayın, İstanbul, 2018
KOCATÜRK, Utkan, Doğumundan Ölümüne Kadar Kaynakçalı Atatürk Günlüğü, Atatürk Araştırma Merkezi, Divan Yayıncılık, Ankara 1999.
KOLOĞLU, Orhan, Üç İttihatçı, Arap, Kürt, Arnavut Milliyetçileri ve İttihat ve Terakki, Kırmızı Kedi Yayınları İstanbul, 2011
KÜLÇE, Süleyman, Balkan Harbi'nde İhmal Faciası, Çizgi Kitabevi, İstanbul 2018.
KOLOĞLU, Orhan, Abdülhamit ve Masonluk, Pozitif Yayınları, İstanbul 2004.
KONGAR, Emre, Atatürk (Devrim Tarihi ve Toplum Bilim Açısından), Remzi Kitabevi, İstanbul 1983
KURUMU TÜRK TARİH, İttihatçılar ve İttihatçılık Sempozyumu III. Cilt, Ankara, 2014.
KÜLÇE, Süleyman, Firzovik Toplantısı ve Meşrutiyet, Kitabevi 525, 1. Baskı 2013
KOCABAŞ, Süleyman, Jön Türkler Nerede Yanıldı? 1890-1918, Vatan Yayınları, İstanbul, 1991
KOCAHANOĞLU, Selim, Osman, İTTİHAT-TERAKKİ Yüce Divan Sorgulaması, Temel Yayınları, 2. Baskı İstanbul, 2017.
KONGAR, Emre, Tarihimizle Yüzleşmek. Remzi Kitabevi, 14. Baskı, İstanbul 2006
KUTAY, Cemal, Üç Paşalar Kavgası, Posta Kutusu Yayınları, İstanbul, 1978
KINROSS, LORD, Atatürk (Bir Milletin Yeniden Doğuşu), Altın Kitapları, İstanbul 2004
KAYALI, HASAN, Jön Türkler ve Araplar,(1908-19189) Türkiye İş Bankası Yayınları, İstanbul 2018
KARABEKİR, KAZIM, Birinci Cihan Harbine Neden Girdik. Emre Yayınevi, İstanbul, 1994
LEWİS, Bernard, MODERN TÜRKİYE'NİN DOĞUŞU, Arkadaş Yayınevi, Ankara,2018.

LAMARTİNE DE, Alphonse, Osmanlı Tarihi, Toker Yayıncılık, İstanbul, 2016.

MÜTERCİMLER, Erol, Onlar Bizim İçin Öldüler Bu Vatan Böyle Kurtuldu. Alfa Yayınları, 2003 (Hürriyetin Okurlarına Armağanı)

MARDİN, Şerif, Jön Türklerin Siyasi Fikirleri 1895-1908, İletişim Yayıncılık, İstanbul 2017

MEYDAN, Sinan, Yüzyılın Kitabı Yüzyılın Lideri, İnkılap yayınevi, İstanbul 2018

MÜTERCİMLER, EROL, Ertuğrul faciası, Alfa Yayınları, İstanbul, 2010

MEYDAN, Sinan, Akl-ı Kemal 3. Cilt, Atatürk'ün Akıllı Projeleri, İnkılap Kitabevi, İstanbul 2012

MÜTERCİMLER, EROL, Fikrimizin Rehberi, G. Mustafa Kemal, Alfa, 2008 (Hürriyet Gazetesi için Özel basım)

MEYDAN, Sinan, ATATÜRK ETKİSİ, İnkılap Kitabevi, İstanbul, 2018

ORTAYLI, İlber, Osmanlı Düşünce Dünyası ve Tarih Yazımı, Türkiye İş Bankası Yayınları, İstanbul 2020.

ÖZTUNA, Y, Yılmaz, TÜRKİYE TARİHİ 12 CİLT, Hayat Kitapları, İstanbul, 1967.

PAŞA, Ahmet, Cevdet, Osmanlı İmparatorluğu Tarihi Cilt-2, İlgi Kültür Sanat Yayıncılık, İstanbul, 2008.

RAMSAUR, e. Ernest, Jön Türkler 1908 İhtilalinin Doğuşu, Pınar yayınları, İstanbul, 2011

SEAN, McMEEKIN, Osmanlı'dan Son Fasıl Savaş, Devrim ve Ortadoğu'nun Şekillenişi 1908-1923, İstanbul 2019.(Çeviri. Nurettin Elhüseyni)

SORGUN, Taylan, İmparatorluktan Cumhuriyete, Kum Saati Yayınları, 1. Baskı İstanbul, 2004

SOMEL, Akşin Selçuk, Osmanlı İmparatorluğu Ansiklopedisi. Alfa basım Yayım, İstanbul 2012

SOLAK, Mustafa, Laikliği Doğru Anlamak, Kaynak Yayınları, Ankara 2017

SORGUN, Taylan, Türklerin İşkencede Bir Yılı Bekirağa Bölüğü, Destek Yayınevi, İstanbul 2009

SONYEL R. SALAHİ, Gizli Belgelerde Osmanlı Devleti'nin Son Dönemi ve Türkiye'yi Bölme Çabaları, Kaynak Yayınları, İstanbul 2009

SORGUN, Taylan, Devlet Kavgası " İttihat ve Terakki" Kaynak Yayınları, İstanbul, 2018

SOLAK, Mustafa, Gayrimilli Eğitim, Kaynak Yayınları, Ankara, 2018

SUCU, Ayşe, Cehaletten İhanete, Halk Kitabevi, İstanbul 2017.

SÜRGEVİL, Sabri, Türkiye Tarihi ve Uygarlıklar –V, İlya İzmir Yayınevi, İzmir 2013

ÖZGEN, Nezir, Dünya Tarihi, İzmir, 2018.

SERT, Selahattin, 1914 Alman İhaneti, Kum Saati yayınları, İstanbul 2009

ŞAKİR, Zıya, İTTİHATÇILAR DÖNEMİNDE MUHALEFET, Akıl Fikir Yayınları, İstanbul, 2019

ŞAPOLYO, Enver, Behnan, ZIYA GÖKALP İttihat ve Terakki ve Meşrutiyet Tarihi, İnkılap ve Aka Kitabevleri, İstanbul, 1974.

ŞAKİR, ZIYA, İttihat ve Terakki-1 Nasıl Doğdu, Akıl Fikir yayınları (Birinci Cilt) İstanbul, 2014

ŞENOĞLU, Kemal, Akçura Yusuf Kemalizm'in İdeoloğu, Kaynak Yayınları, İstanbul, 2009.

ŞAPOLYO, Behnan, Enver, Zıya Gökalp, İttihat ve Terakki ve Meşrutiyet Tarihi, İ. Berkalp Kitabevi, İstanbul, 1943.

ŞAKİR, Zıya, SULTAN HAMİD'İN SON GÜNLERİ, Akıl Fikir Yayınları, İstanbul, 2018.

ŞİMŞİR, N. Bilal, Atatürk ve Cumhuriyet, İleri Yayınları, İstanbul, 2006

TOPRAK, Zafer, ATATÜRK Kurucu Felsefenin Evrimi, Türkiye İş Bankası Yayınları, İstanbul, 2020.

ORTAYLI, İLBER, İmparatorluğun En Uzun Yüzyılı, Timaş Yayınları, İstanbul, 2009

OSMANOĞLU, AYŞE, Babam, Sultan Abdülhamit, Timaş yayınları, İstanbul 2016
ORTAYLI, İlber, Osmanlı Düşünce Dünyası ve Tarih Yazımı. Türkiye İş Bankası Yayınları, 4. İstanbul Basım, Ocak 2016
ORTAYLI, İlber, Türklerin Altın Çağı. Kronik Kitap, İstanbul, 2017
ONUŞ, Sinan, Kızılca Kıyamet, Teşkilatı Mahsusadan Kurtuluş Savaşı'na, Kırmızı Kedi Yayınları, 2. Baskı İstanbul, Ocak 2016.
ORTAYLI, İLBER, Türkiye'nin Yakın Tarihi, Kronik Kitap, İstanbul 2018
ÖZEL, Sabahattin, Osmanlı'dan Milli Mücadele'ye Seçilmiş Mülakatlar. Türkiye İş Bankası yayınları, İstanbul, 1. Baskı, 2010
ÖZAKMAN, Turgut, Şu Çılgın Türkler, Bilgi yayınevi, Ankara 5. Baskı 2005
ÖZEL, Sabahattin, Mustafa Kemal Atatürk Yeni Gerçekler Yeni Düşünceler, Türkiye İş Bankası Yayınları, İstanbul 2014
ÖZAKMAN, Turgut, Cumhuriyet Türk Mucizesi. Bilgi Yayınevi, 5. Ankara Baskı, Ekim 2010
PAMUK, Şevket, Osmanlı Ekonomisi ve Kurumları, Türkiye İş Bankası Yayınları, Baskı, İstanbul, 2016
PAMUK, Şevket, Osmanlıdan Cumhuriyete Küreselleşme, İktisat Politikaları ve Büyüme Seçme Eserle III, Türkiye İş Bankası Yayınları, 4. İstanbul baskı, Eylül 2017
PAŞA, Tahsin, Yıldız Hatıraları, İz Yayıncılık, İstanbul, 2017
PAMUK, Şevket, Türkiye'nin 200 Yıllık İktisadi Tarihi, Türkiye İş Bankası yayınları İstanbul, 2016
PAŞA, Cemal, Hatıralar, Türkiye İş bankası Yayınları, İstanbul, 2016
PAŞA, Celalettin Mustafa, Eski ve Modern Türkler, Kaynak Yayınları, 4. Baskı İstanbul, 2015
PAMUK, Şevket, Osmanlı Ekonomisinde Bağımlılık ve Büyüme (1820-1913), Türkiye İş Bankası Yayınları, İstanbul 2018
SARIKAYA, Musa, Atatürk'ün Yedi Kaleminden, Emperyalizm ve Tam Bağımsızlık, Kaynak Yayınları, Ankara, 2018

SANDERS, Von, Liman, Türkiye'de Beş Yıl, Türkiye İş Bankası Yayınları, "Çeviren, Eşref Bengi Özbilen" 6. İstanbul Baskı, Kasım 2018.
SORGUN Taylan, İmparatorluktan CUMHURİYETE, Kumsaati Yayınları, 5. Baskı İstanbul,2004
SORGUN, Taylan, İttihat ve Terakki, Kumsaati Yayınları, 5. Baskı İstanbul, 2007.
SELAHATTİ BEY, Mehmet, İttihat ve Terakki'nin Kuruluşu ve Osmanlı Devlet'inin Yıkılışı Hakkında Bildiklerim. İnkılap Yayınları, İstanbul, 1. Baskı, Eylül,1989
SORGUN, Taylan, HALİL PAŞA Bitmeyen Savaş Kut 'ül Amare, Kaynak Yayınları, 7. Baskı İstanbul, 2016.
SÖNMEZ, BİRGÜN-YILDIZ REYHAN, Sarıkamış (Ateşe Dönen Dünya) İkarus Yayınları, 2010
TARİH KONUŞUYOR Cilt I, Sayı 5, Haziran 1964 İstanbul (Aylık Tarih Mecmuası Ciltlı).
TOPUZ, Hıfzı, Taif'te Ölüm, Remzi Kitabevi. 16. Baskı, İstanbul, 2006
TOPRAK, Zafer, İttihat ve Terakki ve Cihan Harbi, Kaynak Yayınları, İstanbul 2016
TEMO, İbrahim, İttihat ve Terakki Anılarım, Alfa basım Yayım, İstanbul 2013
TANİLLİ, Servet, Yüzyılların Gerçeği ve Mirası, Türkiye İş Bankası yayınları, İstanbul 2017
TANÖR, Bülent, Kurtuluş Kuruluş, Cumhuriyet Kitapları, İstanbul, 2006
TANİLLİ, Servet, Uygarlık Tarihi, Cumhuriyet Kitapları, İstanbul, 2009
TANÖR, Bülent, Osmanlı- Türk Anayasal Gelişmesi(1789-1980), Afa Yayınları, İstanbul, 1996
TANİLLİ, Servet, Fransız Devriminden Portreler, Cem Yayınevi, 3. Baskı İstanbul
TOPRAK, Zafer, Türkiye'de Milli İktisat (1908-1918), Yurt Yayınları, Ankara 1982

TUNAYA, ZAFER TARIK, Türkiye'de Siyasal Partiler, Cilt 3, İttihat ve Terakki (Bir Çağın, Bir Kuşağın, Bir Partinin Tarihi) Hürriyet vakfı Yayınları, İstanbul, 1989

Tzu, SUN, Savaş Sanatı, Alter Yayıncılık, Ankara, 2008.

Tunaya, Zafer Tarık, Türkiye'de Siyasal Partiler, 1. Cilt İkinci Meşrutiyet, İletişim Yayınları, 1. Baskı İstanbul, 1998.

TEMO, İBRAHİM- RIZA AHMET, Biz İttihatçılar, Örgün yayınevi, İstanbul, 2009

TUNAYA, ZAFER TARİK, Türkiye'de Siyasal Partiler, Cilt 1, İkinci Meşrutiyet Dönemi, Hürriyet vakfı Yayınları, İstanbul, 1988

TÜLBENTÇİ FAZIL, FERUDUN, Türk Büyükleri Türk Kahramanları, İnkılap Kitabevi, İstanbul, 2016

TÜRKİYE TARİHİ 3 CLT, Osmanlı Devleti (1600- 1908 Sina Akşin Yönetiminde Kurul) Cem yayınevi, İstanbul 2013

TEMO, İbrahim, Hatıratım, Romanya-Mecidiye, 1939

TUNAYA, Zafer Tarık, Türkiye'de Siyasal Partiler, 1. Cilt, İkinci Meşrutiyet Dönemi. İletişim Yayınları, İstanbul, 1998

ÜMİT, AHMET, Elveda Güzel Vatanım, Everest yayınları, İstanbul, 2015

YALÇIN, Soner, Saklı Seçilmişler, Kırmızı Kedi Yayınevi, İstanbul 2018

YERGÖK, ZIYA, Sarıkamış'tan Esarete, 1915-1920 (hazırlayan Sami Önal), Remzi Kitabevi, İstanbul 2006

YALÇIN, Hüseyin, Cahit, SİYASAL ANILARIM, Türkiye İş Bankası yayınları, İstanbul, 2000.

YALÇIN, Soner, Teşkilatın İki Silahşörü, Doğan Kitap, İstanbul, 2010

SON